Cómo estimular la inteligencia de sus hijos

READER'S DIGEST

Cómo estimular la *inteligencia* de sus hijos

BOGOTÁ • BUENOS AIRES • LIMA • MADRID • MÉXICO • MIAMI • SANTIAGO DE CHILE

READER'S DIGEST

DIVISIÓN DE LIBROS EN LENGUA CASTELLANA

Director: Gonzalo Ang

Editores: Beatriz E. Ávalos Chávez, Esthela González, Mateo Miguel García,
Irene Paiz, Arturo Ramos Pluma, Myriam Rudoy

Asistente: Ma. Teresa Cava

Colaboradores:

Redacción: Dr. Alfonso Felipe Díaz Cárdenas, María Dolores Fagoaga Orezza,
Gisela González Bárcenas, María Magdalena Huergo del Río y Miriam Mijangos León.
Revisión especializada: Dr. Alfonso Felipe Díaz Cárdenas, Dr. Víctor Manuel Fernández López.
Diseño y diagramación: Óscar Madrazo.
Correctores: Rafael Molina Pulgar y Patricia Straulino Muñoz de Cote.
Asistencia editorial: Julieta Arteaga Tijerina.

Los créditos de la página 320 forman parte de esta página.

D.R. © 1998 Reader's Digest México, S.A. de C.V.
Av. Lomas de Sotelo 1102
Col. Loma Hermosa, Delegación Miguel Hidalgo
C.P. 11200 México, D.F.

Derechos reservados en todos los países miembros de la Convención de Buenos Aires,
de la Convención Interamericana, de la Convención Universal sobre Derechos de Autor,
de la Convención de Berna y demás convenios internacionales aplicables.

Prohibida la reproducción total o parcial de esta obra.

Para facilitarle al lector la lectura de esta obra, algunos términos especializados, cuya explicación no resulta esencial
para comprender los textos, se han puesto en *cursivas* y sus definiciones se encuentran en el glosario de la página 305.

La figura del pegaso, las palabras Selecciones y Selecciones del Reader's Digest
son marcas registradas.

ISBN 968-28-0279-2

Editado en México por Reader's Digest México, S.A. de C.V.

Impreso en México
Printed in Mexico

ACERCA DE ESTE LIBRO

El propósito de este libro es de gran importancia. Parte del hecho de que los niños tienen la capacidad natural y un impulso innato por aprender y crear. Por ello, el título de esta obra no hace referencia a cómo hacer madurar o cómo acelerar el desarrollo, sino *Cómo estimular la inteligencia de sus hijos*. En estos tiempos de la información, la cultura y el cultivo de la inteligencia adquieren una relevancia extraordinaria.

En la primera parte del libro, aparecen una serie de preguntas acerca de lo que se entiende por "inteligencia". Esto permite aclarar un gran número de dudas y malentendidos. Se define la inteligencia humana como "la interacción de un conjunto de capacidades del individuo determinadas por las características biológicas, los procesos psicológicos, el entorno social y la conducta, que le permiten asimilar, retener, aplicar y modificar las experiencias necesarias para conducirse y adaptarse a su medio". Este conjunto de capacidades incluye habilidades intelectuales diferentes, como las musicales, lingüísticas, lógico-matemáticas, espaciales, interpersonales e intrapersonales, entre otras. Dichas habilidades interactúan con cualidades emocionales —por ejemplo, la autoestima, la imaginación, la independencia y la simpatía—, que llevan al individuo a la autorrealización.

El ser humano se ha preocupado por conocer la base orgánica de la inteligencia. Por ello, la segunda parte de este libro ofrece lo que se ha aprendido sobre esta máquina maravillosa que es el cerebro humano: habla acerca de la importancia de este órgano y sus componentes; explica situaciones de funcionamiento normal y disfunciones provocadas por daño orgánico; insiste, además, en la importancia de la salud y de la nutrición de la madre y del hijo en todas las fases del desarrollo cerebral, desde el embarazo y la etapa prenatal hasta la infancia y el comienzo de la vida adulta.

La tercera parte del libro constituye el foco central del mismo: los hijos y la estimulación de su inteligencia. Hasta hace poco, se consideraba que la salud y la nutrición eran los pivotes para el óptimo desarrollo de los hijos, y se pensaba que los aspectos psicológicos positivos eran consecuencia de la atención a los dos anteriores. Las investigaciones recientes han demostrado que salud, nutrición e interacciones humanas de calidad se retroalimentan unas a otras para favorecer el desarrollo humano. Se sabe que la calidad de la atención psicológica que se les brinda a los hijos tiene efectos en su salud y en la calidad del aprovechamiento nutricional.

El libro se concentra en la acción que los padres pueden llevar a cabo en los procesos de aprendizaje y estimulación del intelecto de sus hijos —como dice el educador inglés John Holt "los pájaros vuelan, los peces nadan, el hombre piensa y aprende"—. En aquél se exponen las etapas del desarrollo humano, haciendo hincapié en cuestiones que atañen al desarrollo intelectual. Se analiza la "ecología del desarrollo humano" dando especial atención a la familia. Salud, alimentación y juego guardan estrecha relación con el ambiente familiar en esta obra. La escuela recibe también un tratamiento extenso y, por último, el texto aborda la cuestión de la influencia de los medios de comunicación masivos.

Los procesos psicológicos básicos permean las recomendaciones de los editores: para estimular la inteligencia de los hijos se requiere reforzar sus comportamientos; es decir, recompensarlos y sancionarlos adecuadamente; ofrecerles modelos convenientes; pensar positivamente de su ser y de sus capacidades, y rodearlos de cariño. En definitiva, el libro coincide con John Holt: "El niño no tiene mayor deseo que poder entender el sentido del mundo, moverse libremente en él y hacer las cosas que ve hacer por los mayores."

Dr. F.H. Eduardo Almeida Acosta

Licenciado en Psicología Clínica
Maestro en Psicología Laboral y Doctor en Psicología Social
Director del Departamento de Ciencias Sociales
y Humanidades de la Universidad Iberoamericana Golfo Centro

ÍNDICE

Introducción 8

Capítulo 1
¿Qué es la inteligencia?.................................. 10

Capítulo 2
Nuestro cerebro, una máquina maravillosa 44

El cerebro humano 46

Fases del desarrollo cerebral........................... 72

Capítulo 3
Los hijos y la estimulación de su inteligencia 84

¿Qué es aprender?... 92

Aprender: una tarea del desarrollo................... 107

    Antes de nacer y el nacimiento................. 112

    Los dos primeros años (0-2)...................... 118

    Los años preescolares (2-6)...................... 131

- Los años escolares (6-12) 144
- La adolescencia (12-18) 152
- El adulto joven (18-34) 162

El ambiente y la familia 167

- La salud 233
- La alimentación 250
- El juego 264
- La escuela 274
- Los medios de comunicación 296

EJERCICIOS PARA EL INGENIO 304

GLOSARIO 305

SOLUCIONES DE EJERCICIOS 306

ÍNDICE ALFABÉTICO 307

BIBLIOGRAFÍA 318

CRÉDITOS Y RECONOCIMIENTOS 320

Introducción

Si la sociedad actual desea un futuro más favorable y enriquecedor es necesario que tenga especial interés en un tema que es fundamental para lograrlo: la estimulación de la inteligencia de los hijos.

En la medida en que los padres (y educadores) de hoy, así como los del futuro, tengan el mayor número de herramientas necesarias para contribuir al buen desarrollo integral de sus hijos, mayores serán los logros y las satisfacciones que ambas partes tengan.

El objetivo principal de esta obra es ofrecerle al lector una guía que lo ayude a contribuir a dicho desarrollo al estimular la inteligencia de sus hijos y, ¿por qué no?, la propia.

En *Cómo estimular la inteligencia de sus hijos* se enfatiza sobre la importancia de considerar que de acuerdo a las capacidades que constituyen la inteligencia —las cuales son producto de la herencia biológica del ser humano, de su interacción con los factores del entorno social, del comportamiento del organismo y de los procesos psicológicos resultantes—, es posible que se den las condiciones que promuevan la formación de seres humanos creativos, comprometidos con la defensa de toda vida y con su sociedad, y que a la vez que trabajen para el bien común logren el propósito central de la vida del ser humano: ser felices.

Este libro supone que el objetivo que deben tener los padres (y educadores) al darles a sus hijos una estimulación "adicional" —llamada así porque las personas se encargan por sí mismas, desde bebés, de seleccionar y organizar los estímulos que constantemente encuentran en el medio que los rodea— es contribuir a la formación de esos seres humanos creativos, críticos y capaces de aprovechar sus experiencias pasadas con el fin de resolver todos los problemas que encuentren o de crear caminos antes insospechados. Se trata de una labor que debe estar presente durante toda la vida y que requiere una gran dosis de amor.

Tal y como esta obra lo señala, una de las fortalezas de la gente creativa es la disciplina, aspecto en el que los padres (y educadores) pueden tener grandes influencias. El trabajo, la dedicación y la perseverancia son cuestiones que los hijos deben desarrollar, puesto que la posibilidad de resolver los conflictos que se les presenten— ya sea en la ciencia, en la música o en el deporte— depende del desarrollo de éstas, y no exclusivamente de la capacidad en abstracto del sujeto. Se requiere, por lo tanto, haberlas "pulido" y trabajado de la mejor manera posible.

Se ha descubierto que cuando los padres se empeñan en cuidar y proteger demasiado a sus hijos los presionan en exceso o les fijan metas que no precisamente corresponden a sus deseos y necesidades particulares, en lugar de contribuir para favorecer su desarrollo.

Cómo estimular la inteligencia de sus hijos parte del entendido que estimular la inteligencia de una persona no es una tarea que consiste en dirigir sus pasos ni hacerla que practique una serie de ejercicios diseñados metódicamente: implica abrir paso al desarrollo particular de cada individuo, ya que la vida del ser humano es un proceso de autorrealización, y nadie puede determinar el camino a seguir de otra persona sin correr el riesgo de matar la creatividad de ésta y la propia.

Asimismo, el texto plantea que la eficacia de la estimulación temprana —la que se da en los primeros años de vida— y de aquella que se proporciona al sujeto en etapas del desarrollo posteriores no puede evaluarse únicamente de acuerdo a los logros inmediatos. Si bien es cierto que un niño puede aprender a leer a los 12 meses de edad o saber contar antes que cualquier otro pequeño, es una realidad que estos logros son temporales y en muy pocas ocasiones determinan el curso posterior del desarrollo intelectual del individuo. Además, en algunos casos, la presión ejercida sobre el niño para alcanzar tales rendimientos puede resultar más perjudicial que benéfica.

Otro de los puntos centrales que aborda esta obra es que para estimular la inteligencia de los hijos es necesario que éstos establezcan metas que consituyan desafíos, que los comprometan con su propio crecimiento y que les permitan enfrentar las dificultades no como obstáculos, sino como oportunidades de aprendizaje y desarrollo.

Cómo estimular la inteligencia de sus hijos ofrece una perspectiva contemporánea de lo que es la inteligencia humana, con el propósito de ayudar al lector a integrar los conocimientos teóricos en su tarea cotidiana, pero fundamental, de colaborar en la formación integral de otro ser humano.

El libro no se limita a explorar el desarrollo intelectual sólo en los primeros años de la vida, ya que la inteligencia constituye un proceso de crecimiento y evolución constante mientras el individuo exista; señala también algunos aspectos de este desarrollo durante la adolescencia, la vida adulta e incluso los años de la vejez —durante los cuales continúa el crecimiento intelectual—. Asimismo, hace una revisón de aquellos problemas que pueden afectar las capacidades cognitivas del ser humano en cualquier etapa de su desarrollo, y da sugerencias para que puedan manejarse de la mejor manera posible.

Esta obra resulta, entonces, un libro indispensable en la biblioteca de toda persona que se interese en tener un desarrollo integral óptimo y en contribuir al de quienes lo rodean, a través de la estimulación de la inteligencia.

Los editores.

CAPÍTULO 1

¿QUÉ ES LA INTELIGENCIA?

Con el paso del tiempo, el ser humano ha logrado comprender que todo individuo es inteligente, y que lo que distingue a uno de otro es la forma de expresar su inteligencia. Así, se espera que se valoren como inteligentes tanto las realizaciones en la música, el ballet, o en el manejo de las relaciones humanas como los grandes logros en la física y en las matemáticas.

Este primer capítulo revisa las diversas concepciones acerca de la inteligencia —incluyendo su noción a lo largo de la historia— y las maneras en que ésta se manifiesta.

Asimismo, informa sobre las diferentes maneras que se han utilizado para valorar la inteligencia; revisa su trascendencia en el ámbito escolar, y su expresión constante en la vida diaria y profesional —la cual no puede evaluarse con pruebas psicométricas, por lo que existen diversos métodos para percatarse de la inteligencia de un niño o de un adulto—. Observa también que el desarrollo intelectual de cada ser humano es particular y distintivo; que está determinado no sólo por sus características biológicas sino también por factores sociales, por procesos y estructuras cognitivos, así como por el comportamiento cotidiano del organismo, el cual le permite interactuar con su entorno.

Por otra parte, aborda el tema relativo al concepto de la inteligencia como un rasgo común a todos los seres humanos, cuyas diferencias en ocasiones son el resultado de los factores socioculturales que los afectan; por último, comenta acerca de lo que se conoce sobre las personas sobredotadas en el plano intelectual.

Se espera que, mediante la lectura de este capítulo, el lector comprenda mejor la naturaleza de la inteligencia humana y sea capaz de desarrollar un criterio que guíe sus actividades, con el fin de favorecer su desarrollo intelectual o el de otras personas: en la medida en la que un ser humano pueda construir dicha concepción, podrá comprender e implementar las acciones necesarias para su óptimo desarrollo intelectual.

¿En qué consiste la inteligencia?

La inteligencia es un proceso en el que intervienen diversas capacidades. Es posible definir la inteligencia humana como la interacción de un conjunto de capacidades del individuo determinadas por: las características biológicas, los procesos psicológicos, el entorno social y la conducta. Tales capacidades se desarrollan gradualmente para permitirle al ser humano asimilar, retener, aplicar y modificar las experiencias y sensaciones necesarias para conducirse y adaptarse a su medio.

Algunos filósofos, como H. Bergson, han considerado a la inteligencia como la capacidad humana de dominar al mundo.

El aspecto biológico incluye la dotación genética y la fisiología de la persona. La primera se relaciona con lo que la persona hereda de sus antepasados por conducto de los genes y que predispone, de alguna manera, el desarrollo del que será capaz el individuo; la segunda se refiere al funcionamiento adecuado de los reflejos, de los sentidos y del organismo de la persona en general. Sin embargo, cabe aclarar que la presencia de una discapacidad física en una persona no implica que no sea inteligente, puesto que muchas veces la persona discapacitada logra superar sus limitaciones y se adapta con éxito a su ambiente social. Hay ciertas capacidades motrices, visuales, táctiles y algunas otras que se van desarrollando en determinadas etapas de la infancia, lo que equivale a decir que el niño tiene que haber alcanzado la madurez fisiológica y psicológica correspondiente para manifestarlas.

El aspecto biológico, los procesos psicológicos —los afectos, la memoria, la percepción, el pensamiento y el aprendizaje— y el ambiente en el que se desenvuelve una persona, aun desde antes de nacer, y la conducta están íntimamente ligados. Por ello, la capacidad intelectual del individuo está también influida por la estimulación que reciba de su medio, inicialmente de la familia y después de las diferentes instancias de la sociedad. Se considera que cuando dicha estimulación se da en una atmósfera de comunicación, motivación y cariño, es posible avanzar de manera importante en el desarrollo intelectual de la persona.

La cantidad de definiciones de inteligencia es proporcional a la cantidad de estudiosos del tema; sin embargo, los expertos coinciden en algunas habilidades generales, aunque hasta el momento sea muy difícil conocer todos los planos que intervienen en lo que se conoce como inteligencia. Entre estas habilidades están la capacidad práctica para resolver problemas, la habilidad verbal, la destreza para manejar símbolos lingüísticos y la capacidad de análisis y síntesis —necesaria para plantear opiniones y para hacer críticas—, la capacidad de aprendizaje, el poder de adaptación y la habilidad para alcanzar metas de escogidas racionalmente. Es probable que todas estas habilidades se relacionen con la conducta inteligente, pero las emociones y los sentimientos, que también requieren de la inteligencia para su expresión no se pueden excluir, por lo que manifestarlos adecuadamente genera una interacción apropiada entre las personas.

Lo que queda claro es que el estudio de la inteligencia debe considerar todos y cada uno de sus aspectos, pues el ser humano, además de formar parte de un todo, es en sí un ser integral, y ningún ser humano es igual a otro, aunque haya atravesado en la vida por circunstancias idénticas o parecidas. Resulta entonces necesario conocer los procesos de desarrollo y de maduración que viven las personas para ayudarlas a construir su capacidad intelectual.

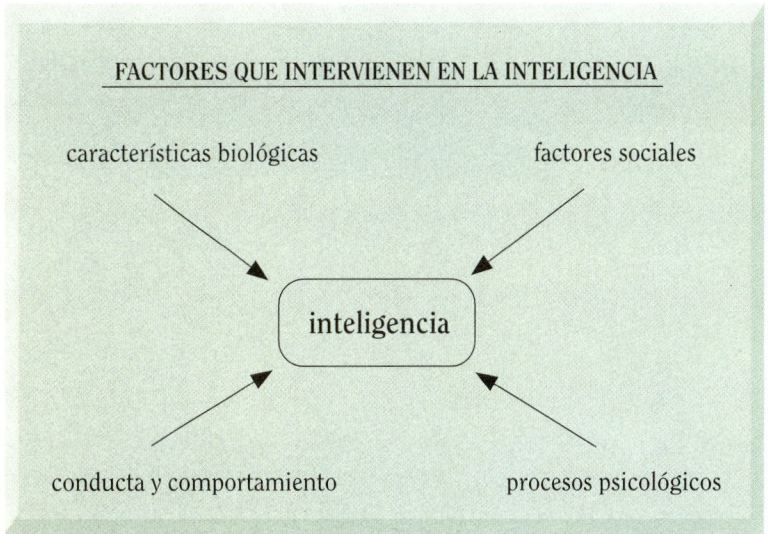

¿Quién estudia la inteligencia?

A lo largo de la historia, la inteligencia ha sido una facultad que ha interesado a diversas disciplinas que son complementarias y que tienen al hombre como objeto de estudio. Entre ellas destacan la filosofía, la medicina, la psicología y la pedagogía.

Para estudiar la inteligencia es necesario analizarla desde los enfoques que tales ramas del conocimiento ofrecen, así como conjuntarlos para comprender su naturaleza. Dependiendo de cada caso particular, el médico general, o bienn el familiar puede referir a la persona con el especialista más adecuado.

Filosofía

En esta disciplina, la inteligencia se relaciona con la capacidad cognitiva, la cual es un atributo esencial del ser humano. Aunque puede decirse que la inteligencia no constituye el objeto de estudio central ni tampoco el único de ninguna ciencia en particular, sí forma parte del universo de investigación de varias de ellas. En particular, la epistemología investiga el origen y el desarrollo del conocimiento humano y, por lo tanto, estudia el papel que tiene la inteligencia en dichos procesos.

Medicina

a) Neurología. Estudia las estructuras físicas y la fisiología del sistema nervioso, el cual es el fundamento orgánico de la inteligencia. Asimismo, explora, evalúa y diagnostica en el nivel orgánico, la inteligencia y sus posibles alteraciones, y determina sus posibles tratamientos. Los exámenes clínicos neurológicos pueden ser muy variados, y si el paciente es un niño, el neuropediatra debe atenderlo. La neurología se divide en varias ramas, entre ellas la neuroanatomía, la neuroquímica y la neurofisiología.

b) Psiquiatría. Se ocupa del origen, la dinámica, las manifestaciones y el tratamiento de algunos trastornos de la personalidad que tienen una base o una repercusión orgánica. La psiquiatría infantil se encuentra muy desarrollada en la actualidad y a través de ella suelen diagnosticarse y recibir tratamiento las enfermedades de origen orgánico.

c) Genética. La genética clínica estudia las alteraciones del crecimiento y del desarrollo prenatal y posnatal, para interpretar la posible relación entre los genes patológicos y los trastornos en la conformación física y funcional del individuo.

La intervención de esta especialidad consiste en asesorar para prevenir deficiencias de esta índole o para fomentar el desarrollo normal. Por ejemplo, la fenilcetonuria —anteriormente llamada oligofrenia fenilpirúvica—, ocasionada por un gen anómalo que altera el metabolismo de la fenilalanina, deteriora la inteligencia en grados muy diversos. En la mayoría de los casos, el llevar una dieta con la proporción de fenilalanina adecuada puede evitar, o por lo menos detener, los efectos de este trastorno de la salud.

Por lo general, el diagnóstico precoz de alguna anomalía, aun antes del nacimiento, puede traducirse en la eliminación o la atenuación de diversas alteraciones relacionadas con las características de la inteligencia de una persona.

d) Ginecobstetricia. Esta ciencia se encarga de supervisar la salud de las madres gestantes y de velar por que se eliminen, en caso de que existan, ciertos factores negativos durante el embarazo —el uso de drogas, las dietas insuficientes y las tensiones emocionales—, y durante el parto —traumatismos, infecciones y trastornos diversos—. La alimentación y las condiciones sanitarias adecuadas a lo largo de las etapas prenatal y posnatal, así como una buena atención médica y un buen cuidado perinatal, contribuyen en gran medida a que la salud y la inteligencia del niño tengan un desarro óptimo.

Psicología

La psicología clínica aplica los principios psicológicos al estudio y a la resolución de las diversas alteraciones de esta índole que puede presentar un ser humano en algún momento de su vida. En este caso, la inteligencia se puede evaluar para observar cómo ha sido su evolución, describir sus posibles alteraciones y, asimismo, predecir las diversas potencialidades con las que cuenta el individuo.

Este proceso puede ser cualitativo y cuantitativo, y los principales métodos que utiliza son la observación, la entrevista y la aplicación de pruebas psicométricas y proyectivas. Otras ramas de la psicología que también se encargan del estudio de la inteligencia son la educativa, la diferencial, la social y la comunitaria.

La psicología social investiga la relación que tienen los factores sociales en el desarrollo de la inteligencia.

Por su parte, la psicología educativa estudia las relaciones entre la enseñanza y el aprendizaje; es decir, se ocupa del estudio del papel que juega la inteligencia en la educación.

Pedagogía

Establece planes y estrategias de educación y capacitación de acuerdo con las necesidades específicas de los individuos, ya sea que posean una inteligencia normal, subnormal o que tengan necesidades especiales.

¿Cómo ha sido considerada la inteligencia a lo largo de la historia?

Desde su origen, el ser humano ha tenido una gran curiosidad por conocer la génesis de la inteligencia, y sobre todo los mecanismos con que funciona, con el propósito de dominarla.

El término inteligencia (de *intelligentia*, tal vez compuesto de *intus lego*, que significa "leer dentro de mí", fue acuñado por Cicerón con el fin de designar la capacidad para entender, comprender e inventar.

Entre otras cosas, la inteligencia ha significado el nivel o la capacidad cognitiva, la función intelectual simple, la nota esencial del ser humano, el principio espiritual y un ente inmaterial. De acuerdo con esto, suelen utilizarse términos como razón, intelecto, entendimiento, pensamiento, juicio o conocimiento, para referirse a lo que actualmente se conoce como inteligencia. Las concepciones filosóficas sobre la inteligencia fueron un tema central en el pensamiento de algunos filósofos griegos, como los siguientes:

• Critias (500 a.C.) sostenía que la mente era, simplemente, una acumulación de sangre alrededor del corazón.

• Protágoras (480-410 a.C.) afirmaba que conocer se reducía a las sensaciones, es decir, ver, oler, tocar, experimentar el calor y el frío, el placer, el dolor, el deseo, el miedo, la esperanza, etcétera.

• Sócrates (470-399 a.C.) pensaba que la inteligencia residía en el alma humana, que era inmaterial y que representaba una facultad distinta de los sentidos. Él fue el primer pensador occidental que descubrió el poder de percibir mediante la razón la estructura invariable de las cosas.

• Platón (428-347 a.C.) afirmaba que la razón era invisible e intangible, pero que era la facultad humana, independiente del alma, más exacta y de mayor alcance.

• Aristóteles (384-322 a.C.) señalaba que el paso de ser animal a ser hombre se caracterizó por la perfección de la inteligencia en su forma racional, propia del ser humano; él afirmaba que la razón era la facultad humana más distintiva, penetrante y de mayor alcance, y que sólo a través de ella se podía guiar la vida hacia una realización individual y una realización social plenas. Para Aristóteles, la inteligencia o la razón tenía una relación natural con el ser y era la parte más divina del hombre. Asimismo, se planteó el problema del origen del pensamiento racional del hombre (el cual, tras dos mil años de investigaciones, no se ha resuelto todavía).

Aristóteles era un pensador crítico consciente de las limitaciones de la razón: "el conocimiento es siempre muy parcial e incompleto y está sujeto a graves confusiones"; reconocía que la inteligencia humana estaba ligada con un cuerpo y no podía funcionar sin la ayuda de los sentidos. De acuerdo con Aristóteles, la inteligencia podía darle al ser humano cierto conocimiento de la naturaleza, pero en relación con los seres inmateriales, como el alma humana, su conocimiento era indirecto y negativo; no obstante, para él, la inteligencia era la más penetrante de todas las facultades, y era capaz de revelar muchos aspectos del ser que son totalmente invisibles para los sentidos. Las cuidadosas investigaciones críticas de Aristóteles acerca del proceso mental lo llevaron a formular concepciones revolucionarias como su propuesta en lógica, la cual se enfoca a los conceptos, las preposiciones y los razonamientos, que son los instrumentos del conocimiento.

La inteligencia persistió como noción cardinal en algunas filosofías, como la de H. Bergson, quien la concebía como la capacidad lógica y técnica para el dominio del mundo, frente a la intuición, que capta la esencia de la duración vital y espiritual.

En lo referente a los fundamentos biológicos de la inteligencia, es importante mencionar que durante mucho tiempo se pensó que ésta residía en el corazón o en el diafragma. Aristóteles consideraba que el pensamiento se generaba en el corazón y que el cerebro servía para enfriar el cuerpo. Durante el siglo VI a.C. se realizó un avance importante, debido a que el interés de los curanderos griegos se volvió hacia la observación y la experimentación.

Alcmeón, médico y filósofo griego, señaló las relaciones entre los órganos de los sentidos y el cerebro, de lo cual dedujo que el centro de la razón y del alma se localizaba en este órgano. Este primer movimiento científico se observa principalmente en los escritos de Hipócrates (460-375 a.C.), quien señaló el surgimiento de la Antigua Medicina, la cual consideraba al cerebro como la verdadera sede de la inteligencia. El cerebro fue descrito por Herófilo, quien le atribuía la fuerza pensante El punto culminante se alcanzó durante la vida del médico romano Galeno (130-200 d.C.) quien, con un enfoque científico, estudió la anatomía y la fisiología del sistema nervioso, postulando

Sócrates, célebre autor de las máximas "Conócete a ti mismo" y "Yo sólo sé que no sé nada", creía que la inteligencia era una característica humana que se alojaba en el alma.

¿QUÉ ES LA INTELIGENCIA?

Aristóteles marcó los lineamientos que seguiría el saber humano durante los 1 800 años siguientes a la fecha de su muerte. Para él, el perfeccionamiento de la inteligencia era el factor que había determinado el paso de animal a hombre.

la teoría del alma racional, misma que dividió en dos partes: una externa, que constaba de los cinco sentidos; y otra interna, cuyas funciones eran la imaginación, el juicio, la percepción y el movimiento. Galeno concluyó, de acuerdo con el pensamiento de Platón y en contra de las ideas de Aristóteles, que el asiento del alma era el cerebro y no el corazón. Los avances de la medicina en el estudio de las bases biológicas de la inteligencia son notables e impresionantes; sin embargo, muchas de las capacidades intelectuales se conocen sólo por sus efectos y el mecanismo de su función continúa siendo un misterio.

Hasta fines del siglo XVIII, el estudio de la naturaleza humana —conocida como psicología—, formaba parte de la filosofía, y a partir de entonces se expandió por obra de numerosos hombres de ciencia. En psicología, la inteligencia ha sido abordada mediante numerosos enfoques teóricos y metodológicos. Entre sus más sobresalientes investigadores y teóricos, que han sentado las bases para la concepción actual de la inteligencia se encuentran:

• A. Binet (1857-1910) se interesó en el estudio experimental de los procesos superiores, como la memoria, la imaginación y la inteligencia, y amplió el campo de aplicación de la psicología, ya que creó pruebas que permitieron cuantificar la inteligencia infantil; además, introdujo el concepto de *edad mental*. Binet consideró a la inteligencia como algo continuo.

• W. Stern (1871-1938) aportó la noción de *cociente intelectual* o CI —concepto definido en el capítulo 2— y estudió los problemas metodológicos relativos a su medición.

• J. Piaget (1896-1980), psicólogo suizo, es una de las figuras más importantes en la investigación del desarrollo de la inteligencia del niño, a la cual vinculó con los mecanismos de adaptación, teniendo en cuenta el papel de cuatro factores: la maduración del sistema nervioso, la experiencia del sujeto sobre los objetos, los factores sociales y el equilibrio en el sentido de autorregulación. Piaget concluyó que el desarrollo cognitivo no es continuo sino que se organiza en periodos sucesivos o estadios, cada uno de los cuales posee a su vez subestadios. Aun cuando todas sus investigaciones y trabajos se han orientado hacia el estudio de la normalidad en el desarrollo de la inteligencia, éstos han servido como base para numerosos trabajos, investigaciones y doctrinas sobre la infancia anormal.

• D. Weschler (1896-1981) creó las pruebas de inteligencia que llevan su nombre, las cuales constituyen uno de los exámenes de evaluación individual más utilizados.

La variedad de enfoques y teorías que existen para estudiar y definir a la inteligencia refleja la riqueza y la complejidad de la misma. Actualmente, se tiene una visión más integral del ser humano y de sus facultades; la inteligencia humana, propia y exclusiva del hombre, está determinada por la unidad de las características biológicas, psicológicas y sociales del individuo como un todo, alcanzando un mayor nivel de inteligencia aquel que al desarrollar y utilizar de manera adecuada sus potencialidades intelectuales para lograr una mayor adaptación al medio que le rodea, alcanza la madurez de su personalidad.

¿Qué teorías existen actualmente sobre la inteligencia?

La inteligencia se estudia desde diversos enfoques o perspectivas teóricos; entre los principales están:

a) Enfoque psicobiológico. En él se consideran los fundamentos biológicos, los fisiológicos, los neurológicos, los bioeléctricos y los bioquímicos de la inteligencia.

b) La perspectiva experimental del pensamiento y de la conducta inteligente, la cual tiene diversas tendencias:
- La introspectiva de la intencionalidad y las representaciones mentales.
- La teoría de la Gestalt, que subraya la reorganización perceptiva generadora de la comprensión.
- Los diversos funcionalismos, que conciben la inteligencia como adaptación a situaciones nuevas.
- Las corrientes conductistas y neoconductistas, que estudian la inteligencia mediante diversos modelos de aprendizaje, con sus variantes cognitivas, por ejemplo, las que la entienden como capacidad de inhibición de respuestas, y ensayo y error mentales.
- La perspectiva de la psicología cognitiva, que considera a la inteligencia como un sistema de procesamiento y que estudia las estrategias y los componentes de la recepción, la codificación y la elaboración de la información mediante procedimientos experimentales, modelos y programas de imitación de la inteligencia.

c) El enfoque genético, el cual ofrece diversas áreas de estudio:
- La indagación filogenética, que estudia la inteligencia considerando la evolución del ser humano y que señala la importancia de la diferenciación y la creciente complejidad del sistema nervioso, así como su progresiva encefalización.
- El estudio ontogenético, el cual abarca una serie de teorías que consideran el desarrollo de la inteligencia durante la vida del individuo, entre las que se encuentran:
  - las teorías madurativas, que señalan la importancia de la maduración de las aptitudes innatas;
  - las teorías empiristas, que hacen hincapié en el aprendizaje acumulado;
  - las teorías constructivistas, que subrayan la actividad innovadora del sujeto.

d) La perspectiva diferencial, la cual se refiere a las teorías que estudian las variaciones de la inteligencia a partir de las diferencias entre los individuos y los grupos:
- teorías psicométricas
- teorías factoriales
- teorías sociales
- teorías culturales
- teorías ecológicas

Esta pluralidad de teorías refleja las numerosas facetas y la multilateralidad de la inteligencia, por lo que es indispensable un esfuerzo de coordinación entre ellas. Sin ser definitivo, se puede considerar a la inteligencia como un sistema jerarquizado de procesos y estrategias cognitivos, debidos a la interacción entre la herencia, la organización cerebral, la conducta y el entorno social de la persona, que le permite resolver problemas y crear productos.

¿Es la inteligencia lo que nos hace humanos?

Este planteamiento da lugar a confusiones conceptuales y controversias debido a que,

Debido a su gran capacidad de adaptación e inteligencia, "el mejor amigo del hombre" ha sido protagonista de numerosas investigaciones y experimentos realizados por el ser humano. No obstante, las características de su inteligencia distan mucho de las humanas.

si bien es cierto que los animales tienen inteligencia, la diferencia entre éstos y el hombre radica precisamente en el perfeccionamiento de esta función en su forma racional, propia del ser humano; es decir: la inteligencia racional sitúa al ser humano como la especie más evolucionada del reino animal.

Sin embargo, la afirmación anterior puede conducir a múltiples refutaciones si se analizan otros aspectos, pues a pesar de que la inteligencia racional es una característica exclusiva del ser humano, hay quienes consideran que es solamente uno de los muchos factores que determinan su naturaleza. Entre estas concepciones se encuentran, por ejemplo, las filogenéticas, que consideran todos los aspectos concernientes a la evolución del ser humano y al desarrollo de las características propias de la especie; las concepciones que perciben al hombre como una unidad biológica-psicológica-social y las teorías filosóficas —e incluso teológicas— interesadas en definir al ser humano como un ente en toda su complejidad y que abarcan aspectos más amplios que los que se relacionan exclusivamente con la inteligencia.

La naturaleza humana es tan compleja que no es posible concebirla bajo un solo esquema conceptual; por ello, la noción de inteligencia se considera cada vez más como un principio multifactorial.

¿Hay varios tipos de inteligencia?

A partir de los trabajos de John P. Guilford y de Howard Gardner, se ha revisado detalladamente el concepto de inteligencia; para Guilford, es posible conceptualizarla como un modelo factorial en el que existe una gran variedad de habilidades intelectuales que, si bien están vinculadas entre sí, poseen características distintivas.

Así, por ejemplo, la capacidad para producir variantes de una transformación visual implica procesos diversos de la capacidad para evaluar una transformación semántica. En este sentido, se podría hablar de diferentes habilidades intelectuales, las cuales, combinadas de maneras diversas, producirían la inteligencia de cada individuo.

Aunque la posición de Gardner va más allá y propone que la inteligencia humana

no es una entidad sólida, única y general sino que es posible hablar de siete inteligencias humanas, cada una con procesos cognitivos particulares y con historias de desarrollo diferentes. Todo individuo tendría un perfil intelectual, dependiendo de sus fortalezas y debilidades, en cada una de ellas.

Las inteligencias propuestas son:
• Musical
• Lingüística
• Lógico-matemática
• Espacial: la capacidad para resolver problemas o crear productos en la organización del espacio.
• Interpersonal: implica el conocimiento de los demás.
• Intrapersonal: implica el conocimiento de uno mismo.
• Cinestésico-corporal: la capacidad para crear con el movimiento corporal.

Por otra parte, a partir del surgimiento de las computadoras, se ha visto la posibilidad de considerar las actividades de éstas como una manifestación de inteligencia.

John McCarthy fue probablemente quien acuñó el término "inteligencia artificial", al parecer durante la conferencia realizada en 1956 en el Dartmouth College, en la cual 10 científicos notables se reunieron para estudiar la posibilidad de construir programas de computación que dieran como resultado comportamientos inteligentes por parte de la computadora.

Algunos investigadores consideran que el objetivo de la inteligencia artificial es crear programas o sistemas capaces de simular la mente humana, mientras que otros creen que únicamente permitirá comprender mejor ésta, pero que existen por el momento diferencias cualitativas importantes entre la mente y la computadora.

Entre los objetivos de la inteligencia artificial está el diseñar una computadora capaz de aprender de la experiencia; esto se ha estudiado en el campo de reconocimiento de patrones, por ejemplo, visuales: ¿cómo puede una computadora aprender a reconocer imágenes o incluso rostros? Otra área interesante es el diseño de programas y de sistemas que puedan comprender el lenguaje como lo hace un ser humano.

¿Es lo mismo inteligencia que pensamiento?

Una característica específica del ser humano es su capacidad de formar e integrar conceptos, es decir, representaciones intelectuales o mentales que le dan significado a algo. En psicología, los conceptos se consideran sistemas de respuestas aprendidas que permiten interpretar y organizar la información que se capta con los sentidos y que, independientemente de la estimulación del medio, modifican el comportamiento y permiten aplicar lo aprendido en el pasado a la situación presente. Pensar es una función cognitiva y, aunque es indispensable para la inteligencia, constituye sólo un aspecto de ella. La inteligencia posee una riqueza más amplia, compleja y multilateral e implica la interacción con el ambiente físico, social, cultural y afectivo que rodea al individuo. Cabe señalar que las pruebas de inteligencia hacen especial hincapié en el factor de comprensión conceptual, lo que en cierto modo puede propiciar la confusión.

Para estudiar las alteraciones del pensamiento, tradicionalmente se ha apelado al estudio de otra función: el lenguaje; sin embargo, hoy en día se sabe que el pensamiento y el lenguaje no están totalmente correlacionados. Entre los medios que se utilizan para explorar los trastornos del pensamiento están la entrevista clínica, la observación de la conducta verbal y las técnicas proyectivas.

Algunos ejemplos de los trastornos formales del pensamiento son:
• La inhibición del pensamiento, es decir, el empobrecimiento de las asociaciones y del contenido; este trastorno es típicamente depresivo.
• La incoherencia, o sea, un encadenamiento ilógico de ideas que da por resultado un lenguaje incomprensible, propio de los esquizofrénicos y de los pacientes confusionales.
• El flujo de ideas, que es una afluencia de ideaciones que no logran asociarse de manera importante; este trastorno por lo general lo sufren las personas alcohólicas y esquizofrénicas.

¿Se hereda la inteligencia?

Es indudable que la inteligencia tiene una base genética. Actualmente se tiene conocimiento de 1 500 *síndromes* patológicos que están determinados genéticamente; muchos de ellos afectan en gran medida a la inteligencia. Ésta, basada en la dotación genética, depende de los factores que determinan la actividad del sujeto en su ambiente, de ahí que las condiciones sanitarias, alimentarias y educativas provoquen el aumento o la disminución del nivel de inteligencia.

En realidad, tanto los factores genéticos como los ambientales son básicos para reducir o elevar el nivel intelectual, pero es importante subrayar que las fuerzas ambientales son eficaces únicamente dentro de los límites fijados por la herencia.

La proporción en que la herencia determina la inteligencia se ha observado al estudiar gemelos idénticos, es decir, homocigotos o provenientes de la división del mismo óvulo fecundado (cigoto); al parecer, los resultados indican que los cocientes intelectuales de éstos se encuentran estrechamente relacionados y que, aunque ambas personas sean criadas por separado, en la mayor parte de los casos sus cocientes intelectuales se relacionan más que los de hermanos gemelos heterocigotos, o sea, de los que no son idénticos.

¿Existe la inteligencia emocional?

Este término es reciente en el ámbito psicológico, pues apareció por primera vez en 1990 para referirse a las cualidades emocionales que contribuyen para que una persona tenga éxito. Entre ellas están la empatía, la expresión y la comprensión de los sentimientos, así como la independencia, la capacidad de adaptación, la habilidad para resolver problemas de manera interpersonal, la persistencia, la cordialidad, la amabilidad y el respeto hacia los demás.

Según los psicólogos que justifican este término, la inteligencia emocional es distinta de la cognitiva. Con el fin de ayudar al niño a desarrollar su inteligencia emocional, se propicia en él la capacidad para controlar sus emociones y sus sentimientos, así como las conductas que le sean de utilidad para relacionarse de forma adecuada con su medio social. Aunque no hay un instrumento para evaluarla, se ha acuñado el término "cociente emocional" o CE.

Si bien no se pueden medir fácilmente los rasgos sociales y de la personalidad, es posible reconocer en el niño la confianza en sí mismo, la amabilidad y el respeto hacia

Aunque la genética influye en el grado de inteligencia de una persona, el entorno social y ambiental en el que se desarrolla es determinante para su consolidación.

los demás. La inteligencia cognitiva se mide a partir de determinadas habilidades, como la memoria, la capacidad verbal y visual, el vocabulario, el pensamiento abstracto y la aptitud para resolver problemas, todo lo cual constituye el cociente intelectual (CI). Sin embargo, se dice que el CI y el CE no resultan conceptos opuestos, sino que interactúan dinámicamente.

Los psicólogos que están a favor del concepto de inteligencia emocional consideran que los padres son las personas indicadas para ayudar más a sus hijos a desarrollarla, ya que de esta manera pueden criar y educar a niños felices, saludables y productivos. Los padres que tienen un CE elevado se caracterizan porque dan orientación sin ejercer el control, explican sus acciones, permiten que sus hijos participen en decisiones importantes e impulsan la independencia de éstos a la vez que les asignan responsabilidades con la familia, los compañeros y la comunidad. Estos comportamientos fomentan en el niño la autoestima, la independencia, la imaginación, la adaptación y la simpatía, lo cual da como resultado el desarrollo de una inteligencia emocional elevada.

Estos psicólogos recomiendan que se preste atención a los logros y a las conductas positivas de los niños y no, como generalmente tienden a hacer los padres, que dirijan su atención a las conductas negativas. Proponen que padres e hijos hablen de sus sentimientos, emociones, errores y verdades, sin importar cuán graves sean. De ese modo, el hijo puede "ponerse en los zapatos del otro" —lo cual se conoce como empatía— y aprende nuevos formas de solucionar problemas. Esto también les transmite el mensaje de que sus padres tienen la fuerza emocional necesaria para enfrentar situaciones difíciles y, por lo tanto, de manera implícita le comunican que él puede hacer lo mismo. Sugieren a los padres que les enseñen a sus hijos a ser optimistas, brindándoles oportunidades de enfrentar y dominar desafíos adecuados para su edad. Para ello, pueden alentar a sus hijos a resolver problemas sin intervenir. Aconsejan que los padres les enseñen a sus hijos formas de negociar, de administrar su tiempo y de evaluar el resultado de su esfuerzo.

¿Es menos inteligente un artista que un matemático?

Se considera que el nivel de inteligencia de una persona está determinado por la integración de diversas facultades. Algunos investigadores consideran que las aptitudes propias de un artista y las de un matemático, por ejemplo, son diferentes y evidencian la especialización de distintos tipos de capacidades de funcionamiento intelectual, pero estas diferencias normalmente son cuestión de grado y no suponen una superioridad de un individuo sobre otro en el plano intelectual, o que uno sea más inteligente que el otro.

El que una persona tenga habilidades o aptitudes sobresalientes en una determinada área, si bien puede significar una mayor especialización de un hemisferio cerebral —el hemisferio izquierdo que controla el lenguaje y se especializa en las funciones numéricas, mientras que el derecho

Para muchos, las matemáticas son la materia escolar y profesional más compleja y difícil. Sin embargo, no por ello puede decirse que una persona que domina esta ciencia es más inteligente que quien se dedica a actividades relacionadas con otras áreas del conocimiento humano.

controla las relacionadas con lo artístico— también pueden ser el resultado de diferentes oportunidades en los entornos social, cultural, educativo y afectivo, que permitieron o propiciaron el desarrollo de dichas características por encima de otras.

En realidad, consideraciones acerca de si un artista es menos inteligente o no que un matemático se manejan con frecuencia en los ámbitos de la apreciación y la opinión —sin seguir para ello ninguna metodología—, los cuales suelen estar determinados por los valores propios de la cultura de cada sociedad. Las aptitudes específicas que son objeto de una apreciación especial en una sociedad suelen depender de lo que ésta necesita para su defensa y economía, de la diversidad de su población y de su particular ideología. Por ejemplo, los chinos de la era prerrevolucionaria apreciaban sobre todo el dominio de la forma escrita del lenguaje, y los sofistas de Atenas estimaban la destreza oratoria. En las sociedades occidentales actuales, han destacado las destrezas lingüísticas y numéricas como signos esenciales de la inteligencia y, con ello, de la oportunidad de éxito en los diversos aspectos de la vida. En este sentido, a las aptitudes artísticas se les confiere un valor secundario e incluso recreativo, o se les discrimina considerándolas "poco inteligentes".

Es importante señalar que la personalidad humana es tan compleja que la vocación profesional o las áreas en las cuales se desenvuelve el individuo no necesariamente reflejan las mejores aptitudes del individuo ni su inteligencia; de hecho, puede ocurrir que sean precisamente las áreas en las que tenga más dificultades o menor habilidad para realizar el trabajo que las caracteriza, lo cual puede suceder por motivación interna. De la misma manera, en nuestros días el trabajo humano, más que tener una causa o motivación interna, puede estar determinado por necesidades externas, como las económicas, que muchas veces no tienen nada que ver con las verdaderas aptitudes o aspiraciones de la persona.

GENIO Y LOCURA, ¿FRONTERAS INCIERTAS?

Se considera que un genio es una persona capaz de creaciones originales en el ámbito científico o artístico y que posee disposiciones y facultades de inteligencia que le llevan a ser reconocido como excepcional en el campo al que pertenece.

Se han documentado casos en los que el sentido de inspiración y el deseo de alcanzar determinadas metas sitúan al genio, a veces peligrosamente, cerca de la locura con sus tendencias delirantes y manías.

Los estudios sobre el genio en relación con la locura son numerosos, y han encontrando que un gran número de genios se convirtieron más tarde en enfermos mentales (maníacos-depresivos o esquizofrénicos), existiendo ciertos caracteres anómalos que se asocian con algunos tipos de hombres eminentes (filósofos, artistas, dramaturgos, etc.). Algunas investigaciones han revelado que la existencia de trastornos mentales es seis veces mayor entre artistas y creativos que en el resto de las personas. Desde luego que no todos los genios, ni la mayoría de ellos, sufren trastornos mentales; pero parece existir cierto vínculo entre ambos, cuyo origen puede ser muy variado y en gran medida incierto.

¿Qué quiere decir "ser listo"?

En un sentido amplio, la expresión "ser listo" se emplea de manera indiscriminada para hacer alusión a una persona que exhibe algún comportamiento, alguna reacción o actitud considerados "inteligentes", o bien se usa como sinónimo de "ser inteligente". Aunque no existe una definición precisa y clara de lo que significa "ser listo", por lo general se relaciona con una forma adecuada y oportuna de reaccionar o actuar ante una circunstancia dada, es decir, con la aplicación conveniente de la inteligencia.

A menudo "ser listo" se relaciona con la velocidad con que responde un individuo en forma adaptada o correcta ante diferentes situaciones, lo que también se conoce como "agilidad mental". Asimismo, frecuentemente se considera que una persona "es lista" cuando exhibe un comportamiento ingenioso, considerando al ingenio como la

facultad para discurrir o inventar con prontitud y facilidad.

La expresión "ser listo" se ha empleado tan ampliamente que en ocasiones puede referirse a la cultura de una persona, a su intuición, entendimiento o capacidad para discernir, razonar o ser creativa. En algunos contextos, incluso llega a usarse en forma despectiva para denominar a un individuo cuyo comportamiento se considera abusivo u oportunista.

¿Es cierto que las personas de frente amplia son las más inteligentes?

No se ha encontrado una relación sistemática entre el nivel de inteligencia de un individuo y el tamaño de su frente. Las diferencias en la forma y el tamaño craneofaciales entre los seres humanos se deben a la diversidad étnica, de la cual no ha sido posible establecer una supremacía intelectual de un grupo sobre otro, a pesar de que la inteligencia tiene una base genética. Si bien es cierto que en el nivel evolutivo de la escala animal se ha observado que la racionalidad de una persona parece estar dada, entre otras cosas, por el mayor desarrollo del encéfalo —de mayor tamaño que el de cualquier otra especie en relación con el peso corporal—, entre los seres humanos no han podido establecerse diferencias importantes en el tamaño de la masa encefálica.

Aunque en ocasiones se ha observado que un mayor volumen de una determinada área puede vincularse con una mayor habilidad o aptitud en la función que dicha zona desempeña —por ejemplo, el mayor tamaño del área temporal puede relacionarse con una mayor aptitud auditiva, pro-

Aunque para algunos maestros el niño más listo es aquel que siempre es el primero en levantar la mano para contestar, el ser listo tiene implicaciones más profundas y diversas.

pia de los músicos—, esto no significa que tal individuo sea más inteligente, aun cuando el área frontal esté vinculada con la racionalidad humana.

Quizá la creencia de que las personas de frente amplia son más inteligentes se relacione con la madurez del adulto que, debido a su edad, ha perdido el cabello o padece calvicie. Ante esta característica física, ciertas personas podrían pensar que la frente más amplia se relaciona con la forma de proceder del individuo en cuestión, que en apariencia o en la realidad podría ser más segura, adaptada o inteligente, lo cual no está dado por el tamaño de su frente.

¿Se puede reconocer la inteligencia por la mirada?

A lo largo de la historia del hombre, la mirada ha suscitado múltiples inquietudes y explicaciones. Se le ha llegado a considerar como un reflejo o una ventana del mundo interior del ser humano: de lo que es, no sólo en el plano moral o espiritual, sino también en el nivel intelectual; sin embargo, tales apreciaciones no dejan de ser subjetivas, ya que no existen parámetros objetivos para reconocer a través de la mirada la inteligencia de un individuo.

Mediante la observación de la mirada y del movimiento ocular, es posible apreciar el óptimo funcionamiento o bien la alteración de algunas funciones neurológicas, o incluso el momento en que el individuo trata de evocar un recuerdo, pero no su grado de inteligencia. Se considera que la expresión de la mirada de un individuo puede reflejar su estado de salud y su personalidad —incluidas sus características predominantes—, así como su estado emotivo, particularmente los rasgos patológicos, como en el caso de la paranoia—. Es común que una persona se forme un concepto de otra mediante la impresión subjetiva de algunas características, cuya interpretación, en la mayoría de los casos, depende más de quien las percibe que de quien las posee.

Para medir la inteligencia se requiere, según las diferentes pruebas que se han elaborado para tal propósito, la evaluación objetiva de las diversas aptitudes que la conforman. A pesar de seguir una metodología, estas pruebas han sido objeto de muchas controversias y tienen ciertos límites y carencias de validez o confiabilidad.

¿Tiene que ver la miopía con la capacidad intelectual?

La miopía es un defecto por el que la visión de los objetos lejanos resulta borrosa, debido a que el globo ocular es más largo y los rayos no convergen en la retina, sino delante de ella. La miopía puede ser estática o degenerativa, y presenta diversos grados de limitación visual. Aunque en muchos casos su presencia puede ser casi imperceptible, en ocasiones puede alterar el óptimo desarrollo intelectual, particularmente en el niño.

La percepción visual humana iguala al lenguaje en complejidad y pasa por fases evolutivas comparables. La visión no es una función autónoma que pueda aislarse, sino que se halla profundamente integrada a todo el sistema de acción del niño, como la postura, la habilidad y la coordinación manuales, la inteligencia y la personalidad. Por esta razón, aun los defectos menores en la función visual revisten una gran impor-

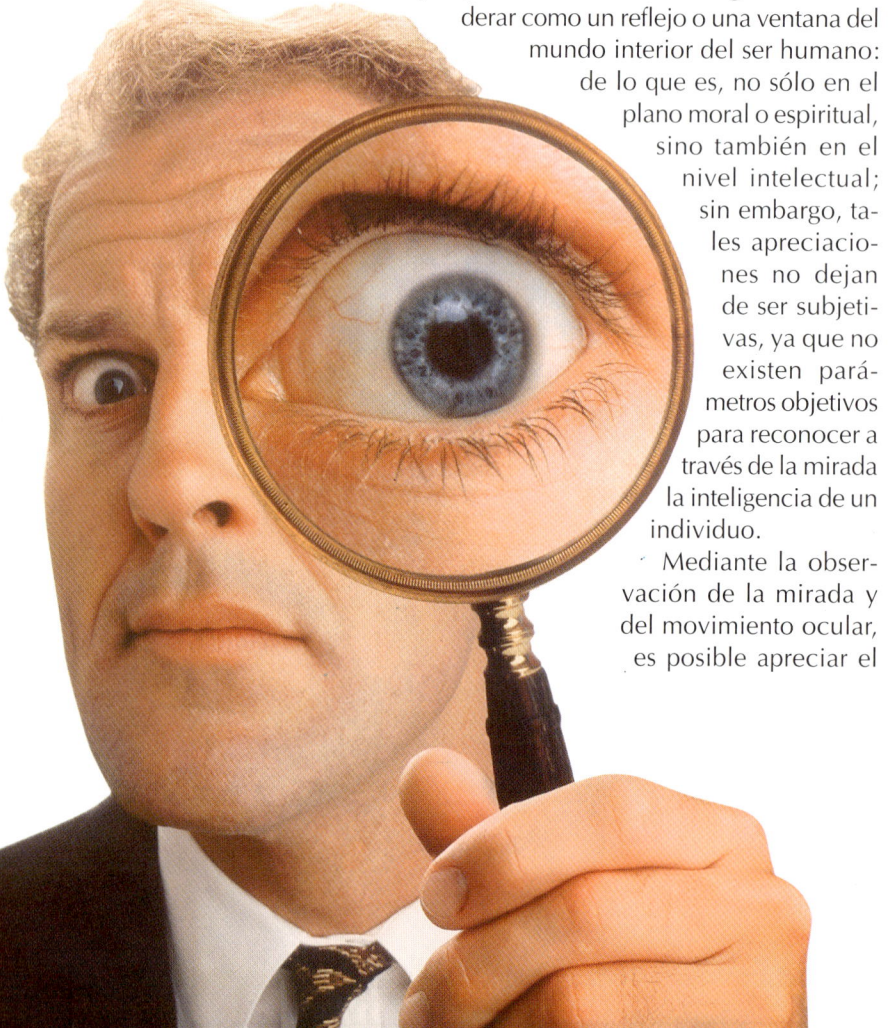

Frecuentemente se dice que los ojos son las ventanas del alma; sin embargo, no por ello puede afirmarse que también son las ventanas de la inteligencia.

tancia y deben ser tratados de una manera profesional para reducir sus efectos al mínimo.

La visión es el más complejo y objetivo de todos los sentidos, ya que suministra un informe detallado del mundo exterior y registra simultáneamente la posición, la distancia, el tamaño, el color y la forma; además, se encuentra en estrecha relación con otras actividades sensoriales, en particular con el tacto y con la actividad motriz. Por todo ello, su funcionamiento es muy importante para el desarrollo intelectual.

En la edad preescolar, la miopía puede pasar inadvertida, particularmente si el defecto ocasionado es leve; no obstante, algunos amaneramientos visuales, como entrecerrar los párpados, o ciertos movimientos repetidos de la cabeza, pueden ser síntomas de dicho defecto. Éste, por su parte, puede llegar a causar alteraciones en la personalidad o en el intelecto, dando lugar en muchas ocasiones a problemas escolares, particularmente de rendimiento académico; por lo tanto, ante la presencia de los indicios mencionados anteriormente, conviene evaluar el funcionamiento visual.

¿Es señal de gran inteligencia la capacidad para expresarse?

La habilidad lingüística de una persona, incluida la facilidad para expresarse en forma oral, es uno de los rubros centrales con base en los cuales se pretende medir la inteligencia mediante pruebas elaboradas para tal fin. De forma general, se puede decir que el funcionamiento verbal tiene una estrecha relación con las diversas funciones intelectuales, por lo que es común que al encontrar una puntuación elevada en las escalas verbales de las pruebas de inteligencia, ésta tenga una relación directa con las otras áreas. No obstante, también es posible que existan individuos en los cuales la facilidad de expresión oral sea muy notoria, sin que ello signifique necesariamente un nivel óptimo en el resto de sus habilidades. Esta facilidad puede sen-

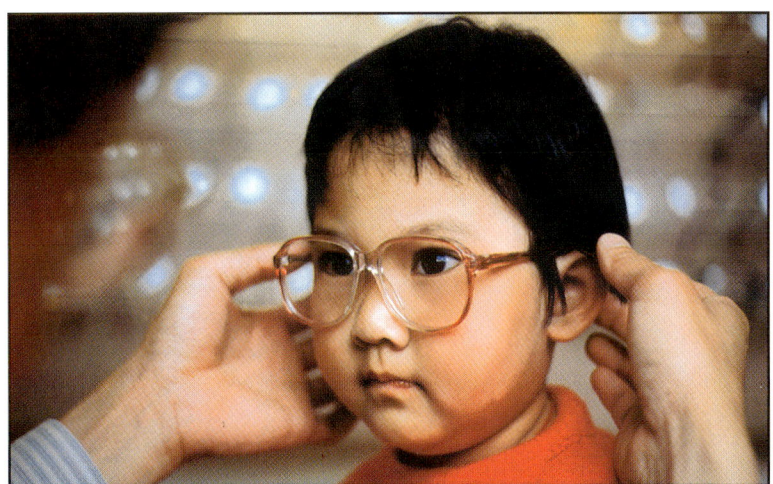

ASEGÚRESE DE QUE SU HIJO VEA BIEN

La función visual madura en los primeros 8 o 10 años de vida, en los que el cerebro "aprende a ver", por lo que cualquier defecto visual puede influir para que su estimulación no sea adecuada: si las imágenes que recibe la corteza cerebral son defectuosas y no se detecta el problema antes de la edad escolar, la capacidad visual puede quedar dañada, y esto puede ocasionar desde dificultades en el aprendizaje y problemas escolares hasta una grave alteración del desarrollo integral del niño, incluyendo una evolución de sus facultades intelectuales inapropiada. Afortunadamente, la gran mayoría de los defectos visuales son susceptibles de corregirse en cierta medida, que frecuentemente está relacionada con la precocidad con que sean descubiertos y atendidos. Como los niños no saben si ven bien o no, no es común que por sí mismos alerten a sus padres al respecto; la aparición constante de uno o varios de los siguientes síntomas puede ser motivo de una consulta al especialista:

- enrojecimiento de los ojos
- conjuntivitis
- descamación de pestañas o aparición de granitos
- dolores de cabeza
- amaneramientos visuales: que el niño guiñe o entorne los ojos, o tuerza la cabeza para fijar la atención
- fuerte parpadeo al contacto con la luz del sol
- cansancio o parpadeo intenso después de la lectura
- cualquier otro síntoma que resulte dudoso para los padres con respecto a la visión de su hijo

Es preciso que durante los chequeos periódicos, el pediatra revise la vista del niño; ante cualquier sospecha o síntoma de los referidos, el menor deberá remitirse directamente con un oftalmólogo, quien puede valorar y diagnosticar acertadamente la visión del pequeño.

La capacidad para expresarse es una cuestión muy personal, pues está determinada por las características de cada individuo. A pesar de ello, al parecer las mujeres suelen tener esta capacidad más desarrollada que los hombres.

cillamente manifestar una mayor especialización de las aptitudes verbales. De hecho, existen síndromes, como el de Williams, que presentan un patrón de habilidades verbales muy superior a lo que se esperaría a juzgar por las demás aptitudes intelectuales de la persona. Este síndrome se caracteriza por una deficiencia mental de ligera a moderada.

Es importante señalar que una aparente facilidad para expresarse, que pudiera atribuirse de manera empírica —sin seguir una metodología objetiva— a un nivel de inteligencia superior, en realidad puede ser producto de una personalidad caracterizada por la extroversión. Del mismo modo, es posible que un individuo que tenga una personalidad con rasgos de introversión muestre aparentes dificultades para expresarse, sin que ello esté relacionado con su capacidad intelectual.

¿Es lo mismo creatividad que inteligencia?

La diferencia que hay entre los conceptos de creatividad e inteligencia en ocasiones resulta tan confusa que se han utilizado como sinónimos sin serlo.

La creatividad se ha definido desde diversos ángulos, pero en términos generales se considera como la capacidad para realizar innovaciones valiosas a través del establecimiento de nuevas relaciones, la recombinación de las que se poseen, la adopción de medios y métodos originales, así como otros recursos.

Al individuo dotado de un rico y variado conjunto de esquemas, imágenes, conceptos y reglas suele considerársele inteligente, mientras que a la persona que emplea estas unidades de forma a la vez original y constructiva, se le califica como creativa. Una idea creativa deriva de un conjunto previo de explicaciones y soluciones a un problema, es decir, nunca se da sola o sin que guarde relación con soluciones anteriores.

Se han distinguido por lo menos cinco grandes obstáculos que dificultan la generación de soluciones creativas: la incapacidad para comprender el problema en cuestión, el olvido de los elementos que lo conforman, los conocimientos insuficientes en torno a éste, una firme creencia en reglas incompatibles con la hipótesis correcta y, por último, el miedo al fracaso. En cierta forma, una persona con una inteligencia superior tiene mayores posibilidades de tener capacidades creativas, pero no siempre es así. Además, es posible que un individuo sea creativo sin ser inteligente, o incluso que no presente rasgos sobresalientes en ninguna de las dos capacidades.

Se han realizado estudios en los que se aplicaron pruebas de inteligencia y de creatividad a los mismos sujetos, y se correlacionaron sus resultados. Se encontró que los individuos que sobresalen tanto en inteligencia como en creatividad por lo general muestran confianza en sí mismos, son sociables y parecen tener una actitud menos severa ante los errores, además de tener un buen rendimiento escolar.

¿Es posible medir el grado de inteligencia de una persona?

Sí, es posible; se mide con ayuda de instrumentos denominados "pruebas de inteligencia", los cuales tienen como objetivo determinar el rendimiento intelectual en diversos campos.

El interés en aplicar métodos científicos para estudiar la conducta humana, que originó la disciplina moderna de la psicología, se inició hacia 1890, cuando Wilhelm Wundt se dedicó a medir las diferencias individuales y a clasificar a los estudiantes según su inteligencia. Numerosos investigadores se han preocupado por definir los criterios de este tipo de medición, lo cual ha suscitado muchas controversias, todavía no resueltas completamente. Los problemas principales son la naturaleza de la inteligencia y la manera en que ésta debe medirse.

En 1905 apareció en Francia la primera prueba formal y cuantitativa de la inteligencia a partir de los trabajos de Alfred Binet y Théodore Simon sobre la viabilidad de brindar educación a personas con limitaciones mentales. El objetivo principal de esta prueba fue predecir el rendimiento escolar. Consistía en un conjunto de problemas organizados por orden de dificultad; sin embargo, en su primera revisión —en 1908— se modificó este esquema para adoptar la forma que se conoce actualmente: un conjunto de problemas para cada serie de edades. La finalidad de este examen es descubrir la "edad mental", la cual representa los logros característicos de cada edad en los niños. Se dice, por ejemplo, que un niño tiene una edad mental de cinco años, independientemente de su edad cronológica, cuando, según los resultados obtenidos en dicha prueba, realiza lo que se espera de un niño que tiene esa edad.

Años más tarde, en 1912, Stern describió el "cociente de inteligencia" (CI) como la relación entre la edad mental (EM) dividida entre la edad cronológica (EC) por 100 (CI= (EM/EC) x 100). En 1916, Terman, de la Universidad de Stanford, llevó a cabo una nueva estandarización de esta prueba, mejor conocida como "escala de inteligencia de Stanford-Binet", que fue revisada por última vez por él en 1937 y que con frecuencia se emplea, para los niños principalmente, sobre todo cuando se trata de evaluar la deficiencia mental.

Debido a la dificultad de aplicar el concepto de edad mental a los adultos —pues se considera que aproximadamente a partir de los 16 años las diferencias son poco importantes bajo esta perspectiva—, muchos profesionales prefieren recurrir a la escala de inteligencia de Weschler para evaluar a adolescentes y adultos. En ésta se determinan los cocientes intelectuales según normas distintas para cada nivel de edad hasta llegar a la senectud. La mitad de esta prueba consiste en tareas de ejecución, y la otra en *reactivos* de respuestas verbales.

Las pruebas de inteligencia son medidas indirectas, es decir, no evalúan procesos, sino productos, y sus resultados están sujetos a la influencia cultural y social que ha tenido el individuo, incluidas sus condicionantes psicológicas o emocionales. El empleo incorrecto de una prueba de inteligencia consistiría en reducir sus datos a un simple resultado numérico: el cociente intelectual (CI).

Para diferenciar los resultados de las pruebas de inteligencia, algunos investigadores han señalado que éstas únicamente miden una parte del desarrollo cognitivo medio que una persona ha alcanzado en un momento dado.

En general, las pruebas que arrojan una puntuación del CI han sido adecuadas para predecir el éxito escolar, pero no son determinantes ni miden todos los aspectos del desarrollo intelectual de un niño o de un adulto. Sin embargo, el hecho de que el CI no mida todos los factores que son importantes, o lo que en la actualidad conforma el concepto integral de inteligencia, no quiere decir que deba abandonarse por completo, ya que es un indicador útil del rendimiento intelectual del niño, en un determinado momento, en comparación con el resto de sus compañeros.

Los padres de familia pueden comprobar si el desarrollo de la inteligencia de sus hijos es adecuado, si observan su avance en la realización de actividades que conjuntan las capacidades motrices e intelectuales, como lo es el armar un rompecabezas.

¿Cuán confiables son las pruebas de inteligencia?

Este tipo de pruebas siempre ha suscitado controversias, las cuales se han recrudecido en la actualidad, pues el concepto de inteligencia se ha ampliado y ahora ésta se concibe como una facultad mucho más compleja de lo que se pensaba en el pasado. Hoy en día, prácticamente todos los investigadores están conscientes de que las principales pruebas de inteligencia que existen evalúan solamente una parte del desarrollo cognitivo del individuo.

La confiabilidad de una prueba de inteligencia es un índice de interpretación de los resultados que ésta arroja, junto con la validez y el error, y varía de grado de una prueba a otra. En general, la confiabilidad corresponde a la estabilidad de las puntuaciones obtenidas; por ejemplo, se dice que una prueba es confiable cuando se obtienen resultados semejantes en diversas aplicaciones. Bajo esta perspectiva, los siguientes factores pueden alterar la confiabilidad:

• Aprendizajes diferentes obtenidos entre una evaluación y otra: a mayor intervención educativa, mayor puntuación se obtiene la siguiente vez que se aplica la prueba.

• Tiempo transcurrido entre pruebas: a menor tiempo, mayor constancia.

• Edad de la primera aplicación: a mayor edad se tiene mayor constancia en las puntuaciones, lo que se explica por la aceleración negativa del desarrollo y la sucesiva diversificación de la inteligencia.

• Equivalencia entre los reactivos de las pruebas aplicadas: se evalúan aptitudes diferentes para cada edad.

• Efectos del ambiente.

• Fluctuaciones en la motivación y en el estado general de la persona que se evalúa.

Entre los factores que más inciden en los cambios y en los valores diferenciales de los resultados de las pruebas de inteligencia se encuentran: el ambiente familiar (nivel educativo de los padres, aspiraciones, interés y seguimiento, disciplina sin angustia, entre otros); la personalidad (la seguridad y la independencia suelen relacionarse positivamente con el CI); el hecho de ser hijo único o primogénito (quienes suelen tener mejores resultados por la atención que se les brinda); las expectativas de los profesores; el lugar de residencia (en las ciudades se obtienen CI relativamente más altos que en las zonas rurales); las oportunidades de estimulación precoz; la educación impartida desde la etapa preescolar; la edad; la generación (con respecto a las oportunidades del entorno social), y el entorno ambiental (la marginación social produce puntuaciones inferiores al promedio).

Las pruebas de inteligencia que, como el cociente intelectual (CI), arrojan resultados numéricos han recibido numerosas críticas. Sus limitaciones han llevado a algunos a dudar de su validez y de su capacidad para medir la inteligencia de forma objetiva. Las principales críticas señalan que: a) las pruebas que miden el CI no evalúan problemas que requieren reflexión y tiempo; b) constituyen muestras de aprendizaje derivadas de las experiencias generales y de ninguna manera aspectos fijos e innatos; c) otorgan puntuaciones al pensamiento analítico, científico y convergente y ponen en desventaja a los estilos divergentes, imaginativos y artísticos; d) no se aceptan las respuestas no condicionadas a la cultura media, lo que también pone en desventaja a las minorías; e) sólo se evalúan algunas habilidades del individuo, por lo que no se pueden predecir las tareas no incluidas en las pruebas; f) no pueden aplicarse a culturas para las que no se hayan estandarizado porque, para que los reactivos sean válidos, deben ser tan conocidos como lo eran para los sujetos de la muestra para quienes se formularon, y g) las pruebas no construidas específicamente para personas con deficiencias intelectuales o sensoriales no son válidas.

Los resultados obtenidos en una prueba de inteligencia pueden sufrir alteraciones debido a muchas variables, atribuibles directa o indirectamente no sólo a la persona que se somete a la prueba, sino también al examinador —pues influyen su formación, su experiencia y sus aptitudes—, a la situación y al ambiente en que se aplicó, entre otros factores. Por ello, es conveniente que los padres sepan que cuando se les asigna un valor numérico de inteligencia o de CI a su hijo, dicho valor no refleja todas las capacidades del niño. Su utilidad radica en que puede ser un indicador del desempeño en el momento de realización de la prueba y en que puede ayudar a los educadores a predecir el rendimiento escolar del niño y, con base en ello, formular planes educativos adaptados a sus necesidades individuales.

Generalmente, el CI no permanece inalterado durante toda la vida del individuo; es, más bien, un parámetro susceptible de cambiar, además de que representa sólo una parte de la función cognitiva. Por esta razón, por lo general las pruebas de inteligencia se aplican como parte de un conjunto de exámenes que permiten obtener información acerca de las diversas áreas de funcionamiento de la persona.

¿En qué consisten las pruebas de inteligencia que se aplican en la actualidad?

Las pruebas que se emplean hoy en día para conocer la inteligencia analizan un gran número de funciones. Con ellas se determinan, principalmente, las capacidades inmediatas del individuo para: asimilar conocimientos, recordar sucesos pasados y presentes, emplear el razonamiento lógico, manejar conceptos verbales y numéricos, pasar de lo abstracto a lo concreto y viceversa, y analizar y sintetizar formas, entre otras capacidades.

En general, una prueba debe informar al profesional acerca de la función evaluada —en este caso la inteligencia— y delimitar sus conceptos, probabilidad, actuación, unidades de medida o escalas empleadas, índices de interpretación (coeficientes de validez, confiabilidad y error) y *baremos*, de preferencia con diferentes unidades e intervalos confidenciales para que la predicción y la comparación puedan hacerse fácil y rápidamente.

Aunque existen diversas pruebas de inteligencia, la escala de inteligencia de Wechsler para su aplicación en adultos es probablemente la más empleada y estandarizada en la actualidad. Esta prueba, en su versión revisada (WAIS-R por sus siglas en inglés), basa sus medidas en dos escalas: una verbal y otra de ejecución —las cuales tienen a su vez subescalas—; tiene en cuenta la edad del sujeto y se aplica individualmente.

Las subescalas de la escala verbal son: información, comprensión (empleo del juicio social convencional), aritmética (atención, concentración y juicio analítico), similitudes (abstracción verbal, diferenciación entre lo esencial y lo superficial), dígitos (memoria inmediata) y vocabulario (pensamiento formal).

La escala de ejecución tiene las siguientes subescalas: símbolos de dígitos principales (sustitución de símbolos no verbales por los dígitos adecuados), terminación de imágenes (comprobación de la realidad, habilidades conceptuales y de imágenes mentales), diseño de bloques (habilidad para analizar la totalidad por sus partes), disposición de imágenes (inteligencia social y capacidad de humor) y ensamblaje de objetos (relaciones parciales y totales, hábitos de pensamiento y de trabajo).

Por otra parte, en esta prueba de inteligencia para adultos existen las versiones elaboradas por el mismo autor para niños de 7 a 16 años de edad (WISC-R) y de 4 a 6 1/2 años (WPPSI-R).

Los resultados que se obtienen a partir de estas pruebas arrojan una puntuación que equivale a un cociente intelectual (CI) estandarizado. Recientemente, se han elaborado pruebas para personas con limitaciones intelectuales en las que generalmente se emplean adaptaciones hechas a partir de las pruebas aplicables a sujetos normales.

¿El desarrollo intelectual es independiente del desarrollo físico y del emocional?

Para facilitar su comprensión, el estudio del desarrollo del ser humano se ha dividido en áreas; sin embargo, el hombre es una unidad indivisible y sus capacidades intelectuales maduran simultáneamente y en estrecha relación con el desarrollo físico y con el desarrollo emocional.

La tarea de muchos investigadores, particularmente de los que estudian los aspectos psicológicos del ser humano, no se limita a la explicación de los aspectos y factores que determinan el desarrollo, sino que incluye la formulación de teorías o explicaciones globales relativas al desarrollo del individuo en su totalidad, incluidos sus aspectos biológicos, como la herencia, la maduración, el aprendizaje y el desarrollo psicológico o emocional, así como la influencia del medio ambiente. Este trabajo es muy complejo, pues estos investigadores también deben determinar la forma en que interactúan todas estas fuerzas.

La investigación ha demostrado que la capacidad intelectual es producto de una interacción constante entre los factores biológicos y los ambientales, de tal forma que es prácticamente imposible separar las contribuciones particulares de estas dos determinantes, si en verdad se les quiere conocer correctamente.

Son ilimitados los aspectos que intervienen en las diversas áreas del desarrollo; uno de los más evidentes es la manera en la que influyen las percepciones sensoriales en el desenvolvimiento integral del individuo. La visión es el más complejo de todos los sentidos y la ceguera es más que su mera ausencia o deterioro: si es congénita o si surge en los comienzos de la vida, puede dislocar drásticamente toda la existencia mental del niño, debido a que, como anteriormente se había mencionado, la vista se halla integrada a todo su sistema de acción.

¿Existen diferencias entre la inteligencia femenina y la masculina? ¿Es un sexo más inteligente que otro?

Desde hace años, la polémica sobre las diferencias intelectuales que existen entre el sexo masculino y el femenino ha invadido incluso el terreno de los mitos. En un principio, algunos investigadores recurrieron a métodos matizados de prejuicios masculinos con la finalidad de que el varón apareciera como superior a la mujer. Sin embargo, con el paso del tiempo, las investigaciones se han tornado más objetivas y muchos mitos quedaron invalidados al llegarse a la conclusión de que las afinidades intelectuales entre los sexos son mucho más importantes que las diferencias.

Las diferencias principales se relacionan con una mayor facilidad para ciertas habilidades o aptitudes, las cuales no determinan por sí solas el nivel global de inteligencia. Por ejemplo, se ha observado que a partir de los 12 años de edad, aproximadamente, los varones tienen un desempeño sobresaliente en las matemáticas y poseen una aptitud creciente para percibir las relaciones espaciales entre los objetos. Se ha formulado la hipótesis de que esto puede deberse a factores ambientales, ya que por lo general los varones tienen más oportunidades de perfeccionar esa aptitud en razón de las expectativas sociales. Los investigadores han considerado igualmente la posibilidad de que se deba a determinadas repercusiones de índole hormonal.

Algunos estudios han encontrado cierta relación entre una mayor facilidad para las matemáticas y la programación prenatal del cerebro por efecto de la hormona masculina testosterona. De la misma manera, se piensa que esta hormona hace que los hombres reaccionen con mayor intensidad a la tensión o al estrés y que se muestren más agresivos que las mujeres.

Una situación semejante ocurre en el ámbito de las habilidades verbales en las mujeres, quienes parecen sobresalir en este aspecto a partir de la etapa de la adolescencia. Se cree que esto podría deberse a ciertos condicionamientos sociales, pero hay quienes atribuyen la diferencia a que ciertas partes del cuerpo calloso —haz de fibras nerviosas que cruza entre los dos hemisferios cerebrales— presentan en el cerebro de la mujer un grosor mayor que en el del hombre.

Otros estudios han señalado que las diferencias entre los sexos tienen una base neurológica y han llegado a la conclusión de que las mujeres tienen el gusto, el tacto y el oído más desarrollados, lo que da lugar a que éstas tengan una mayor pericia con las manos y una mejor coordinación de movimientos, y que demuestren más interés por los estímulos sonoros.

En fechas más recientes, se ha supuesto que existe un gen, localizado en el cromosoma X, que determina un cierto número de diferencias psicológicas entre hombres y mujeres, incluidos algunos trastornos del lenguaje y enfermedades como el *autismo*,

que es más frecuente en los hombres que en las mujeres.

Con todo, ambos sexos muestran prácticamente las mismas dotes, de tal forma que las mínimas diferencias mencionadas no justifican el hecho de que un sexo decida seguir o renunciar a determinadas opciones profesionales.

La inteligencia masculina no es superior ni inferior a la femenina. Aunque la naturaleza dotó a hombres y mujeres con capacidades diversas, puede afirmarse que ambos géneros tienen capacidades intelectuales similares.

¿Es cierto que la inteligencia está condicionada por un proceso de maduración?

En psicología, el estudio de la inteligencia se ha abordado desde diversos enfoques teóricos y metodológicos. La perspectiva genética tiene como objeto de estudio el desarrollo de la inteligencia, y una forma de entenderlo es a través del enfoque madurativo, el cual subraya la importancia de la maduración de las aptitudes innatas.

El término "maduración" designa la serie sucesiva de cambios biológicos que ocurren en la mayoría de los infantes. Estas modificaciones permiten la aparición de una función psicológica, siempre y cuando se den las condiciones ambientales adecuadas. La manifestación del habla, entre el primer y el tercer año de vida, puede ilustrar la influencia que ejerce la maduración en la función psicológica. Por ejemplo, el cerebro de un niño de tres meses no está suficientemente desarrollado para que aparezca el lenguaje, pero el niño de dos años, cuyo cerebro tiene la madurez suficiente para que se desarrolle el habla, no lo hará a menos de que sea estimulado mediante el lenguaje de los demás. La maduración no es la causa de la aparición de una función psicológica, sino un requisito para que esa función pueda manifestarse.

Se considera que la inteligencia depende de un proceso de maduración debido a la necesidad de que se desarrollen las estructuras en las que se sustenta a nivel biológico. El desarrollo del cerebro y del sistema nervioso en general —la terminación gradual del crecimiento del cerebro y la *mielinización*— hace posible que se perfeccione el control de los movimientos, permitiéndole al niño que realice un mayor número de exploraciones, lo que le ayuda a adquirir nuevas habilidades intelectuales.

No se sabe mucho sobre los cambios biológicos que hacen posible la aparición de nuevas capacidades intelectuales, pero sí se tienen escalas de desarrollo creadas por A. Gesell, que permiten establecer, mediante la observación, las conductas características correspondientes a las distintas edades.

¿Hay algún grupo racial que sea más inteligente que los demás?

Este tema ha suscitado mucha controversia a lo largo de la historia, con consecuencias que han llegado a ser fatales para ciertos grupos raciales y vergonzosas para la humanidad. Sin embargo, hasta la fecha nadie ha podido demostrar que un grupo racial sea intelectualmente superior a los demás. Se ha llegado incluso a cuestionar la noción de "raza" entre los seres humanos.

Muchas de las apreciaciones que se hacen sobre este tema se basan en mediciones de la inteligencia mediante pruebas de cociente intelectual (CI). Se ha encontrado que los blancos tienden a obtener mejores puntuaciones que los negros. La explicación más polémica de esto es que hay una diferencia genética entre los grupos raciales que determina tales diferencias. Aunque a simple vista esta explicación parecería natural dadas las diferencias en puntuación, no lo es, pues se sabe que los resultados obtenidos en estas pruebas se deben a diferencias ambientales, como la alimentación, la cultura, las oportunidades sociales y otros factores, aunque no sea posible describir los efectos ambientales en el desarrollo intelectual con total precisión.

¿Es posible predecir si un niño llegará a ser un adulto inteligente?

Es un error pensar que el nivel de inteligencia se establece desde el nacimiento y permanece constante durante toda la vida. En la actualidad, se sabe que no es posible predecir las habilidades mentales que tendrá un adulto a partir del desempeño que muestre durante la infancia en diversas capacidades y aptitudes. De hecho, los resultados de las mediciones de la inteligencia mediante pruebas que arrojan una puntuación de cociente intelectual (CI) contienen información valiosa sobre la inteligencia funcional del individuo sólo para el lugar y el momento en que se toman las pruebas, y permiten diagnósticos y pronósticos sumamente fecundos, pero no son totalmente objetivas ni infalibles. Dichos resultados son susceptibles de cambiar debido a un gran número de factores.

La inteligencia no es una magnitud fija. Es conveniente considerar la evolución de las habilidades cognitivas de los seres humanos como un proceso jerárquico en el que el aprendizaje juega un papel central. Éste avanza a lo largo de una serie de fases cada vez más complejas.

Por otro lado, la evaluación de la inteligencia mediante instrumentos psicométricos no es ni exacta ni integral. Si el CI no sirve para determinar el éxito o el fracaso en el momento mismo de la aplicación, tampoco servirá para pronosticar científicamente lo que ocurrirá en este aspecto después de años de haberse realizado la evaluación.

¿Es verdad que la inteligencia evoluciona por etapas sucesivas?

La inteligencia es una facultad extremadamente compleja que se caracteriza por una jerarquía de procesos cognitivos en la que cada nivel es a la vez parte de una estructura superior y una totalidad formada por componentes que dependen unos de otros. Su complejidad es creciente e innovadora, lo que equivale a decir que no está dada desde el nacimiento, sino que se constituye mediante la actividad del sujeto.

Según la teoría de Jean Piaget, psicólogo suizo que fue una importante figura en la investigación del desarrollo de la inteligencia, ésta evoluciona según un orden gradual y riguroso a lo largo de cuatro etapas: a) la etapa sensoriomotriz, la cual se prolonga hasta los 2 años de edad y en la que el sujeto se diferencia de los objetos —que adquieren estabilidad—; las acciones se coordinan en acciones de causalidad, medios y fines; b) la etapa simbólico-objetiva, presente de los 2 a los 7 años, en la que las acciones se interiorizan, alcanzan un valor simbólico y permiten el uso del lenguaje interno y del pensamiento prelógico; c) la etapa de las operaciones concretas, entre los 7 y los 12 años, en la cual el pensamiento se ordena en forma de agrupamiento lógico-matemático por composición, reversibilidad, asociabilidad, identidad y compensación de acciones interiorizadas; durante esta etapa aparecen las nociones de conservación de la cantidad y el número, y la comprensión intelectual de los problemas y, por último, d) la etapa de las operaciones formales, la cual se caracteriza por la máxima abstracción, el razonamiento hipotético-deductivo, y las nociones de posibilidad, de necesidad lógica y de validez universal.

El desarrollo de estas estructuras, cada una de las cuales procede de la anterior a la que comprende, implica y transforma, representa la unidad evolutiva de la inteligencia. Aunque esta teoría no explica toda la riqueza y la complejidad de la inteligencia, constituye una aportación sumamente valiosa para comprenderla.

¿Es la lectura precoz un signo de gran inteligencia?

La lectura supone descifrar unos signos gráficos y abstraer de ellos un pensamiento, lo cual sólo es posible cuando el conjunto pertinente de factores alcanza un nivel de maduración complejo. Si se presenta antes de la edad en que habitualmente aparece, puede ser signo de una inteligencia superior a la considerada promedio. No obstante, también es posible que dicha habilidad no sea equivalente a otras capacidades que generalmente se consideran al establecer el nivel de inteligencia de un individuo. De hecho, existen casos de niños que tienen una inteligencia subnormal por daño cerebral —por ejemplo, deficiencia mental—, que poseen una gran capacidad para la lectura prematura. Por otro lado, puede ser que un niño con un nivel de inteligencia que se considere superior a la normal no dé muestras de precocidad en la lectura. Por ello, es preciso que la inteligencia se evalúe de manera integral para establecer su nivel.

Los factores que intervienen en la lectura son: factores intelectuales (generalización y abstracción); factores lingüísticos (fonación y recepción auditiva, simbolización verbal y codificación); factores perceptivo-motores (reconocimiento y distinción de formas y comprensión de su significado) y factores socioafectivos.

Algunos padres tratan de acelerar el proceso de aprendizaje de la lectura en sus hijos, pues piensan que de este modo incrementarán su inteligencia. Lo anterior es una falacia y los padres deben tener presente que es preciso respetar el ritmo de cada niño para que pueda desarrollar todas sus facultades y capacidades de la mejor manera.

Si la inteligencia de un niño no coincide con los esquemas de desarrollo convencionales, ¿es anormal o puede darse un desarrollo diferente y considerarse adecuado?

Una preocupación común de casi todos los padres es que su hijo se desarrolle con total normalidad. Hablar del desarrollo anormal es una cuestión delicada, debido, en primera instancia, a que los estudiosos e investigadores no se ponen de acuerdo con respecto a qué debería considerarse anormal. En un sentido estricto, el desarrollo intelectual anormal podría incluir tanto a los niños con dotes especiales o muy talentosos como a los que presentan alguna limitación —como la ceguera, la sordera, el retraso o la deficiencia mental e, incluso, determinados trastornos emocionales—. El término "anormal" supone que se puede determinar lo que es "normal" y, aunque desde distintas perspectivas teóricas se conoce la secuencia del desarrollo, en particular la de los primeros años de vida, hay una gran cantidad de variaciones individuales en este proceso. De hecho, con frecuencia es difícil decidir cuándo el desarrollo de un niño se encuentra lo suficientemente alejado de la norma como para calificarlo de anormal.

Es difícil explicar todas las formas en que un niño puede ser normal o anormal, así como clasificarlas o describirlas. Sin embargo, en términos generales, se puede decir que el desarrollo de un niño es adecuado cuando éste, aun cuando no se apegue a los parámetros promedio de su edad cronológica, evoluciona gradualmente conforme a sus propias potencialidades y limitaciones. Aun los niños que tienen algún impedimento mental pueden alcanzar un desarrollo que podría clasificarse como adecuado según las características que presenten.

Muchos padres se hacen esta pregunta cuando su hijo no camina o no habla en el tiempo en que se esperaría que lo hiciera, según lo que las tablas de tareas del desarrollo indican. Cuando el tiempo es un factor pertinente, suele hablarse de un retraso en el desarrollo, lo que equivale a decir que si el niño no tiene una limitación objetiva que le impida realizar una función, logrará hacerlo, aunque más tarde. Pero en el ámbito de las diferencias individuales, aun para los profesionales puede ser confusa la frontera entre un desarrollo normal y uno con retraso, por lo que es conveniente que los padres sepan que cada niño evoluciona a su ritmo y que no es recomendable obsesionarse con esto. Los márgenes de normalidad son amplios; hay pequeños que evolucionan más rápido en el aspecto motriz que en el lingüístico, o bien que son más activos o pasivos que otros. No obstante, es recomendable que los padres consulten sus dudas con el pediatra, quien podrá orientarles al respecto. Pueden presentarse ciertas señales que indiquen que algo pudiera no estar funcionando como debiera, lo que podría requerir la atención de un especialista, por ejemplo, si al final del tercer mes el niño no levanta la cabeza si se le acuesta boca abajo, o si al final del primer año no es capaz de mantenerse sentado sin ayuda.

¿SON LOS NIÑOS ADULTOS EN MINIATURA Y SE PUEDE AFIRMAR QUE SU INTELIGENCIA ES PROPORCIONAL A SU TAMAÑO?

Con frecuencia se considera que los niños son seres similares a los adultos, pero de menor tamaño. Para que su conducta sea considerada adecuada, se tiende a vestirlos como adultos y a esperar que se comporten como tales. En este orden de ideas, la palabra "menor" se asocia con cualidades de menor valor, con "ser menos... que". Asimismo, la personalidad, las cualidades y las necesidades de los niños se consideran menos importantes que las de los adultos.

Esta situación en muchos casos ha colocado a los niños en situación de desventaja, pues se les suele clasificar como seres humanos "menos capaces" o "incompletos". El término "niño" se emplea incluso como calificativo para una persona incompetente.

Los niños no son adultos en miniatura; son seres humanos íntegros que viven etapas anteriores a la adultez. La mayoría de sus habilidades y capacidades pueden ser los antecedentes y fundamentos de lo que serán en el futuro.

En pocas palabras, los niños no son menos inteligentes que los adultos. Son seres humanos que pasan por diferentes etapas de la vida; su inteligencia es sencillamente diferente y responde a sus necesidades de desarrollo y a las circunstancias que les toca vivir.

¿Puede la capacidad intelectual conservarse, recuperarse o incrementarse a cualquier edad?

Sí; es posible conservar, recuperar o incrementar, en un sentido amplio, la capacidad intelectual, ya que la inteligencia no es fija sino modificable; no es autónoma sino dependiente; requiere, para que esto sea posible, una determinada actividad mental. Esto, evidentemente, está condicionado por diversos factores de carácter físico —como el estado general de salud y la integridad física— y de carácter psicológico —como la personalidad, el estado mental, el estado emocional y la motivación necesaria o suficiente para ello—, además de la estimulación adecuada para lograr cada fin.

De hecho, la variabilidad del cociente intelectual (CI) en función del tiempo, que se obtiene mediante pruebas elaboradas para medir ciertas funciones consideradas características de la inteligencia, demuestra que dichas pruebas únicamente tienen validez para medir "el aquí" y "el ahora", lo cual se ve determinado y afectado por los factores aludidos. Por ello, la conservación, la recuperación o el aumento de la capacidad intelectual requiere un esfuerzo del individuo para conservar o elevar su nivel de actividad mental. Cuanto más se estimulen y ejerciten las habilidades o las funciones intelectuales, mayor será la capacidad que se logre.

Actualmente, la gente puede recurrir a numerosos medios, principalmente libros, para que le sea posible desarrollar sus capacidades intelectuales.

¿Puede estimularse la inteligencia por medio de un entrenamiento o de una programación?

Sí, pues la inteligencia es modificable. La modificación de la inteligencia puede llevarse a cabo mediante diversos medios, entre ellos los programas educativos que proporcionan una estimulación adecuada y que promueven una determinada actividad psicoorgánica de esta facultad.

Numerosas investigaciones han demostrado que durante los primeros meses de vida del bebé la estimulación —visual, acústica, táctil y motriz— pone en marcha procesos de aprendizaje que son muy importantes para su desarrollo integral, incluido el intelectual. Algunos teóricos han señalado que si el bebé no recibe ninguna estimulación no puede aprender, pues el aprendizaje —y con ello el desarrollo intelectual— depende en gran medida de la cantidad y de la calidad de la estimulación que el niño reciba del exterior.

La estimulación del desarrollo intelectual es considerada como el conjunto de acciones que pueden proporcionar al individuo las experiencias que necesita para desarrollar al máximo su potencial en este aspecto. La selección de estímulos para desarrollar la capacidad intelectual depende de las condiciones de los sistemas perceptivos y de procesamiento del individuo, de su idiosincrasia y de sus adquisiciones previas.

Entre los muchos programas creados para promover el desarrollo intelectual, los más conocidos son los de estimulación precoz, también llamados de estimulación temprana; éstos, como su nombre lo indica, deben aplicarse desde los primeros meses de vida del niño, con el fin de obtener su mayor provecho y para que actúen con eficacia. Se basan en el principio según el cual la actividad cerebral depende esencialmente de los estímulos sensoriales, no solamente en la infancia sino durante toda la vida, y que la actividad mental permite una mayor riqueza de conexiones y enlaces en el sistema nervioso central. De hecho, ha podido demostrarse que existe una relación positiva entre la estimulación reglada y continua, ejecutada en diversas áreas sensoriales, y la maduración del sistema nervioso central.

En términos generales, los programas de estimulación precoz abarcan las siguientes áreas de desarrollo : a) de experiencias motrices; b) de experiencias táctiles; c) de experiencias visuales y auditivas; d) de actividades respiratorias; e) de experiencias generales del entorno; f) del lenguaje, y g) de convivencia y sociabilidad.

¿Cuáles son los riesgos de la sobreestimulación de la inteligencia?

El riesgo principal de estimular la inteligencia es no saber graduar prudentemente el proceso, lo que equivale a decir que es necesario tratar de no estimularla demasiado ni a destiempo. Algunos padres caen en la tentación de pretender fabricar genios mediante el absurdo procedimiento de estimular a sus hijos de manera deliberada, indiscriminada y desmedida. La sola actitud de los padres al respecto suele ser negativa y contraproducente, debido a que la tensión que se produce en el niño y en los propios padres no solamente deteriora el vínculo entre ellos, sino que es capaz de trastornar considerablemente el desarrollo integral del niño.

Hoy en día, se sabe que la inteligencia comprende mucho más que las aptitudes académicas o cognitivas. El desarrollo emocional del infante es igualmente importante, por lo que también es necesaria una estimulación en este plano. La estimulación intelectual debe proporcionarse no solamente mediante métodos que promuevan el óptimo desarrollo psicológico del niño sino incluso una vez que sus necesidades emocionales y afectivas estén cubiertas.

Otro error muy común relacionado con la sobreestimulación de la inteligencia consiste en poner al niño a realizar actividades o tareas para las cuales no posee la madurez psicoorgánica suficiente. Ejemplo de ello es tratar de que el niño aprenda a leer antes de que esté apto en el plano cognitivo para adquirir esta habilidad. Muchos padres cometen este error porque desean que su hijo esté adelantado con respecto a otros niños de su edad o compañeros de clase, o porque conocen el caso de algún pequeño que fue capaz de hacerlo a una edad muy temprana. Las expectativas de los adultos que no están basadas en las capacidades reales del infante suelen ser motivo de frustración y de alteración del desarrollo normal de éste.

A los padres que tienen interés en estimular la inteligencia de sus hijos se les recomienda que recurran a lecturas confiables sobre el tema, y que, en la medida de lo posible, reciban orientación personalizada de un profesional, quien podrá aprobar o no la comprensión y los procedimientos que se hayan obtenido de las lecturas, o bien podrá proporcionar un programa de estimulación de inteligencia especialmente planeado para el pequeño en función de sus características individuales. En la actualidad, existen algunos centros académicos y de orientación psicológica, dirigidos por especialistas, que ofrecen talleres y cursos con programas que les enseñan a los padres la manera adecuada en que deben estimular la inteligencia de sus hijos.

Sobreestimular a los hijos puede producir más efectos negativos que positivos, no sólo en el plano intelectual sino también en el emocional.

¿Es cierto que la memoria y la comprensión de las cosas deben ir de la mano en el desarrollo de la inteligencia?

Sí, pues la memoria y la comprensión de las cosas intervienen en los procesos fundamentales de la función cognitiva, que son percibir, recordar, pensar y juzgar.

La percepción es el proceso mediante el cual los niños descubren, reconocen e interpretan la información procedente de los estímulos físicos, con el fin de comprender los acontecimientos. Para ello, es preciso relacionar lo que se ha sentido o captado con alguna unidad cognitiva: esquemas, imágenes, símbolos, conceptos y reglas.

La memoria es un sistema de estructuras de almacenamiento por el que fluye la información. Ésta se registra o codifica como esquema, imagen o concepto; se transfiere de la memoria de corto plazo a la memoria de largo plazo, y se recupera, es decir, se reconoce o recuerda.

Diversas investigaciones han demostrado que en las funciones cognitivas existen diferencias individuales denominadas "estilos cognitivos", los cuales parecen tener una clara relación con los logros intelectuales y académicos del sujeto, con el dominio de diferentes habilidades e, incluso, con su personalidad.

¿La inteligencia sirve sólo para la vida académica?

La concepción según la cual la inteligencia se reduce a las habilidades académicas ha quedado atrás. Hoy en día, casi ningún estudioso en la materia la concibe como la aptitud de leer, escribir y contar, definición que defiende la educación escolar tradicional. Según esta nueva aproximación, no está determinada únicamente por los logros académicos o por las pruebas de medición del cociente intelectual (CI). Actualmente, para emitir una valoración de la inteligencia, los psicólogos evalúan también el funcionamiento integral de la personalidad del individuo.

Los ámbitos de aplicación de la inteligencia son innumerables, pero en un sentido amplio se puede afirmar que ésta dota al individuo de las aptitudes, las características y las cualidades necesarias para su desarrollo; de la autonomía, y de la adaptación al medio en el que se desenvuelve, así como del dominio de éste. Entre los

---

CUIDADO CON LA FATIGA MENTAL

Al promover la estimulación de las capacidades de los hijos, es conveniente que los padres eviten fatigarlos, pues de lo contrario los efectos pueden ser contraproducentes. La fatiga puede entenderse como una autodefensa del organismo, ya que interviene en el momento en que la actividad se vuelve peligrosa.

Aunque los niños poseen una gran fuerza física y motora, y derrochan mucha energía en sus juegos, se fatigan pronto cuando se les obliga a realizar un trabajo mental demasiado prolongado para su edad. El efecto inmediato es la disminución del rendimiento intelectual, tanto en aspectos cuantitativos (cantidad de trabajo o número de conocimientos asimilados) como cualitativos (rigor y exactitud en la actividad intelectual). Además, pueden aparecer diversas consecuencias de tipo psíquico, como disminución de la atención o de la capacidad de concentración, deficiencia para discernir, entorpecimiento al evocar ideas y dificultades para hacer asociaciones mentales. Cuando a un niño fatigado se le obliga a realizar más esfuerzo, pueden aparecer síntomas de desagrado hacia la actividad que efectúa e, incluso, en casos de extrema fatiga, síntomas de ansiedad que podrían determinar la aparición de algún tipo de neurosis.

Se ha observado que cuando a los estudiantes se les obliga a hacer un esfuerzo intelectual demasiado prolongado, éste puede determinar fenómenos de alteración de la presión arterial y del ritmo cardiaco, así como dolores de cabeza, insomnio o *anorexia*.

La fatiga no sólo surge ante un esfuerzo prolongado, sino también por falta de interés o escasa motivación por el tema, debido a la realización de actividades en momentos inadecuados para el ritmo biológico normal de la persona, o porque la actividad exigida tiene un alto índice de dificultad. Ante la presencia de fatiga es necesario cambiar de tareas o introducir periodos de descanso.

aspectos que, en menor o mayor medida, se desarrollan con la medición de la inteligencia están, además del académico, el afectivo o emocional, el social, el laboral o productivo y el recreativo.

Es muy conocida la posibilidad de que un nivel de inteligencia valorado como superior al promedio no se vea directamente reflejado en un desempeño académico sobresaliente. Por ejemplo, los niños considerados superdotados por su alto CI a menudo presentan problemas escolares. Por otra parte, un desempeño académico excelente no implica necesariamente que la persona se desenvuelva de igual modo en otros aspectos de su vida, como el emocional, el laboral o el interpersonal. Así, en algunas alteraciones psicológicas de la personalidad, el individuo trata, en forma poco clara o inconsciente, de suplir o compensar algunas deficiencias —reales o no— mediante el éxito académico.

La autorrealización y la sensación de tener al mundo en la mano no necesariamente están relacionadas con la presencia de una inteligencia brillante.

¿Es verdad que cuanto más inteligente es una persona, mayores son sus posibilidades de autorrealizarse?

Conviene ser precavidos cuando se considera el papel de la inteligencia en la autorrealización. Sin duda, la concepción de la inteligencia como una facultad integral del ser humano —que le permite desarrollarse, adaptarse y adquirir cierta autonomía con respecto al entorno— indica que cuanto mayor sea ésta, mayor será el grado de autorrealización. Esto es así, en virtud de que, en igual proporción, la persona será capaz de conocer y valorar sus propias capacidades y características, lo cual la conduce no solamente a la autoaceptación, sino a sentirse satisfecha consigo misma.

En relación con lo anterior, ¿quién puede afirmar, por ejemplo, que una persona con un cociente intelectual (CI) inferior al promedio no pueda sentirse autorrealizada o satisfecha consigo misma? Con frecuencia, la autorrealización se concibe de manera errónea cuando se relaciona con las expectativas del entorno social, las cuales, desde luego, pueden llegar a variar de una cultura a otra e incluso de un medio social a otro. De este modo, una sociedad puede favorecer las aptitudes o las habilidades intelectuales y otra las físicas. Dado lo anterior, un profesionista puede tener mayores oportunidades para autorrealizarse cuanto más grandes sean sus facultades en el campo de su desempeño y en la medida en que éste corresponda a una profesión reconocida socialmetne. No obstante, cabe subrayar que la autorrealización es siempre de carácter individual, como el propio término lo indica.

¿Por qué se cree que la inteligencia de los zurdos es diferente?

La zurdera es la utilización predominante de la mitad izquierda del cuerpo, o de una zona de éste, sobre la mitad derecha. Su causa fisiológica es una mayor actividad y un mayor desarrollo del hemisferio cerebral derecho; sin embargo, en las personas diestras —aquellas que emplean o dominan la mitad derecha del cuerpo o de una zona de éste— ocurre a la inversa.

A lo largo de la historia, la gente le ha tenido cierto recelo a la zurdera, lo que posiblemente se deba a la desconfianza que suele generar la singularidad; por ejemplo, en la Europa medieval, se consideraba a la zurdera como cosa de brujas o de demonios, aunque en realidad no se conoce bien el origen de tales prejuicios.

Hoy en día, la zurdera se acepta con mayor naturalidad, pero debido a que algunas alteraciones pueden estar relacionadas con ella, como el tartamudeo o el autismo, el recelo persiste en alguna medida. Por otra parte, los zurdos parecen tener un poco más dificultades de aprendizaje, pero éstas generalmente obedecen a que las técnicas de enseñanza, por ejemplo, las de la escritura, se les administran como si fueran diestros. En realidad, los zurdos se ven en la necesidad de aprender a vivir en un mundo hecho para los diestros; así, las tijeras —y en general toda clase de herramientas— no suelen diseñarse para los zurdos, lo cual puede hacer que éstos parezcan torpes al usarlas.

Los prejuicios con respecto a la zurdera pueden generar preocupaciones en los padres si sus hijos muestran una preferencia por el uso de la mano izquierda. Sin embargo, es importante que sepan que por lo general los inconvenientes son mínimos.

Si se obliga a un niño zurdo a utilizar la mano derecha —lo cual se conoce como "zurdera contrariada"—, la presión puede generarle determinados trastornos: del esquema corporal, de la organización del lenguaje —*dislexia*, tartamudeo—, motores —torpeza, tics— y emocionales —*enuresis*—; además, los intentos que se hagan para que el niño sea distro no tendrán éxito si está "programado" genéticamente para ser zurdo, puesto que la zurdera, al igual que la dexteridad —el empleo predominante de la mitad derecha del cuerpo— es hereditaria. Alrededor de los dos años de edad es posible determinar con mayor precisión si un niño es zurdo o es diestro; antes de esta edad resulta imposible definirlo, pues el niño utiliza ambas manos de manera indistinta.

¿Es cierto que determinadas razas poseen habilidades que otras razas no tienen?

La diversidad que existe entre los grupos humanos, al igual que entre los géneros o razas de cualquier otra especie, es notoria. Desde el punto de vista biológico y psicológico, los grupos humanos difieren entre sí. Bajo esta perspectiva, cada grupo racial posee características que le permiten desarrollar ciertas aptitudes y habilidades que se podrían suponer privativas, en el sentido de que pueden manifestarlas o realizarlas de mejor forma o con mayor destreza que otros grupos raciales. Sin embargo, sería arriesgado afirmar que tales características son exclusivas de ciertos grupos humanos.

El origen de las aptitudes o habilidades consideradas propias de un determinado grupo racial ha causado muchas controversias. La explicación más polémica al respecto es la que plantea que entre los grupos raciales existen diferencias genéticas que determinan dichas habilidades. De esto a deducir que hay razas superiores a otras sólo hay un paso. Empero, la postura que tiene mayor aceptación es la que sostiene que, a pesar de que la influencia genética es importante en cada grupo racial, la diferencia de habilidades entre ellos es producto de diferencias ambientales determinadas por la geografía, la alimentación, la cultura, las oportunidades sociales y otros factores culturales y físicos. No obstante esta postura, no es posible describir con precisión los factores ambientales y cultu-

Al parecer, en algunas personas el proceso cognitivo necesario para la resolución de problemas sigue trabajando durante el sueño.

rales que pueden determinar el desarrollo de ciertas habilidades en los grupos raciales, en especial las de orden fundamentalmente intelectual. Por ejemplo, no hay duda de que las habilidades intelectuales y físicas necesarias para cazar serán superiores o estarán más desarrolladas en los grupos humanos que, por diversas circunstancias, estén obligados a recurrir a esta práctica como medio de subsistencia que en los que dispongan de otras formas de obtener su alimento.

¿Se pueden resolver problemas mientras soñamos?

El sueño, en sentido estricto, se refiere a un estado fisiológico de relativa inconsciencia y de inacción de los músculos voluntarios, que alterna con estados de vigilia. Otra acepción de este vocablo es la sucesión de imágenes más o menos coherentes que se presentan mientras el individuo se encuentra dormido.

La resolución de problemas se realiza mediante un proceso cognitivo. En términos muy generales, los procesos cognitivos se dividen en dos clases: los dirigidos y los no dirigidos. La cognición dirigida alude a la serie de procesos cognitivos que entran en acción cuando el sujeto trata de resolver problemas de manera consciente, y es la que se ha podido estudiar con mayor profundidad. Junto con las asociaciones libres y las ensoñaciones, los sueños forman parte de la cognición no dirigida, la cual no ha podido investigarse a fondo, pues resulta difícil estudiar los procesos cognitivos inconscientes dada su inaccesibilidad. Por ejemplo, cuando se le pide a una persona que hable de sus sueños, la situación se modifica y el pensamiento no dirigido pasa a ser dirigido. Aun sin proponérselo, el individuo intenta presentar un relato ordenado, coherente y, en muchas ocasiones, socialmente aceptable.

En otros términos, la indagación misma altera la naturaleza del fenómeno y no es posible percatarse del desorden que caracteriza a los procesos inconscientes, que por definición no son controlados. No obstante, a nivel anecdótico se han documentado numerosos casos de personas que afirman que han despertado, muchas veces súbitamente, con la solución o respuesta a problemas que ocupaban su mente consciente, lo cual induce a pensar que la mente continuó con el proceso cognitivo, aun cuando el individuo no se encontraba en estado de vigilia. Sin embargo, a la fecha no se tiene conocimiento sobre los mecanismos o los procesos mentales que permitan a los investigadores dilucidar este fenómeno.

¿Qué se entiende por niño sobredotado en el plano intelectual?

Se dice que un niño es sobredotado en el plano intelectual cuando se observa que cuenta con capacidades o talentos superiores a los que se consideran normales. El concepto de "normal" se refiere a características y habilidades que posee el promedio de la gente de un mismo grupo de edad cronológica. Las personas que no son parte de esta clasificación, es decir, quienes no conforman el grueso de la población, se clasificarían en una categoría de "anormales", con referencia a una clasificación de "deficiencia" o bien de "superioridad".

El que un niño sea sobredotado intelectualmente implica que cuenta con habilidades intelectuales más desarrolladas que los demás. Las habilidades que por lo general se consideran en estos casos son: razonamiento lógico y aritmético; capacidad para almacenar información (memoria); comprensión; vocabulario (número de palabras conocidas y su uso en la producción y comprensión del lenguaje); habilidad de expresión (las ideas se expresan de manera acertada y sucinta); capacidad de análisis y de síntesis (clasificación, conceptualización y reagrupamiento de la información en forma asociativa y en función de las diversas circunstancias); pensamiento abstracto; capacidad para lograr periodos de atención y concentración en lapsos de tiempo adecuados para cada actividad; capacidad para dominar en un tiempo corto tareas nuevas y extrañas; receptividad hacia nuevos datos e ideas; manejo y orientación en el espacio; planeación (selección y organización de estrategias y datos para llegar a la solución de problemas) y capacidad de reconocimiento de estrategias útiles para solucionar problemas de manera eficiente y rápida.

El hecho de que un niño tenga más desarrolladas algunas o todas estas capacidades le ofrece mayores posibilidades para enfrentar las circunstancias y situaciones más diversas. Pero el futuro del sobredotado intelectual va a depender de diversos factores, entre los que destacan la motivación, sus experiencias, sus oportunidades y sus intereses. Para que los pequeños logren aprovechar todas las ventajas que puedan tener, es importante que haya una correspondencia entre las oportunidades de desarrollo y los factores especiales del niño sobredotado ya que, como cualquier otro, el sobredotado intelectual tiene sus preferencias, intereses y habilidades naturales. Por ejemplo, en el área académica pueden llegar a ser estudiantes excepcionales, lograr títulos universitarios, alcanzar grados académicos superiores y tener desempeños profesionales sobresalientes.

Por otra parte, la superioridad en el plano intelectual se considera un común denominador y un factor determinante al hablar de niñas y niños talentosos, sobredotados o excepcionales. Muchos investigadores consideran que la creatividad, la imaginación, la curiosidad, la intuición, la capacidad de liderazgo y el éxito académico son factores de gran importancia; sin embargo, no hay consenso al respecto entre los especialistas.

Es necesario apuntar que clasificar a las personas con base en sus habilidades no siempre resulta positivo. La clasificación debería emplearse únicamente cuando el objetivo conlleva más ventajas que desventajas. Es decir, en especial en este tipo de clasificación, "sobredotado intelectual" sólo ha de utilizarse para brindarle a la persona una atención que corresponda a sus necesidades especiales. Las investigaciones han demostrado que la clasificación puede provocar el aislamiento del niño, ya sea porque no se siente parte del grupo o bien porque éste lo percibe como "diferente", o por ambas causas. Esto trae como consecuencia que el niño sobredotado no participe en experiencias propias de su edad, con los correspondientes efectos negativos para su desarrollo emocional y social. Conviene, pues, no hacer pública esta clasificación y emplearla únicamente para complementar el contenido educativo, para orientar a los padres y a los maestros, así como para adaptar los recursos con que se cuenta a las necesidades especiales del niño.

CÓMO RECONOCER A UN NIÑO SOBREDOTADO

Es importante reconocer a un niño sobredotado para ayudarlo a promover su inteligencia, su curiosidad y su afán de aprender; la mayoría de estos niños nunca son reconocidos y su potencial no se aprovecha adecuadamente. Un niño sobredotado no es un genio; tampoco tiene que saber de todo ni realizar cosas fuera de lo normal, como tocar piano a los dos años o hablar varios idiomas a los tres: son niños que básicamente se diferencian de los demás por aprender mucho más rápido y profundizar más en los temas.

Para poder reconocer si un niño es sobredotado, aquí se presentan algunas de sus características:

- generalmente habla y camina antes del primer año de edad
- tiende a utilizar un lenguaje muy rico y un vocabulario propio de los adultos
- comprende con facilidad la información que adquiere y la recuerda
- genera una gran cantidad de ideas y soluciones ante los problemas
- posee un profundo sentido del humor
- tiene una gran curiosidad, lo que lo lleva a cuestionar acerca de todo
- habitualmente se muestra preocupado por los problemas del mundo
- adora la lectura
- le divierten los juegos complicados
- es líder
- es perseverante (se concentra en un tema y persiste hasta que lo acaba)
- tiene un alto nivel de autoexigencia, autocrítica y tiende a estar insatisfecho
- prefiere trabajar independientemente y necesita poca ayuda
- es vulnerable al fracaso propio y al rechazo de sus compañeros

¿Puede cualquier niño convertirse en genio?

Aunque existe controversia sobre las características que posee un niño sobredotado o genio, así como sobre la manera en que se originan dichas particularidades, en la actualidad se cree, con base en estudios de psicología infantil, que el hecho de que un niño sea genio se debe a una adecuada y compleja interacción de factores motivacionales, genéticos, ambientales y funcionales, y que un cociente intelectual (CI) elevado es necesario pero no suficiente. Sin embargo, no existe un método o una receta para convertir a un niño en genio, y probablemente no sea posible lograrlo a voluntad.

En los escritos de los psicólogos que se ocupan de este tema se pueden encontrar muchas definiciones de genio o de persona sobredotada. En general, se considera que un genio es un individuo capaz de realizar creaciones originales en el ámbito científico o artístico y que es reconocido como alguien excepcional en el campo en el que se desenvuelve.

Existen diferentes teorías que intentan explicar el origen de la genialidad; las principales son:

• Las teorías patológicas, que asocian al sobredotado o genio con la locura.

• Las teorías psicoanalíticas, que destacan la importancia de las características motivacionales sobre las intelectuales.

• Las teorías de la superioridad cualitativa, que señalan que el sobredotado es un individuo que difiere del resto por el tipo de aptitud que posee —teoría que no se sostiene, pues se han encontrado sobredotados con aptitudes intermedias.

• Las teorías de la superioridad cuantitativa, que ubican al sobredotado en el extremo superior de una escala de aptitud.

Los padres pueden tratar de desarrollar al máximo las aptitudes de sus hijos; para ello, pueden acudir a una diversidad de fuentes, como libros y revistas, cursos y talleres para padres, especialistas en la materia, entre otras. Sin embargo, es importante señalar que un ambiente que le proporcione al niño bienestar físico y emocional permite por sí solo el desarrollo y el despliegue de sus capacidades personales.

No es conveniente que los padres se obsesionen con la idea de convertir a su hijo en genio, ya que, además de la frustración que esto puede representar, el efecto puede ser contraproducente o contrario al esperado. Cada niño tiene un ritmo propio, así como cualidades únicas e irrepetibles que, al ser valoradas por sus padres, pueden brindar grandes satisfacciones.

Si un niño es sobredotado intelectualmente ¿lo será también en los demás aspectos de su persona?

El hecho de contar con habilidades intelectuales superiores al promedio puede significar para un niño grandes ventajas en la adquisición de otras habilidades y destrezas, así como en su desarrollo integral, pues las distintas áreas de la personalidad se interrelacionan y forman parte de un todo.

Aunque el área intelectual es sólo un aspecto de la personalidad, puede ser de gran ayuda para fomentar la maduración de otros aspectos igualmente importantes. Con una pequeña ayuda, un niño sobredotado en el plano intelectual podrá aplicar sus conocimientos y experiencias a otras esferas de su vida, por ejemplo, al área social, ya que mediante la observación y la guía de sus padres y maestros el niño logrará entender una situación social y aprender pautas de comportamiento, como respetar las reglas y normas necesarias para vivir en sociedad.

La estimulación del aspecto intelectual de los personas favorece, sin duda alguna, la capacidad para comprender y resolver problemas de manera práctica y creativa, lo cual brinda paralelamente algunos de los elementos necesarios para entender reglas y valores, organizar y planear, tomar decisiones, aprender formas adecuadas de comunicarse, y ser tolerante y responsable con los demás.

Por otro lado, el sentirse competente en por lo menos un área de la personalidad puede influir en forma directa y positiva en la imagen que el niño tiene de sí mismo y del mundo que lo rodea. Lo anterior le brinda seguridad y confianza y lo motiva a seguir desarrollándose y alcanzando metas.

Se ha observado que cuando la estimulación forma parte del cuidado de los niños y es matizada por una actitud general de apoyo, ofrece una valiosa oportunidad para que desarrollen sus potencialidades de manera óptima. Asimismo, fomenta una convivencia entre ellos y sus padres, lo cual les brinda la posibilidad de construir una relación de cooperación y crecimiento mutuos.

> *Si un niño tiene grandes habilidades en el plano intelectual, es muy probable se desarrolle con gran facilidad en otras áreas, como por ejemplo, las musicales.*

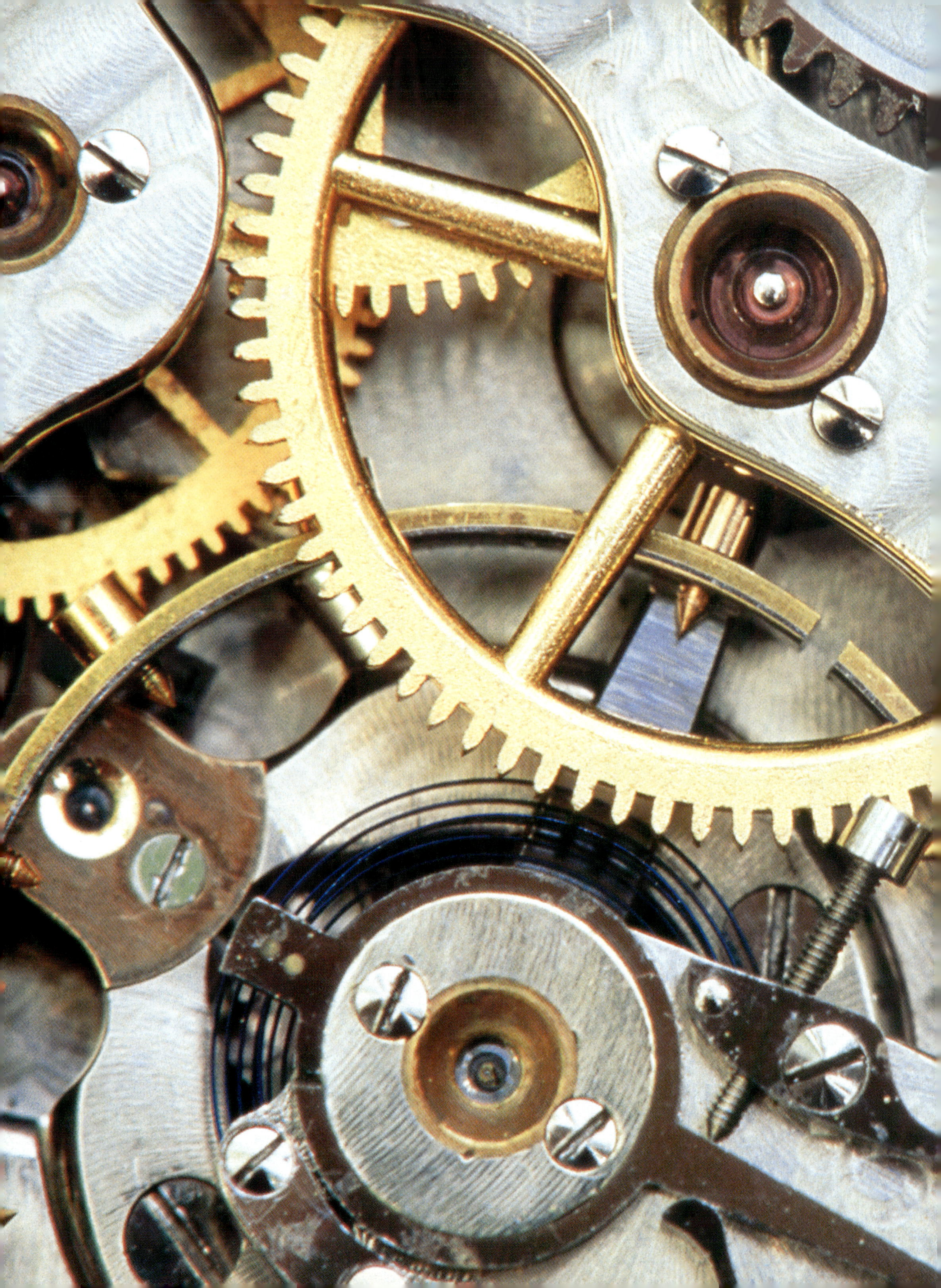

CAPÍTULO 2

NUESTRO CEREBRO, UNA MÁQUINA MARAVILLOSA

Indudablemente, la inteligencia humana, que le ha permitido al hombre crear y transformar su mundo de tantas y tan diversas formas —valiéndose de la tecnología, la ciencia, la música y otras bellas artes, entre las varias manifestaciones de la capacidad humana—, es el resultado de la evolución del cerebro. En la medida en que el hombre comprenda la organización y el funcionamiento del sistema nervioso, podrá conocer lo que puede realizar para favorecer su óptimo desarrollo y promover una evolución más eficaz de sus capacidades y, por qué no, las de los demás.

Si bien las características específicas del sistema nervioso o del cerebro en particular no fijan los límites de la capacidad intelectual de una persona con un retraso mental ni tampoco determinan desde el principio los logros de un genio —puesto que el desarrollo intelectual del individuo se da principalmente en función de la interacción con su medio físico y social—, sí constituyen una parte importante de los factores que intervienen en la estimulación de la inteligencia de cada individuo.

Este capítulo ofrece una perspectiva de los conocimientos básicos que se han acumulado en relación con la participación de los mecanismos neuronales y cerebrales en la conducta inteligente del hombre. Se enfatiza en una comprensión del sistema nervioso como un sistema, con una organización estructural y jerárquica, cuyas funciones psicológicas no se encuentran concentradas en una sola área del cerebro, sino que están organizadas de tal manera que diversas partes de aquél participan constantemente para su coordinación.

En la conducta humana no es únicamente una parte del organismo la que se expresa, sino, como señala James Watson —fundador del conductismo—, "es el organismo el que actúa". De igual manera, es cada vez más claro que los procesos psicológicos del hombre son resultado de respuestas amplias del organismo y no sólo consecuencia de la activación de unas cuantas partes del mismo: lo fisiológico no es la base de la conducta de un ser vivo sino que forma parte de la conducta misma. En los seres humanos se integra lo biológico con lo social para producir lo psicológico; no existe una parte biológica segura de la cual se pueda partir para formar la inteligencia humana, ya que ésta es resultado de la integración, y no de la superposición, de las características sociales con el legado biológico.

Es muy conveniente que padres y educadores se preocupen constantemente por conocer aquello que se va descubriendo en relación con la organización y el desarrollo del sistema nervioso del niño, así como los factores que promueven u obstaculizan su óptima evolución. Por ello, este capítulo pretende revisar lo que se sabe sobre el desarrollo prenatal y los primeros años de vida del ser humano, así como lo que se conoce acerca de las alteraciones en el desarrollo que, por diversas causas, puedan presentarse.

EL CEREBRO HUMANO

¿Para qué nos sirve el cerebro?

Aristóteles creía que el pensamiento se generaba en el corazón y que el cerebro servía para enfriar el cuerpo. Si bien esto no tiene ningún sentido hoy en día, durante siglos, la gente tomó por cierta la afirmación del gran filósofo griego. Aun en la actualidad, es relativamente poco lo que se conoce acerca de este maravilloso órgano, a pesar de que la investigación ha avanzado notablemente durante los últimos años gracias a las tecnologías de vanguardia.

En un sentido amplio, el cerebro es el conjunto de porciones del sistema nervioso central contenidas en el cráneo. La creciente comprensión médica sobre el cerebro permite afirmar que, al igual que la mayoría de la facultades características del ser humano, las de este órgano son prodigiosas; entre ellas destacan las funciones mentales superiores, el habla y las emociones. La definición exhaustiva de estas funciones llenaría muchas páginas de un texto especializado; no obstante, de manera general, se puede considerar que el cerebro posee tres grandes unidades funcionales:

• Unidad reguladora del tono muscular y de la vigilia, la cual incluye el sistema reticular ascendente y el sistema límbico. El primero se encarga de regular el estado de vigilia, es consciente y a través de la atención permite la percepción; el segundo interviene en las siguientes actividades: regulación del comportamiento emocional, del comportamiento sexual, del régimen y del comportamiento alimentario, de los ciclos de sueño y vigilia, así como de las actividades viscerales, entre otras.

• Unidad procesadora y almacenadora de la información que el cerebro recibe, la cual, a su vez, se subdivide en sensitiva general, auditiva y visual.

• Unidad de programación, regulación y verificación de la actividad mental. Su función básica es la verificación de la actividad consciente, la formulación de planes y la programación de acciones. En ella intervienen mecanismos de la actividad motriz, de la deliberación inteligente y de la regulación de la conducta.

El funcionamiento cerebral es en extremo complejo y sofisticado, y aún hay muchas interrogantes sin respuesta. Lo que sí se puede afirmar, indudablemente, es que el cerebro humano es una de las grandes maravillas de la naturaleza.

¿Se pueden estudiar de manera independiente las estructuras y funciones del cerebro?

El estudio del cerebro ha sido una inquietud permanente para los científicos en todas las épocas. Los conocimientos de la estructura y del funcionamiento cerebral se fueron obteniendo por medio del estudio de animales de laboratorio y de la observación de los efectos que producen las diversas lesiones cerebrales. Sin embargo, como en el ejercicio profesional se requieren conocimientos cada vez más actualizados y la posibilidad de establecer diagnósticos oportunos y correctos, se ha recurrido a la tecnología.

En la actualidad, además de opciones como los rayos X, el análisis de líquido cefalorraquídeo y el electroencefalograma, se cuenta con técnicas más avanzadas que permiten estudiar las estructuras cerebrales de manera independiente; entre ellas están: la tomografía axial computarizada, la cual permite obtener imágenes sucesivas de cortes transversales del cerebro. Existe otro recurso conocido como formación de imágenes por resonancia magnética, mediante el cual es posible obtener imágenes tridimensionales del interior del cerebro, sumamente detalladas. Sin embargo, aunque estos recursos técnicos hacen posible el estudio de las estructuras cerebrales y la localización de lesiones y anomalías, no permiten observar o evaluar lo que ocurre mientras funciona el cerebro.

La mayor aproximación lograda al respecto ha sido seguir el movimiento de átomos radioactivos introducidos en el cerebro a través del torrente sanguíneo, por medio de un procedimiento denominado tomografía por emisión de positrones. Esta técnica proporciona imágenes que muestran el metabolismo, el flujo sanguíneo, así como ciertos procesos electroquímicos que tienen lugar en el cerebro.

¿Qué hace diferente al cerebro humano del de otras especies?

El cerebro humano presenta grandes diferencias en comparación con el de otras especies.

En algunos aspectos, es posible que el cerebro animal sea superior al del hombre; por ejemplo, es un hecho bien conocido que los perros y los gatos superan al ser humano en su capacidad para oler y para oír. Sin embargo, el cerebro humano difiere del de otras especies en el grado de desarrollo de su corteza cerebral; asimismo, es de un volumen mucho mayor en relación con el tamaño del cuerpo, comparado con el de cualquier animal.

La corteza cerebral humana se caracteriza por la presencia de numerosos pliegues y surcos, los cuales aumentan de manera considerable la superficie total de la corteza, logrando así el máximo volumen de sustancia gris.

Las múltiples funciones cognitivas características del hombre —tales como su capacidad para emplear el lenguaje, elaborar complicados sistemas de comunicación, retener información en la memoria, organizar conjuntos fijos de actitudes afectivas y cognitivas exquisitamente discriminativas, resolver problemas, investigar e imaginar, entre otras cosas— están determinadas por el grado de desarrollo del cerebro humano.

El encéfalo de algunas especies animales, como la ballena, el delfín y el elefante, por ejemplo, es más grande que el tamaño total del encéfalo humano; sin embargo, como ya se mencionó anteriormente, en el ser humano la proporción de la relación entre el peso del encéfalo y el peso corporal excede con mucho a la de cualquier otra especie.

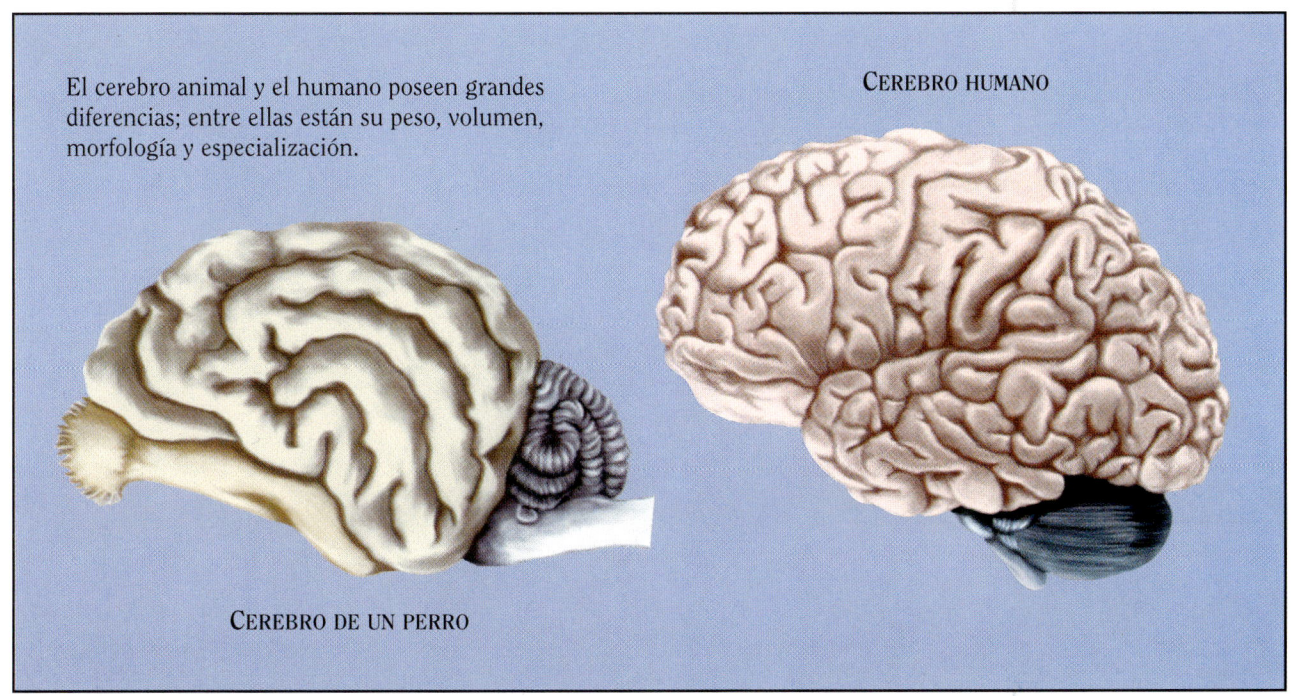

El cerebro animal y el humano poseen grandes diferencias; entre ellas están su peso, volumen, morfología y especialización.

CEREBRO HUMANO

CEREBRO DE UN PERRO

¿Es verdad que sólo algunas partes del cerebro intervienen en los procesos intelectuales?

En realidad, las divisiones funcionales del cerebro se establecen con fines didácticos. Existe una división de acuerdo con la cual el cerebro humano está integrado por tres partes: 1) cerebro reptil, cuyo funcionamiento se relaciona con la respiración, el pulso cardiaco, los movimientos musculares y los impulsos básicos de la vida, como comer, reproducirse y protegerse; 2) cerebro mamífero, cuyo funcionamiento se relaciona con el *sistema límbico;* 3) cerebro pensante, que abarca las funciones mentales superiores de la corteza cerebral. Desde esta perspectiva, parecería que los procesos intelectuales se generan aisladamente en la corteza cerebral, sin la intervención de las otras partes. Sin embargo, no es así. Aunque un proceso tenga lugar en una determinada parte del cerebro, toda forma de actividad mental requiere la participación coordinada de todos los sistemas cerebrales.

Las funciones mentales superiores dependen del trabajo concertado de un grupo de *zonas corticales* y *estructuras subcorticales*; cada una de ellas contribuye al resultado final de dichos procesos y recibe la influencia de los demás órganos y sistemas del organismo.

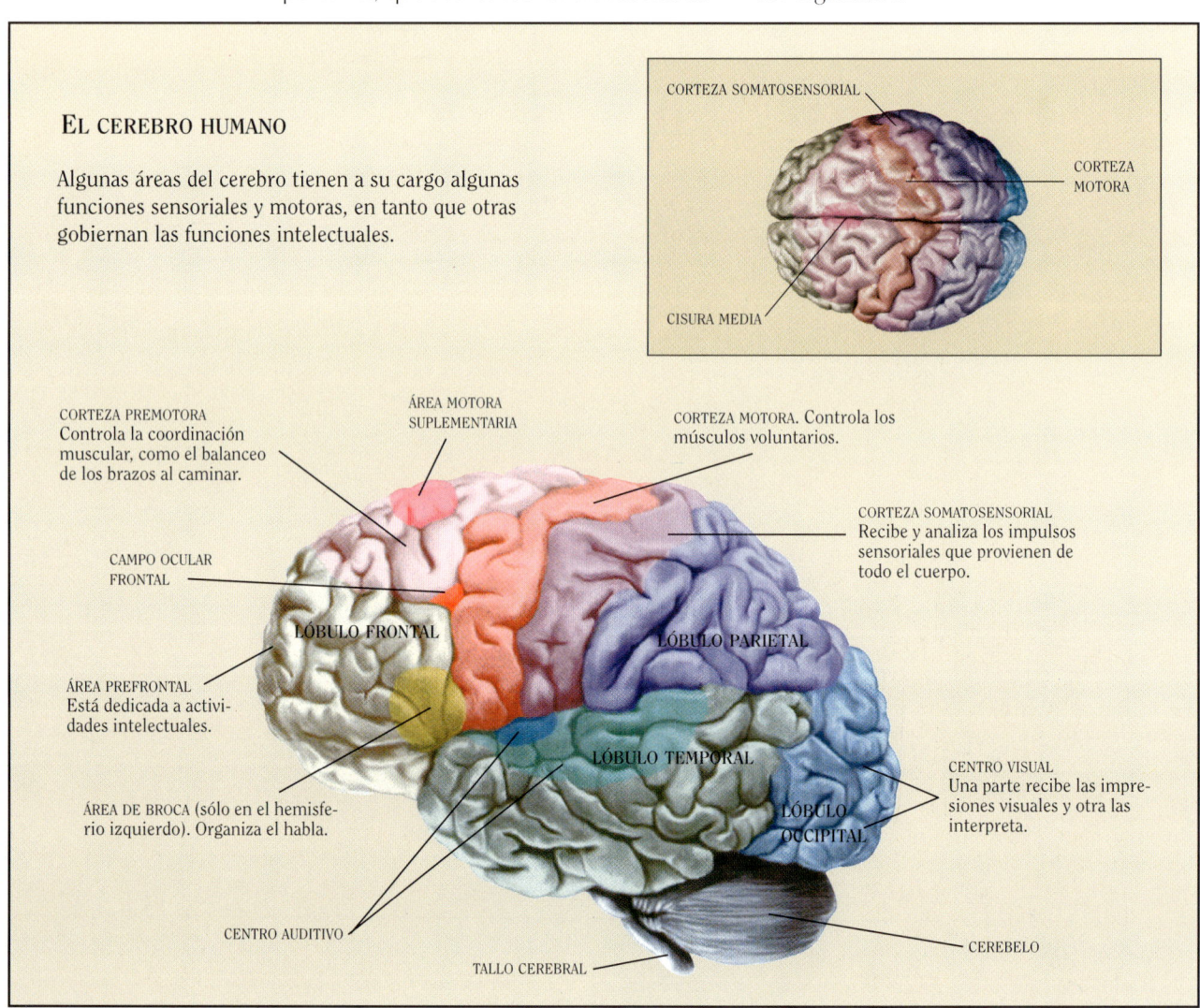

El cerebro humano

Algunas áreas del cerebro tienen a su cargo algunas funciones sensoriales y motoras, en tanto que otras gobiernan las funciones intelectuales.

- CORTEZA SOMATOSENSORIAL
- CORTEZA MOTORA
- CISURA MEDIA

- CORTEZA PREMOTORA. Controla la coordinación muscular, como el balanceo de los brazos al caminar.
- ÁREA MOTORA SUPLEMENTARIA
- CORTEZA MOTORA. Controla los músculos voluntarios.
- CORTEZA SOMATOSENSORIAL. Recibe y analiza los impulsos sensoriales que provienen de todo el cuerpo.
- CAMPO OCULAR FRONTAL
- LÓBULO FRONTAL
- LÓBULO PARIETAL
- ÁREA PREFRONTAL. Está dedicada a actividades intelectuales.
- LÓBULO TEMPORAL
- CENTRO VISUAL. Una parte recibe las impresiones visuales y otra las interpreta.
- LÓBULO OCCIPITAL
- ÁREA DE BROCA (sólo en el hemisferio izquierdo). Organiza el habla.
- CENTRO AUDITIVO
- TALLO CEREBRAL
- CEREBELO

¿Se forman nuevas neuronas durante la vida?

Las neuronas son las unidades estructurales básicas del sistema nervioso o células nerviosas. A diferencia de las otras células, las neuronas son irremplazables, lo que significa que una vez que envejecen o si se lesionan y mueren, no se reemplazan. Esto se debe a que este tipo de células sólo se forma durante el periodo prenatal o de gestación; por este motivo, al nacer, el niño cuenta con el mayor número de neuronas —alrededor de cien mil millones— e inmediatamente empiezan a disminuir en número.

Sin embargo, este fenómeno natural no es preocupante como pareciera serlo, ya que además de que el número de neuronas que se posee es muy vasto, éstas crecen en tamaño y complejidad a lo largo de la vida, formando muchas conexiones entre sí. A través de ellas ocurre la transmisión nerviosa, dando lugar a las complejas facultades del sistema nervioso. El proceso conocido como "plasticidad cerebral" tiene lugar sobre todo durante los primeros años de vida, cuando se forman numerosas *sinapsis* y se eliminan las que no son utilizadas. Posteriormente, el proceso de formación y eliminación de *sinapsis* es más limitado, pero puede volver a acelerarse después de una lesión cerebral, sobre todo si se realiza la estimulación adecuada.

¿Es cierto que nadie emplea su cerebro plenamente?

La investigación básica con respecto al empleo que hacen los individuos de su cerebro se ha centrado en el estudio de las aptitudes psicológicas, cognitivas, sensoriales y psicomotoras: cuántas y cuáles son, de qué dependen en su iniciación y desarrollo, qué les favorece o perturba, y qué otras variables condicionan su ejercicio eficaz. En este sentido, casi todos los científicos en la materia concuerdan en que la mayoría de las personas utilizan sólo en forma parcial sus potencialidades cerebrales así como el medio social, físico y biológico en el que se desarrollan. El empleo de las funciones cerebrales está determinado por la interacción entre la dotación genética, que determina en un grado importante las potencialides del mismo —aunque su cuantía se desconoce—, y la actividad del individuo en su medio físico, biológico, social y cultural; por ejemplo, en la mayoría de las sociedades, el avance tecnológico propicia el uso de computadoras, incluso para las operaciones aritméticas más elementales, lo cual no permite que el cerebro se ejercite al promover el pensamiento creativo o procesos destinados a la resolución de problemas. De hecho, se sabe que si las personas tuvieran, por lo menos, el hábito de la lectura, ejercitarían su cerebro en forma más eficaz y desarrollarían más todas las potencialidades del mismo.

Sin embargo, se tiene conocimiento de que aun en el caso de los individuos que más desarrollan y utilizan las facultades cerebrales, éstas no se emplean plenamente debido a que las potencialidades del cerebro humano son complejas e innumerables, de capacidad inagotable —entre más se utilizan, más potencial generan— y posiblemente muchas de ellas sean incluso aún desconocidas o insospechadas. Es probable que las funciones o las aptitudes cerebrales del ser humano estén determinadas en un alto grado por sus funciones psicológicas.

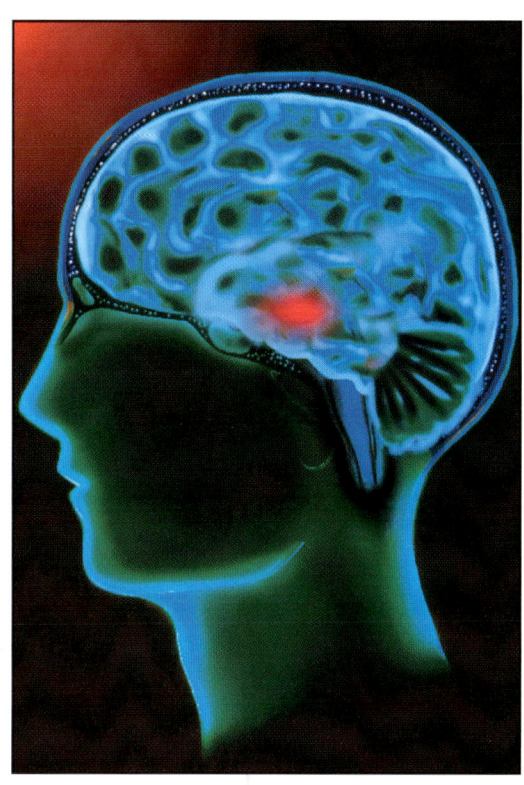

A pesar de los grandes adelantos de la ciencia, aún no es posible determinar los verdaderos alcances de esa máquina maravillosa que es el cerebro humano.

¿Por qué es tan especial la corteza cerebral?

La corteza cerebral, o superficie del cerebro, del hombre es muy especial debido a que en ella se organizan e integran las singulares facultades humanas que le distinguen del resto de reino animal, es decir, las múltiples funciones cognitivas: su capacidad para usar el lenguaje a fin de elaborar complicados sistemas de comunicación, retener información en la memoria, organizar conjuntos fijos de actitudes afectivas y exquisitamente discriminativas, resolver problemas, y, finalmente, investigar.

La corteza constituye la superficie cerebral y es una capa de sustancia gris que forma la zona superficial de los hemisferios cerebrales, a los que cubre de manera continua y uniforme.

¿Qué significa que un niño tenga un problema neurológico?

En general, se considera que un niño o cualquier otra persona tiene un problema neurológico o una neuropatología si presenta algún trastorno del sistema nervioso —con exclusión de las alteraciones psiquiátricas— referido preferentemente a una afección en el nivel del sistema nervioso central, por ejemplo, una lesión medular o cerebral. Si la parte afectada es un nervio, se denomina neuropatía periférica.

Entre las causas más comunes de los problemas neurológicos se encuentran: las congénitas —como la *espina bífida*—, las infecciosas —como la *meningitis* y la *encefalitis*—, las traumáticas —como los accidentes cerebrovasculares—, las anóxicas —como el sufrimiento fetal— y las neoplásicas —como los tumores cerebrales y cerebelosos.

Los síntomas neurológicos y la gravedad de los efectos que se presenten dependerán del agente que ocasionó el problema, de los órganos o de la zona del sistema nervioso afectados y de la edad del paciente. Por lo general, el problema o la lesión no avanza una vez que se ha establecido, sino que es susceptible de una rehabilitación para mejorar las aptitudes del individuo. Sin embargo, existen algunas enfermedades neurológicas evolutivas, es decir, que van produciendo un agravamiento del estado previamente sano, como las lesiones degenerativas.

El tipo de problema neurológico más frecuente es la lesión cerebral en sus diversos grados —desde la lesión cerebral mínima hasta la parálisis cerebral profunda—, generalmente originada por ausencia de oxígeno en las células cerebrales, o aporte insuficiente de éste, durante el periodo comprendido entre la vigésima semana de vida intrauterina y los 28 días después del nacimiento. Este padecimiento se llama anoxia perinatal y provoca la muerte de dichas células y las secuelas correspondientes, daño que se puede manifestar por medio de un fracaso escolar o hasta con una invalidez y una deficiencia mental graves.

En algunas ocasiones, ciertos trastornos del carácter de un niño, como la inestabilidad, la hiperactividad, la agresividad, la falta de iniciativa o de responsabilidad en los comienzos de la edad escolar, pueden revelar una lesión neurológica establecida con anterioridad o en evolución.

Cuando se sospeche la existencia de un problema neurológico en un niño, los padres o los tutores pueden recurrir a un neuropediatra para que lo evalúe, lo diagnostique y lo trate adecuadamente.

¿El grado de inteligencia depende de la cantidad de sustancia gris que haya en el cerebro?

La corteza cerebral está formada por un tejido gris que contiene miles de millones de neuronas y que forma la llamada sustancia gris. En ella se encuentran las múltiples facultades humanas y se integran las funciones cognitivas —tales como la memoria, el juicio y el raciocinio, entre otras—, y se generan los estados emocionales; estas últimas distinguen al hombre del resto de los animales. Por esta razón, al volumen de sustancia gris se le ha considerado comúnmente como sinónimo de inteligencia, aunque esto no resulta del todo cierto. Entre los seres humanos no se han establecido diferencias individuales relacionadas con el volumen de sustancia gris que se puedan relacionar directamente con el grado de inteligencia alcanzado.

La corteza cerebral humana tiene como principal característica sus numerosos pliegues y surcos, los cuales hacen posible que se aloje el máximo volumen de sustancia gris al aumentar su superficie total. En los mamíferos inferiores, las superficies cerebrales son más lisas y por ello tienen menor volumen de materia gris; además, la corteza cerebral humana es mucho mayor en relación con el tamaño del cuerpo, comparada con cualquier otra especie. De hecho, la extensión que alcanza la corteza es mayor en el lóbulo parietal y en la región prefrontal del lóbulo frontal, es decir, donde residen los campos de elaboración o asociativos del cerebro. La corteza de estos lóbulos es muy pequeña en los monos, y en los antropoides, como el orangután y el gorila se desarrolla más; sin embargo, el volumen sigue siendo considerablemente mayor en el hombre.

¿Cómo se recoge y se envía la información en el interior del cerebro?

La neurona es la célula característica del tejido nervioso; debido a sus propiedades morfofisiológicas, se considera la unidad fundamental del sistema nervioso. Su propiedad principal es la excitabilidad de su membrana, que puede ser modificada por la acción de otras neuronas.

Las neuronas están organizadas en cadenas de células llamadas conexiones o circuitos neurales, ya que su tarea principal es la comunicación: enviar y recibir datos. Cada neurona tiene de cientos a miles de conexiones con otras células y, debido a que se estima que el número de neuronas es de

LAS NEURONAS Y SUS CONEXIONES

Las células nerviosas, conocidas como neuronas, envían, reciben y almacenan señales para formar datos. La información pasa de una neurona a otra mediante una combinación de química y electricidad.

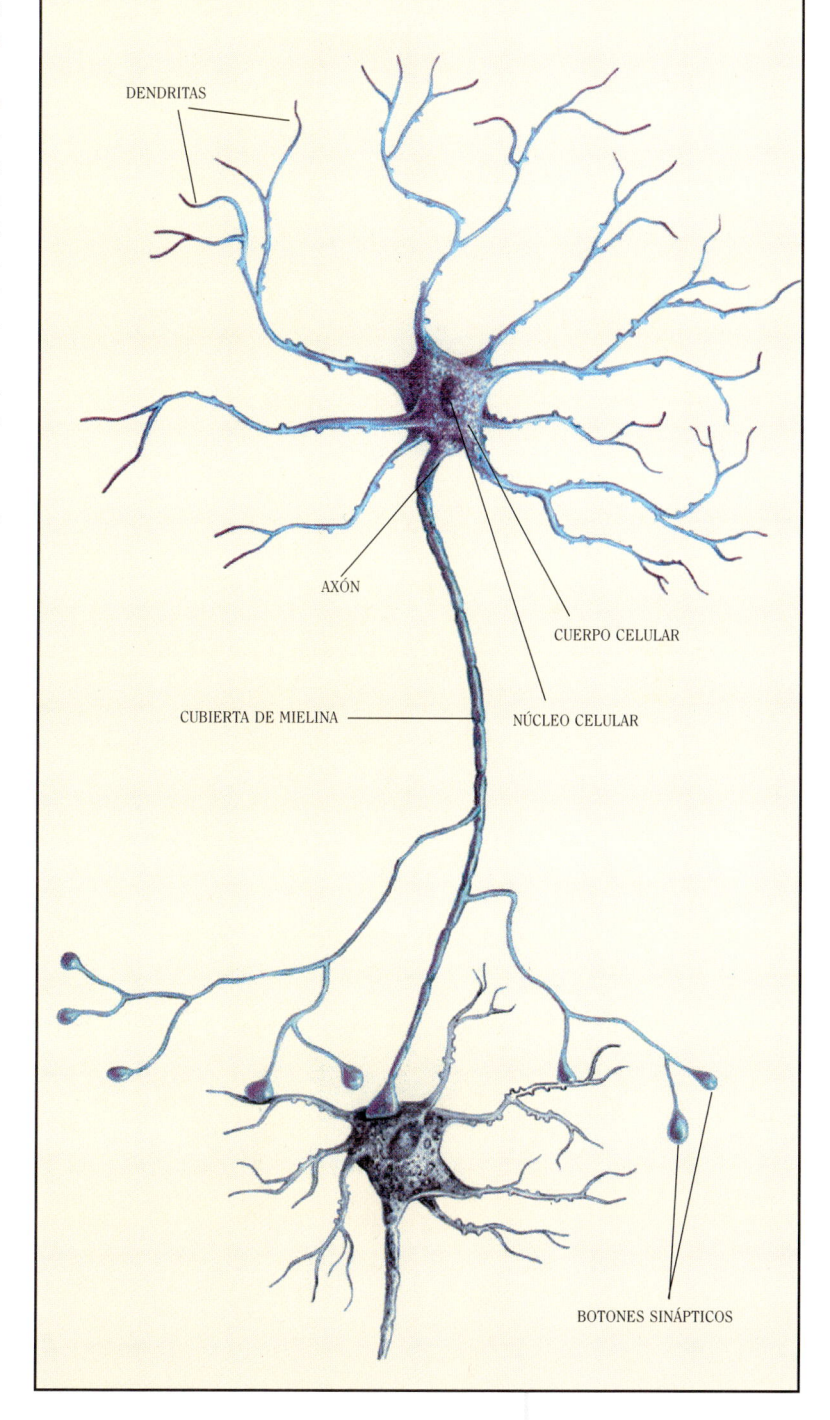

- DENDRITAS
- AXÓN
- CUERPO CELULAR
- CUBIERTA DE MIELINA
- NÚCLEO CELULAR
- BOTONES SINÁPTICOS

alrededor de cien mil millones, la interrelación de todas ellas, siempre cambiante, es verdaderamente prodigiosa.

El funcionamiento del sistema nervioso depende de la transmisión de señales de una neurona a otra, y esta transmisión se efectúa mediante ciertas reacciones químicas y eléctricas. Toda neurona tiene una prolongación —axón—, que es la que envía las señales, y otras más pequeñas —dendritas— que las reciben. El paso de la señal de un axón a la dendrita de otra neurona se efectúa a través de una conexión funcional conocida como *sinapsis.* El mensaje toma la forma de un impulso eléctrico que baja desde el axón hasta su extremo, en donde estimula la liberación de unas moléculas denominadas neurotransmisores, los cuales llegan hasta la membrana de otra neurona, lo que provoca en ésta un cambio de potencial eléctrico que se convierte en un impulso que puede excitar o inhibir la subsecuente transmisión de mensajes.

Las células nerviosas de los órganos de los sentidos, las cuales se hallan conectadas a diferentes zonas cerebrales, se excitan al recibir estímulos del exterior. Ante la estimulación repetida, comienzan a organizarse unidades funcionales sencillas, que a su vez se integran en unidades de complejidad creciente al aumentar la repetición del estímulo.

¿Cómo se le debe tratar a un niño hiperactivo o que padece el trastorno por déficit de atención?

Aun cuando no todos los niños hiperactivos son impulsivos, su incapacidad para mantener su conducta y atención durante periodos prolongados los hace parecer niños descuidados, inquietos y que se distraen fácilmente.

El trastorno por déficit de atención con hiperactividad se presenta como un patrón de conducta de niños que no manifiestan ninguna deficiencia intelectual ni neurológica aparente, pero que presentan altos niveles de actividad aunados a graves problemas para mantener la atención y concluir las actividades que inician.

A pesar de que se han realizado estudios para tratar de conocer el origen de esta alteración, aún no se tiene una evidencia sólida de que exista alguna alteración orgánica. A partir de investigaciones realizadas recientemente, se ha observado que los factores familiares pueden incrementar la desorganización conductual habitual en estos niños. Se ha encontrado, por ejemplo, que la crítica constante acerca del comportamiento de los niños puede desencadenar la falta de control que caracteriza al niño hiperactivo.

Cuando un niño al que de por sí le cuesta trabajo mantener la atención está en un ambiente demandante y de constante estimulación, éste puede ocasionar que el pequeño pase de una actividad a otra sin lograr controlar y mantener la atención en una sola actividad. Se ha observado que cuando los padres no respetan los periodos en los que el niño necesita tranquilidad para organizar sus percepciones y hábitos, impiden que el niño desarrolle sus propios mecanismos de autorregulación conductual, lo cual se manifiesta en la impulsividad típica de los niños con déficit de atención.

Es posible disminuir la conducta hiperactiva de un niño al modificar la interacción entre padres e hijos, y al desarrollar un ambiente de estabilidad y facilidad para concentrarse en pocas tareas a la vez.

El problema más grave de los niños que padecen este problema es que su patrón de conducta les impide desenvolverse adecuadamente en situaciones sociales comunes, como en la escuela y en las relaciones habituales con otras personas. Como tienden a ser desorganizados e incapaces de hacer bien las tareas escolares o de casa, tienden a interrumpir conversaciones o a no dejar que los demás terminen de hablar; además, sus acciones suelen ser muy precipitadas; les cuesta trabajo, por ejemplo, ver una película de principio a fin, pues se inquietan constantemente, y generalmente hacen sus actividades de una manera más ruidosa que los demás.

Es muy importante que los padres analicen la manera en que ellos contribuyen a que el niño presente tal comportamiento y traten de modificar gradualmente la actividad del pequeño al intentar incrementar los periodos de atención y concentración de los hijos en diversas actividades relacionadas con la escuela, el juego, el entretenimiento y la diversión.

¿Crece el cerebro al ejercitarlo?

Cuando se ejercita o estimula el cerebro, lo que en realidad aumenta es el número de conexiones neurales existentes. La verdadera superioridad del sistema nervioso humano está determinada, primordialmente, por su gran riqueza de conexiones, gracias a las cuales se interconectan las funciones. De la amplitud y la complejidad de los distintos circuitos constituidos por múltiples neuronas proviene la plasticidad, propiedad por la cual se puede lograr el acomodo o la adaptación a las distintas circunstancias ambientales, con lo que es posible ampliar y mejorar la conducta.

La estimulación del cerebro es la activación del sistema nervioso por un agente físico, químico, mecánico o de otra índole. La estimulación es necesaria para el desenvolvimiento adecuado del sistema nervioso y sus funciones, y la falta de actividad puede alterar el desarrollo de tales conexiones, ya que se inhiben los procesos neurales. Por ejemplo, en numerosas investigaciones se ha encontrado que las estimulaciones visual, acústica, olfativa y táctil ponen en marcha procesos de aprendizaje durante los primeros meses, que son de gran importancia para la ulterior orientación del organismo. El lactante, por poseer pocas directrices de comportamiento vinculadas con instintos, debe atravesar por un prolongado proceso de aprendizaje que depende, en gran medida, de la cantidad de estímulos que reciba del exterior.

Dada la importancia que reviste la adecuada estimulación o ejercitación de las

EL TAMAÑO DEL CEREBRO HUMANO Y LA INTELIGENCIA

Existe una gran polémica en torno de si existe una relación significativa entre el tamaño y estructura del cerebro humano y sus funciones específicas, como la inteligencia.

Los progresos recientes en la *neurobiología* han posibilitado la exploración de la organización ultraestructural de los circuitos nerviosos involucrados en la expresión de las funciones cognitivas. A través de estas investigaciones se ha logrado obtener información esencial sobre el cerebro humano.

Algunos investigadores afirman que existe una correlación significativa entre el tamaño del cerebro y el cociente intelectual (CI) de los individuos, y reportan que mientras más grande es el cerebro más alto es el CI: se ha observado que el perímetro de la cabeza puede predecir en forma significativa el CI.

Sin embargo, algunos otros señalan que no es posible explorar las funciones intelectuales aplicando exclusivamente una aproximación morfológica, y creen que, como se ha propuesto en el pasado, la inteligencia está mucho más relacionada con la calidad que con la cantidad.

El hecho de que un adulto sufra una enfermedad neurológica no implica necesariamente que los hijos hereden dicho padecimiento ni que vaya a verse afectada su capacidad intelectual.

funciones cerebrales, actualmente proliferan los enfoques educativos y psicopedagógicos que la promueven, como los programas de estimulación temprana, que invitan a padres y maestros a practicarla en los niños lo más pronto posible, incluso desde las primeras semanas de vida. No obstante, algunos de estos programas pueden ser más perjudiciales que benéficos cuando implican una presión excesiva para el niño, o cuando le hacen sentir que para ser querido y apreciado debe hacer actividades que tengan contentos a los padres de los maestros.

¿Se altera la capacidad intelectual de los hijos cuyos padres padecen una enfermedad neurológica?

En general, un problema neurológico, o una neuropatología, indica la presencia de cualquier trastorno del sistema nervioso, con excepción de las alteraciones psiquiátricas, pero se refiere preferentemente a la afección a nivel del *sistema nervioso central* (SNC): a la lesión medular o a la cerebral. Si el afectado es un nervio, se le denomina neuropatía periférica.

Las causas más comunes de enfermedades neurológicas son las congénitas —la *espina bífida*—, las infecciosas —como la *meningitis* y la *neuritis*—, las traumáticas —los acidentes cerebrovasculares— y las *anóxicas* —el sufrimiento fetal. Los síntomas neurológicos y la gravedad de los efectos que se presenten dependerán del agente que ocasionó el problema, de los órganos o de la zona del sistema nervioso afectados, así como de la edad del paciente. El tipo de problema neurológico más frecuente es la lesión cerebral en sus diversos grados —desde la mínima hasta la parálisis cerebral profunda—, daño que se puede hacer patente con un fracaso escolar y hasta con una invalidez y deficiencia mental graves.

Como se puede observar, el término "enfermedad neurológica" incluye una variedad muy amplia de trastornos o de alteraciones cuyas causas y efectos pueden ser muy diversos; pero tan sólo es posible que lleguen a afectar de manera directa la capacidad intelectual de los hijos de las personas que las padecen, si las enfermedades son transmisibles a través de la herencia, y si además se combinan con alteraciones intelectuales. Un ejemplo de lo anterior es la espina bífida, trastorno que se caracteriza por el cierre anormal del canal óseo de la columna vertebral. En este trastorno no es habitual la existencia de síntomas, a menos que al cierre anormal del canal vertebral se le asocie la herniación del mismo y se forme un saco constituido por cubiertas meníngeas —*meningocele*—, que lleve en su interior estructuras nerviosas —*mielomeningocele*—, lo que en aproximadamente el 80% de los casos provoca *hidrocefalia,* con la subsecuente alteración del desarrollo intelectual del individuo.

Otra posibilidad de que un padecimiento neurológico de un padre afecte la capacidad intelectual de su hijo se presenta cuando dicha enfermedad incapacita al individuo para proporcionarle al pequeño los estímulos que requiere para tener un desarrollo intelectual adecuado, y cuando además no existe otra posibilidad de adquirir dicha estimulación a través de otra persona o recurso. Asimismo, el niño puede ver afectada su capacidad intelectual si el trastorno neurológico del padre de algún modo altera en de manera importante su desarrollo emocional o psicológico.

¿Cuál es la importancia del cerebelo?

El cerebelo es un órgano del sistema nervioso central y es la parte más posterior o dorsal del denominado metencéfalo, el cual a su vez constituye la parte anterior en que se divide el romboencéfalo. Su importancia reside en que es el modulador y coordinador de las actividades motoras en general.

Desde el punto de vista funcional, el cerebelo puede dividirse en tres segmentos: anterior, medio y posterior. El primero es un centro regulador del tono muscular en los movimientos elementales. El segmento posterior constituye el centro del equilibrio y comprende la úvula, el nódulo, el flóculo y las amígdalas. Por último, el segmento medio o intermedio, que corresponde a los hemisferios cerebelosos, se considera el centro regulador del tono muscular en los movimientos precisos y voluntarios de los diferentes miembros.

El cerebelo está conectado con el resto del tronco cerebral por tres pedúnculos o brazos a través de cuyas fibras pasan las aferencias y eferencias del mismo, y es precisamente a causa de sus vías de eferencia o salida —de particular importancia las que van hacia el área motora de la corteza cerebral— que el cerebelo está íntimamente relacionado con la actividad motriz, sobre todo la voluntaria. El cerebelo interviene en la acción muscular para efectuar movimientos de destreza, al coordinar las actividades de grupos de músculos, actuando en conjunción con la corteza cerebral; es decir, el cerebro da la orden, pero el cerebelo dice cómo hacer el movimiento.

El cerebelo también interviene en los reflejos posturales, al regular y coordinar la contracción muscular; asimismo, funciona en el nivel inconsciente para hacer los movimientos uniformes y coordinados. Por tanto, este órgano es vital para el mantenimiento normal del tono muscular.

El cerebelo ayuda a conservar el equilibrio, ya que los impulsos aferentes del oído interno llegan a él y ahí se conectan con las fibras aferentes adecuadas para la con-

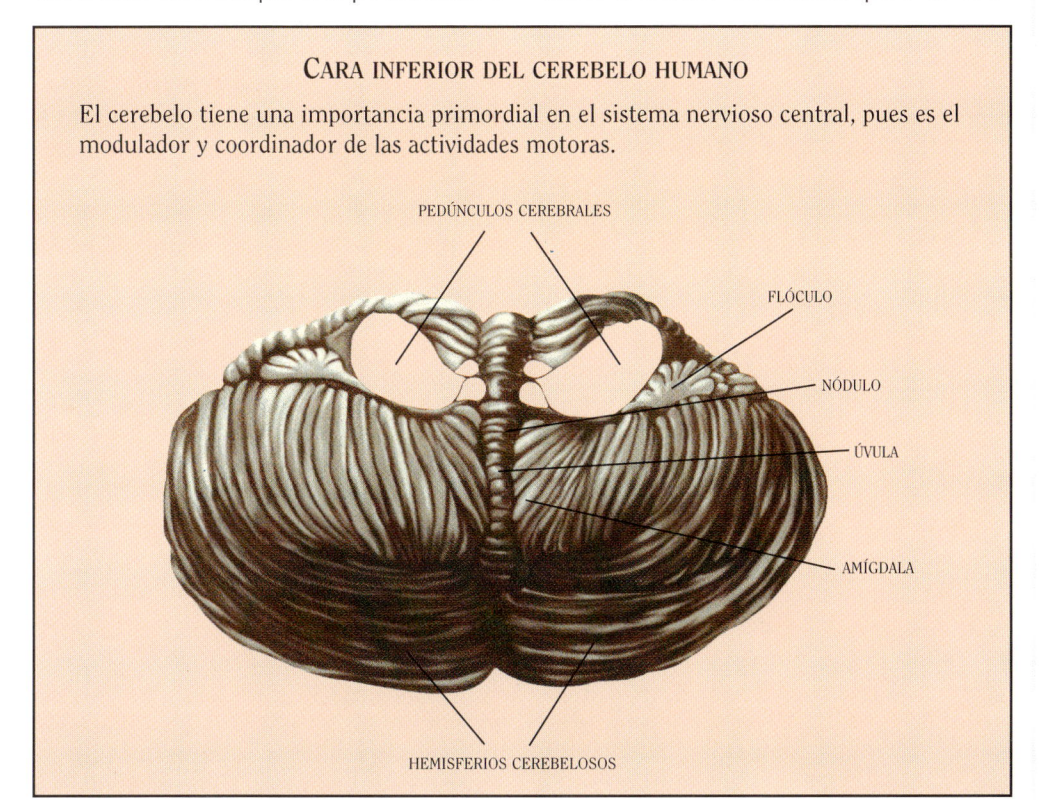

CARA INFERIOR DEL CEREBELO HUMANO

El cerebelo tiene una importancia primordial en el sistema nervioso central, pues es el modulador y coordinador de las actividades motoras.

- PEDÚNCULOS CEREBRALES
- FLÓCULO
- NÓDULO
- ÚVULA
- AMÍGDALA
- HEMISFERIOS CEREBELOSOS

centración de los músculos que mantienen el equilibrio.

Por consiguiente, cuando el cerebelo de una persona se lesiona, pueden producirse las siguientes manifestaciones anómalas: a) pérdida del tono muscular; b) incoordinación de los movimientos voluntarios; c) alteración mínima de la fuerza muscular, con una mayor fatigabilidad y alteración de los movimientos asociados, y d) anomalías del equilibrio y de la marcha. Algunos ejemplos de dichas alteraciones son la ataxia, o incoordinación de movimientos; la astasia, o imposibilidad de mantenerse en pie; la dismetría, o falta del sentido de la medida al ejecutar movimientos; el temblor, que es una alteración del tono muscular; la hipercinesia, que se manifiesta por un movimiento oscilante, uniforme, breve, rápido, y casi siempre rítmico; la atonía, o insuficiencia de tono o vigor contráctil; la astenia, es decir, debilidad, falta o pérdida de fuerza. Se ha detectado también atrofia de la corteza cerebelosa y menor cantidad de células de Purkinje —variedad de neuronas exclusivas del cerebelo— en niños autistas.

¿Cómo contribuyen las sustancias neurotransmisoras al desarrollo intelectual?

El funcionamiento del sistema nervioso depende de la transmisión de señales de una neurona a otra, la cual se efectúa por medio de ciertas reacciones químicas y eléctricas.

Las sustancias neurotransmisoras contribuyen al desarrollo intelectual, debido a la función que realizan en la conducción neural. Son sustancias sintetizadas por neuronas del sistema central o periférico, que actúan como transmisores químicos de la información nerviosa en el nivel de la *sinapsis*. Asimismo, pueden ejercer una acción estimulante o inhibidora. Los neurotransmisores se sintetizan y almacenan en los llamados *botones sinápticos,* en espera de la señal adecuada para su liberación.

¿Cómo intervienen los lóbulos frontales del cerebro en el desarrollo intelectual?

Se creía antiguamente que los lóbulos frontales eran de suma importancia para el desarrollo intelectual porque en ellos parecían estar confinadas las funciones psíquicas más relevantes; se pensaba que constituían el asiento superior de la inteligencia humana —en la corteza prefrontal se regulaban las funciones mentales superiores, el habla, el movimiento voluntario y los estados emocionales—. Sin embargo, se sabe que la destrucción de la parte posterior del lóbulo temporal y de la región de la circunvolución angular en el hemisferio dominante causa más daño intelectual que la destrucción de las áreas prefrontales.

Las funciones del organismo se han relacionado con las diferentes partes del cerebro a través del estudio de pacientes que tienen lesiones, tumores o inflamaciones en distintas partes del cerebro, y por medio de la experimentación en animales.

Los cambios que un individuo experimenta después de haber sufrido una lesión de lóbulo frontal se pueden, según el aspecto afectado, agrupar en tres categorías de alteraciones: de la personalidad, del intelecto y de la función motora.

En los lóbulos frontales se han podido encontrar cuatro tipos de funciones intelectuales: generación de planes de acción, programación de los componentes de las acciones, vigilancia de la actividad sostenida en relación con la finalidad u objetivo y con los cambios ambientales, y corrección de la trayectoria de la actividad que se está efectuando.

Es importante señalar que los lóbulos frontales no actúan de manera independiente, sino que se coordinan con la función sensorial de los lóbulos temporal, parietal y occipital.

Las personas con lesión de lóbulo frontal pueden experimentar los siguientes problemas intelectuales: dificultad para suprimir las asociaciones y las intrusiones sin importancia, es decir, se distraen con facilidad; incapacidad para anticiparse a las consecuencias de sus acciones; incapacidad para formular un criterio ante los problemas complejos que ocurren con el paso del tiempo, e incapacidad para seguir una sucesión ordenada de tareas. Cabe señalar que las pruebas de inteligencia no son muy útiles para la valoración neuropsicológica de la lesión del lóbulo frontal.

Desde luego, las alteraciones de la personalidad —caracterizadas fundamentalmente por manifestaciones de irritabilidad, apatía y euforia— y las de la función motora —disminución de la "palpación ocular del ambiente", entre otras— ocasionadas por las lesiones de lóbulo frontal también pueden tener efectos importantes en el rendimiento intelectual.

¿Cómo se relaciona con el cerebro el que un niño sea zurdo o diestro?

Los estudiosos en la materia han pensado que el hecho de que el cerebro humano tenga dos hemisferios —el derecho y el izquierdo— se debe a que una mitad podría compensar el daño que sufriera la otra. Los dos hemisferios del recién nacido son equivalentes en sus potencialidades; por ejemplo, si al nacer el niño ocurre una lesión cerebral pero un hemisferio queda ileso, este último generalmente cumple las funciones del otro. Dicha adaptabilidad disminuye conforme avanza la edad, ya que los hemisferios cerebrales tienden a especializarse.

La zurdera es el predominio de la utilización de la mitad izquierda del cuerpo o de una zona de éste, por ejemplo la mano, el pie o un ojo, sobre la mitad derecha, y su causa fisiológica es la mayor actividad y desarrollo del hemisferio cerebral derecho. En el caso de los niños o sujetos diestros o con predominio o mayor habilidad del lado derecho del cuerpo ocurre de la misma forma, pero al contrario, es decir, existe una dominancia del hemisferio cerebral izquierdo sobre el derecho. La dominancia cerebral se constituye gradualmente hasta el final del primer decenio de vida. En términos generales, después de los dos años de edad el aprendizaje a partir del uso de las dos manos se hace más infrecuente y la lateralización de la destreza o la zurdera se pronuncia más. Ambos hemisferios se comportan de manera semejante para aprendizaje, memoria, percepción e ideación, pero el lenguaje y la destreza manual son expresiones casi exclusivas del hemisferio dominante.

Se dice que un niño sufre de zurdera contrariada cuando se le obliga a utilizar preferentemente el lado derecho del cuerpo. Este error puede originar trastornos del esquema corporal del cuerpo; de la organización del lenguaje, como *dislexia* o tartamudeo; motores, por ejemplo torpeza, tics; o emocionales, como enuresis, es decir, incontinencia de orina. Para que los padres que tienen a su cargo a un niño eviten problemas de zurdera contrariada, pueden pedir orientación a psicólogos o neuropediatras, con el objeto de que se explore la dominancia de cada zona del cuerpo del pequeño, para lo cual existen pruebas de lateralización, especialmente elaboradas.

Afortunadamente, en la actualidad los padres de familia han hecho a un lado la idea de que la zurdera es un defecto que debe ser erradicado, y han empezado a respetar el hecho de que su hijo sea zurdo o diestro.

¿En qué difieren el cerebro de los hombres y el de las mujeres?

En un sentido amplio, se puede decir que el cerebro humano es en esencia morfológica y funcionalmente igual en hombres y en mujeres. En numerosas investigaciones se ha tratado de establecer en qué difiere el cerebro masculino del femenino. El peso del cerebro, mayor en los varones que en las mujeres, —el masculino pesa aproximadamente 1.35 kg y el femenino, 1.21 kg— hizo que durante una época se considerara que los hombres tenían una inteligencia superior a las mujeres; sin embargo, en la actualidad se sabe que estas diferencias corresponden a las de peso corporal que, también en promedio, existen entre hombres y mujeres. Lo anterior significa que la relación entre el peso del cerebro y la masa corporal es equivalente en ambos sexos. De cualquier manera, no hay pruebas de que la inteligencia se relacione con el tamaño del cerebro; además, se ha visto que las afinidades intelectuales entre los sexos predominan mucho más que las diferencias.

Asimismo, se ha establecido que ciertas partes del cuerpo calloso —haz de fibras nerviosas que cruza entre ambos hemisferios cerebrales— tienen mayor grosor en las mujeres que en los hombres, lo que, según algunos investigadores, podría explicar la superioridad verbal que generalmente muestran las mujeres. Esto significaría que en las mujeres la capacidad verbal no estaría confinada en forma tan exclusiva a un solo hemisferio. Sin embargo, algunos otros estudiosos han pensado que dicha característica en realidad tiene su origen en condicionamientos sociales.

Aparentemente, también existen diferencias en cuanto al dominio de otras habilidades: en la pubertad, el varón tiende a sobresalir en materias como las matemáticas, y posee una aptitud cada vez mayor para percibir la relación entre objetos en el espacio; en efecto, la hormona masculina o testosterona se ha relacionado con las aptitudes sobresalientes para las matemáticas —lo cual ha suscitado controversias—, pues según se dice, la testosterona en el feto masculino modifica la acción de ciertas sustancias del cerebro. Al parecer, la acción de la hormona masculina provoca que los hombres reaccionen más intensamente ante la tensión y el estrés y que se muestren más agresivos que las mujeres; además, posiblemente esto provoca que los hombres sean más propensos que las mujeres a la zurdera, la *dislexia* y el tartamudeo.

No obstante, es conveniente señalar que el funcionamiento cerebral es, en términos generales, el mismo para ambos sexos.

La naturaleza dotó a hombres y mujeres con habilidades diferentes, pero esto no significa que el cerebro masculino funcione de diferente manera que el femenino.

¿La mano con que se sujeta el lápiz puede indicar en qué lado del cerebro está el principal centro del lenguaje?

Es posible que cuando una persona escribe con una determinada mano, o usa más hábilmente una de ellas, se ponga de manifiesto en cuál hemisferio cerebral se encuentra su principal centro de lenguaje, pero no siempre es así.

El control de la mayoría de las formas de conductas aprendidas por el ser humano recae preferentemente en uno de los hemisferios cerebrales. Aproximadamente el 90% de los adultos usa su mano derecha en forma más hábil. En ellos, el hemisferio cerebral dominante es el izquierdo, debido a que son los centros motores de este lado los que controlan el movimiento de la mano derecha; del mismo modo, se considera que en los zurdos el hemisferio derecho es el dominante, cuando se trata de movimientos de mayor precisión y habilidad en la mano izquierda.

Sin embargo, en estudios realizados se ha encontrado que en menos de la mitad de los zurdos el lenguaje es controlado por el hemisferio derecho; en la mayor parte de ellos, el principal centro de lenguaje radica, como en los diestros, en el hemisferio izquierdo; más todavía, también se descubrió que aproximadamente un 10% de los diestros tienen sus centros de lenguaje ubicados en el hemisferio derecho, por lo que se concluyó que la lateralización de los centros del lenguaje no guarda, en absoluto, una estricta relación con la destreza motora de una mano.

¿Existe alguna diferencia entre el retraso y la deficiencia mental?

El retraso o retardo mental es un concepto básicamente evolutivo. Por lo general, se aplica al mismo tipo de fenómenos que son considerdos como deficiencia mental; pero, a diferencia de esta última, que es de naturaleza estática y psicométrica, el concepto de retraso mental tiene carácter dinámico y evolutivo, y se refiere esencialmente al despliegue en el tiempo de una serie de procesos de desarrollo, de maduración y de aprendizaje. En otros términos, se supone que esxiste una secuencia evolutiva a través de determinados pasos o niveles, o incluso estadios, hasta alcanzar la madurez o la adultez; generalmente, dicha secuencia se despliega en ciertos tiempos y a determinadas edades.

El retraso mental, por consiguiente, se presenta cuando un individuo llega mucho más tarde en el tiempo a las distintas etapas del desarrollo intelectual y personal. Según este modelo evolutivo, podría ocurrir que, incluso llegando más tarde, alcanzara niveles de desarrollo idénticos a los de otros individuos; sin embargo, en la mayoría de los casos el retraso mental no implica únicamente una evolución intelectual más lenta, sino también supone que solamente es posible alcanzar los niveles más inferiores de la madurez intelectual.

¿Es la flexibilidad del cerebro lo que lo hace único?

El cerebro humano posee facultades que lo hacen único en el reino animal. Muchos investigadores están de acuerdo en que la verdadera originalidad del cerebro humano —y del sistema nervioso en general— reside en la riqueza de conexiones que es capaz de crear entre sus células —las neuronas— al presentarse la estimulación apropiada, haciendo que sus diversas funciones interactúen.

Asimismo, la flexibilidad del cerebro es la que hace posible que, utilizando la estimulación adecuada, en determinados casos de lesión cerebral en los que se ha perdido el funcionamiento del área lesionada el individuo tenga posibilidades de recobrar parcial o totalmente dicha función, lo cual es una manifestación de la plasticidad del cerebro.

¿Es posible la degeneración cerebral?

Efectivamente, existen enfermedades degenerativas cerebrales que se presentan como alteraciones patológicas. Éstas aumentan poco a poco; generalmente son simétricas e implacablemente progresivas; destruyen el parénquima cerebral y su origen, hasta ahora, es desconocido. Se piensa que la mayoría de ellas dependen de factores genéticos porque suelen observarse en varios miembros de una misma familia.

En estos procesos se muestra una lenta involución del cuerpo celular, de sus prolongaciones y de las fibras nerviosas, sin estar acompañada por una llamativa respuesta celular.

Según los síntomas que presentan estos procesos degenerativos, se clasifican de la siguiente forma:

• Enfermedades y síndromes degenerativos en los que predomina la demencia: enfermedad de Alzheimer, enfermedad de Pick o atrofia cerebral circunscrita.

• Afecciones degenerativas que se combinan con demencia, además de otros signos neurológicos:
  - Corea de Huntington —demencia progresiva, movimientos estrafalarios y posturas extrañas—; los lóbulos frontales resultan especialmente afectados.
  - Demencia con *ataxia* —la degeneración cerebral progresiva causa la falta de coordinación motriz.
  - Las *lipidosis* del sistema nervioso constituyen parte de las degeneraciones cerebrales que se manifiestan en la niñez y en la juventud.
  - Epilepsia familiar mioclónica.
  - Enfermedad de Hallervorden-Spatz —demencia progresiva con trastornos posturales, del tono muscular y movimientos involuntarios.

• Degeneración cerebral que se combina con *síndrome extrapiramidal:*
  - Enfermedad de Parkinson —trastornos del equilibrio y, al cabo del tiempo, imposibilidad de controlar los movimientos oculares voluntarios y de articular las sílabas.
  - Espasmo de torsión —movimientos lentos, sin coordinacón, arrítmicos, involuntarios de los músculos—; afecciones de los ganglios basales del cerebro —temblor familiar y senil, entre otros.

¿Puede un cerebro atrofiarse repentinamente?

Es cierto que un cerebro puede dañarse en forma repentina, generalmente a causa de lesiones traumáticas que, además, pueden alterar parcial o totalmente la función del área dañada; sin embargo, en un sentido estricto, esto no constituye una atrofia: para que un proceso sea considerado como atrófico, debe tener un desarrollo paulatino —si es rápido se denomina necrosis—, es decir, no existe la atrofia cerebral repentina.

En términos generales, la atrofia es la disminución del volumen y del peso de un órgano o un tejido por defecto de nutrición; en otras palabras, es la disminución de la cantidad de *protoplasma* vivo después de que han alcanzado su desarrollo normal; dicha reducción tiene su origen en el decremento del número de células o de su tamaño, o en la combinación de ambos factores. Para que haya una disminución de los elementos celulares es necesario que algunos de ellos mueran y se reabsorban.

Las atrofias cerebrales o que ocurren en el sistema nervioso en general son:

• La atrofia cerebelosa cortical familiar; generalmente empieza entre los 30 y 40 años; en ella aparecen *ataxia*, torpeza manual, *disartria*, temblor de cabeza y *nistagmo*.

• Atrofia cerebelosa con lesiones predominantes del tronco encefálico, que se combinan con ataxia, *dismetría* y *disfagia*, entre otros síntomas.

• La atrofia olivo-ponto-cerebelosa está vinculada con la anterior, pero sin afectación medular.

• Atrofia rubrodentada. En ella aparecen los primeros *trastornos mioclónicos* en la adolescencia, y varios años después aparece la ataxia cerebelosa.

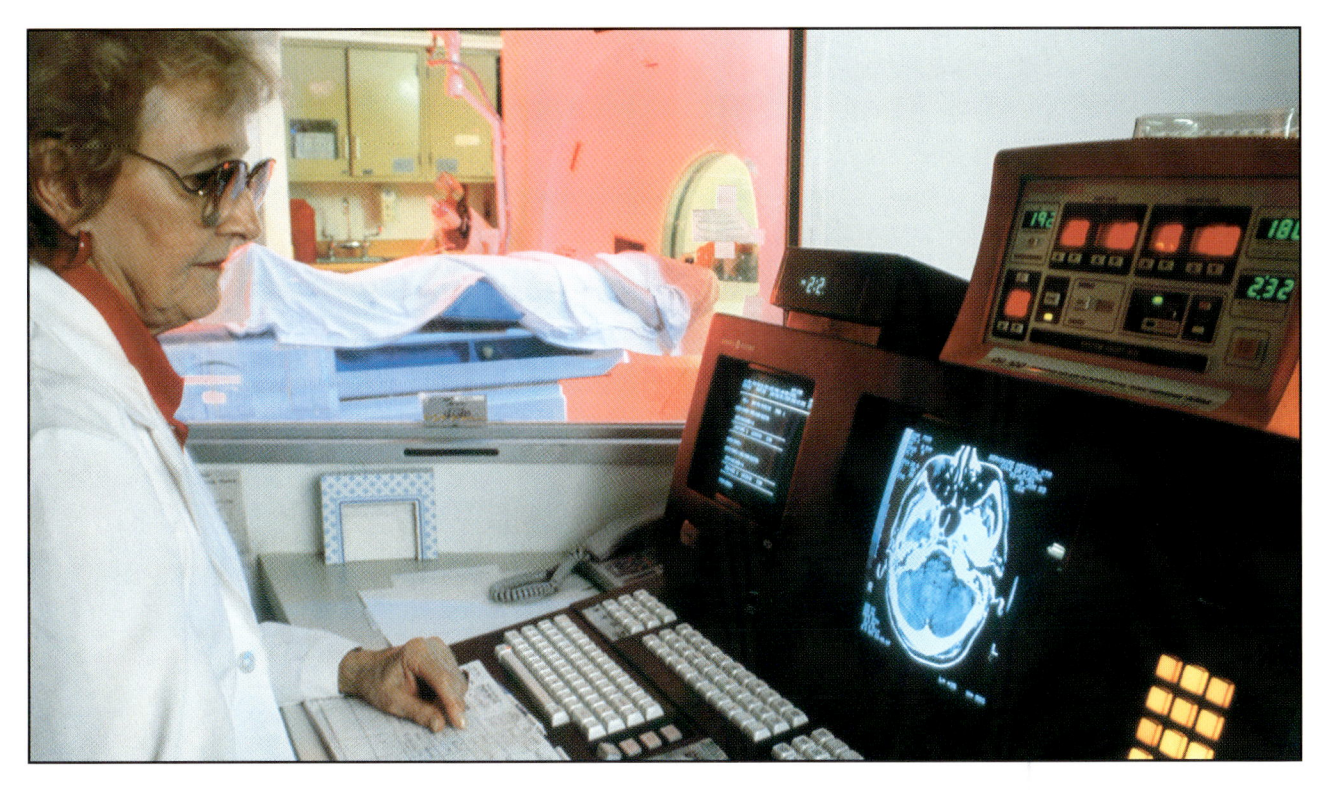

- Atrofia cerebral difusa o enfermedad de Alzheimer.
- Enfermedad de Pick. En ella se atrofian los lóbulos frontal y temporal. Esto tiene como resultado la geneción de demencia, pérdida de la memoria y de la orientación, trastornos de conducta como apatía e indiferencia. Tras una evolución que puede durar de dos a cinco años, la enfermedad termina con la vida del paciente irremediablemente.
- Atrofia óptica de Leber —*neuritis retrobular* con atrofia óptica secundaria.

¿Algunos daños del cerebro pueden ser reversibles?

Por lo regular, una vez establecido un daño en el sistema nervioso, el mal no avanza, sino que es susceptible de una rehabilitación que mejore las aptitudes del individuo o que le permita recobrar por lo menos parcialmente las funciones que resultaron alteradas a causa de la lesión; esto generalmente es posible a través de la estimulación adecuada, que debe ser repetitiva, con el fin de que las neuronas que han quedado intactas en torno del área afectada formen nuevas conexiones entre sí, de modo que en algún momento puedan llegar a suplir en alguna medida las funciones de las neuronas destruidas —las neuronas muertas no se regeneran ni son reemplazadas por otras nuevas—. Sólo en este sentido los daños pueden ser reversibles; es decir que, en un momento dado, las funciones pueden llegar a recobrarse, pero no así las estructuras cerebrales que han resultado dañadas.

Asimismo, en algunos casos el funcionamiento de un área lesionada es compensado por otra estructura, lo que especialmente se observa cuando por alguna razón se lesiona o es extirpado un hemisferio cerebral. Particularmente, cuando se trata de niños, el hemisferio que se conserva ileso por lo general cubre las funciones del otro, permitiendo un desarrollo del individuo relativamente normal. Sin embargo, esta adaptabilidad de los hemisferios

La medicina moderna cuenta con los medios adecuados para establecer diagnósticos precisos de las patologías cerebrales y prescribir tratamientos de rehabilitación.

El estrés continuo es capaz de alterar de manera importante las funciones normales del cuerpo y producir serias alteraciones; de ahí la trascendencia de que las personas que frecuentemente se vean sometidas al estrés aprendan a controlarlo.

cerebrales tiende a disminuir conforme avanza la edad, debido a que existe la tendencia a la especialización. No obstante, dependiendo del tipo de lesión, de la magnitud del daño y del área donde se encuentra, algunos adultos han logrado utilizar el hemisferio intacto para lograr recobrar la función perdida. Por ejemplo, se han documentado casos en que, tras perder el habla por daño en el hemisferio donde residía su principal centro del lenguaje —habitualmente el izquierdo para los diestros y el derecho para los zurdos—, los pacientes han logrado volver a adquirir la función, utilizando el otro hemisferio.

Sin embargo, es importante señalar que, además de las enfermedades que originan la degeneración cerebral —paulatino desarrollo de la patología cerebral—, existen daños o lesiones cerebrales que son irreversibles, cuyo funcionamiento no puede recobrarse nunca.

¿Cómo afecta el estrés al cerebro?

El término estrés se utiliza para describir una tensión nerviosa excesiva que se produce como resultado de un desequilibrio entre las demandas del entorno y la incapacidad del sujeto para satisfacerlas; sus manifestaciones pueden ir desde un agotamiento físico o fatiga hasta reacciones psicosomáticas diversas, como dolores de cabeza y gastritis entre otras.

Son muchos los factores que pueden ocasionar estrés, entre ellos los problemas personales, las enfermedades y las dificultades económicas. Cuando se enfrenta a un estrés físico o psicológico, el cerebro reacciona y envía señales para que las glándulas suprarrenales produzcan hormonas que pongan al organismo en estado de alerta y lo preparen para enfrentar el problema; entre estas hormonas están la adrenalina y la noradrenalina, que aceleran los ritmos cardiaco y respiratorio y la respuesta muscular.

Se ha observado que un estrés moderado y a corto plazo puede resultar altamente benéfico; por ejemplo, puede acelerar la curación de una enfermedad o impulsar al individuo a conseguir algunas metas; no obstante, si persiste durante largo tiempo, puede ser perjudicial y tener un sinnúmero de consecuencias, pues es capaz de frenar la respuesta inmunitaria, haciendo al individuo más susceptible a la enfermedad; incluso, puede acelerar el avance de algunos padecimientos crónicos y degenerativos, como la artritis reumatoide.

Cuando el individuo sufre estrés excesivo como consecuencia de una experiencia traumática o que podría poner en peligro su vida, es posible que desarrolle síntomas psicológicos o fisiológicos, a los que en conjunto se les denomina estrés postraumático. Éste es común en los soldados que han regresado de una guerra; en los sobrevivientes de desastres, como incendios o terremotos; en las personas que han sufrido algún tipo de accidente y en las que han sido víctimas de asaltos violentos o de abuso sexual. Aunque en estos casos el tiempo ayuda a las personas a sobreponerse, y con ello a que los síntomas desaparezcan paulatinamente, suele ser de mucha utilidad la orientación y apoyo de un profesional.

¿Es cierto que cuanto más trabajo efectúa el cerebro, más puede realizar?

Una estimulación adecuada del cerebro promueve que las conexiones neurales se multipliquen, con lo que aumentan sus potencialidades. Por ello es tan importante tomar conciencia de lo útil que es ejercitar las capacidades cerebrales: se ha observado que las personas que realizan de manera sistemática algún trabajo intelectual, tan simple como el ejercicio físico coordinado o el hábito de la lectura, tienden a conservar y a desarrollar sus facultades intelectuales aun en la edad avanzada; por ello, estas actividades se han interpretado como un medio de prevenir algunos de los procesos degenerativos del cerebro. Ciertas enfermedades degenerativas han mostrado mejoría tras una adecuada estimulación, realizada mediante el trabajo cerebral.

Es importante aclarar que, si bien el hecho de ejercitar el cerebro le da a éste una mejor predisposición para trabajar, se habla de una estimulación paulatina, es decir, de un trabajo continuo realizado durante largo tiempo. Lo anterior no debe confundirse con una sobreestimulación esporádica, que únicamente produciría fatiga y sería contraproducente para incrementar las capacidades intelectuales.

¿Es verdad que a mayor desarrollo cerebral corresponde un cociente intelectual (CI) más alto?

Hay que entender que, aunque el cociente intelectual (CI) es una aproximación a la medida de la aptitud intelectual de un sujeto, obtenida a través de pruebas psicométricas creadas con dicha finalidad, las puntuaciones del CI no poseen ni representan ninguna entidad con existencia propia: sólo es una medida macroscópica de la eficacia intelectual, resultado de sumar las medidas tomadas en diversas tareas, que representan una muestra reducida de la actividad intelectual. Entre los factores que influyen en el CI se encuentran: el potencial genético actualizado, las experiencias, los aprendizajes, los aspectos motivacionales y afectivos, los estímulos y las actividades, y cuantas variables contribuyen al desarrollo del individuo. Por esta razón, el CI no es una medida pura de ninguno de estos factores en particular, ni de ninguna aptitud, destreza o habilidad intelectual específica.

La confiabilidad y validez de la gran mayoría de las pruebas psicométricas que sirven para determinar el CI son controvertidas, pues hay infinidad de factores que inciden en el valor de dichas puntuaciones, como las oportunidades físicas, sociales, culturales, educativas, etc. Por este motivo, el CI debe considerarse como una medida que refleja el desempeño intelectual del individuo justo en el momento de la aplicación de la prueba, y cuyo verdadero valor es puramente estimativo; es decir, es probable que no represente el verdadero desarrollo de las facultades intelectuales del individuo.

Asimismo, podría pensarse que el CI aumenta conforme el desarrollo intelectual del niño avanza con la edad; sin embargo, con base en algunas investigaciones realizadas, se ha encontrado que no es así, debido a que el CI se basa en la distribución estadística o la distancia respecto al grupo de individuos de su edad.

¿Qué pasa en el cerebro de una persona con parálisis cerebral?

El término de parálisis cerebral se emplea para describir un síndrome caracterizado por trastornos motores y otros problemas asociados, como resultado de una *encefalopatía estática*. El diagnóstico implica la presencia de una lesión cerebral no progresiva de causa prenatal, perinatal o postnatal. El origen de la parálisis cerebral puede ser cualquier agresión capaz de producirla. Aunque una lesión cerebral produce síntomas diversos, solamente se denomina de esta manera cuando éstos son predominantemente motores.

Las parálisis cerebrales pueden clasificarse con base en la *topografía* —paraplejías, diplejías, hemiplejías, etc.—, por las características del tono muscular —espásticas e hipotónicas—, y por la presencia de movimientos anormales —atetósicas. En algunas ocasiones este procedimiento se asocia con retraso mental.

Se estima que alrededor del 30% de los casos de parálisis cerebral tienen relación con problemas manifestados en el momento

---

EPILEPSIA

Las epilepsias son un conjunto de enfermedades provocadas por alteraciones de la actividad eléctrica cerebral.

Aunque la manifestación más conocida de estas enfermedades son las convulsiones o los movimientos bruscos y constantes de las extremidades, en realidad el padecimiento tiene diversas manifestaciones, como la llamada "crisis generalizada de ausencia", en la que el enfermo se desconecta de la realidad por periodos aproximados de diez a veinte segundos, y llega a abarcar otros campos que no pueden apreciarse a simple vista —y que en algunos casos, ni siquiera el afectado puede percibir.

La mayoría de las personas enfermas son niños, y dos de los efectos adversos en ellos son el bajo rendimiento académico y el rechazo social. Las epilepsias afectan a cerca del 2% de la población y se presentan a cualquier edad.

Las causas de la epilepsia pueden ser muchas, y dependen de la edad del paciente y del tipo de padecimiento. En niños muy pequeños las causas más comunes son *anoxia* antes o durante el parto; alteraciones metabólicas como hipoglucemia, hipocalcemia o hipomagnesemia; malformaciones congénitas del cerebro, e infecciones del mismo. En niños más grandes, los traumatismos e infecciones cerebrales son los principales promotores de epilepsia, aunque también se presenta por factores genéticos. En adolescentes y adultos jóvenes, los traumatismos craneoencefálicos son la principal causa de epilepsia focal. También pueden producirse descargas generalizadas con convulsiones asociadas al abuso de drogas, en especial de la cocaína, al abuso de alcohol o a sus cuadros de abstinencia. Los tumores cerebrales son otra causa importante de epilepsia así como las enfermedades cerebrovasculares, en especial en gente mayor de 50 años. Igualmente, diversas enfermedades pueden provocar alteraciones metabólicas que favorezcan la aparición de descargas anormales en la actividad eléctrica cerebral.

Es necesario que los padres y los educadores tengan información sobre esta enfermedad y que sepan que la epilepsia es totalmente controlable, si se establece el diagnóstico a tiempo y se aplica el tratamiento adecuado, y que el epiléptico puede llevar una vida completamente normal.

La epilesia no afecta a la inteligencia; al niño que la padezca debe permitírsele que continúe desarrollándose normalmente en los aspectos físico, emocional e intelectual.

del nacimiento o poco después, y con la rapidez con que el recién nacido comienza a respirar por sí mismo. Las células del sistema nervioso central requieren oxígeno y, si se les priva de éste, algunas pueden morir. La falta de oxígeno en un recién nacido suele dañar más a las células del tallo cerebral que a las de la corteza, y al suceder eso suelen aparecer defectos motores.

¿Es cierto que se pierden las conexiones neurales que no se estimularon durante los primeros años de vida?

Cuando un individuo nace tiene el mayor número de neuronas; sin embargo, esta cantidad empieza a disminuir de inmediato debido a que estas células nerviosas no se regeneran en forma natural; las que tienden a desaparecer son precisamente las que no han sido convenientemente estimuladas. Debido a que las conexiones neurales se forman y mantienen mediante la estimulación adecuada, cuando ésta desaparece las conexiones entre las neuronas también lo hacen. Sin embargo, puede existir otra razón por la cual se pierden las conexiones neurales, y depende de la eficacia con la que, durante el desarrollo, las neuronas encuentran los blancos correctos y establecen conexiones sinápticas adecuadas. Son muchas las neuronas que mueren durante el desarrollo, y quizá las que persisten sean únicamente aquéllas con uniones sinápticas más activas. Es importante señalar que, a pesar de que en el momento del nacimiento se tiene el mayor número de neuronas, las interconexiones existentes son relativamente escasas porque éstas se establecen a medida que el niño crece y conforme se le estimula; de ahí la importancia no sólo de la estimulación temprana programada, sino también de procurar la estimulación sistemática del niño que está en desarrollo y continuarla por tiempo indefinido, para conservar y ampliar dichas conexiones.

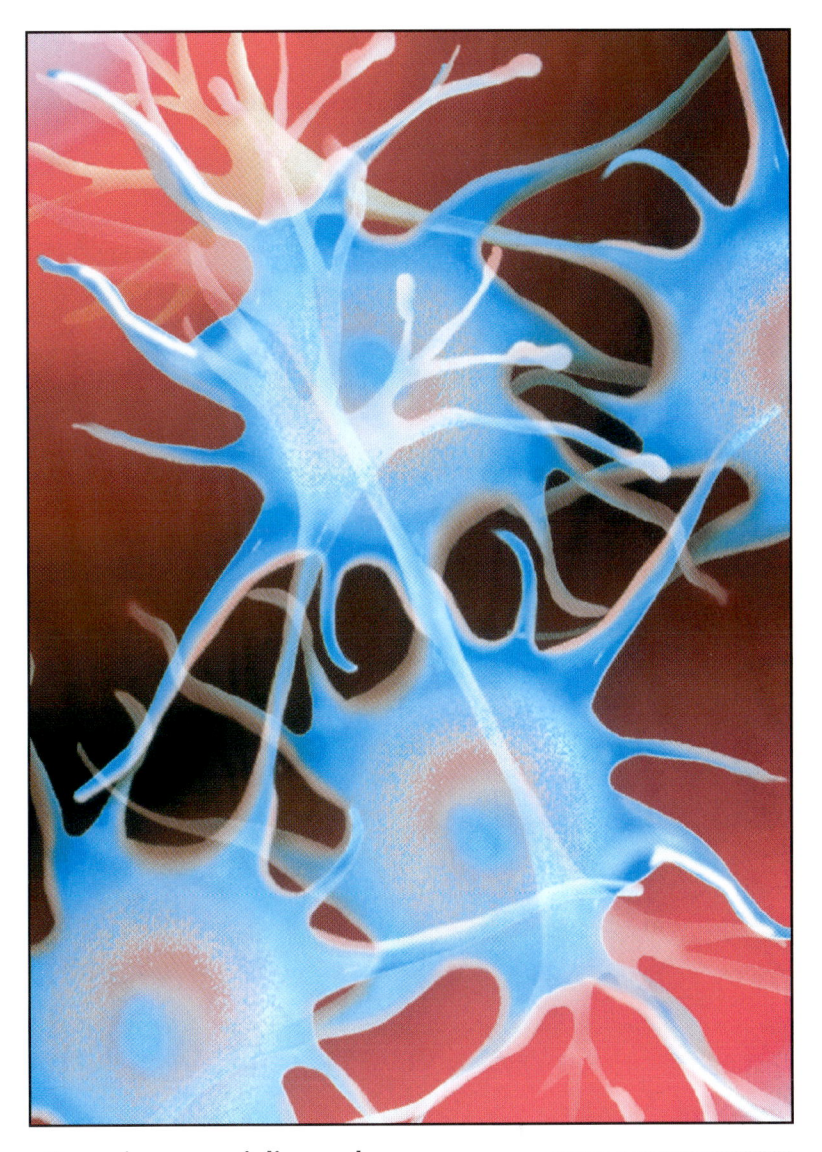

¿En qué se especializa cada hemisferio cerebral?

En los seres humanos, las funciones relacionadas con el lenguaje dependen más de un hemisferio que del otro, y el hemisferio predominante es aquel que se encarga de la jerarquización y de la simbolización. A menudo, a este último se le llama hemisferio dominante, porque durante mucho tiempo se pensó que el otro hemisferio era secundario.

Actualmente se sabe que ambos hemisferios tienen la misma importancia y que aquel que no era considerado como "domi-

Aunque es verdad que las neuronas no se regeneran y que conforme avanza la vida de una persona disminuyen en número, no por ello el ser humano pierde cada día más su capacidad intelectual, ya que el número de sus conexiones sí se va multiplicando.

65

Especialización cerebral

Los hemisferios cerebrales no sólo son diferentes en tamaño y en configuración. El hemisferio derecho controla la mitad izquierda del cuerpo y viceversa. Al parecer, en la mayoría de las personas el hemisferio izquierdo domina el lenguaje, las matemáticas y el pensamiento lógico, en tanto que el derecho rige la percepción espacial, la apreciación musical y artística, y el pensamiento intuitivo.

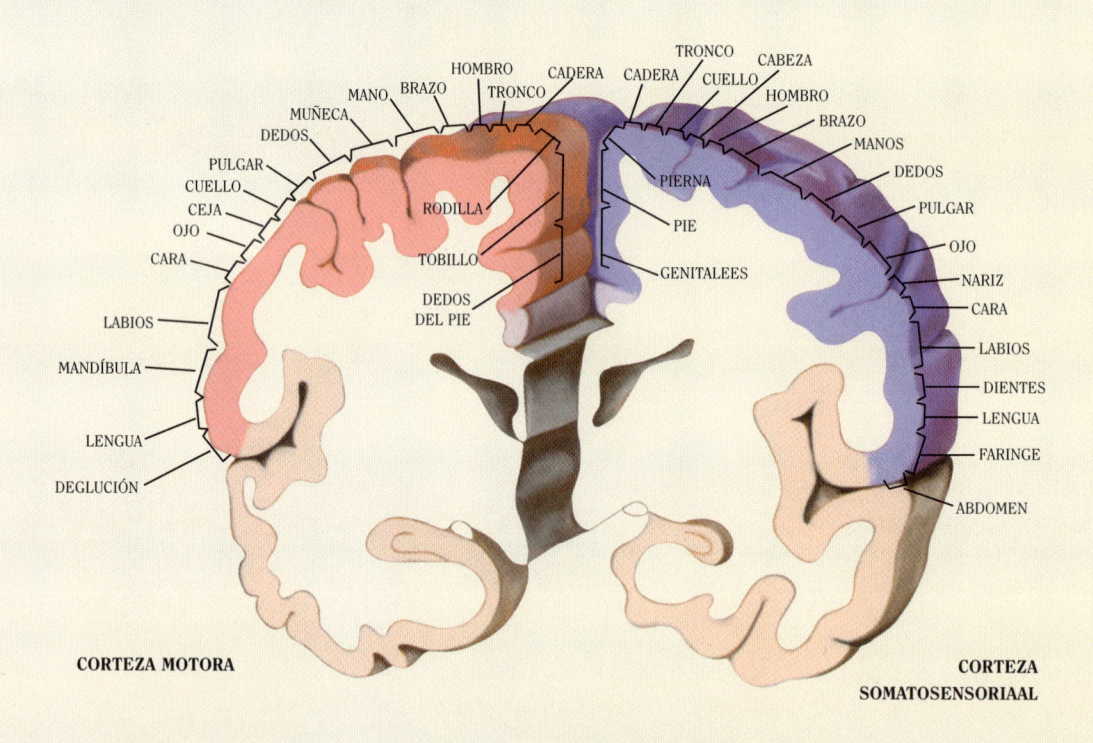

CORTEZA MOTORA — DEDOS, MUÑECA, MANO, BRAZO, HOMBRO, TRONCO, CADERA, RODILLA, TOBILLO, DEDOS DEL PIE, PULGAR, CUELLO, CEJA, OJO, CARA, LABIOS, MANDÍBULA, LENGUA, DEGLUCIÓN

CORTEZA SOMATOSENSORIAAL — TRONCO, CADERA, CUELLO, CABEZA, HOMBRO, BRAZO, MANOS, DEDOS, PULGAR, OJO, NARIZ, CARA, LABIOS, DIENTES, LENGUA, FARINGE, ABDOMEN, PIERNA, PIE, GENITALEES

El sistema límbico cumple importantes funciones; el tálamo se encarga de enviar a la corteza la información que recibe de los sentidos; el hipotálamo regula los impulsos sexuales y otros estados de ánimo; la amígdala controla la ansiedad y el miedo, y el hipocampo participa en el aprendizaje y en la memoria.

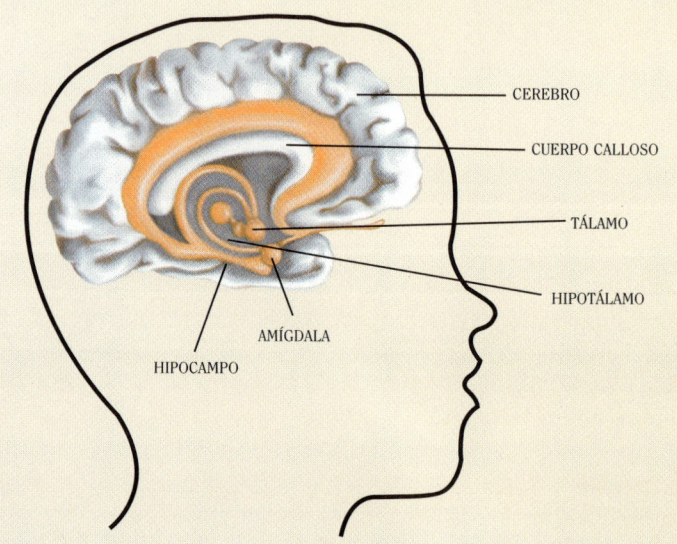

CEREBRO — CUERPO CALLOSO — TÁLAMO — HIPOTÁLAMO — AMÍGDALA — HIPOCAMPO

nante" tiene otras especializaciones, como son las espaciotemporales. Por ejemplo, es el responsable del reconocimiento de rostros, de la identificación de objetos por su forma y de la distinción de temas musicales. Por ello, la teoría de "dominancia cerebral" ha sido reemplazada por el concepto de hemisferios con especializaciones complementarias: uno para las funciones que permiten ejecutar el lenguaje y los procesos analíticos secuenciales —denominado "hemisferio cualificador"— y el otro para controlar las relaciones visuales-espaciales —conocido como "hemisferio identificador"—. La especialización hemisférica está relacionada con el uso preferencial de una mano. En las personas diestras, el hemisferio izquierdo es el cualificador, y aproximadamente en el 30% de los zurdos lo es el hemisferio derecho; en el 70% restante de los zurdos, el hemisferio izquierdo es el cualificador.

El hemisferio cualificador alberga al centro principal, encargado del lenguaje escrito y hablado, del gesto intencional, de la lógica, de las aptitudes numéricas, así como de los conceptos científicos; asimismo, le permite a la persona expresar lo que siente y percibe. Por su parte, el hemisferio identificador determina la aptitud para reconocer las formas y las figuras en el espacio, así como la relación entre ambos.

Las funciones de los hemisferios se han establecido gracias al estudio de las lesiones cerebrales y sus efectos en el individuo. Las lesiones en el hemisferio cualificador provocan trastornos del lenguaje e impiden simbolizar los objetos; en cambio, las lesiones extensas del hemisferio identificador producen incapacidad para reconocer objetos a través de una modalidad sensorial, como el tacto, aunque dicha modalidad sensorial esté intacta. Estas lesiones generalmente se localizan en el lóbulo parietal.

La especialización hemisférica se extiende también a otras partes de la corteza. Cuando una persona tiene una lesión en el hemisferio cualificador, se siente molesta y a menudo deprimida por su incapacidad; sin embargo, si la lesión tiene lugar en el otro hemisferio —el identificador—, en ocasiones ni siquiera parece preocuparle. Si la lesión del hemisferio cualificador es en el nivel del lóbulo temporal, existe pérdida de la memoria verbal reciente, en tanto que si ocurre en el mismo lóbulo pero en el hemisferio identificador, se presenta pérdida de la memoria reciente para información visual y espacial. En el adulto, las lesiones en cualquiera de los dos hemisferios cerebrales son de larga duración; en cambio, en niños pequeños, la pérdida de funciones de un hemisferio puede ser reemplazada por el otro.

¿Es cierto que a mayor cantidad y complejidad de conexiones de la corteza cerebral, mayor es el grado de inteligencia?

Las conexiones neurales se multiplican a través de la estimulación externa e interna, lo cual propicia la formación de nuevas *sinapsis* que comunican a unas zonas cerebrales con otras. Esta comunicación entre neuronas puede ser excitatoria o inhibitoria, y los neurotransmisores químicos implicados en la transmisión de los impulsos de una neurona a otra son diferentes de acuerdo con el sistema funcional al que pertenezcan. Ante la estimulación repetida comienzan a organizarse sencillas unidades funcionales, las que a su vez se integran en unidades de complejidad creciente cuando se tiene la adecuada repetición de la estimulación. Entonces, es posible afirmar que cuanto mayor sea la estimulación o ejercitación cerebral, más aumentarán las conexiones neurales en cantidad y en complejidad, con lo que la capacidad de las funciones intelectuales será mayor.

Es posible promover el crecimiento y complejidad de las conexiones neurales a lo largo de toda la vida; razón por la que se recomienda estimular las funciones cerebrales. En los niños pequeños, el aprendizaje y los logros que van alcanzando en su desarrollo depende en gran medida de la estimulación sensorial y motriz, que permiten el crecimiento de sus conexiones neurales y el aumento de sus potencialidades intelectuales. Esto explica el auge de los programas de estimulación temprana o precoz, diseñados para aplicarse en niños desde las primeras semanas de vida. Desafortunadamente, en tanto la edad del individuo aumenta, existe una tendencia, en especial después de los años escolares, a que la cantidad y calidad de la estimulación disminuya, con lo que no sólo dejan de crearse nuevas conexiones neurales, sino que también se pierden las que se tenían previamente. A causa de ello, muchos adultos experimentan una disminución en la capacidad de sus facultades intelectuales —ya no pueden aprender, retener o recordar información, como cuando iban a la escuela, por ejemplo—, lo que incluso puede provocar angustia y sensación de inadecuación del individuo; sin embargo, si analizan detenidamente la situación y sus hábitos, con seguridad descubrirán que han dejado de ejercitar sus facultades intelectuales, y que, al igual que cuando se deja de ejercitar un músculo, su capacidad de desempeño disminuye.

Los adultos no sólo pueden volver a estimular su intelecto, sino que también pueden promover en sus hijos hábitos como el ejercicio coordinado y la lectura para ayudarlos a utilizar sus potencialidades intelectuales óptimamente.

¿Es posible que el tartamudeo esté relacionado con una interferencia entre los dos hemisferios cerebrales?

El tartamudeo es una perturbación del habla caracterizada por una falta de coordinación de los movimientos que intervienen en la articulación de los sonidos del lenguaje, y por la presencia de espasmos musculares. Este trastorno afecta principalmente a los varones, en especial a los zurdos. Existe una teoría que sostiene que el tartamudeo se debe a que en ciertos zurdos ambos hemisferios cerebrales compiten por controlar el lenguaje; sin embargo, hasta la fecha no se conoce el origen de dicha alteración, por lo que las opiniones se dividen en dos líneas importantes: un origen estructural, relacionado con dificultades lingüísticas; trastornos de lateralidad y factores genéticos, y un origen emocional, centrado en la comunicación social y en las relaciones familiares.

Es importante señalar que el tartamudeo es común en los niños cuando están aprendiendo a hablar. Además, ciertas situaciones que producen alteraciones emocionales, como la llegada de un nuevo bebé, un cambio de casa o el ingreso a la escuela, pueden desencadenar tartamudeo durante cierto tiempo. Por lo general, en estos casos, cuando desaparece la tensión también lo hace el tartamudeo, aunque éste puede reaparecer después.

Debido a que el tartamudeo persistente puede ser síntoma de problemas ciertamente graves, es recomendable consultar a un profesional si no desaparece al cabo de algunos meses.

Si un niño habla de manera lenta y titubeante, ¿se debe a que tiene algún tipo de retraso mental?

Efectivamente, en algunos casos estos síntomas pueden aparecer como resultado de un retraso mental leve o moderado. El proceso de comunicación patológica muestra síntomas muy semejantes en los diversos padecimientos, aunque no tengan el mismo origen, lo cual hace difícil emitir un diagnóstico preciso sin hacer una evaluación integral.

Se consideran trastornos del habla todas aquellas perturbaciones que dificultan la expresión lingüística oral apropiada, cuyo origen puede estar dado por anomalías estructurales —desarrollo defectuoso de la lengua, maloclusión dental, etc.—, neurológicas —defectos de inervación de los labios, la lengua, el paladar y los órganos relacionados con ellos; lesiones neurológicas en el nivel cerebral; disfunciones de los nervios craneales o de las conexiones neuromusculares—, o bien por trastornos de tipo psicológico o emocional.

El retraso o retardo mental es un concepto básicamente evolutivo, de carácter dinámico; se presenta cuando un individuo llega con una edad mucho mayor que la de sus coetáneos a las distintas etapas del desarrollo. Es importante diferenciar el término de retraso mental, ya que suele aplicarse erróneamente al fenómeno de la deficiencia mental, que en sentido estricto es de naturaleza estática. En el retraso mental, podría ocurrir que la persona, aun llegando más tarde a alcanzar cierto nivel de desarrollo, llegara a él y alcanzara niveles idénticos a los de otros individuos. Pero en la mayoría de los casos, el retraso mental no sólo evoluciona más despacio, sino que además sólo alcanza los niveles más inferiores, que son deficitarios con respecto a la madurez intelectual —por eso se le asocia con la deficiencia mental.

Cuando los padres adviertan que su hijo habla de manera lenta y titubeante, es conveniente que consulten con el pediatra al respecto, pues él podrá analizar los síntomas, el tiempo en que aparecieron, su persistencia, etc.; además los podrá orientar acerca del probable origen de la alteración, y remitirlos al especialista indicado para la evaluación, el diagnóstico y el tratamiento del problema. En ocasiones, una aparición súbita de estos síntomas es esporádica y se vincula con situaciones emocionales o estresantes específicas; no obstante, si el problema no se puede resolver a corto plazo, o si es recurrente, requiere tratamiento profesional.

¿Es la dislexia una señal de algún problema cerebral?

El término dislexia se utiliza para designar la dificultad en el aprendizaje de la lectura y la escritura. Su origen puede deberse a causas relacionadas con problemas cerebrales. En estudios *post mortem* realizados a personas con trastorno disléxico se encontraron las siguientes anomalías en el hemisferio izquierdo: microgiria —circunvoluciones pequeñas—, microsurcos en lóbulo temporal —Zona de Wernicke—, y acúmulos de neuronas en forma de verruga, en la capa 1 cortical. Todo ello se explica por alteraciones en la etapa final de la migración neuronal durante el desarrollo cerebral fetal. Sin embargo, también influye otro tipo de factores, como trastornos emocionales, sociales y culturales, o aparece como consecuencia de métodos inapropiados para enseñar a leer y escribir.

Aunque a lo largo del tiempo ha existido polémica y varios criterios para definir a la "disfunción cerebral mínima", en la actualidad se ha desechado este término, mismo que ahora se le llama "trastornos de aprendizaje". Éste se presenta en niños con inteligencia normal que tienen diversos impedimentos en el aprendizaje de la lectura o de la escritura. En el caso de la dislexia pueden existir, por ejemplo, alteraciones asociativas consistentes en la incapacidad para asociar el estímulo visual o el signo gráfico con su correspondiente sonido o fonema y su equivalente semántico. Algunos investigadores han señalado que, al parecer, los disléxicos no pueden coordinar ambos hemisferios cerebrales.

Muchos niños disléxicos tienen que hacer grandes esfuerzos para llevar una vida escolar normal. Afortunadamente, la pedagogía moderna ha sentado las bases para hacer más fácil el desempeño de estos niños.

¿La influencia social estimula el desarrollo del cerebro y, por consiguiente, el de la inteligencia?

El ambiente social en que se desenvuelve el individuo es determinante para el desarrollo de sus potencialidades innatas. El entorno social de una persona está conformado por todos los agentes y las agencias —personas e instituciones— sociales que la rodean, desde los más próximos y directos —como los padres, los hermanos y los cuidadores— hasta los más alejados e indirectos —como los medios de comunicación y las instituciones políticas, entre otros.

Numerosos estudios relacionados con este tema han revelado que las primeras experiencias del niño con su entorno social pueden propiciar o, por el contrario, impedir su adecuado desarrollo intelectual. La cantidad y calidad de la estimulación social que recibe el bebé al que se le habla, se le levanta, se le mima y se le pasea determina un desarrollo más rápido en varias áreas, como el lenguaje y la madurez emocional, en comparación con otros bebés que no recibieron esta estimulación. Si además se le estimula por medio del material que manipula —como juguetes variados y complejos, o diversos materiales—, el pequeño mostrará un desarrollo motriz más rápido y tenderá más a explorar e interesarse por cosas nuevas que los bebés que no reciben tal estimulación, aunque probablemente el factor crucial en esto es la interacción social.

En ciertos estudios comparativos se ha encontrado que los niños que viven en casas de cuna u orfanatorios institucionalizados muestran un desarrollo intelectual más pobre que el de los niños que viven en un hogar donde se les provee de una rica interacción social. Ahora bien, aunque desde luego las relaciones entre el desarrollo intelectual de un individuo y su ambiente social son fundamentales, existen muchos otros factores que determinan el nivel intelectual, como los genéticos, los biológicos y los alimentarios, entre otros.

La estimulación social que recibe el niño de su entorno familiar es muy importante para su desarrollo emocional, a tal grado que el desempeño de sus aptitudes meramente cognitivas y su desarrollo global pueden verse muy afectados si no tiene cubiertas satisfactoriamente sus necesidades afectivas.

Ser aceptado por el grupo social al que se pertenece es un factor de gran importancia para el desarrollo de todas las potencialidades del ser humano.

¿El autismo implica la existencia de una alteración cerebral?

El autismo es un síndrome clínico con identidad propia, y sus principales características son: alteraciones en el ritmo y en las secuencias del desarrollo, alteración de la capacidad para relacionarse con otras personas, con los objetos y con los acontecimientos cotidianos; problemas graves del lenguaje —como mutismo, atraso en la adquisición del lenguaje verbal, uso no comunicativo de la palabra, *ecolalia* diferida e *inversión pronominal*—; juegos repetitivos y estereotipados; insistencia obsesiva en mantener el entorno sin cambio, y reacciones anormales ante los estímulos sensoriales. Este síndrome aparece antes de los treinta meses de edad.

Algunas veces, el autismo infantil se confunde con otros síndromes, como retraso mental, esquizofrenia infantil, mutismo selectivo, afasia selectiva del desarrollo, algunas deficiencias sensoriales —ceguera y sordera—, psicosis atípica de la infancia, secuelas de traumas físicos y/o psíquicos y cuadros degenerativos cerebrales; no obstante, un cuidadoso análisis de los síntomas específicos y comunes, y la identificación del criterio diagnóstico empleado permiten una clara determinación del síndrome. Algunos investigadores han establecido que los retrasos que se presentan con el desarrollo del autismo y sus síntomas son originados por disfunciones cerebrales. El daño cerebral que origina este síndrome puede ser estructural o funcional. El primero se caracteriza por la disminución generalizada o localizada de la cantidad de tejido cerebral; el segundo por respuestas reflejas disminuidas y comportamientos anormales de ondas cerebrales.

¿Es cierto que durante el embarazo cambia el funcionamiento cerebral de las mujeres?

Mediante el sistema endócrino, el cerebro de una mujer gestante en cierta forma propicia el desarrollo del embarazo y del pequeño en formación.

Durante el embarazo se realizan diversos ajustes hormonales y emocionales en la mujer. Por ejemplo, el aumento de la producción de progesterona puede deprimir los centros cerebrales que rigen el estado de ánimo; por este motivo, es normal que la gestante fluctúe entre el llanto y la euforia, e incluso que frecuentemente tenga sueños fantásticos o terribles. Asimismo, si la mujer embarazada se enoja o se asusta mucho, el hipotálamo cerebral —regidor del sistema endocrino por intermediación de la *hipófisis*— hace que se liberen catecolaminas —grupo de hormonas entre las que figura la adrenalina—, las cuales ocasionan que se incremente el pulso cardiaco y la presión arterial. En algunos casos, estas hormonas pueden provocar contracciones uterinas y dar lugar a un parto prematuro. También se sabe que, debido a los efectos hormonales del embarazo, puede aparecer miopía, o incrementarse en caso de haber existido previamente; sin embargo, por lo general, después de dar a luz, esta alteración ocular se corrige de manera repentina o gradual.

Los importantes cambios hormonales que experimenta la mujer durante el embarazo, pueden hacer oscilar su estado de ánimo de un extremo a otro.

Más que "comer por dos", como se aconsejaba antiguamente, la mujer embarazada debe comer "para dos"; es decir, debe llevar una dieta normal, pero más equilibrada que antes, con el fin de proporcionarle al futuro bebé todos los elementos necesarios para su desarrollo físico e intelectual.

FASES DEL DESARROLLO CEREBRAL

¿Cuán importante es la alimentación de la madre para el desarrollo cerebral del bebé en gestación?

La alimentación adecuada de la gestante es de primordial importancia para el óptimo desarrollo cerebral del bebé. Desde hace años, los científicos estudian el "modelado" de la mente humana a partir de la formación y del desarrollo del niño intrauterino. Dichos estudios se basan en la indagación filogenética, es decir, el desarrollo de la inteligencia a lo largo de la evolución, la diferenciación y la complejidad cada vez mayor del sistema nervioso. Los estudios también consideran la maduración de las estructuras y las aptitudes propias del ser humano y de cada individuo en particular.

Puede decirse que la inteligencia es un fenómeno de extraordinaria complejidad, que no se puede cultivar o estimular de manera aislada, pues depende de un conjunto de factores físicos, intelectuales y emocionales, cuyo punto de partida es el desarrollo genético y la maduración de las diversas estructuras del sistema nervioso.

Debido a que alimentación de la madre durante el embarazo es determinante para que el desarrollo de las capacidades de su hijo sea el apropiado, es recomendable vigilar —si es necesario con la asesoría de un médico— que consuma los nutrimentos necesarios en cantidades adecuadas. Es conveniente también controlar en lo posible la ingesta de determinadas sustancias nocivas para evitar efectos que impidan un desarrollo cognitivo normal del bebé. Se han llevado a cabo numerosos estudios sobre los efectos de la dieta de la gestante en el producto, y con base en ellos se ha llegado a las siguientes conclusiones:

• La insuficiencia de proteínas y de calorías en la mujer embarazada hace que el recién nacido generalmente se muestre lento para aprender.

• Una nutrición deficiente afecta principalmente el desarrollo del cerebro y del sistema nervioso, ya que se asocia con una disminución del número global de células cerebrales y con un retardo de la mielinización —el crecimiento de la envoltura de la espina dorsal y de otros nervios—, lo cual afecta la conducción de los estímulos nerviosos.

• Los efectos de la mala nutrición dependen del momento en que ésta se presente, pero resultan más graves durante los últimos tres meses del periodo prenatal, etapa en la que el cerebro presenta un crecimiento acelerado.

• Durante el embarazo, es imporante no ingerir drogas, remedios ni medicamentos sin autorización de un médico competente, ya que los agentes tóxicos pueden interrumpir el desarrollo normal del ser humano en gestación y causar efectos que pueden variar según el agente del que se trate y del momento en que se administre. Estos efectos pueden consistir en malformaciones del sistema nervioso central; los barbitúricos, por ejemplo, podrían causar daño cerebral al niño no nacido, pues provocan falta de oxígeno en la sangre.

• La mujer gestante debe evitar al máximo fumar o beber alcohol. Si ésta consume bebidas alcohólicas, incluso en cantidades limitadas, puede ocasionar algunas dificultades de aprendizaje en el niño. El tabaco es fisiológicamente nocivo para el bebé en gestación, en especial para las células cerebrales, pues reduce el contenido de oxígeno en la sangre materna que pasa a través de la placenta.

médula espinal. Al final de la quinta semana de gestación ya es visible la forma que van adquiriendo el cerebro, la médula espinal y el rudimentario sistema nervioso periférico del feto. Para la séptima semana, tanto el cerebro como la médula espinal resultan fácilmente reconocibles.

Se considera que el primer trimestre de la gestación —en especial las primeras nueve semanas— es el periodo en que el feto es más vulnerable a una gran variedad de agentes teratogénicos —aquellos que pueden causar malformaciones—. Éstos son capaces de interrumpir el desarrollo del programa genético; por ejemplo, el consumo de alcohol por parte de la madre —aunque ésta no tenga problemas de alcoholismo— puede provocarle a su hijo retraso en el desarrollo y dificultades en el aprendizaje, entre otros trastornos. Por ello, la mujer que tenga sospechas de estar embarazada no debe ingerir medicamentos, drogas ni alcohol mientras no confirme su embarazo.

¿Qué estructuras cerebrales del feto se forman durante el primer trimestre de la gestación?

El organismo en general, y el cerebro en particular, se forman a partir de una sola célula —un óvulo fertilizado—, la cual comienza a multiplicarse, y al octavo día de la fertilización se implanta en la cavidad uterina.

Lo primero que se forma es un sistema nervioso central embrionario; el embrión adquiere una forma oblonga y forma una capa llamada ectodermo, que se convertirá en el sistema nervioso central. En esta capa, a los pocos días se forma un surco longitudinal cuyos bordes se juntan hacia arriba para formar un tubo, que será el eje de los lados izquierdo y derecho del cuerpo y del cerebro. Alrededor de los 30 días de gestación, en la parte superior del embrión ya se han formado tres protuberancias pequeñas que son los inicios del *prosencéfalo*, del *mesencéfalo* y del *romboencéfalo*. El resto del embrión corresponde a lo que será la

¿Qué sucede con el cerebro del bebé durante el segundo y el tercer trimestres de gestación?

Al embrión se le llama feto a partir del tercer mes de gestación, así como durante el resto del periodo prenatal. Durante el primer trimestre —periodo embrionario— se han formado prácticamente todos los sistemas orgánicos principales, y en los meses restantes el producto se perfecciona y crece; sin embargo, el sistema nervioso es una excepción en este esquema, ya que el desarrollo principal del cerebro y del sistema nervioso no ocurre sino hasta los tres últimos meses del embarazo, y continúa de los seis meses al año después del nacimiento.

En el segundo trimestre, periodo de desarrollo del encéfalo, en el cerebro se forman la corteza —donde residen las facultades humanas específicas— y los núcleos profundos. Asimismo, las neuronas corticales se alinean, orientan y disponen en capas; se

> Algunos niños zurdos pueden experimentar preocupación al percatarse de que la mayoría de las personas que están a su alrededor son diestras; sin embargo, el papel de los padres y maestros consiste en hacer consciente al niño de que la zurdera es una característica que él debe aceptar y que los demás deben respetar.

organizan las ramificaciones de los axones y de las dendritas, así como los contactos sinápticos funcionales; empieza a proliferar y a diferenciarse la neuroglia —células ramificadas que forman parte del tejido cerebral—, y se forman las *vainas de mielina*.

En el último trimestre, las células cerebrales tienen un crecimiento acelerado que nunca más se dará de nuevo. Se cree que la carencia de proteínas o de calorías en la dieta de la mujer gestante durante los últimos tres o cuatro meses del embarazo puede provocar una reducción de un 20% del total de las células cerebrales, además de un retraso del crecimiento de la mielina, lo cual haría que el niño fuera lento para el aprendizaje.

¿Es cierto que ser zurdo es el resultado de una alteración hormonal durante la gestación?

La zurdera es el predominio de la utilización de la mitad izquierda del cuerpo o de un órgano —mano, pie, ojo— sobre la mitad derecha, y su causa fisiológica suele ser la actividad y el desarrollo incrementados del hemisferio cerebral derecho —en los diestros, el hemisferio dominante es el izquierdo—. La zurdera tiene un origen genético, y es transmitida como rasgo recesivo, por lo cual se requiere que el individuo sea homocigoto, es decir, que haya recibido el gen de ambos progenitores.

Se sabe que la administración prenatal de hormonas sexuales a dosis bajas, si bien no presenta un efecto aparente en la *morfogénesis* cerebral, puede modificar la conducta. Al parecer, en el feto masculino la testosterona —hormona masculina—, modifica la acción de ciertas sustancias del cerebro. Se cree que ésta podría ser la razón por la que los varones son más propensos que las mujeres a la zurdera, a la dislexia y al tartamudeo, y de que reaccionen más intensamente al estrés que las mujeres. Sin embargo, en casos de lesiones o disfunciones cerebrales que afecten al hemisferio izquierdo, se puede desarrollar zurdera compensatoria, lo cual significa que el hemisferio derecho sea el dominante de manera total o parcial.

¿Existe alguna diferencia en el desarrollo del cerebro de niñas y de niños durante la gestación?

En un sentido amplio se puede decir que el desarrollo prenatal del cerebro es básicamente el mismo para los hombres y para las mujeres; en términos más precisos, las diferencias existentes parecen estar dadas por cuestiones hormonales.

La genética moderna y la experimental han puesto en claro que en el ser humano, como en otros animales superiores, las múltiples diferencias entre el macho y la hembra dependen en esencia de un solo cromosoma —el "Y"—, así como de un único par de estructuras endocrinas: los testículos en el macho y los ovarios en la hembra. La diferenciación de las gónadas primitivas en testículos y ovarios está determinada genéticamente en los seres humanos, pero la formación de los órganos genitales masculinos depende de la presencia de un testículo funcional secretorio. Hay pruebas de que la conducta sexual masculina y el patrón masculino de secreción de hormonas sexuales también se deben a la acción de las hormonas masculinas sobre el encéfalo durante las primeras fases del desarrollo.

Recientemente se descubrió la existencia de un gen que podría ser la causa de las diferencias entre hombres y mujeres; sin embargo, aunque la investigación al respecto abre nuevas perspectivas, aún es bastante incipiente.

¿Cómo influye en la inteligencia de un hijo la cantidad de alcohol que haya tenido en la sangre alguno de los padres en el momento de la concepción?

Hasta el momento, aún no se ha podido relacionar la cantidad de alcohol presente en la sangre de los padres en el momento de la concepción con algún efecto sobre el cerebro del feto o sobre su función, en especial si se bebió de manera esporádica; sin embargo, si uno o ambos padres son alcohólicos, existen grandes riesgos para el niño en gestación, debido a que las células —el óvulo y el espermatozoide— que se unen para dar origen a un nuevo ser se forman mucho antes de la concepción.

En las mujeres, la generación de los óvulos —ovogénesis— empieza incluso desde el séptimo mes en que ella misma se encontraba en el útero materno: entonces se establece el número total de ovocitos —óvulos en formación—, el cual se conserva hasta la pubertad; durante todo este tiempo, el material genético queda expuesto a múltiples factores ambientales. También hay que tomar en cuenta los 64 a 72 días que toma la espermatogénesis —o formación de los espermatozoides—, pues durante este lapso el varón no suele cuidarse de evitar la exposición a los teratógenos —agentes capaces de interferir con el desarrollo del programa genético normal y causar deformaciones en el producto.

Aunque la investigación al respecto aún no es concluyente, los teratógenos —sustancias, radiaciones, infecciones o traumatismos, que provocan malformaciones en el producto de la concepción— pueden provocar la muerte del espermatozoide o del óvulo, desequilibrios cromosómicos o la muerte del embrión y el consecuente aborto. Los efectos del alcohol en la gametogénesis —formación de las células reproductivas: óvulos y espermatozoides— no son claros, pero se sabe que ingerirlo durante el embarazo, aun sin que se trate de alcoholismo, altera el desarrollo del cerebro y puede ocasionar retardo psicomotor, acortamiento de las fisuras palpebrales y anomalías craneofaciales —síndrome alcohólico fetal.

Es recomendable que, antes de concebir un hijo, los padres busquen la orientación de un especialista en ginecobstetricia, o bien un asesoramiento genético si se tienen preocupaciones específicas al respecto.

La decisión de ser padres implica modificar algunos hábitos, como el relacionado con el consumo de alcohol.

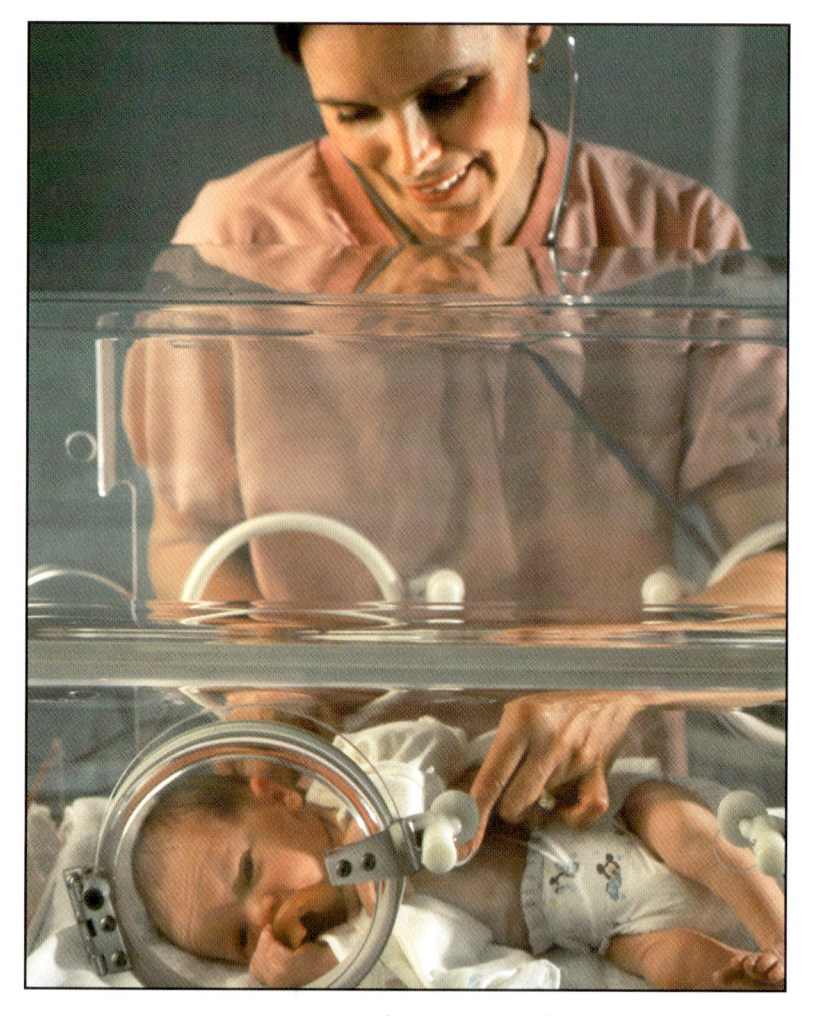

La manifestación externa de la hidrocefalia puede no ser muy notoria en el momento del nacimiento; sin embargo, conforme pasa el tiempo suele hacerse más evidente.

Externamente, la hidrocefalia se caracteriza por un aumento en el tamaño de la cabeza, por lo general de los niños. Puede acompañarse también de trastornos neurológicos, sensoriales o motores, originados por la presión intercraneal y por la magnitud del área de tejido dañado o destruido. En algunos casos, también puede producir retraso mental.

Entre las posibles causas de la hidrocefalia están las de origen genético, gestacional, traumático o infeccioso —originada por sífilis.

¿Qué ocurre en el cerebro de un bebé con hidrocefalia?

La hidrocefalia se caracteriza por un aumento de la cantidad de líquido cefalorraquídeo en el interior de los ventrículos cerebrales y en el *espacio subaracnoideo*, el cual incrementa la presión intercraneal, y puede destruir el tejido cerebral.

Cuando la capacidad de absorción de las vellosidades aracnoideas es reducida —hidrocefalia externa o comunicante—, se acumulan grandes cantidades de líquido; también se acumula líquido cerca del bloqueo y se distiende a los ventrículos cuando los *agujeros de Luschka y Magendic* se encuentran bloqueados, o existe obstrucción dentro del sistema ventricular —hidrocefalia interna.

¿Cómo se desarrolla el cerebro de un bebé con síndrome de Down?

En el cerebro de las personas afectadas aparecen alteraciones morfológicas, bioquímicas y funcionales de las neuronas, que perturban profundamente la función mental; existen modificaciones en las protrusiones de las dendritas; en algunos casos, las espinas son demasiado cortas o demasiado largas, y en otros son muy escasas, de lo que resulta una alteración sináptica.

El síndrome de Down es una enfermedad causada por la trisomía del cromosoma 21 —en lugar de dos componentes: uno proveniente del óvulo y otro del espermatozoide, se encuentran tres elementos—, y se expresa como deficiencia mental. El desarrollo neurológico de estas personas está caracterizado por una importante hipotonía generalizada, que ocasiona numerosos problemas de coordinación visual y motriz fina —tienen tiempos de respuesta muy prolongados—. Posiblemente, muchas de estas dificultades tengan su origen en las alteraciones y modificaciones de las neuronas que se aprecian en sujetos afectados por el síndrome de Down. Con respecto a las alteraciones bioquímicas, se sabe que en el metabolismo existen ciertas sustancias que actúan como neurotransmisores y que son elementos esenciales de la comunicación sináptica, pero debido a que cada una de ellas puede funcionar con un neurotransmisor diferente, resulta sumamente difícil ayudar por la vía de fármacos a la terapéutica de la deficiencia mental en el síndrome de Down.

Por otra parte, el envejecimiento del cerebro se produce más rápido, y entre los 30 y 40 años aparecen alteraciones neuronales semejantes a las de la enfermedad de Alzheimer.

¿Existe alguna relación entre el trauma de nacimiento y el retraso mental?

El proceso de nacimiento suele ser normal y sin complicaciones para la mayoría de los niños, aunque en ocasiones algunas cosas pueden salir mal. Son muy diversos peligros vinculados con el nacimiento: dos de ellos son el rompimiento de los vasos sanguíneos del cerebro, causado por una fuerte presión sobre la cabeza del feto, y la falta de oxígeno cuando el niño no comienza a respirar una vez que ha sido separado de la fuente materna.

Las neuronas del sistema nervioso central requieren oxígeno, cuya privación puede originar la muerte de algunas células.

Las hemorragias y la falta de respiración oportuna afectan el suministro de oxígeno que llega a las células nerviosas del cerebro, lo cual puede lesionarlas y producir subsecuentes defectos en el funcionamiento cerebral, que se manifestarán más tarde como disfunciones que pueden ir desde el fracaso escolar hasta la invalidez y la deficiencia mental grave. Si la falta de oxígeno es prolongada pueden morir muchas neuronas; en este caso, el pequeño podría sufrir una grave lesión cerebral, o incluso no lograr sobrevivir.

En un recién nacido, la falta de oxígeno —anoxia— suele dañar más las células del tallo cerebral que las de la corteza, lo que puede ocasionar problemas motores; habitualmente, el término "parálisis cerebral" se utiliza para describir una variedad de defectos motores vinculados con el daño a las células del cerebro, los cuales se manifiestan en parálisis de piernas y brazos, temblores y espasmos musculares incontrolables —los niños con esta alteración presentan dificultades de desarrollo para aprender a caminar o para hablar claramente—. Afortunadamente, se precisa un periodo prolongado de privación de oxígeno para que se produzca ese grave defecto. Los problemas de los niños que sufrieron periodos cortos de anoxia (30 a 60 segundos) —que también se denomina deficiencia de oxígeno benigna—, son más difíciles de diagnosticar porque no se manifiestan síntomas de daño cerebral capaz de influir en su desarrollo psicológico futuro; cuando el daño es más serio, los niños, aunque muestran una tendencia a ser lentos en su desarrollo motriz y mental, alrededor de los siete años de edad igualan en su desempeño a los niños de la misma edad, en todos los campos, aunque puede suceder que continúen siendo lentos. En algunas ocasiones, ciertos trastornos del carácter de un niño, como inestabilidad, hiperactividad, agresividad o falta de iniciativa o de responsabilidad en los comienzos de la edad escolar, pueden revelar una lesión neurológica establecida con anterioridad o en evolución.

¿Puede el nacimiento prematuro ser causa de retraso mental o de algún otro problema cerebral?

En términos generales, se puede considerar que hay dos tipos de bebés prematuros: aquellos que nacen antes de los nueve meses de gestación y los que lo hacen con un peso muy bajo. Habitualmente, los dos casos están relacionados, ya que el niño que nace antes de tiempo es más susceptible de tener bajo peso. Los bebés que nacen a término y con bajo peso suelen mostrar las mismas complicaciones que si hubiesen nacido antes de tiempo, pero si el niño prematuro tiene un peso superior a los 1 500 gramos, su pronóstico suele ser mejor. La prematurez y el bajo peso suelen ser problemas benignos del sistema nervioso central, y sus efectos pueden implicar un daño neurológico leve, especialmente en niños que pesan menos de 1 500 gramos al nacer.

Algunos trastornos serios, como la parálisis cerebral, grandes defectos de la visión o de la audición o una significativa deficiencia mental, pueden descubrirse durante el primer año de vida de un niño prematuro; sin embargo, otros, como trastornos de la percepción, problemas de aprendizaje y síntomas conductuales —inquietud, hiperactividad, etc.—, pueden no ser evidentes durante los primeros meses de vida, y comúnmente se ponen de manifiesto hasta después del ingreso a la escuela.

Generalmente, el bebé prematuro empieza la vida con desventajas tanto físicas como intelectuales, que afortunadamente pueden superarse si al niño se le proporcionan suficientes estímulos y se le brindan las oportunidades para realizarse. En la actualidad, gracias al progreso de los servicios especializados, el 85% o más de estos niños se desarrollan normalmente.

¿Puede un recién nacido parecer normal y tener alguna deficiencia o daño cerebral?

En efecto, existen muchas alteraciones que no se manifiestan en el momento del nacimiento o que pasan inadvertidas ante los ojos del neonatólogo, debido a la ausencia de síntomas o a la dificultad específica de la condición clínica para establecer el diagnóstico adecuado.

Más aún, ciertos trastornos del carácter de un niño, como inestabilidad, hiperactividad, agresividad, falta de iniciativa o de responsabilidad en los comienzos de la edad escolar, en ocasiones son signo de una lesión neurológica establecida con anterioridad, posiblemente durante el nacimiento, o de origen congénito, inadvertida por los padres y por el pediatra. En estos casos, existen algunas pruebas específicas para dignosticar la presencia de problemas neurológicos.

En general, estos problemas que no se advierten en el momento del nacimiento son lesiones leves o disfunciones mínimas, muchas de las cuales pueden corregirse con la estimulación adecuada para que el desarrollo del niño sea normal.

Los problemas neurológicos graves se manifiestan con algunos síntomas, como alteración del tono muscular y alteración o ausencia de los reflejos básicos; la deficiencia mental, en sus diferentes grados, muchas veces se diagnostica gracias a que generalmente forma parte de una entidad clínica o síndrome que se combina con estas alteraciones.

Ante el nacimiento de un hijo, es natural que los padres se preocupen por el estado general del bebé, y que, aun cuando los médicos les aseguren que el niño se encuentra en óptimas condiciones, les asalten dudas al respecto. Los padres deben saber que los casos en que los niños presentan verdaderos problemas no son los más frecuentes. Cuando existe algún antecedente familiar o una circunstancia especial que haga a los padres temer por el bienestar de su hijo, es aconsejable que consulten a un especialista —genetista—. Esto debería hacerse de preferencia antes de concebir, pero el diagnóstico prenatal —durante el embarazo— suele ser de gran ayuda para descartar graves defectos en el pequeño en gestación. Cuando los padres temen la presencia de alguna alteración en el momento del nacimiento, es conveniente que lo comenten con el pediatra neonatólogo; sin embargo, si las dudas surgen a lo largo del desarrollo del infante, el indicado para aclararlas es el pediatra.

¿Es cierto que en el momento del nacimiento el cerebro humano pesa entre 300 y 370 gramos, y que durante los dos primeros años crece hasta un 300%?

Sí. La formación y el crecimiento de todo el organismo, incluyendo al cerebro, empiezan a partir de la concepción, pero el crecimiento no se da en la misma proporción en todas las partes del cuerpo: el cerebro es el que más crece. El cerebro de un bebé recién nacido tiene la cuarta parte del tamaño y del peso que llegará a tener, y en un periodo de dos años alcanza entre el 75 y el 80% de su tamaño definitivo; en cambio, las extremidades no tienen esa magnitud hasta que el individuo llega al final de la adolescencia. A pesar de que la estructura del encéfalo alcanza casi la totalidad de su tamaño durante los primeros años de vida, éste sigue creciendo hasta alrededor de los 20 años, tomando en cuenta las conexiones entre sus unidades funcionales y la cantidad de tejido que conecta a las neuronas. A partir de esa edad, el cerebro humano pierde en promedio un gramo de peso anualmente, lo que en parte se debe a la pérdida de neuronas; al nacer, el pequeño tiene el mayor número de neuronas —más de cien mil millones—, pero esa cantidad se reduce continuamente debido a que estas células no se reemplazan ni se regeneran.

¿Cómo se refleja en el desarrollo global del niño su desarrollo cerebral?

El cerebro regula todas las funciones del organismo y las facultades humanas, por lo que de su desarrollo depende el de las demás áreas —cognitiva, física, social, emocional, etc.—; sin embargo, el funcionamiento del cerebro también depende del de aquéllas. De hecho, si el desarrollo del ser humano se suele dividir en diversas partes es sólo con fines de estudio, pues en realidad es una unidad indivisible. Generalmente, si el aspecto externo y la actitud del niño son normales, el desarrollo cerebral también lo será.

Cuando el niño nace, su cerebro posee innumerables potencialidades y, aunque las neuronas no se intercomunican mucho porque aún no existe la experiencia de vivir y de aprender, poco a poco van creando múltiples conexiones que habilitan nuevas unidades funcionales. Cuanto mayor sea la cantidad y la calidad de la estimulación, más pronto se desarrollará el cerebro y con él sus diversas aptitudes, y más aumentará su capacidad. Cuando el niño está bien preparado para adaptarse a situaciones nuevas, explorar, conocer, resolver problemas, aprender, etc. —lo cual le da mayores oportunidades de conformar una autoestima sólida, basada en sentimientos de seguridad, adecuación y autosuficiencia, si a la par se han resuelto sus necesidades emocionales o afectivas—, esto se reflejará en un adecuado desarrollo cerebral.

Los niños que han sido estimulados intelectualmente de una manera adecuada generalmente presentan un desarrollo armónico en todas sus áreas.

¿Es cierto que un niño puede sufrir un retraso mental si recibe un golpe muy fuerte en la cabeza?

Aunque, afortunadamente, en los niños un golpe muy fuerte en la cabeza no siempre tiene consecuencias graves, es importante evitar que se produzcan debido a que los riesgos de un traumatismo cerebral son altos y sus efectos pueden ser de importancia. Un traumatismo cerebral es una lesión que se produce cuando un objeto golpea el cráneo, o cuando este último se proyecta violentamente contra una superficie dura. Las lesiones van desde una conmoción y una contusión cerebral hasta daños de carácter irreversible que pueden conducir a la muerte, como la deficiencia mental, las dilaceraciones, los *hematomas subdurales*, las *hemorragias epidurales*, el edema cerebral y las herniaciones.

Cuando el accidente traumático ha sido médicamente superado, es decir, cuando el lesionado logra sobrevivir o su vida no corre peligro, las consecuencias o secuelas de una lesión cerebral pueden dar lugar a una discapacidad, una limitación o una alteración aguda o crónica, benigna o grave, duradera o transitoria, anatómica o funcional, principalmente del sistema nervioso central. Las secuelas dependen del área lesionada, pero pueden dar lugar a la restricción o ausencia de su funcionamiento y con ello alterar el estado y el funcionamiento anterior de la persona. Una lesión en el lóbulo frontal, por ejemplo, puede causar alteraciones de la personalidad, el intelecto y las funciones motoras: parálisis —incapacidad de movimiento de las extremidades—, paresia —limitación de movimiento— o bien epilepsia —temblor y convulsiones.

Si un niño sufre un golpe o traumatismo en la cabeza, se debe acudir al pediatra o al servicio médico de urgencias cuando:
- Llora y no cesa de hacerlo al cabo de unos minutos, o se "priva".
- Pierde el conocimiento, aunque sea durante algunos segundos.
- Vomita varias veces.
- Presenta flujo de sangre u otro líquido a través de los oídos o de la nariz.
- Está muy pálido o le cuesta trabajo respirar durante más de 10 minutos.
- Sufre cualquier otra alteración o reacción no habitual en él o cuando los padres se sienten intranquilos por su bienestar.

¿Es cierto que durante la infancia es mayor la conectabilidad entre las células nerviosas?

En el recién nacido, el número de conexiones nerviosas es reducido, pero a partir de la estimulación que recibe, sobre todo a nivel sensorial, las conexiones neurales se van multiplicando en forma progresiva. En otras palabras, las conexiones interneurales se van produciendo con base en estímulos, y el cerebro del bebé, que ha estado expuesto a relativamente pocos estímulos, presenta menos de estas conexiones; sin embargo, posee una capacidad mayor para adquirirlas, es decir, una mayor conectabilidad.

La formación de conexiones nuevas es explosiva durante los primeros años; pero

---

EL SUEÑO Y EL DESARROLLO CEREBRAL AL PRINCIPIO DE LA VIDA

Durante la gestación, particularmente a partir del tercer trimestre, el feto duerme casi 20 horas al día, sueño constituido primordialmente por una fase en la cual casi siempre se sueña, conocida como fase REM *(Rapid Eye Movement):* el sueño REM del feto tiene una enorme importancia para el desarrollo de su cerebro, ya que durante éste el sistema nervioso central se organiza —la red neuronal se vuelve cada vez más definida— y se prepara para su futuro funcionamiento.

Del mismo modo, a partir del nacimiento y a lo largo del primer año de vida, el bebé tiene una gran necesidad de dormir, debido a que durante el sueño se favorece el proceso de maduración del cerebro. Numerosos estudios realizados en recién nacidos han puesto de manifiesto que, durante el sueño, la glándula *hipófisis* segrega en mayor cantidad la hormona del crecimiento, la cual estimula el desarrollo del organismo en general y muy particularmente el desarrollo del cerebro.

también la eliminación de conexiones que no son utilizadas. Alrededor de los 10 años, la eliminación se acentúa, dejando sólo las conexiones que se siguen utilizando. Éstas se emplean al exponerse a estímulos y realizar actividades específicas de tipo intelectual y físico.

Ante la estimulación repetida que recibe el cerebro comienzan a organizarse sencillas unidades funcionales, que a su vez se integran en unidades de complejidad creciente cuando se repite apropiadamente la estimulación.

Entre el cerebro de un niño y el de un adulto existen ciertas diferencias fundamentales:

• Entre los 3 y los 11 años de edad, el cerebro de un niño tiene un metabolismo más alto —utiliza más energía porque está creciendo y desarrollándose.

• Durante la infancia, el cerebro dispone de una cantidad mayor de neuronas y sinapsis —las sinapsis son las que intercomunican a las neuronas—, gracias a lo cual, en caso de una pérdida o lesión cerebral, el niño dispone de "reservas" que podrían ayudarle a recuperar la función perdida o deteriorada.

¿Cómo es el desarrollo cerebral durante los dos primeros años de vida?

El desarrollo cerebral durante los dos primeros años de vida es acelerado, pues al término de ellos este órgano tiene entre un 75 y un 80% del tamaño y del peso que llegará a alcanzar. El desarrollo del ser humano abarca desde la concepción hasta la muerte; sin embargo, se considera como desarrollo cerebral al conjunto de cambios que acontecen durante la vida intrauterina y los dos primeros años de vida del niño. La maduración del sistema nervioso del pequeño termina aproximadamente a los dos años de edad: consiste fundamentalmente en la progresiva *mielinización*, en el incremento de las dendritas y de sus prolongaciones y en el establecimiento de los circuitos polisinápticos; —conexiones y comunicaciones que existen entre las neuronas—; esto se refleja en la conducta del niño con la desaparición progresiva de automatismos y sinergias presentes en el recién nacido y en la aparición, también progresiva, de pautas de conducta de nivel jerárquico superior.

Aunque el potencial anatómico y funcional del cerebro del niño sea normal, podría ser que no se utilizara correctamente debido a estímulos del medio ambiente anómalos: si las circunstancias ambientales en las que el niño se desarrolla —el ambiente implica diversos factores; entre ellos la familia, la alimentación, la sociedad, la cultura, la política, la economía, la raza, etc.— son adversas, el niño podría presentar una conducta irregular independiente de su capacidad intelectual.

Durante los dos primeros años de vida termina de madurar el sistema nervioso del niño; por este motivo, es tan importante la estimulación que puedan brindarle los padres en esta etapa.

¿Qué son los tics nerviosos?

Un tic es un movimiento motor súbito, rápido, recurrente, carente de ritmo y estereotipado; también puede ser una vocalización. A diferencia de los movimientos involuntarios ocasionados por enfermedades neurológicas, como son los movimientos coreicos —característicos de la Corea de Sydenham y de la Corea de Hungtinton—, los *movimientos atetósicos*, el *hemibalismo* y las *mioclonias*; los tics son movimientos involuntarios cuya ejecución se experimenta como irresistible. Sin embargo, pueden inhibirse voluntariamente, aunque sea por poco tiempo. Cuando su evolución es crónica, la persona que los sufre puede ejecutarlos de una manera tan automática que en la mayoría de las ocasiones no advierte que los está realizando.

Los tics nerviosos son uno de los síntomas de tensión patológica más frecuentes durante la niñez, y generalmente aumentan en situaciones de intenso estado emocional. Por lo general, se localizan en el rostro, el cuello o la cabeza, y muchas veces el niño los produce sin darse cuenta.

Los niños pueden sufrir tensión cuando viven y se desenvuelven en ambientes muy estrictos, por lo que es posible que los tics desaparezcan si el trato y la atmósfera se tornan más agradables y tranquilos, sin muchos regaños ni cargas excesivas. Si a pesar del cambio de ambiente persisten los movimientos involuntarios, conviene solicitar ayuda psicológica para determinar la fuente que produce tensión en el pequeño y, en caso de ser posible, eliminarla.

Los tics nerviosos son más comunes en niños y en adolescentes; rara vez aparecen durante la vejez y son más frecuentes en individuos con trastornos emocionales o psicológicos que en personas con retraso mental. De igual manera, suelen presentarse más frecuentemente en personas de sexo masculino. No deben confundirse con los movimientos estereotipados de individuos con graves trastornos mentales, como quienes sufren psicosis, en especial esquizofrenia catatónica. Algunas formas leves de las alteraciones del sistema nervioso extrapiramidal —que regula los actos motores automáticos—, como la corea o la atetosis, pueden confundirse con los tics si no se observa bien a la persona que los presenta. La corea se caracteriza por movimientos rápidos e involuntarios, como flexionar los dedos, elevar y descender los hombros y hacer muecas; y la atetosis presenta movimientos lentos y continuos, aunque también involuntarios, que sólo afectan las extremidades.

Existe un trastorno poco frecuente: la enfermedad de Gilles de la Tourette o de los tics múltiples, que se caracteriza por la presencia de tics en diversas partes del cuerpo, acentuados y asociados con tics vocales, como los gruñidos y la verbalización incontenible de palabras soeces. Éste un trastorno de difícil control y se asocia con anomalías en el equilibrio de neurotransmisores, sobre todo de la dopamina, más no está relacionado con el retraso mental.

Si un niño es torpe en sus movimientos, ¿sufre alguna forma de retraso mental?

El movimiento es controlado neurológicamente y, para que se produzca, depende de aspectos anatómicos y funcionales. El que un niño sea torpe en sus movimientos puede tener diferentes causas. Aunque muchas de ellas pueden relacionarse con algún tipo de alteración del sistema nervioso capaz de provocar retraso mental, este término no necesariamente implica un nivel intelectual inferior, como suelen considerar los no especialistas. Sin embargo, cabe destacar que las funciones motrices son sumamente importantes para el desarrollo de la inteligencia.

El desarrollo psicomotor normal supone una serie de etapas evolutivas que están determinadas por la edad cronológica y por la edad mental del niño. De este modo, es posible diagnosticar un déficit psicomotor cuando el niño presenta un retraso significativo —de meses o de años— en algunas conductas psicomotoras, por ejemplo, si el pequeño empieza a caminar más tarde que lo esperado. Cabe señalar que los movimientos dependen de un proceso evolutivo, por lo que es perfectamente normal que mientras la maduración del sistema nervioso no alcance el nivel suficiente para, por ejemplo, caminar correctamente —dado el proceso normal vinculado con la edad cronológica del niño— este proceso no podrá realizarse: si la inmadurez es total, es imposible que se inicie la marcha y, si es parcial, ésta puede ser tambaleante o torpe. El déficit debe distinguirse del trastorno psicomotriz, pues este último se caracteriza por alteraciones en la realización del movimiento, derivadas de una falta de coordinación entre la intención —madurez perceptiva— y la posibilidad de responder con un movimiento.

Los trastornos de la psicomotricidad que hacen que los movimientos sean torpes son muy diversos, así como las alteraciones funcionales del sistema nervioso de las que son producto. Por ejemplo, la atetosis es un trastorno psicomotriz caracterizado por movimientos involuntarios, lentos y sinuosos que dificultan la coordinación y realización correcta de ciertos actos voluntarios.

Cuando los padres advierten en sus hijos dificultades para realizar determinados movimientos, es conveniente que soliciten asesoría profesional para que se determine tanto el origen de éstas como su posible tratamiento. En algunos casos, la dificultad puede superarse o por lo menos disminuirse si se administra el tratamiento adecuado y con la debida oportunidad.

¿El cerebro crece únicamente durante la infancia y la adolescencia?

La adolescencia es una etapa de transición entre la infancia y la edad adulta, caracterizada por un rápido crecimiento físico y mental. Al final de la infancia y el principio de la adolescencia, el cerebro comienza a sufrir un cambio físico radical: un tercio de las conexiones nerviosas del cerebro se concentran en la corteza cerebral —que regula el pensamiento, la mayoría de las percepciones sensoriales y el movimiento voluntario—. Aunque no se conoce bien la causa de esta modificación, se ha pensado que podría deberse a los cambios hormonales que ocurren a lo largo de este periodo.

Si bien no se conoce con certeza cómo influye este cambio en el pensamiento, algunos psicólogos han sugerido que la pérdida de algunas conexiones cerebrales podría ser lo que le permite al adolescente concentrarse y pensar con lógica; es decir, es probable que dicho cambio represente una forma de depurar el cerebro y de hacerlo más eficaz —debido a que se le despoja de conexiones superfluas o poco utilizadas—, con lo que el cerebro del adolescente metaboliza menos, es decir, gasta menos energía que el cerebro infantil, tanto así, que el adolescente necesita dos horas menos de sueño que los niños.

Al poner en práctica sus habilidades motrices, el niño estimula simultáneamente el desarrollo de su cerebro.

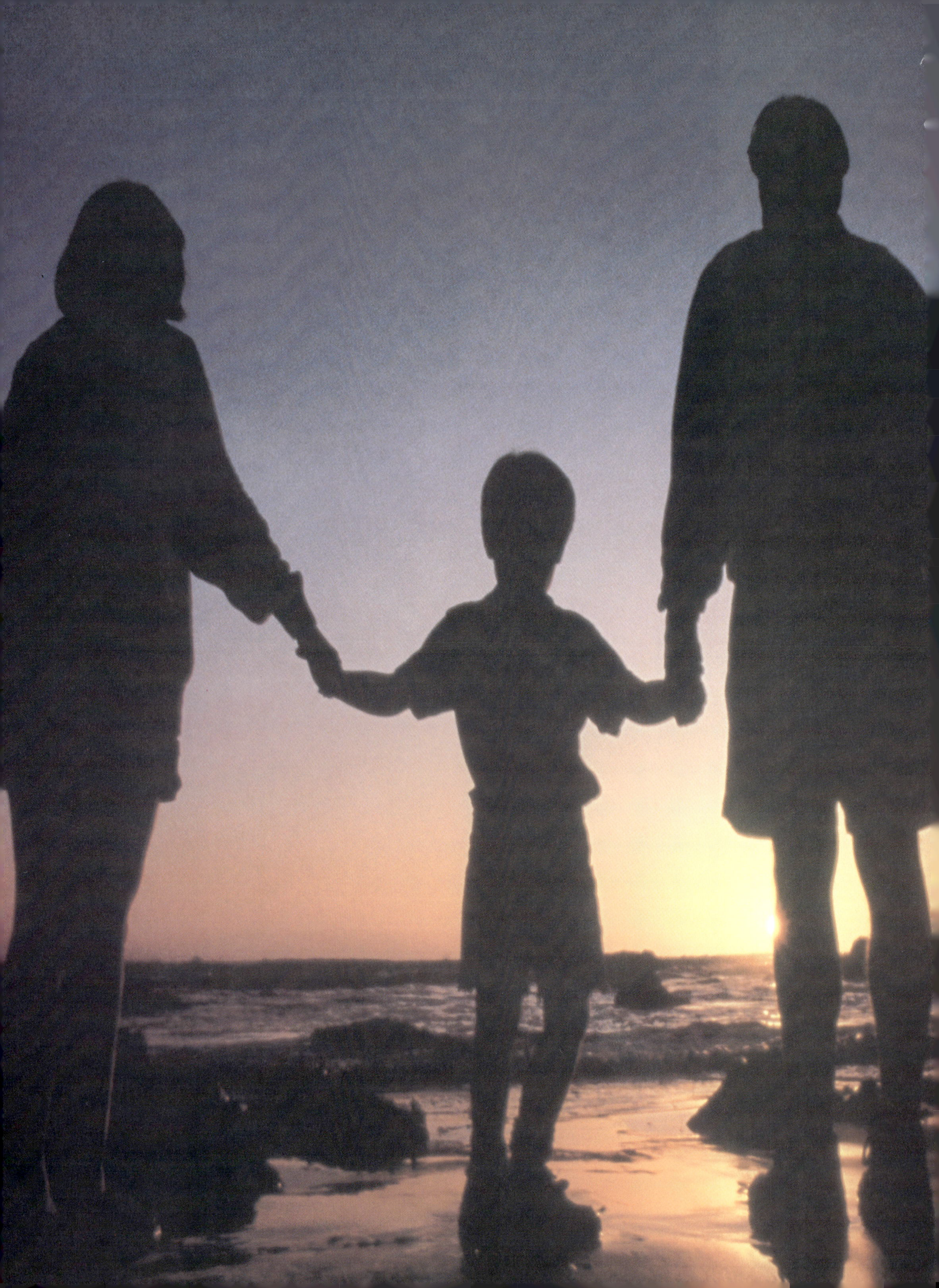

Capítulo 3

Los hijos y la estimulación de su inteligencia

Una de las maneras más eficaces que tiene el ser humano de emplear cada vez mejor sus capacidades intelectuales, y con ello de estimular su inteligencia, se da mediante el aprendizaje. Por lo tanto, en este capítulo —el cual aborda el tema central de esta obra: los hijos y la estimulación de su inteligencia— se analizará el interesante proceso del aprendizaje, ya que en la medida en que se comprenda la forma en la que el individuo, desde su niñez, aprende de su experiencia cotidiana, se podrán crear las condiciones adecuadas para que ello ocurra de la mejor manera.

Asimismo, se pretende hacerles ver a los padres y a los maestros que una de las tareas más importantes que deben realizar es favorecer y apoyar el proceso por el cual el pequeño va construyendo su propio conocimiento y va descubriendo cómo puede, a través del aprendizaje, hacer un uso cada vez mayor y más apropiado de sus capacidades intelectuales.

En este capítulo se hace una descripción de aquellos contenidos del aprendizaje que se presentan comúnmente a diferentes edades, aun desde antes del nacimiento, pasando por la infancia y la adolescencia, hasta el inicio de la vida adulta. Así, por ejemplo, se hace un recorrido por el desarrollo del lenguaje, de la lecto-escritura, de las actividades artísticas, de la ciencia y de los procesos sociales. Se revisan cuestiones que atañen al desarrollo escolar en relación con la inteligencia, así como los diversos factores que intervienen en la formación intelectual de las personas, entre los que se encuentran la escuela, el juego y los medios masivos de comunicación.

También se discute el papel de la familia en el desenvolvimiento intelectual del individuo, así como los amigos y los aspectos sociales y biológicos involucrados en su salud. Como puede observarse, el papel de los padres en la expresión de las capacidades intelectuales de los hijos es fundamental: no se trata de que los primeros se preocupen demasiado sobre cómo estimular la inteligencia de los segundos con técnicas adecuadas, o de poseer toda serie de conocimientos académicos, sino simplemente de establecer vínculos de afecto y apoyo que den a sus hijos la suficiente confianza en sí mismos.

¿Qué papel desempeñan los padres en el desarrollo de la inteligencia de sus hijos?

Además de tratar de proporcionar a sus hijos todos los recursos necesarios para sobrevivir, los padres desempeñan un papel fundamental en el desarrollo de su inteligencia. La clave está en brindarles la estimulación y la oportunidad necesarias para que desarrollen todas sus capacidades en el mayor grado posible.

Los niños necesitan desenvolverse en un entorno que favorezca su crecimiento general, no sólo físico, y que les dé la oportunidad de vivir experiencias enriquecedoras y útiles que les ayuden a adquirir una amplia gama de conocimientos en una diversidad de campos. Los lazos de sangre y el amor no son suficientes para que padres e hijos tengan una buena relación ni para estimular las capacidades, las habilidades y el crecimiento de ambas partes. Contrariamente a lo que se creía antes acerca de criar a los hijos guiándose sólo por el instinto, el hecho de ser madre o ser padre es una tarea difícil que requiere capacitación.

Los padres necesitan rodearse de un ambiente que favorezca simultáneamente su propio aprendizaje y el de sus hijos, para así lograr un enriquecimiento mutuo. Con el fin de acondicionar este ambiente, es muy aconsejable que consulten libros sobre la materia, escritos por profesionales, que contengan hallazgos originados a partir de recientes investigaciones. Para adoptar la información más conveniente, se recomienda a los padres reflexionar sobre el contenido de estos libros, y asimismo recurrir al conocimiento que tienen de sí mismos y de sus hijos. La relación existente entre los padres y los hijos es para toda la vida y puede verse muy beneficiada si se enriquece con las nuevas aportaciones de la ciencia.

Si un padre o una madre tiene dificultades para entenderse con su hijo, o si siente que no le tiene paciencia, debe consultar a un especialista, pues una intervención oportuna puede ayudar a aclarar un problema que de otra forma se tornará, con el paso del tiempo, en un conflicto mayor.

Asimismo, es muy aconsejable que los padres comenten y compartan sus experiencias con otros padres y madres interesados e informados en estos temas; esto lo pueden lograr si acuden a un grupo de padres organizado, por ejemplo como los que se suelen formar en las sociedades de padres de familia de las escuelas primarias. Otra opción es ir a las llamadas "escuelas para padres". Es importante que la preparación de los padres abarque temas relacionados con el desarrollo físico, emocional, social e intelectual de los hijos desde antes del nacimiento y hasta la etapa de la llamada adultez joven.

Estimular intelectualmente a los hijos puede resultar una tarea muy gratificante, para lo cual es aconsejable realizar con ellos actividades como ir a museos, leer libros, asistir a espectáculos y salir de viaje. Las experiencias cotidianas son excelentes oportunidades de crecimiento que animan a los hijos a aprender y que les permiten a los padres volver a vivir momentos memorables. La actitud amorosa y paciente de los padres propiciará en sus hijos la con-

---

A pesar de su asombrosa capacidad, la inteligencia no suele desarrollarse de una manera mágica. El esfuerzo y la dedicación de los padres por estimular intelectualmente a sus hijos, puede dar frutos realmente benéficos para su desempeño presente y futuro.

fianza necesaria para preguntarles, cuantas veces sea necesario, sobre un nuevo concepto hasta que lo comprendan.

La relación responsable entre padres e hijos implica respeto mutuo, aceptación, afecto, apoyo, disciplina y límites, todo lo cual, además de cultivar una buena convivencia familiar, ayuda al hijo a formarse un adecuado concepto de sí mismo. Actualmente, los seres humanos tienen en sus manos la oportunidad de ser madres y padres diferentes de hijos e hijas diferentes. Si en esta relación existen los suficientes afecto y confianza mutuos les será posible enfrentar las dificultades que implica la vida moderna y disfrutar los resultados.

¿Cómo pueden los padres emprender un cambio de actitud hacia los hijos?

Cuando los padres advierten que sus actitudes no están logrando los resultados deseados sobre la conducta de sus hijos, o sobre su desarrollo global o de habilidades específicas, pueden seguir los siguientes pasos:

• Determinar el objetivo que se pretende alcanzar mediante el cambio, definido de la manera más precisa posible; es decir, tienen que saber para qué puede ser útil el cambio.

• Tener claro en qué va a consistir el cambio, y si se va a realizar de una manera súbita o gradual.

• Llegar a un acuerdo entre los padres, entre las personas que vivan bajo el mismo techo que los hijos o aquellas que convivan mucho con ellos, para lograr que haya consistencia en el cambio de actitud entre todas las personas que tienen influencia sobre los niños.

Cuando los padres se preguntan cómo empezar, ya han comenzado. El hecho de reflexionar y cuestionarse acerca del papel que se está desempeñando como padre ya implica un paso muy importante.

La preparación y la capacitación son básicas. Ante la gran responsabilidad que implica ser padres, todos los elementos con los que puedan contar serán de vital importancia; formarán parte del cúmulo de conocimientos del que podrán echar mano en las diferentes circunstancias a las que esta experiencia los enfrente. Para obtener buenos resultados, necesitarán sumar a esta preparación una gran disposición de cambio y mucha paciencia con los hijos y con ellos mismos como padres.

El ritmo actual de la vida cotidiana también suele ser un obstáculo frente a la necesidad de buscar maneras en las que padres e hijos logren disfrutar y aprovechar al máximo su convivencia diaria, toda vez que no se dispone del tiempo libre que se cree necesitar. Sin embargo, el cambio ha de introducirse en la vida de las familias en forma de aportaciones pequeñas y concretas en una actividad que forme parte de las ocupaciones cotidianas: "los cambios pequeños suelen ser las mejores semillas de los cambios grandes y significativos."

Es importante que durante la capacitación que reciban los padres sometan a análisis cada conocimiento nuevo a fin de que lo practiquen sólo cuando estén seguros de

Nunca es tarde para cambiar de actitud; aunque, desde luego, entre más pronto se produzca el cambio positivo, redundará en mayores beneficios tanto para los hijos como para los padres.

querer aplicarlo de forma constante, pues los intentos de corto plazo o intermitentes pueden resultar confusos y contraproducentes. La constancia es requisito indispensable para lograr los resultados que se esperan, los cuales por lo general tardan varios meses en manifestarse.

Para ilustrar el cambio de actitud hacia los hijos, los padres podrían observarse durante un espacio de tiempo en el que convivan ellos. De esta manera, podrán analizar sus reacciones ante las actitudes de los hijos y las de estos últimos frente a las suyas. Posteriormente, los padres intentarán reflexionar acerca de este intercambio, haciendo una relación de lo sucedido, con sus impresiones y con lo que ellos crean que sintieron y pensaron sus hijos. Así, les será más fácil advertir si este intercambio de reacciones obedece a la manera en que ellos fueron educados como hijos, a la forma en que a primera vista sus hijos deben comportarse con ellos, al modo en que les gustaría relacionarse con sus hijos y educarlos, o bien a una combinación de todos estos factores.

La tolerancia resulta crucial en este proceso. Aun cuando se logran grandes satisfacciones, el camino no siempre es fácil y grato. Por ello, es necesaria una actitud paciente para tener la oportunidad de percibir los pequeños cambios y, de esta manera, seguir participando activa y constantemente en este esfuerzo compartido.

Las cambiantes necesidades de la relación entre padres e hijos van brindando a ambas partes la posibilidad de buscar nuevas formas para promover y disfrutar las modificaciones esperadas. La satisfacción que se experimenta conforme se va dando cada cambio constituye una motivación para los que vayan a emprenderse sucesivamente.

¿Por cuánto tiempo pueden los padres estimular el intelecto de sus hijos?

Las capacidades intelectuales requieren una constante estimulación en cada una de las etapas de la vida; sin embargo, el tiempo más adecuado para estimular la inteligencia es la infancia, pues se considera que es el periodo crítico del desarrollo humano, así como la etapa en la que los hijos pueden desarrollar al máximo todos los recursos con los que cuentan.

No obstante, el ser humano necesita mantener todas sus capacidades en condiciones óptimas durante las demás etapas. Una estimulación constante favorece la posibilidad de obtener el mayor provecho posible de las capacidades, pues cada experiencia ofrece nuevas maneras de utilizarlas y aplicarlas.

Además de un apoyo para que los hijos desarrollen al máximo su potencial intelectual, la estimulación de la inteligencia brinda elementos para el desarrollo integral de los jóvenes como seres humanos y como miembros de una familia que, a su vez, forma parte de una sociedad. Así, estimular el intelecto es uno de los aspectos que contribuyen a establecer el ambiente

---

VENTAJAS DE ESTIMULAR LA INTELIGENCIA DE LOS HIJOS

La estimulación de la inteligencia de los hijos no sólo beneficia a éstos sino también de todos los integrantes de la familia y a la sociedad a la que pertenece. También favorece el desarrollo de otras áreas de la personalidad y en general el desenvolvimiento integral de cada ser humano; por este motivo, se recomienda que la estimulación se realice a lo largo de toda la vida.

La oportunidad con la que se cuenta en la actualidad de conocer y aprender a partir de los resultados de las más recientes investigaciones relacionadas con el desarrollo del ser humano tiene como ventaja poder aprovechar al máximo el potencial individual y lograr una repercusión benéfica en cada uno de los miembros de la familia.

La estimulación de la inteligencia de los hijos debe considerarse más como un estilo de vida que como una técnica que se aplica para educarlos, ya que implica una conjunción de factores e intereses.

Un elemento muy importante que la estimulación de la inteligencia trae consigo es la posibilidad de disfrutar al máximo ser padre y ser hijo, experiencias que son trascendentales en la vida del ser humano.

propicio para el desarrollo adecuado de los hijos —incluidos el apoyo y la motivación— y, por ende, el tipo de relación que se tiene con ellos. En circunstancias ideales, la estimulación intelectual debe abarcar todas las etapas de la vida, ya que, aunque el ser humano va aprendiendo a ser independiente durante gran parte de su proceso de desarrollo, se ha demostrado que, sea cual fuere la edad, la relación entre padres e hijos es una relación significativa para unos y otros.

Es importante observar que la estimulación no sólo se da de padres a hijos; los primeros también reciben estimulación muy valiosa, y de ella pueden obtener beneficios muy importantes, por ejemplo, la posibilidad de disfrutar del proceso de formación y educación, lo que favorece la calidad del contacto y la cercanía con sus hijos. Así, la riqueza que implica la actitud espontánea y natural de los niños y los jóvenes es transmitida a los padres, lo que hace que se reactive la de estos últimos y se agregue un toque de libertad, creatividad y diversión a la relación.

De esta manera, tanto en el plano intelectual como en otros, la estimulación siempre es necesaria, aunque cada uno de los hijos —dada su individualidad— y cada etapa de su vida determinan el matiz y la dimensión que adquiere esta intervención. El crecimiento y la satisfacción alcanzados por padres e hijos al lograr una relación armónica tienen efectos positivos en el desarrollo personal y en el familiar de todos los interesados, entre otras cosas porque pueden prevenirse ciertas experiencias difíciles y porque ayudan a que se solucionen problemas existentes.

¿Por qué es importante tener una buena relación con los hijos?

En general, tener una convivencia armónica con los hijos trae consigo grandes ventajas y cumple con una diversidad de funciones, desde las más particulares hasta las más generales. La relación que los hijos tienen con sus padres es la primera que sostienen con su entorno, es el primer acercamiento al mundo en el que vivirán. Esta relación es la primera forma en que obtienen tanto protección y seguridad como respuesta a sus necesidades. La relación que el bebé tiene con sus padres es el punto de partida de sus primeros contactos con sus semejantes, sean niños o adultos; implica la primera enseñanza acerca de cómo relacionarse con los demás y sobre cuáles son los valores y principios correctos.

Hasta hace algún tiempo, se creía que la relación entre padres e hijos se limitaba al cumplimiento de una serie de responsabilidades, y entre sus objetivos principales se incluían los siguientes: por parte de los padres, cubrir las necesidades básicas de los hijos para su sobrevivencia; por parte de los hijos, responder adecuadamente a las expectativas de los padres, ayudarlos y hacerse cargo de éstos en caso necesario. Esta relación estaba matizada por una dosis considerable de sacrificio y obligaciones.

La relación armónica con los padres da como resultado hijos con un adecuado grado de confianza en sí mismos.

Actualmente, gracias a recientes investigaciones y a los testimonios de una nueva generación de padres e hijos, se ha podido concluir que esta creencia no corresponde a la realidad que se vive. Ahora se sabe que entre padres e hijos ambas partes tienen un papel activo y dinámico, y que una buena relación implica respeto, apoyo y cariño mutuos. Así, los padres brindan a sus hijos los elementos necesarios para su desarrollo integral, con la finalidad de intentar contribuir a la formación de personas sanas autosuficientes, responsables y productivas; y, en el camino, aprenden junto a ellas.

Las ideas erróneas se transmiten al entramado social en forma de costumbres o creencias populares y afectan en gran medida la forma en que los seres humanos se relacionan. Asimismo, se entrelazan otros factores que tienen también una influencia sobre los individuos como:

• La manera en la que los padres fueron educados. Puede decirse que ésta es la primera escuela para padres a la que se asiste, la primera información que se tiene sobre cómo debe tratarse a un hijo. Por otra parte, se ha observado que cambiar estos patrones de conducta aprendidos requiere mucho esfuerzo.

• La manera de ser también afecta el modo en que se asume la función de padre. Éste es otro elemento que interviene en la forma en que la gente reacciona y se comporta frente a los diferentes aspectos y circunstancias de la vida.

Se necesita una profunda reflexión para analizar qué aspectos intervienen y cómo han afectado —y siguen afectando— la relación con los hijos, con el fin de decidir, apoyándose en las investigaciones y los conocimientos más recientes, cuáles son las situaciones que se quiere cambiar y cuáles se desea conservar. El padre y la madre pueden hacer esta reflexión por su lado; además, ambos pueden realizar al respecto un análisis en el que esté presente una actitud de negociación. Es muy importante que se analicen minuciosamente los detalles para llegar a acuerdos acerca de la manera más adecuada en que, según ellos, deben relacionarse con sus hijos.

Cuando la confianza es un factor importante entre padres e hijos, surge el sentimiento de estar trabajando en equipo, en una relación de estrecha colaboración. Esto facilita una comunicación adecuada y hace más agradable la convivencia diaria, ya que brinda la posibilidad de disfrutar y de aprender tanto de las experiencias positivas como de las negativas.

Diversos estudios han demostrado que problemas como el consumo de tabaco, drogas y alcohol; el abandono escolar, y el embarazo en la adolescencia pueden prevenirse si hay una relación positiva entre padres e hijos.

¿Para qué existen las escuelas para padres?

Las escuelas para padres han sido creadas en respuesta a la gran necesidad de orientación manifestada por los padres de familia durante los últimos años. La mayoría de estas escuelas son instituciones o grupos formados por expertos en las que se orienta y da una formación a padres que tienen la inquietud y la necesidad de obtener conocimientos que contribuyan a mejorar la atención que brindan a sus hijos. La finalidad es que estos últimos se desarrollen de manera óptima, lo que, de ocurrir, se vería reflejado en las relaciones familiares.

Estas escuelas colaboran con padres y personas interesadas en el desarrollo infantil para guiar y proteger a los niños, los adolescentes y los jóvenes en el proceso de educación para la salud y la vida familiar. Su objetivo es intentar mejorar la calidad de vida de la población en general.

Desde tiempos remotos, han existido escuelas para aprender diversas actividades; pero hasta hace poco no había escuelas para padres, ni otras modalidades de preparación formal que les dieran la oportunidad de obtener información adicional a la que les ofrece la experiencia en la vida familiar.

Con frecuencia, los padres se enfrentaban a la creencia popular de que todo lo que necesitaban saber era instintivo y que, en el momento en que su hijo nacía, el cúmulo de conocimientos llegaba en forma automática junto con la certeza de saber qué hacer. Dada la influencia ejercida por este mito, cuando los padres no sabían qué hacer ni siquiera consideraban la posibilidad de expresarlo abiertamente y se enfrentaban a la difícil labor de cumplir con su función paterna sin contar con una serie de conocimientos que, ciertamente, pueden facilitar y enriquecer esta vivencia.

En la actualidad existe en varios países un movimiento muy importante que se ha interesado por hacer contribuciones en este ámbito. Por este motivo, se han hecho numerosos estudios que han aportado conocimientos y han dado pautas para investigaciones cada vez más profundas. También se han desarrollado programas que responden a las principales inquietudes y necesidades de los padres y de los hijos. Entre los temas que abarcan estos programas, destacan los siguientes:
- Importancia de prepararse para ser padres
- Comunicación familiar
- Educación sexual
- Disciplina
- Autoestima
- Expresión del afecto
- Valores
- Autosuficiencia y sobreprotección
- Planeación del futuro y toma de decisiones

Aunque estas escuelas resultan una excelente opción para obtener pautas generales, existen problemas que requieren una atención y un manejo terapéutico especiales.

La mayoría de las escuelas para padres proponen que la labor de educar a un hijo debe llevarse a cabo en forma divertida y con una gran dosis de creatividad, siempre tratando de rescatar los aspectos de esta índole que se hayan perdido. Así, a los padres les es posible desarrollar sus potencialidades disfrutando simultáneamente de la relación con los hijos.

¿Cuándo deben los padres buscar la ayuda de un profesional para solucionar algún problema con o de su hijo?

Para acudir al psicólogo o al terapeuta, los padres pueden recordar los parámetros que emplean cuando deciden solicitar los servicios de cualquier otro profesional, como el pediatra o el ginecólogo. Además, se recomienda buscar a cualquiera de estos médicos con fines preventivos, y asimismo considerar la posibilidad de asistir a pláticas y cursos acerca de cuestiones generales y particulares del desarrollo infantil.

El que un padre esté informado en un nivel preventivo es de suma importancia porque ayuda a no obstaculizar el desarrollo tanto de él como de sus hijos, al transformar las pequeñas dificultades en una oportunidad para aprender más con un espíritu de motivación; sin embargo, es necesario recordar que no en todos los casos se puede participar en este nivel sino cuando ya se tiene que solucionar un problema grave. Mientras más temprano se reciba el apoyo por parte de un especialista, más fácil será superar cualquier problema.

No está de más recordar que la visión que pueden brindar los psicólogos o los tera-

Cuando los padres no se sienten capaces de resolver los problemas que enfrentan con sus hijos, es recomendable solicitar cuanto antes la ayuda de un especialista.

peutas, aunque el problema ya esté avanzado, siempre enriquece mucho y contribuye a que se dé el cambio necesario.

Las nuevas alternativas en psicoterapia plantean un número menor de sesiones, en comparación con el que se consideraba necesario anteriormente; además, proponen opciones nuevas con alternativas que resultan eficaces.

Existen numerosas creencias que influyen en las personas para que pospongan la decisión de consultar a un pisólogo o a un terapeuta. Algunas de las ideas más comunes y difundidas son: los psicólogos atienden a personas que se encuentran mal de sus facultades mentales; hay que ir a un consultorio solamente hasta que las personas estén muy contrariadas, sintiéndose muy mal y como una última salida; todos los tratamientos son prolongados, ya que duran por lo menos un año; los psicólogos piensan que el motivo por el que un niño o un joven presenta alguna dificultad es la mala atención que les dan los padres, etcétera.

Esas creencia, erróneas en su mayoría, en ocasiones frenan a los padres para solicitar esta ayuda de manera natural y oportuna y, en otras, llegan a obstaculizar el tratamiento. Por consiguiente, los hijos perciben estos prejuicios y se sienten incómodos y señalados por tener que asistir a las terapias cuando lo cierto es que acudir al psicólogo tiene ventajas muy importantes tanto para los padres como para los hijos.

¿QUÉ ES APRENDER?

¿Cuántas maneras de aprender hay?

Cuando se habla de aprendizaje, generalmente las personas tienden a pensar en la adquisición de algunas aptitudes, como caminar y hablar, o bien lo relacionan con habilidades que son parte de la enseñanza escolar, como leer, escribir, realizar operaciones matemáticas, etc. Y tienen razón: estas aptitudes, habilidades y conocimientos son formas de aprendizaje, pero no son las únicas. De hecho, la gran mayoría de las experiencias que vive el individuo —como la percepción sensorial, las emociones, las relaciones interpersonales y todo tipo de actividades que realiza— son susceptibles de generar un aprendizaje, y la forma en que éste se lleva a cabo puede tener múltiples modalidades. Aun para el niño recién nacido y para el feto en gestación el aprendizaje es constante, y las formas en que éste se suscita son muy variadas.

Por medio de la instrucción programada se han creado diversas técnicas que pretenden promover un aprendizaje determinado; sin embargo, cada técnica puede ser de utilidad para algunos individuos y para otros no, o para ciertos tipos de aprendizaje pero no para otros.

¿Qué factores son importantes en el aprendizaje?

Existen numerosos factores que intervienen en el aprendizaje. Se requiere una conjunción de elementos para que éste se lleve a cabo adecuadamente. Los individuos poseen una herencia biológica que les confiere un conjunto de potencialidades; sin embargo, para desarrollarlas es necesaria la intervención del ambiente, es decir, del círculo familiar, escolar, social y cultural. Estos dos factores, la herencia biológica y el ambiente, interactúan en una relación de mutua dependencia.

Todo recién nacido viene al mundo dotado de un material genético que determina, entre otras cosas, su potencial; hasta el presente, por fortuna o desgraciadamente, no es posible tener injerencia en la modificación favorable de éste. No obstante, sí es posible influir en el desarrollo del ser humano mediante la estimulación ambiental que recibe. El medio circundante puede activar cada uno de los recursos latentes en los seres humanos, incluida la capacidad para aprender.

La propensión natural del ser humano a aprender, descubrir, saber y experimentar es muy evidente en los niños. Sin embargo, aprender puede ser tan natural y espontáneo como complicado y difícil, según sean las circunstancias, el momento y la actividad o destreza que se quiera desarrollar.

La participación activa de los niños en el aprendizaje depende de su capacidad para observar e interpretar las experiencias y los sucesos vividos. Por ejemplo, durante el proceso de imitación —uno de los diversos mecanismos de aprendizaje— el niño necesita observar detalladamente. Este proceso da la posibilidad de separar las partes con la finalidad de reconocerlas y asimilarlas y, posteriormente, comprender el todo. La capacidad de observación del niño está íntimamente vinculada con la habilidad para prestar atención en diferentes lapsos y de concentrarse adecuadamente. El desarrollo y el manejo de estas habilidades resultan fundamentales en el desempeño de todo ser humano, independientemente de su edad y de su actividad.

Las investigaciones más recientes confirman lo que expertos y padres de familia han manifestado: que inclusive los detalles más pequeños dirigidos a favorecer y propiciar el aprendizaje tienen efectos positivos en el desarrollo de los niños. Un ambiente que ofrezca todas las oportunidades para que el aprendizaje pueda llevarse a cabo de manera natural y accesible facilita el desarrollo más armónico de las habilidades en los diferentes planos de la personalidad.

Para el padre y la madre, así como para las personas encargadas del cuidado de los hijos, una experiencia de aprendizaje representa para éstos la posibilidad de alcanzar un nuevo e importante peldaño en el desarrollo de cualquier habilidad. Son de suma importancia a lo largo de este proceso la actitud y las expectativas que se tengan, pues éstos se transmiten directa o indirectamente a los hijos en forma de mensajes que pueden ser muy positivos y enriquecedores para su proceso de aprendizaje o, por el contrario, muy nocivos.

Asimismo, la motivación incluida en estos mensajes puede desencadenar y alimentar un gusto auténtico por aprender. Toda motivación es buena, desde la que se obtiene en los primeros esfuerzos de aprendizaje, sin importar cuán pequeña sea. El hecho de lograr un objetivo proporciona una gran satisfacción a los hijos. Por otra parte, ésta se ve incrementada por el reconocimiento que hagan los padres del logro, pues en ello va implicado el apoyo, el acuerdo y la solidaridad que estos últimos muestran a sus hijos. Al actuar de este modo, los padres transmiten el mensaje de que están orgullosos de la actitud de aprendizaje de su hijo. La satisfacción que comparten padres e hijos se convierte a su vez en motivación para hacer frente a la gran diversidad de tareas propias de la niñez y de la vida.

En ocasiones, la constante necesidad de aprender que manifiestan los hijos perturba a los padres. El niño puede exigir respuestas con mucha insistencia o manifestar una gran necesidad de explorar y descubrir su entorno. Estas necesidades muchas veces

Aunque en un principio las operaciones matemáticas se aprenden de una manera automática, el verdadero aprendizaje se da cuando el niño entiende su lógica.

interfieren con la rutina de la vida diaria, que en los últimos años se ha caracterizado por un apresuramiento exagerado y situaciones generadoras de mucha tensión.

Para enfrentar este inconveniente, la creatividad de los padres puede ser de gran ayuda. Si se tiene en cuenta que los niños pueden sacar provecho prácticamente de cualquier experiencia, los padres pueden concebir maneras en las que se apoye el aprendizaje sin abandonar la actividad que necesiten llevar a cabo. Pueden invitar a los hijos a observar la realización de alguna actividad y, una vez concluida ésta, interrogarlos sobre la secuencia seguida. Posteriormente, pueden hacer comentarios sobre la actividad y explicar las razones por las que se ha seguido tal o cual procedimiento. En otra ocasión, se podrá realizar la misma actividad en una secuencia diferente y verificar si el niño se ha percatado de ello. Aprovechando las actividades de los padres, es posible concebir diversos ejercicios de este tipo que sean adecuados a las edades de los hijos.

La cantidad de conocimientos que se puede aprender es ilimitada; sin embargo, hay que recordar que la inteligencia establece prioridades entre los elementos aprendidos.

¿Para qué necesitamos aprender?

El aprendizaje es la herramienta que le permite al ser humano adquirir y desarrollar todas sus habilidades y capacidades. Se aprende para sobrevivir y todo lo que es necesario saber se tiene que aprender. Esto incluye mecanismos mediante los cuales el ser humano se adapta al ambiente en el que se desenvuelve y que lo provee de los elementos necesarios para responder a las exigencias físicas y sociales del mismo. Asimismo, lo prepara para alcanzar metas y para resolver problemas. Mediante el aprendizaje, el hombre intenta entender la realidad que percibe.

Se aprende desde las cosas más básicas de la vida hasta los conocimientos más complicados, pasando por los que no son trascendentes para la existencia humana. El aprendizaje puede no tener límites; en él interviene una enorme cantidad de aspectos que en la actualidad son objeto de investigación en todo el mundo. Aunque no hay acuerdo general en muchos de estos aspectos, los investigadores, en términos generales, coinciden en que es esencial estar siempre abiertos a nuevas experiencias para que el proceso de aprendizaje sea permanente y enriquecedor.

Los expertos señalan que se aprende para aprender otras cosas; que cada aprendizaje, al igual que cada etapa del desarrollo del ser humano, se supera constantemente mediante los procesos de aprendizaje posteriores. Por lo tanto, cada experiencia tiene una importancia capital.

Se ha demostrado que el hombre aprende incluso antes de nacer y que, de una forma u otra, sigue aprendiendo durante toda la vida. Por medio del aprendizaje se adquiere información específica acerca del medio y, posteriormente, ésta interactúa con la que ya se tenía previamente y produce una reorganización de la nueva información. Este proceso puede suscitar que la persona aplique el conocimiento adquirido a otras situaciones, convirtiéndolo de esta manera en un conocimiento estable y duradero.

Así, el aprendizaje puede entenderse como un continuo de conocimientos, en uno de cuyos extremos se encuentra el aprendizaje sin sentido —es decir, la acumulación de conocimientos sin ningún significado para la persona— y en el otro el aprendizaje que implica comprensión, que es pertinente para el individuo, que conduce al crecimiento personal y que es más fácil de retener.

Como el aprendizaje depende del nivel de desarrollo y éste se vale de aquél para seguir su curso, es importante tener en cuenta que quien aprende evalúa la posibilidad de hacerlo en función de sus necesidades, lo que permite clasificar y ubicar el conocimiento adquirido a lo largo del continuo.

Aprender siempre requiere un determinado esfuerzo, el cual en ocasiones parece no tener recompensa equivalente; sin embargo, aprender y desarrollar los propios recursos brinda, en la mayoría de los casos, la satisfacción suficiente para valorarlo y para continuar el proceso con el deseo de aprender cada vez más.

¿Qué es la memoria?

La memoria puede definirse como un sistema de estructuras de almacenamiento diferentes a través de las cuales fluye la información: se registra o codifica —como un esquema, una imagen o como un concepto—, se transfiere de la memoria de corto plazo a la memoria de largo plazo, y se recupera —se reconoce o recuerda la información.

La memoria de corto plazo sirve únicamente para recordar cosas de manera momentánea; éstas son olvidadas en cuanto dejan de tener una utilidad inmediata. Por ejemplo, el ser humano utiliza la memoria de corto plazo cuando trata de recordar un número de teléfono que escucha en la radio o en la televisión, o el nombre de una persona que probablemente no volverá a emplear nunca.

Por el contrario, la memoria de largo plazo graba los datos en nuestra mente durante horas, días, meses o años y, en opinión de algunos psicólogos, no se borra nunca y permanece para siempre en la mente, ya sea en un nivel consciente o de forma inconsciente.

Para que un recuerdo pueda pasar de la memoria de corto plazo a la de largo plazo, es preciso que transite por lo que se conoce como el "portero de la memoria", es decir, toda la atención de la persona debe estar concentrada en el dato o acontecimiento que se pretende recordar para siempre.

En ocasiones, los acontecimientos que están envueltos en sensaciones que tienen una gran fuerza perduran para toda la vida, aunque ésa no haya sido la intención de la persona. Por ejemplo, un hecho que se produjo en un ambiente de terror puede grabarse indeleblemente en la memoria, aun en contra de la voluntad de quien la vivió; de la misma manera ocurre con los sucesos que ocasionan traumas en el individuo. Algunas veces el individuo trata de grabar en su memoria de largo plazo datos que le resultan de gran importancia y, sin embargo, no es capaz de recordarlos; esto ocurre porque falla el proceso de recuperación, pero no porque se haya perdido el recuerdo. Prueba de lo anterior es que algunas personas que sufrieron embolia cerebral o convulsión cerebral leve experimentan un torrente de recuerdos que creían haber olvidado para siempre.

¿Indica la buena memoria una mejor capacidad intelectual?

La memoria forma parte de los procesos fundamentales que integran la función cognitiva: percibir, recordar, pensar y juzgar. Como parte del proceso cognitivo, la memoria parece tener una clara relación con los logros intelectuales y se ha observado que conforme aumenta la capacidad intelectual, la memoria tiende a mejorar, de manera que una buena memoria puede ser indicio del grado de inteligencia alcanzado; además, una buena memoria favorece el aprendizaje, el cual a su vez puede contribuir mucho al desarrollo intelectual; pero hay que advertir que una buena memoria no necesariamente es sinónimo de una mayor capacidad intelectual, ya que sólo es una parte de la totalidad del proceso cognitivo.

¿Es selectiva nuestra memoria?

La memoria es selectiva porque almacena determinados estímulos que de alguna manera resultan importantes para el individuo, a la vez que desecha aquellos que no lo son; además, la memoria tiende a favorecer la adaptación con el mínimo esfuerzo por parte del individuo gracias a que lo ayuda a aprovechar su experiencia.

Se piensa que persiste en nuestra mente todo lo que se registra como un recuerdo, a menos de que exista una alteración en la estructura y en las funciones cerebrales.

La memoria recibe la influencia de los afectos y tiende a modificarse de acuerdo con los intereses y necesidades emocionales del sujeto. La mente es capaz de registrar y almacenar todo tipo de estímulos que recibe, los internos y los que provienen del medio exterior, a veces sin que el individuo tome conciencia de ello. Estos estímulos a menudo aparecen en forma de recuerdos confusos. Con el paso del tiempo, ambos tipos de estímulos suelen ser difíciles de recordar si no se evocan con cierta frecuencia.

Es muy común olvidar las impresiones sensoriales generales, las subordinadas, aquellas que han llegado a conceptualizarse como un medio de ignorar cúmulos de información o de memoria mayores, o bien las condensadas y fundidas que conservan una memoria activa, operante y eficiente.

En general, el olvido se puede concebir como una función reorganizadora de la memoria, en la cual las experiencias recientes tienen la potencialidad de reorganizar los recuerdos existentes.

¿Es cierto que los recuerdos que se adquieren a través del sentido del olfato son los más duraderos?

Sí, los olores que se perciben durante la infancia o durante cualquier otra época de la vida traen recuerdos sumamente vívidos. Esto se debe a que, de los sentidos que posee el ser humano, el olfato es el que se encuentra más cerca del hipocampo, el cual es una de las estructuras cerebrales que intervienen en la fijación de los recuerdos en la memoria de largo plazo. Asimismo, el olfato es el sentido que está más directamente relacionado con el sistema límbico, el cual constituye el centro emotivo del cerebro.

Por su parte, los estímulos que recibimos a través de los sentidos del tacto, del gusto, del oído y de la vista deben seguir un camino más largo que el que recorre el olfato para llegar hasta los circuitos de la memoria.

ALGUNAS RECOMENDACIONES PARA MEJORAR LA MEMORIA

El olvido es muy común debido a que la mente continuamente procesa y descarta la información poco importante. A continuación se ofrecen algunas sugerencias para mejorar la memoria:

- Identificar las situaciones en las que falla la memoria y hacer un esfuerzo especial por concentrarse; no es posible recordar algo en lo cual no se puso atención.
- Tratar de prescindir de agendas o de notas e intentar retener las ideas en la memoria.
- Buscar patrones para recordar cosas distintas o establecer relaciones de lo que se desea recordar con elementos significativos.
- Repetir las palabras que se quieren recordar formando rimas con ellas o dándoles algún ritmo.
- Decir lo que se desea recordar en voz alta o comentarlo con alguien (memoria auditiva).
- Visualizar los objetos o las situaciones que se desean recordar; por ejemplo, imaginar la palabra escrita (memoria visual).

¿La buena memoria se hereda?

En cierta medida, la buena memoria puede tener bases genéticas; es decir, ser hereditaria. Sin embargo, de la misma manera que la inteligencia y que otras capacidades humanas, la memoria se modifica de acuerdo con los estímulos que recibe la persona del medio ambiente que lo rodea y con el tipo de interés que predomina en el individuo. Por ejemplo, una persona que es aficionada a los deportes tendrá una gran capacidad para recordar fechas de partidos, nombres de estadios y de jugadores, etc., en tanto que aquella que es amante de la música desarrollará su memoria para almacenar recursos sonoros.

Algunos autores señalan que los niños preescolares tienen una capacidad de memoria superior a la de un adulto, pues ellos no cuentan con el recurso de anotar las cosas en un papel para evitar olvidarlas.

¿Realmente existe la memoria fotográfica?

Sí; aunque no es muy frecuente, es posible hablar de personas cuya memoria es fotográfica o eidética.

Estas personas son capaces de recordar páginas completas de un libro después de haberlas visto una sola vez, e incluso pueden repetir su contenido palabra por palabra sin cometer errores. Asimismo, son capaces de recordar, con una precisión asombrosa, cualquier objeto, persona o situación que en algún momento haya pasado frente a sus ojos.

Algunos investigadores creen que Leonardo Da Vinci, el célebre artista renacentista, tenía memoria fotográfica, pues era capaz de pintar un retrato sumamente detallado de una persona a la que únicamente había visto en una ocasión.

Por otro lado, Napoleón Bonaparte, con sólo darle una ojeada a un mapa, era capaz de recordar posteriormente la ubicación exacta de colinas, ríos y poblaciones.

EJERCICIOS PARA LA MEMORIA

La figuras son más fáciles de recordar que los números o las palabras. Para comprobarlo, haga la siguiente prueba: observe las siguientes 18 figuras durante tres minutos. Posteriormente, pase a la página 306 y diga qué figuras recuerda haber visto en esta página.

¿Es cierto que los niños que aprenden con mayor rapidez son los más inteligentes?

En un sentido amplio, se puede decir que los niños con un nivel de inteligencia superior aprenden con mayor facilidad y, por tanto, más rápido. Sin embargo, el nivel de inteligencia está dado por diferentes aptitudes y habilidades que deben evaluarse en forma integral. Un niño puede aprender con mayor rapidez ciertas habilidades o destrezas debido a que presenta facultades especiales en esa área, lo que no necesariamente significa que en todas las demás consideradas como propias del funcionamiento intelectual se desempeñe del mismo modo. Éste es un hecho que frecuentemente observan los maestros en las aulas escolares: hay quienes se desenvuelven más o menos con la misma soltura y facilidad en la adquisición de conocimientos nuevos de las distintas materias y niños que sobresalen en alguna materia en particular, pero que se les dificultan otras.

Desde luego, en el aprendizaje humano inciden todas las demás áreas del desarrollo, como el aspecto emocional, en el que la motivación tiene un lugar predominante.

Debido a la gran velocidad con la que aprenden y trabajan los niños muy inteligentes, en ocasiones pueden llegar a parecer desordenados, pues una vez que terminan su trabajo, se inquietan o aburren porque sus compañeros aún no han terminado el suyo.

¿Es verdad que aun las experiencias desagradables son formativas?

Se puede afirmar de manera general que toda experiencia por la que atraviesa el ser humano es capaz de proporcionar un aprendizaje, a través del cual se pueden obtener elementos formativos. Se aprende a través de estímulos positivos, negativos o neutros: el aprendizaje a través de experiencias desagradables generalmente impacta al individuo de manera más profunda a nivel emocional, y él, por medio de los elementos de su personalidad, lo integra a su vida de una forma u otra.

En algunos casos, la experiencia puede resultar, además de aversiva, traumática, y puede alterar el funcionamiento integral de la personalidad: en ocasiones, el transcurso del tiempo es suficiente para que la persona se recobre.

En las personas que desarrollan una visión positiva de la vida, las experiencias malas suelen dejarles un aprendizaje que les permite madurar en el aspecto emocional y que, además, les ayuda a impedir que esa experiencia negativa se presente nuevamente.

¿Cómo nos ayudan los sentidos a aprender?

Por medio de la percepción se procesan los datos sensoriales: se codifican y organizan. La mayor parte del aprendizaje del recién nacido se establece a partir de la estimulación sensorial. Los órganos de los sentidos son de vital importancia; cuando su funcionamiento es deficiente o nulo, pueden producirse desde leves problemas escolares hasta una alteración seria de los procesos cognitivos, la cual imposibilita el desarrollo adecuado del individuo.

La información que proporcionan los órganos de los sentidos son: a) tacto: es el sentido mediante el cual se hace posible la percepción de las cualidades palpables de los objetos; en el ser humano, después de la vista es el sentido que proporciona mayor información directa acerca de los objetos; b) vista: es el proceso perceptivo mediante el cual se captan forma, color, tamaño, distancia y movimiento de los objetos del mundo exterior; c) audición: proceso perceptivo a través del cual se procesan las ondas acústicas provenientes del medio ambiente; d) olfato: proporciona la percepción de los olores; e) gusto: sentido gracias al cual se puede percibir el sabor de las sustancias.

Los sentidos no son precisamente la base del aprendizaje. Es la organización de las percepciones la que fundamenta un nuevo conocimiento. Jean Piaget señala que la idea de que se aprende a través de los sentidos es un mito. Las percepciones a veces ocultan las relaciones que se descubren sólo al interactuar con la realidad; por ejemplo, el niño ve que el Sol se mueve y que la Tierra está quieta y tiene que aprender lo opuesto.

¿Es cierto que, en buena medida, el aprendizaje es automático?

Se considera que, en gran parte, el aprendizaje es automático debido a que se realiza de manera constante a partir de la interacción del individuo consigo mismo y con su entorno, por lo que es natural concluir que el aprendizaje se lleva a cabo a través de la organización de las percepciones sensoriales.

Además, la mayoría del aprendizaje se obtiene a partir del procesamiento de información. Esto puede resultar confuso para algunas personas, debido a la idea generalizada de que el aprendizaje se limita a procesos de enseñanza, pero esto se debe fundamentalmente a la actividad del aprendiz; en caso de que esto fuera así, el infante, que todavía no ha desarrollado su funcionamiento cognitivo, no tendría ninguna posibilidad de aprender, y no sería posible el desarrollo de su sistema nervioso y de las peculiares facultades humanas.

¿Es cierto que las mujeres aprenden en forma diferente que los hombres?

La historia de las comparaciones entre las características, cualidades, defectos, similitudes y diferencias de ambos sexos resulta muy extensa; además, en la mayoría de las ocasiones es poco objetiva e infundada, y logra confundir y perpetuar cierta rivalidad y competencia entre los sexos, generando códigos diferentes de comportamiento y de educación.

Como resultado de diversas investigaciones, se ha encontrado que predominan más las similitudes que las diferencias entre los dos sexos. Se ha comprobado que, en un sentido amplio y genérico, los mecanismos de aprendizaje en el ser humano son básicamente los mismos tanto para los hombres como para las mujeres.

Es posible que las diferencias entre uno y otro sexo en la forma de aprender estén mucho más determinadas por factores culturales que por diferencias estructurales o funcionales. Considerando que existen algunas habilidades, destrezas o aptitudes específicas que están más desarrolladas en un sexo que en otro, es posible que los métodos educativos tiendan a enfocar de manera diferente las técnicas de aprendizaje en cada uno de los sexos.

¿Puede una persona aprender todo lo que se proponga?

De manera general, se puede afirmar que, efectivamente, en condiciones normales la capacidad de aprender del ser humano es potencialmente muy vasta. Sin embargo, muchas veces se necesita seguir secuencias de aprendizajes previos, que, desde luego, es muy probable que requieran ejercitación o práctica.

Un ejemplo que ilustra lo anterior es el querer aprender a correr; para lograrlo, es necesaria la presencia de condiciones previas, como la madurez física, el óptimo funcionamiento de todas las estructuras que intervienen en el proceso de la marcha y haber aprendido con anterioridad a sostenerse en pie y a caminar; lo mismo pasa casi con cualquier tipo de aprendizaje, si se desarrolla en condiciones normales.

El cerebro requiere estimulación adecuada, constante y repetida para crear unidades funcionales nuevas que le permitan acrecentar sus potencialidades.

¿En realidad cada niño tiene su propio ritmo de aprendizaje?

Sí, éste es un hecho muy conocido por la gran mayoría de los profesionales cuya labor se asocia de una forma u otra con los niños. Sin embargo, es fundamental que los padres lo sepan, que reconozcan el ritmo de aprendizaje de su hijo y lo acepten; sólo cuando lo hayan hecho podrán brindarle una estimulación adecuada al niño que le permita desarrollar sus potencialidades de aprendizaje, ya sean éstas de tipo intelectual o de cualquier otra índole.

Con la intención de brindarles las mejores oportunidades de desarrollo y bienestar, es frecuente encontrar a muchos padres ansiosos de que sus hijos aprendan tal o cual cosa, y que incluso inscriben a sus hijos en cursos que en ocasiones ni siquiera son del interés de los pequeños. Sin embargo, si el niño da algunas señales de no compartir las inquietudes de sus padres y su conducta habitual se ve alterada de alguna forma, es importante que los padres traten de entender que tal vez el aprendizaje de esa destreza o habilidad no sea lo más recomendable para su hijo en particular, y actúen al respecto.

Si los padres insistieran en sobreestimular a su hijo, el desarrollo y el desempeño normales podrían verse afectados por posibles problemas de índole emocional. Es recomendable que, en casos como éste, los padres traten de discutir la situación con su hijo.

¿La hipnosis puede ser un método de aprendizaje?

En un sentido estricto, la hipnosis no puede considerarse como un método de aprendizaje. Se trata de un estado mental que se caracteriza por una situación especial de la conciencia, a la cual se llega por medio de la inducción del hipnotizador, quien utiliza para ello técnicas especiales o medicamentos.

En el estado de hipnosis, el sueño es incompleto y sólo se tiene conciencia de las percepciones que están en relación con el hipnotizador; por ello, el individuo se encuentra en una situación de gran receptividad y sugestibilidad. A pesar de que en cierta medida la hipnosis a través de la

---

SÍ A LAS CLASES EXTRAESCOLARES, PERO CON MEDIDA

Muchos padres tienden a añadir a la jornada escolar de sus hijos una o dos horas diarias de actividades complementarias, creyendo que son imprescindibles (como los cursos de inglés) o que a los pequeños les gustan (como el ballet o el karate). Sin embargo, aunque sea con la mejor intención, deben pensarlo bien antes de inscribirlos, ya que la jornada escolar de por sí tiende a ser muy larga y pone a prueba durante horas las capacidades sociales e intelectuales de los hijos; si además se agregan cursos adicionales que los presionan y les quiten tiempo de descanso y recreo, su vida puede ser muy dura.

Cuando un padre esté pensando en añadir clases o cursos a los que su hijo toma en su educación escolar formal, es conveniente que tome en cuenta algunas recomendaciones básicas:

- Los niños necesitan tiempo para jugar, para estar con sus amigos y para descansar.
- Los menores deben tomar cursos extraescolares siempre y cuando les gusten, tengan una duración razonable y les dejen tiempo libre.
- Cuando el niño solicite alguna actividad en particular, es conveniente que se le oriente al respecto, aclarándole de cuáles opciones dispone y lo que cada una de ellas representa —tendrá menos tiempo para jugar, conocerá nuevos amigos, se perderá su programa de televisión favorito, etc.—; lo anterior debe hacerse sin manipular la situación para favorecer las decisiones paternas.
- Compartir el juego con los hijos y escucharlos puede ser la actividad extraescolar más valiosa para ellos.

sugestión podría parecer capaz de propiciar cierto aprendizaje, esta técnica tiene un uso terapéutico restringido, a veces meramente exploratorio, y casi siempre se utiliza en combinación con otras técnicas.

La hipnosis puede ayudar a controlar algunos hábitos, como el de fumar y el de comer en exceso, y constituye un método de relajación profunda que reduce el estrés y la ansiedad; asimismo, puede complementar otras formas de terapia.

¿La relación con los padres es importante para el aprendizaje?

La relación con los padres tiene una gran importancia en el aprendizaje y en el desarrollo de los niños; se aprecia de manera particular en los bebés: si cuando sonríen o vocalizan la madre los recompensa de alguna forma, como levantándolos de la cuna, abrazándolos o acariciándolos, el niño dará este tipo de respuesta con mayor frecuencia.

La participación de los padres es indispensable para satisfacer las necesidades de los niños y éstos la asocian con sentimientos de agrado; el niño aprende a desear la presencia y las atenciones de los adultos que son especiales para él, lo que más adelante se convierte en un motivo general de aprobación y afecto por parte de los adultos.

Desafortunadamente, los niños pequeños aprenden también motivos, sentimientos y emociones que pueden ser nocivos para su desarrollo personal y que pueden bloquear algunos esfuerzos futuros para lograr objetivos; por ejemplo, si los gestos cordiales que el pequeño expresa frente a las personas cercanas a él, particularmente sus padres, frecuentemente chocan con el rechazo, el niño puede llegar a apartarse de las interacciones sociales y quizá más tarde le resulte difícil establecer relaciones sociales satisfactorias.

Un sinnúmero de actividades humanas, en especial las respuestas complejas, se adquieren al observar el comportamiento de otras personas y al imitarlo. Por ejemplo, el niño aprende a ayudar a los demás y a compartir con ellos a través de la observación de los adultos que están a su alrededor y que le funcionan como modelo.

Cierto estudio realizado por una fundación científica estadounidense confirmó el gran impacto que el estímulo paterno tiene sobre los hijos, sin el cual los niños parecen tener dificultades para entender el propósito de los estudios y pueden sentir que la escuela se les dificulta mucho. Los padres que no muestran ningún interés por sus hijos y por sus logros, educan niños que frecuentemente no alcanzan el éxito y que a la larga pueden renunciar al estudio con mucha facilidad.

La identificación con la madre y el padre, o bien con las figuras paterna o materna sustitutas, juega un papel decisivo en el adecuado desarrollo físico, intelectual y emocional del niño.

¿La repetición verbal es un recurso efectivo para aprender?

La repetición es equivalente a la práctica, y es fundamental para que se efectúe el aprendizaje.

En ocasiones, el término aprender es utilizado como sinónimo de memorizar o de almacenar información o conocimientos, especialmente en el ámbito escolar. La memoria implica el procesamiento, el almacenamiento y la recuperación de información. El lenguaje puede ser de gran ayuda en todas estas actividades, ya que el repaso verbal es una manera efectiva y sumamente empleada para incrementar la memoria; por otra parte, es una estrategia que los niños pueden aprender fácilmente, pues además de activar los procesos cognitivos, se echa a andar la memoria auditiva, lo que contribuye a aumentar las posibilidades de aprendizaje.

Si bien el lenguaje en general y la repetición verbal facilitan la memoria, el pensamiento, la reflexión y la solución de la mayoría de los problemas, el lenguaje no resulta necesario para el desempeño de estas funciones cognoscitivas.

Para algunos niños que tienen problemas de lenguaje, otros mediadores, como las imágenes, las representaciones pictóricas o los símbolos no verbales, pueden suplir la función que cumplen las palabras en los niños que pueden hablar sin problema. Generalmente, los niños sordos muestran problemas de lenguaje; sin embargo, ejecutan un sinnúmero de tareas cognitivas y resuelven problemas igual que los niños que tienen una audición normal. Es importante señalar que algunos niños sordos pueden recorrer las etapas del desarrollo académico con mayor lentitud.

Se debe enfatizar que, en un sentido estricto, memorizar no significa aprender. Se puede almacenar una información sin que ésta sea entendida o comprendida realmente, lo que hace que el supuesto aprendizaje o la información tienda a olvidarse con mucha frecuencia. Por este motivo, cuando lo que se aprende no es significativo, la repetición verbal no constituye un método real de aprendizaje, sino que se le compara más con la repetición verbal de algunos loros.

¿El tipo de aprendizaje responde al tipo de inteligencia de cada persona?

La inteligencia tiene un papel fundamental en el proceso de aprendizaje; este último es, de algún modo, uno de los productos de las funciones cognitivas del individuo —percibir, recordar, pensar y juzgar— a las que se les denomina "inteligencia formal".

Tales funciones están en buena medida determinadas por variaciones individuales, a las que se les ha denominado "estilos cognitivos", los cuales tienen una clara relación con la función intelectual del individuo. En este sentido, efectivamente, el aprendizaje se efectuará a través del estilo cognitivo de cada individuo, o del grado o nivel de desarrollo de su capacidad intelectual, la cual está determinada por múltiples factores.

¿Cómo aprenden los niños que tienen algún problema neurológico?

La manera en que aprenden los niños que tienen una afección del sistema nervioso depende de los síntomas neurológicos y de la gravedad de los efectos derivados del agente que ocasionó el problema; tiene que ver también con los órganos o la zona del sistema nervioso afectados, así como con la edad del paciente.

Cuando los efectos del problema neurológico se convierten en alteraciones intelectuales —deficiencia mental profunda o ligera—, discapacidades físicas —ceguera, sordera, etc.—, alteraciones psicomotrices —parálisis cerebral—, trastornos del carácter, del comportamiento y emocionales —hiperactividad, inestabilidad—, y el niño por dicha condición se aparta claramente de lo que se estima "normal", el proceso de aprendizaje requiere una adecuación de la enseñanza a la situación individual y específica del niño o, lo que es lo mismo, una educación especial. Este tipo de educación contempla las ventajas de que la persona reciba un apoyo profesional especializado y personalizado, con una metodología y unos materiales particulares en función de las deficiencias y posibilidades educativas que presente.

Existe una tendencia generalizada a asociar los problemas neurológicos casi exclusivamente con trastornos o deficiencias mentales que claramente son un obstáculo para el desempeño intelectual. Debido a esto, puede suceder que un fracaso escolar, por ejemplo, sea atribuido a un trastorno neurológico y que por ello la forma en que se le atienda no sea la adecuada y el aprendizaje en tal individuo no demuestre una evolución favorable.

En algunas ocasiones, ciertos trastornos del carácter de un niño —como la inestabilidad, la hiperactividad, la agresividad y la falta de iniciativa o de responsabilidad en los comienzos de la edad escolar— pueden revelar una lesión neurológica sufrida con anterioridad o en evolución, que no se haya diagnosticado previamente. Por este motivo, es conveniente que cuando se presenten problemas o dificultades de aprendizaje persistentes cuyo origen no sea evidente, o cuando hayan fracasado las alternativas de solución, se descarte la existencia de un problema neurológico mediante una exploración profesional. Los maestros, psicólogos, pedagogos, pediatras, neurólogos y otros profesionales pueden orientar a los padres al respecto y referirlos a la instancia profesional adecuada.

De la misma forma, es importante insistir a los padres de un niño con impedimentos importantes para el aprendizaje, que es indispensable que el pequeño sea evaluado y diagnosticado adecuada y oportunamente, de modo que pueda dársele el manejo y el tratamiento necesarios en función de sus características individuales, a fin de que pueda desarrollar sus aptitudes potenciales. Con ello, se le ayuda a adaptarse mejor a su entorno al procurar un óptimo desarrollo integral, incluido, desde luego, el bienestar emocional tanto de él como de su núcleo familiar.

Afortunadamente, la pedagogía moderna cuenta con programas de estudio encaminados a tratar de subsanar las dificultades de aprendizaje de los niños que padecen algún problema neurológico.

En su afán por querer aprovechar el tiempo, el ser humano ha ideado cursos de idiomas y de otras materias destinados al aprendizaje durante el sueño; sin embargo, no existen hasta el momento bases científicas que comprueben que es posible dicha forma de aprendizaje.

¿Es posible aprender mientras se está durmiendo?

Hasta la fecha, todavía no existe ninguna evidencia que demuestre la posibilidad de desarrollar procesos de aprendizaje mientras se duerme.

El sueño, o acto de dormir, es un estado fisiológico de relativa inconsciencia e inacción de los músculos voluntarios; es un periodo de regeneración y descanso de los centros nerviosos y del tejido muscular.

El estado de sueño se relaciona con patrones encefalográficos característicos, entre los que se han definido dos tipos de actividad cerebral. En promedio, durante el 80% del tiempo en el que un adulto duerme, aparecen ondas electroencefalográficas de gran amplitud y lentitud, al parecer ocasionadas por la inhibición de la actividad de la corteza cerebral. El segmento restante del estado de sueño se caracteriza por un patrón encefalográfico de bajo voltaje y de mayor velocidad en la actividad, acompañado por movimientos oculares rápidos. Se piensa que en este periodo se altera la *función subcortical* y se le denomina "dormir asociado con sueños", o fase MOR (Movimientos Oculares Rápidos).

A lo largo de la historia, han existido diversas teorías acerca de la función de los sueños o de las imágenes mentales que se experimentan durante la fase MOR. Freud y sus seguidores pensaron que dicha función consistía en disminuir la angustia del individuo o hacérsela más tolerable.

Aunque existen diversas anécdotas de reconocidos artistas o de científicos, por ejemplo, las que sugieren que durante el sueño se conciben grandes ideas y soluciones, aún no se ha podido comprobar su veracidad mediante ningún método científico.

En concreto, la actividad mental y el resultado de ésta mientras se duerme continúa siendo un enigma. A pesar de que la idea de que se puede aprender mientras se duerme resulta atractiva, algunos la han considerado como una insensatez, y hoy en día solamente parece ser una utopía del estudiante al que el sueño rinde sobre los textos de estudio.

¿Qué quiere decir "aprender a aprender"?

De manera general, los procesos cognitivos se dividen en dos: "cognición no dirigida", la cual comprende el flujo libre de pensamientos —como la asociación libre, las ensoñaciones y los sueños—, y "cognición dirigida", la cual designa a los procesos cognitivos que se utilizan cuando se trata de resolver un problema —tales como la percepción, la memoria, la generación de hipótesis y la evaluación.

"Aprender a aprender" es un fenómeno propio de la generación de hipótesis, también llamado "disposición para el aprendizaje", el cual constituye una actitud o, como su nombre lo indica, una disposición para prestar atención a los estímulos que tengan relación con la solución de problemas, y para desechar clases incorrectas de hipótesis.

El aprender a aprender combina hacer caso omiso de hipótesis que no sirven y prestar atención a los aspectos nuevos relacionados con el problema por resolver. En cuanto más rápido se eliminen las hipótesis incorrectas, más pronto se resolverá el problema.

¿Es cierto que cuando alguien padece de amnesia no olvida ciertos aprendizajes, como conducir un automóvil o hablar un idioma extranjero?

La presencia o ausencia de cuestiones aprendidas depende del tipo de amnesia que sufra la persona. No hay un síndrome amnésico único; las deficiencias de la memoria se relacionan con la zona donde se ubica el daño cerebral o la causa de éste. La pérdida de la memoria se relaciona con hemorragias, cirugías cerebrales y tumores, encefalitis viral asociada con el herpes simple, traumatismos craneanos, alcoholismo, demencia y una serie de factores psicológicos.

Los investigadores dedicados a este tema han clasificado los trastornos de la memoria de la siguiente manera: amnesia retrógrada —que se relaciona con la memoria de largo plazo, y consiste en la incapacidad de evocar información, la cual había estado almacenada durante mucho tiempo y fue adquirida antes de la enfermedad— y amnesia anterógrada —la cual afecta a la memoria de corto plazo y se caracteriza por una incapacidad para adquirir información nueva.

En observaciones realizadas en pacientes alcohólicos con síndrome de Korsakof los que manifestaban amnesia retrógrada, se encontró que podían recordar información de los primeros decenios de sus vidas; no obstante, no podían evocar información relativa a épocas más recientes de su existencia, aunque no mostraban un deterioro mayor de sus capacidades cognitivas en otros campos, dado que pueden, por ejemplo, aprender habilidades motoras. Por otro lado, la capacidad para evocar sucesos recientes y formar recuerdos nuevos se encuentra deteriorada en una variedad de síndromes cerebrales orgánicos, entre ellos la demencia.

La amnesia global transitoria se define como súbita, general con desvanecimiento moderado de la conciencia, la cual finalmente se recupera. Casi siempre dura más de 24 horas y, al recuperar la memoria, queda una laguna amnésica del periodo de la enfermedad, es decir, no se recuerda que se tuvo amnesia.

La amnesia psicógena está determinada por factores psicológicos. Este trastorno tiene que ver con la pérdida de la identidad personal asociada con la preservación de la información proveniente del ambiente, así como con las habilidades complejas que se han adquirido. Esto último quiere decir que no se olvidan las conductas aprendidas antes de que se manifestara la amnesia. Para conocer la razón de esto, se requiere entender el proceso de la memorización. En este proceso intervienen la percepción, la retención y la recuperación de la información, que pueden verse afectadas por algún factor. Se ha propuesto que la información verbal, que se relaciona entre otras cosas con el conocimiento de un idioma extranjero, se procesa inicialmente por la memoria de corto plazo, y que si no se repite mentalmente, ocurre el desvanecimiento de la memoria; de otro modo, la repetición permite su codificación y su transferencia a la memoria de largo plazo. En el sistema nervioso central ocurren cambios que permiten la consolidación, y éstos son susceptibles a la obstrucción, especialmente después de un traumatismo craneano o a una descarga de electrochoques.

Aún se desconoce el proceso de almacenamiento en la memoria, pero se piensa que intervienen alteraciones neuroquímicas, así como cambios en las vías neurales y en la actividad entre las neuronas. Se ha postulado también que como consecuencia del aprendizaje se desarrollan algunas macromoléculas específicas y definidas que se manifiestan como alteraciones del *ácido desoxiribonucleico* (ADN) o del *ácido ribonucleico* (ARN) neuronal. En experimentos realizados con ratas, pudo observarse un aumento de ARN asociado con cambios en la composición de las neuronas de la corteza de estos animales a raíz de determinados experimentos de aprendizaje.

¿Qué diferencia hay entre aprender y aprehender?

Ambos términos provienen del latín *apprehendere*; la partícula *ap* equivale a la preposición *ad* —"a" en español— y *prehendere* significa asir, agarrar o percibir. Sin embargo, en nuestra lengua los significados de ambos vocablos son diferentes.

Aprehender equivale a coger, asir o prender. En filosofía, es percibir las cosas sin formar un juicio sobre ellas. Aprender es adquirir el conocimiento de una cosa; es el resultado de experiencias que surgen del estudio o de la vida cotidiana. Este conocimiento puede conservarse en la memoria, lo que permite su repetición.

El individuo aprende de su medio y se comunica con él a través de dos mecanismos básicos: la asimilación y la acomodación, mediante los cuales la persona se adapta a su entorno. Lo mismo sucede con la inteligencia, que se modifica gracias a los conocimientos provenientes del ambiente y a la elaboración que la persona hace de ellos. La asimilación consiste en la incorporación de una experiencia nueva a los marcos personales, es decir, a los conocimientos previos; y la acomodación radica en la modificación que hace la persona a partir de los conocimientos que adquiere, conforme experimenta cosas nuevas.

Las formas de asimilar y acomodar la información van cambiando en función de la edad del individuo. Un niño de cinco años no puede entender los refranes, pues no está capacitado para asimilar la información que transmiten y, por ende, no puede acomodarla a su estructura de conocimientos anterior o lo hace de manera incorrecta.

La actividad cognitiva es un proceso constante caracterizado por un equilibrio entre la asimilación y la acomodación, el cual hace que la persona adquiera cada vez más conocimientos. Se puede asimilar de tres maneras: de forma "reproductora", es decir, mediante la simple repetición de una conducta para asegurar su permanencia o fijación; de manera "recognitiva", o sea, discriminando objetos que pertenecen a un esquema particular; y de forma "generalizadora", que es al parecer la ideal, pues al permitir que la persona utilice el mismo conocimiento en diversas circunstancias, hace que ésta amplíe su campo de conocimientos.

Ejemplo de lo anterior es cuando un niño "aprehende" las tablas de multiplicar de memoria. Esto se conoce como asimilación reproductora, es decir, el niño repite la información, pero no capta el sentido del conocimiento. Sin embargo, cuando realiza un segundo paso y se da cuenta de que puede determinar fácilmente que tiene 63 caramelos si multiplica la cantidad de dulces que contiene cierto número de frascos por la cantidad de éstos —7 caramelos por 9 frascos—, se puede decir que aprende. El ñino da muestras de una asimilación generalizadora y de una acomodación de las acciones aprendidas, ya que además de usar el conocimiento lo aplica a otras cuestiones al margen de las de caracter meramente escolar. El aprendizaje de la multiplicación depende también de la edad del infante y de la motivación que éste presente.

APRENDER: UNA TAREA DEL DESARROLLO

¿Qué se entiende por desarrollo integral?

El término "desarrollo integral" implica la noción de que en la formación de los seres humanos intervienen diferentes aspectos que se se relacionan estrechamente entre sí y que son indivisibles.

Para facilitar el estudio y la comprensión del desarrollo del ser humano, o por algunos intereses particulares de los especialistas, este proceso se divide artificialmente en los elementos que lo conforman, pero la tendencia actual es considerarlo como un proceso global; esto quiere decir que es necesario tomar en cuenta todas las áreas de la personalidad del individuo, desde la biológica hasta la psicológica y, por supuesto, también la social.

En términos generales, el desarrollo es un proceso continuo que se inicia con la concepción y va evolucionando a través de etapas escalonadas, cada una de las cuales implica un grado de organización y maduración más complejo. Se dice que sigue una línea curva espiral y que alcanza paulatinamente estadios superiores. Asimismo, es el resultado de la interacción de muchas variables, tanto biológicas como ambientales. Las primeras comprenden las influencias hereditarias, prenatales, estructurales —del sistema nervioso central—, hormonales y bioquímicas a nivel molecular; las ambientales pueden ser físicas o sociales. La herencia sólo puede manifestarse en un contexto ambiental, que afecta constantemente cada uno de los aspectos del desarrollo.

En diversas investigaciones que apoyan esta perspectiva, se señala que esta visión puede proporcionar a los seres humanos la oportunidad de rescatar aspectos perdidos o descuidados de su naturaleza. Este punto de vista hace recordar que el ser

El desarrollo de las habilidades de un niño debe realizarse de una manera realmente integral, sin descuidar ninguno de sus aspectos.

humano debe cubrir necesidades que están relacionadas con todos los ámbitos de la personalidad. Por ejemplo, aunque la necesidad de progreso y de conquista es y siemore ha sido importante para el ser humano, también lo es el proteger la naturaleza para conservar la salud de todos los seres vivientes que pueblan el planeta. Por otro lado, existe la falsa creencia, cada vez más superada, de que para sacar adelante a los hijos basta con cubrir sus necesidades físicas: proporcionarles alimentación, vestido y techo. Según este punto de vista, el afecto y la necesidad de vivir en un ambiente que promueva el desarrollo resultan ser cuesiones secundarias. Sin embargo, ahora se sabe que son igualmente indispensables.

Por otra parte, conforme al enfoque que se preconiza, el desarrollo del ser humano no concluye en ninguna de las etapas de la vida. Las fases de este proceso implican evolución y ascenso, a diferentes ritmos y en respuesta a diferentes necesidades. Se trata de un desarrollo constante, desde la concepción hasta la muerte, en el que cada una de las etapas es importante. Esto ha dado origen a diversos estudios que versan sobre etapas de la vida del ser humano que antes estaban prácticamente relegadas, por lo que ahora se cuenta con mayores fuentes de conocimiento al respecto.

Con el término "etapa" se alude a un patrón particular de habilidades, de motivos o de comportamientos. Es un conjunto de cambios cualitativos y cuantitativos que obedecen a cierta secuencia y que, según se ha observado, suelen presentarse en determinados momentos de la vida en la mayoría de los seres humanos. Generalmente existe cierta correspondencia entre las etapas y las edades cronológicas o los niveles de funcionamiento; sin embargo, también se observa cierta flexibilidad que da cuenta de la gran diversidad de ritmos de desarrollo.

Es importante agregar que las divisiones que se asignan al desarrollo en las tablas de metas generales tienen la finalidad de facilitar el uso práctico de éstas. En ellas se ofrecen descripciones generales de las fases principales de la vida en diversos dominios, por ejemplo, la cognición o área intelectual, la sexualidad, el movimiento o actividad motora, la socialización y el juicio moral. No obstante, hay que recordar que estas divisiones deben suscribirse al enfoque de "desarrollo integral" que se ha tratado.

¿Por qué es necesario conocer lo que se supone deben aprender los hijos en cada etapa del desarrollo?

Resulta muy útil para los padres estar conscientes de lo que pueden esperar en cada etapa del desarrollo de sus hijos, pues así pueden saber cuál es el mejor momento en que el niño necesita ser apoyado y motivado para alcanzar su meta inmediata.

El desarrollo de los hijos puede medirse mediante la observación de su conducta. Como todos los padres saben, además de crecer y aumentar de peso, los niños van adquiriendo habilidades cada vez más complejas; cada una de ellas constituye lo que se llama una "tarea del desarrollo". Contar con una tabla que muestre las tareas del desarrollo que corresponden a cada edad y cuándo es propicio su aprendizaje resulta una información muy valiosa para padres y madres deseosos de apoyar a sus hijos y de brindarles una estimulación adecuada.

Las edades que aparecen en estas tablas son sólo una guía, por lo que es necesario que los padres no olviden que pueden darse diferencias individuales. Cada hijo reaccionará a su manera ante las experiencias. Con los parámetros apropiados, los padres poseen más elementos para comprender a sus hijos y para saber si lo que les están pidiendo corresponde a su edad. Por otra parte, también se tiene la posibilidad de vigilar el desarrollo del niño a fin de detectar cualquier alteración posible y actuar oportunamente para atenderla. Algunos padres o familiares se muestran impacientes por ver a sus hijos realizar tal o cual actividad. Así como es necesario alentar a los hijos, también es aconsejable dejarlos tranquilos en un momento dado para que aprendan a su propio ritmo; hay que recordar que estimularlos no quiere decir, de ningún modo, forzarlos.

Existen determinados lapsos en los que los niños aprenden una tarea del desarrollo. A estas etapas se les llama periodos "sensibles" o "críticos" y consisten en una sensibilidad especial o una disposición transitoria y limitada que el sujeto tiene para adquirir un aprendizaje en particular. Una vez transcurrido el periodo crítico, el aprendizaje ya no puede darse sin esfuerzo. En estos periodos, todos los sistemas del organismo están listos para usarse y solamente necesitan la estimulación del ambiente para activarse y alcanzar su máxima eficiencia.

Para consultar las edades en relación con el aprendizaje esperado debe tenerse en cuenta que la maduración neurológica y física y, por tanto, la aparición de logros, se dan en forma de secuencias entretejidas unas con otras. Por eso, será necesario vigilar que cada tarea del desarrollo se presente dentro del periodo señalado y siguiendo la secuencia prevista. Con respecto al aprendizaje esperado, en estas tablas se incluyen los objetivos que se consideran esenciales en la evolución del desarrollo.

Es muy importante señalar que las tendencias actuales en la psicología del desarrollo insisten más en la comprensión de los procesos que intervienen en la consolidación de las habilidades cognitivas —los aspectos emocionales y la personalidad, en general—, que en fijar edades para cada uno de los logros del desarrollo.

Para facilitar la observación de la conducta infantil, el desarrollo se ha dividido en las siguientes categorías o áreas: del movimiento, intelectual, del lenguaje, personal y social. Cada una de ellas adquiere una importancia diferente en función de la edad del niño. Es posible que se presente un desarrollo mayor en las habilidades especiales de algún niño, pero será muy importante que los padres vigilen, de manera estrecha y constante, que no existan atrasos en ninguna de ellas.

¿Cómo saber cuándo es oportuno ayudar a un niño y cuándo dejarlo que se las arregle por su cuenta?

Ésta es una de las preguntas más comunes que se hacen los padres. Al nacer, los hijos dependen totalmente de los adultos que los rodean, en especial de los padres, pues el ser humano es uno de los seres más indefensos durante sus primeros meses de vida. Asumir este hecho resulta desconcertante para la mayoría de los padres e implica una gran responsabilidad. Así, estos últimos comienzan a desempeñar el papel de padres teniendo que responder a cualquier necesidad o requerimiento del bebé para

Tratar de sobreproteger a un niño ayudándolo en exceso puede transmitirle el sentimiento de que es incapaz de hacer las cosas por sí mismo.

que logre sobrevivir. Al poco tiempo, la situación va cambiando y tan importante es que se cubran todas las necesidades del recién nacido en su momento como que el niño empiece a lograr algunos objetivos o metas por su cuenta.

Esta situación puede significar un gran dilema para algunos padres, ya que les resulta muy difícil distinguir, por una parte, entre lo que sería continuar brindando la protección y la ayuda necesarias y, por otra, el prestar el apoyo y dar la confianza para que los hijos logren algunas destrezas —y el consecuente desarrollo de ciertas habilidades— por su propio esfuerzo.

Según estudios recientes, la necesidad de protección va evolucionando a niveles diferentes pero continúa a lo largo de la vida. Sin embargo, el comprender esta evolución suele resultar difícil tanto para los padres como para los hijos. El temor que sienten los padres de que les ocurra algo desagradable a sus hijos, o la creencia de que éstos son incapaces y no pueden desenvolverse adecuadamente en ninguna circunstancia, va dando forma a una dinámica muy peculiar que suele conocerse como sobreprotección.

Cuando los niños no han logrado desarrollar sus recursos a causa de la sobreprotección de los padres, aparentemente se comportan sin dificultades en presencia de éstos. Sin embargo, cuando dicha protección excesiva no les ha permitido desarrollar seguridad y confianza en sí mismos, presentan problemas de adaptación cuando ya no cuentan con el apoyo y la ayuda que se les ha brindado. Por otra parte, reciben el mensaje de que no son capaces y que es peligroso estar sin sus padres e intentar valerse por sí mismos.

Toda tarea o actividad en la que el niño pueda participar, por pequeña que ésta sea, aporta sólidos cimientos para el cumplimiento de futuras responsabilidades. Por esta razón, es necesario que los padres observen atentamente a sus hijos y les permitan realizar —o intentar llevar a cabo— actividades propias de su edad, para lo cual a los padres les conviene estar familiarizados con los criterios generales del desarrollo esperado.

Para el niño, el sentimiento de que es capaz de valerse por sí mismo y de que se le ha dado la oportunidad de hacer determinadas actividades —desde intentar comer solo o quitarse una camisa hasta cumplir con las labores de la escuela— lo motiva a seguir intentándolo, ya que se siente seguro al saber que cuenta con el apoyo de sus padres.

Es normal que los niños cometan errores en cada ensayo, como sucede con cualquier destreza o habilidad que se empiece a aprender. La práctica proporcionará a los niños mayor seguridad y confianza para continuar intentado, siempre y cuando reciban abiertamente un apoyo y un reconocimiento por sus esfuerzos y sus logros, ya sea desde los muy pequeños hasta los más grandes.

Se ha observado que cuando los padres poco a poco van logrando dejar que sus hijos intenten aprender nuevas destrezas, estos últimos se desarrollan más adecuadamente y a aquéllos les resulta más fácil y divertido participar en su desarrollo. Además, en estas familias es menos drástica la transición de la infancia a la adolescencia y de esta última a la adultez, etapas en las que los hijos exigen una mayor libertad y manifiestan de forma más clara su deseo de que no se les obstaculice en la puesta en práctica de las diversas habilidades que han logrado desarrollar para ser autosuficientes.

¿Existen maneras de saber si el desarrollo del bebé que aún está en el vientre materno es normal?

En la actualidad, es posible que los futuros padres cuenten con diversas maneras para saber si el desarrollo del bebé antes de nacer es normal.

Aunque el embarazo es un proceso fisiológico que cada día se desliga más de la idea de enfermedad con el que se solía asociar, requiere una vigilancia médica constante para prevenir posibles complicaciones. La visita al médico una vez al mes, desde que se confirma el embarazo, es una manera eficaz de vigilar adecuadamente el desarrollo del bebé.

Además de observar y controlar el estado de salud de la madre —que está estrechamente vinculado con el buen desarrollo del bebé—, el médico verifica el desarrollo del niño o niña que pronto nacerá. Parte de esta labor puede estar a cargo de los propios padres, ya que existen signos que ellos mismos pueden detectar, en colaboración con el ginecólogo, y que constituyen indicadores importantes de la buena o mala marcha del embarazo. Los padres pueden solicitar la asesoría del médico tratante para que les proporcione esta capacitación. Así estarán en posibilidad de detectar, idealmente desde sus primeras etapas, aquellos signos que indiquen alguna posibilidad de alteración, pudiendo aprovecharse al máximo las enormes ventajas que ofrecen los adelantos de la medicina moderna.

Actualmente, los médicos pueden dar seguimiento al estado de salud del bebé con ayuda del ultrasonido durante prácticamente cualquier momento del embarazo. Inclusive se pueden realizar operaciones *in utero*.

El embarazo es un proceso que a algunos padres les provoca mucha preocupación, tensión e incertidumbre, porque para ellos se trata de una situación desconocida o porque carecen de la suficiente información sobre el desarrollo del bebé, o por ambas razones.

Adicionalmente a las visitas periódicas al médico, se recomienda que ambos padres tengan acceso a lecturas especializadas. Existen libros que tocan temas de mucha utilidad, como pueden ser el desarrollo del bebé, el curso normal y anormal del embarazo, los síntomas y las molestias más comunes, la alimentación recomendada para la mujer gestante, las precauciones que deben tenerse, las situaciones en las que es necesario llamar al médico o acudir a un servicio de urgencia y muchos otros temas relacionados con la experiencia de vivir la espera de un hijo. De igual manera, es posible que los padres se incorporen a una agrupación de padres que también aguarden la llegada del nuevo integrante de la familia y que estén orientados por personal capacitado. En estos grupos se habla de las vivencias y las experiencias de los propios padres y de otras personas, y se comentan los conocimientos y los avances más recientes sobre los diferentes temas tratados. Se ha observado que el tener acceso a esta información y a este tipo de experiencias hace que disminuyan de manera considerable los niveles de angustia y de tensión característicos del embarazo.

Incluso los padres, con la asesoría de un ginecólogo, pueden detectar ciertos signos que indican si el embarazo marcha bien o no.

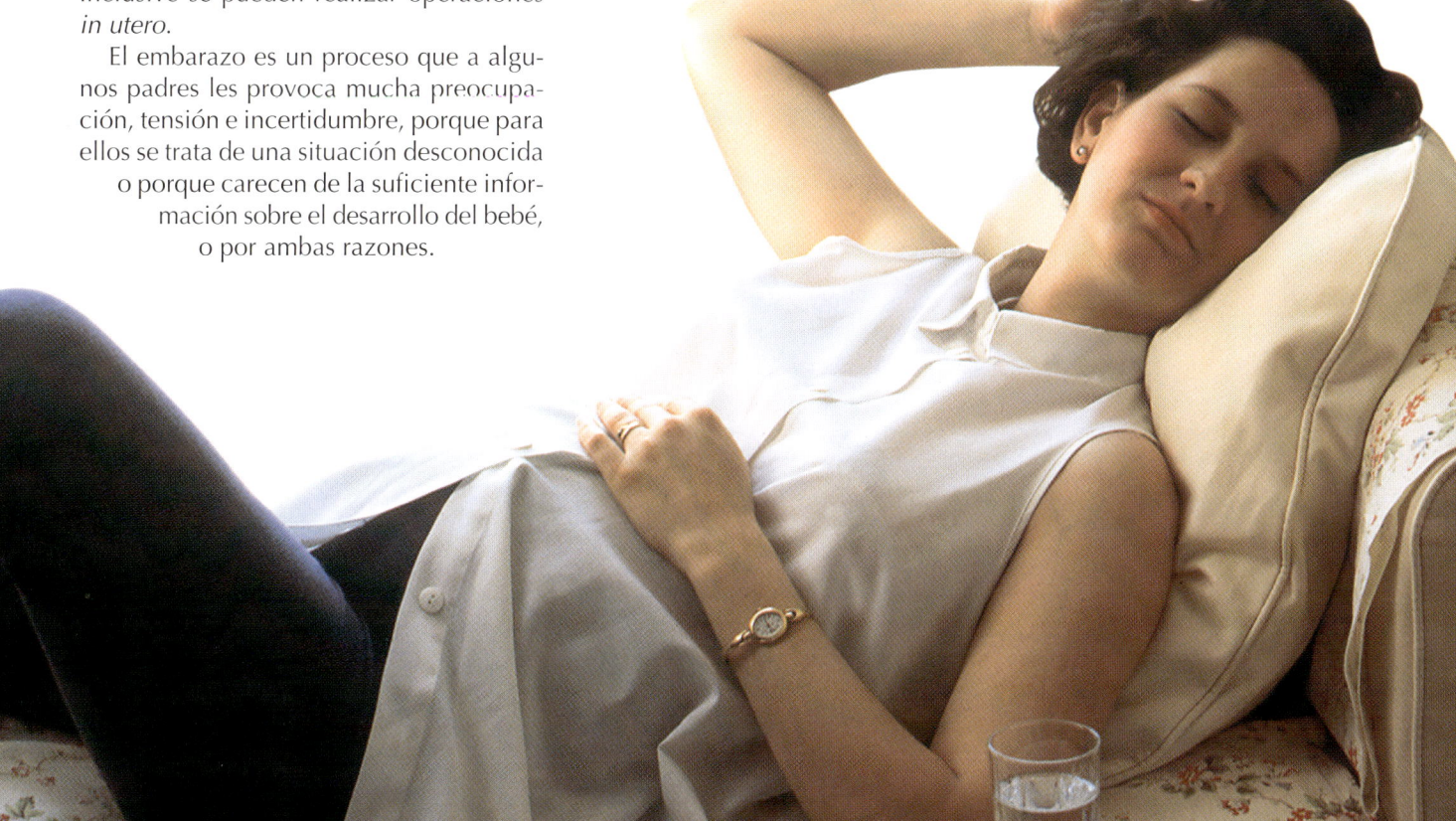

Antes de nacer y el nacimiento

¿Se puede hablar de "inteligencia prenatal"?

Se han llevado a cabo investigaciones científicas que demuestran que el desarrollo cognitivo del infante empieza en el útero. Una conducta se considera inteligente cuando, además de ser adquirida por medio del aprendizaje, tiene el propósito de satisfacer una necesidad y de permitir la adaptación de la persona a su medio. Quizá la primera condición se cumple, dado que el feto es capaz de distinguir entre diversos sonidos, lo que se logra por procesos iniciales de memoria y de aprendizaje.

En la actualidad, se están investigando las respuestas de bebés intrauterinos, pero aún no se cuenta con una teoría estructurada que demuestre si ciertas reacciones del bebé durante su vida prenatal pueden considerarse producto de un aprendizaje adquirido gracias a una conducta inteligente; hay varias hipótesis al respecto.

Las investigaciones se han centrado básicamente en los últimos tres meses de vida intrauterina, pues en este periodo el feto está en contacto con múltiples estímulos auditivos que se filtran a través del líquido amniótico. Se cuenta con indicios de que el bebé puede distinguir entre la música, el lenguaje y otros sonidos, ya que éstos le provocan cambios en los latidos del corazón y en sus respuestas motoras. Se puede, entonces, formular la hipótesis de que el bebé hace un procesamiento activo de estos estímulos, pero se necesitan investigaciones concluyentes.

¿Es cierto que el niño reconoce la voz de la madre durante sus últimos meses de vida intrauterina?

Sí, para la semana número 12 de gestación, el bebé intrauterino está totalmente formado y posee las características estructurales que le permiten funcionar en el nivel fisiológico. En la semana 18 el organismo del bebé tiene la capacidad de ver y oír; de ahí en adelante solamente perfecciona su desarrollo.

El bebé que se encuentra en el útero es capaz de reaccionar ante los estímulos que provienen del exterior; de hecho, a partir de la semana 26 escucha perfectamente diversos tipos de sonidos, desde ruidos fuertes o sonidos musicales hasta una conversación. Cabe mencionar que su reacción es favorable ante los sonidos suaves y le asustan los ruidos muy fuertes.

En una investigación se realizó una prueba para determinar si el bebé puede diferenciar las voces de sus progenitores de las de otras personas. Consistió en reunir alrededor de un recién nacido a un grupo de 30 personas —hombres y mujeres— a quienes se les pidió que hablaran alternativamente, una a la vez. Se observó que cuando el padre o la madre intervenía, el bebé se mostraba atento y daba muestras de buscarlos con la mirada, pese a que los bebés de días de nacidos aún no poseen una visión clara. Como se puede observar, el niño no sólo distingue sonidos en el vientre materno, sino que también puede recordarlos después de nacer, lo cual se debe a que el feto se encuentra expuesto a la voz de la madre —y en muchos casos a la del padre, aunque por menos tiempo— durante los nueve meses que dura la gestación.

En ciertos experimentos se ha descubierto que, a pesar de la diferencia que hay entre los sonidos que el bebé puede escuchar en el útero, dado que éstos son filtrados a través del líquido amniótico, y los que el niño escucha una vez fuera del vientre materno, el bebé puede reconocer la voz de su madre. Debido a esta situación placentera del bebé en el seno materno, se cree que prefiere escuchar la voz de la madre como la percibía en el útero y no como la escucha fuera de él. Para el momento del nacimiento, también puede discriminar entre la voz de la madre y aquéllas provenientes de otras mujeres.

Los pediatras y los obstetras recomiendan que la madre establezca una comunicación verbal y táctil con su hijo antes del nacimiento, que acaricie su vientre mientras le platica, le canta o le lee. De esta manera, estimula al bebé y, al mismo tiempo, fomenta los lazos de unión entre ella y su hijo —esta recomendación se hace extensiva al padre—. Al actuar de este modo, la madre propicia que el bebé se sienta aceptado, deseado y querido, y facilita que, al momento de nacer, el bebé se tranquilice al reconocer la voz materna. Cabe señalar que ésta y el olor peculiar de su mamá son las únicas cosas que le son familiares al bebé en el mundo extrauterino al momento de nacer.

¿Es cierto que los niños recién nacidos dan muestras de inteligencia?

Hasta hace poco, se creía que el bebé neonato solamente podía producir respuestas reflejas, puesto que se consideraba que nacía con una barrera contra los estímulos. Se creía que durante los primeros días el bebé duerme y no responde a estímulos externos, como la luz o el sonido, a menos que éstos sean muy fuertes. Sin embargo, en investigaciones recientes se ha demostrado que el bebé es capaz de manifestar conductas que implican cierto tipo de aprendizaje, es decir, conductas no relacionadas con los reflejos.

Los recién nacidos pueden ser entrenados para que giren la cabeza hacia una recompensa visual cuando se produce un cambio en una serie de fonemas, por ejemplo, ba/ba/ba/ba/ga, por lo que se puede afirmar que demuestran una capacidad para discriminar entre dos fonemas. Se ha encontrado también que, a los cuatro días de nacido, el bebé se apoya en la prosodia materna, es decir, en la entonación, la pronunciación y la acentuación de las palabras, las sílabas y los fonemas, para discriminar entre el idioma de su madre y otros idiomas.

Sin embargo, no puede identificar las grandes diferencias existentes entre el idioma materno y otras lenguas.

Es común pensar que el bebé recién nacido casi no ve nada, pero se ha demostrado que, aunque a cierta distancia lo que ve puede parecer borroso, hay muchas capacidades visuales en juego. Se ha demostrado que éstos son mucho más importantes de lo que se creía.

En el nacimiento, las discriminaciones espaciales finas, que comprenden la forma y la constancia de tamaño, permiten al pequeño estructurar su percepción. Se ha comprobado que a los cuatro días de nacido el niño puede reconocer la cara de su mamá. El bebé puede distinguir características generales, es decir, prestar atención a la línea de separación que hay entre el rostro y el cabello, así como el contorno de la cabeza de su madre. De ahí proviene la inquietud que muestran los bebés cuando la mamá cambia radicalmente de peinado. Al principio, el bebé puede distinguir perfectamente entre estímulos que son rostros

A pesar de que no suele ser un hecho muy evidente, el ser humano da muestras de inteligencia desde sus primeros días de vida.

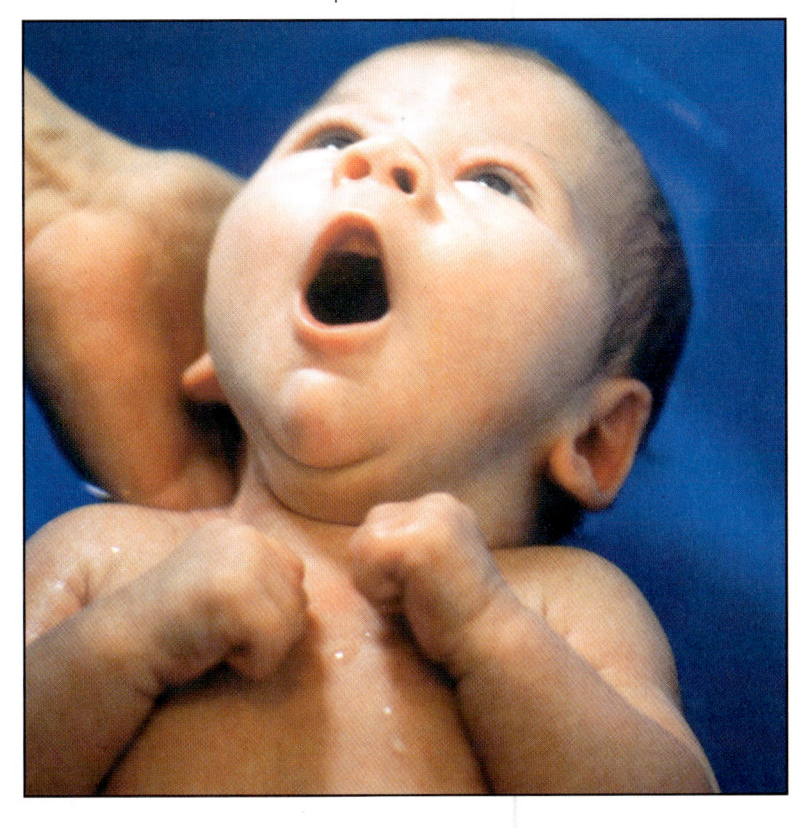

y los que no lo son, pero no puede reconocer caras específicas.

Además de la discriminación visual y la auditiva, el bebé recurre a una forma intermodal de captar información del exterior. Ésta implica varios medios a la vez, como el uso simultáneo de la visión y el movimiento. Lo anterior se confirmó en un experimento en el que se observó que los recién nacidos pueden imitar a un adulto cuando éste saca la lengua repetidamente. Para que esto suceda, el bebé primero debe procesar lo que está viendo en la cara del adulto, después debe trabajar con la parte correspondiente de su propia cara, que no puede ver pero sí sentir, y finalmente debe encontrar el procedimiento adecuado para imitar la acción. Algunos han considerado que esta conducta es un simple reflejo, pero, de ser así, ¿cuál es la razón por la que el niño no responde con una acción distinta a la imitación?

En otros experimentos, los recién nacidos han mostrado capacidades de discriminación; por ejemplo, en los primeros días, los bebés pueden diferenciar perceptualmente entre círculos y cuadrados y entre dos y tres objetos.

Si bien se conocen estas capacidades neonatales, aún falta saber cuáles son los mecanismos que las hacen posibles y cuáles los procesos de aprendizaje que intervienen. Es probable que en el siguiente decenio se den a conocer descubrimientos sobre la relación entre dichas capacidades y el cerebro.

¿Es verdad que los reflejos son la base del futuro desarrollo intelectual?

Los reflejos son respuestas no aprendidas que el bebé presenta inmediatamente después de nacer y que permiten la sobrevivencia del pequeño. El niño que cuenta con el repertorio completo de reflejos podrá tener un desarrollo psicológico y motriz adecuados, lo cual se manifestará en la posibilidad de adquirir las habilidades correspondientes a cada etapa del crecimiento.

Algunas respuestas reflejas se mantienen durante los dos o tres primeros meses de vida y desaparecen entre el tercero y el cuarto. Si éstas persisten entre el cuarto y el quinto mes, se puede sospechar de una posible lesión cerebral. Su permanencia entre el quinto y el sexto mes indica una condición francamente patológica. Por este motivo es indispensable que se le realice una exploración al niño recién nacido y que se lleven a cabo otras en los meses posteriores, con el fin de conocer su situación neurológica y fisiológica. Estos exámenes puede realizarlos un neonatólogo o un pediatra, quienes conocen las técnicas que se usan para obtener los reflejos y son los profesionales más indicados para detectar alguna lesión específica en el niño.

Los reflejos más conocidos en el bebé son los siguientes:
- Reflejo de búsqueda, también conocido como hociqueo
- Reflejo de succión
- Reflejo de prensión
- Reflejo de tracción
- Reflejo de la marcha
- Reflejo de Moro
- Reflejo tónico del cuello
- Reflejo del tronco
- Reflejo de extensión cruzada

El reflejo de búsqueda o del hociqueo se explora golpeando suavemente la nariz del bebé, quien inmediatamente desviará los labios, y en ocasiones la cabeza, hacia donde recibe el estímulo. Se presenta desde la semana 32 de gestación y a los dos primeros días de nacido, momento en el que puede ser débil. El reflejo es más fuerte cuando el niño está despierto y con hambre que cuando está satisfecho.

Para detectar el reflejo de succión, el explorador introduce un dedo en la boca del bebé; éste responde colocando su lengua por debajo del dedo y haciendo presión contra el paladar. Su aparición y su intensidad son iguales a las del reflejo de búsqueda en los primeros días.

El reflejo de prensión se explora pasando el dedo índice por la palma o la planta del bebé, quien deberá flexionar inmediatamente los dedos. Está presente desde la semana 28 de gestación; en ocasiones se muestra poco vigoroso en el primero y segundo días y comienza a desaparecer en el segundo mes.

El reflejo de tracción se presenta cuando se toma al niño por las manos y con cuidado se le va incorporando paulatinamente hasta que queda sentado con la cabeza erguida; el reflejo consiste en la resistencia del niño a incorporarse.

La respuesta refleja de la marcha consiste en que el bebé dé unos cuantos pasos automáticamente, a la vez que se inclina hacia adelante mientras se le sostiene con mucho cuidado de las axilas.

El reflejo de Moro se presenta cuando el niño extiende bruscamente ambos brazos, a la vez que abre las manos y posteriormente flexiona los brazos. A los 10 meses el bebé está completamente maduro para presentar la respuesta completa. En niños que padecen traumatismos o *hidrocefalia*, entre otras afecciones, el explorador emplea otras técnicas para obtener el reflejo.

El reflejo tónico del cuello se obtiene cuando el bebé extiende el brazo del lado hacia el que se le gira la cabeza, mientras que el otro brazo se flexiona. Esta respuesta refleja suele aparecer hasta después del primer mes de vida y desaparece a los cuatro o cinco meses.

El reflejo de incurvación del tronco es una reacción que el lactante presenta cuando se le roza la espalda a lo largo de la columna vertebral; el niño muestra un incurvamiento del tronco lateral junto con la cabeza hacia el lado estimulado. Este reflejo se presenta normalmente hasta el quinto o sexto días.

Por último, la forma de obtener el reflejo de extensión cruzada es acostando al lactante y extendiéndole una pierna mediante una presión en la rodilla, hecho lo cual se le estimula la planta del pie con una uña; la reacción que se obtiene es la flexión y el estiramiento de la pierna no estimulada al tiempo que la separa del cuerpo; en ocasiones también se observan movimientos de dedos. La presencia completa de este reflejo se da entre los ocho y los nueve meses de gestación y generalmente desaparece a los dos meses de vida.

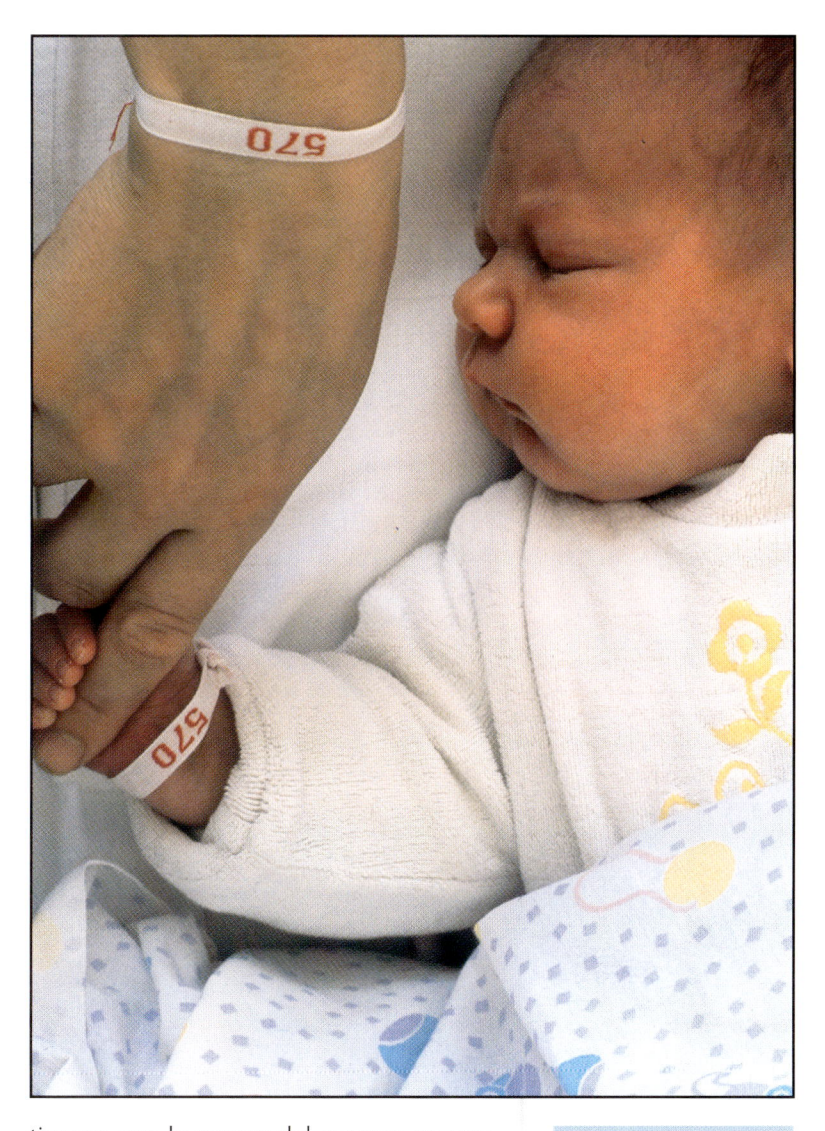

¿Es posible establecer algún tipo de comunicación con el feto?

La comunicación que se establece con el bebé intrauterino se da a través del afecto. El bebé lo siente cuando se le habla específicamente a él, cuando se le acaricia

Comprobar la presencia de reflejos en el recién nacido es un factor de vital importancia para asegurarse de que el neonato goza de buena salud, y de que podrá desarrollarse adecuadamente en el futuro.

> *Actualmente se sabe que el feto es capaz de percibir numerosos estímulos que provienen del exterior, así como aquellos que su madre le transmite, como por ejemplo, el estado emocional de ésta.*

indirectamente a través de la piel del abdomen, cuando la madre evita los sonidos fuertes. Así, se le comunica que es querido y deseado y, por lo mismo, que es bienvenido al seno familiar.

La comunicación que se da entre el ambiente intrauterino y el externo es una preparación del niño para enfrentarse al mundo exterior. Ésta es posible debido a que el feto tiene los sentidos muy desarrollados y es capaz de captar los estados emocionales de la madre. Alrededor del quinto mes de gestación, el cerebro y el sistema nervioso del bebé están muy receptivos a las impresiones de la madre, así como a los estímulos provenientes de fuera del útero. Se han hecho investigaciones que han llegado a la conclusión de que el bebé presenta desde algunos meses antes de nacer cierta capacidad de aprendizaje y de memoria. El desarrollo de esta capacidad se debe principalmente a los estímulos procedentes de la madre.

Es probable que la forma de comunicación más importante entre la madre y el feto sea la hormonal. El bebé recibe las descargas hormonales de su mamá a través de la placenta. Por ejemplo, si la madre se ve enfrentada a alguna situación que le produzca estrés, aumenta su nivel de adrenalina y esto se transmite químicamente al bebé.

Asimismo, se ha encontrado que el bebé puede aprender a percibir el estado emocional de la madre. En unos experimentos realizados en Australia con bebés intrauterinos, se encontró que éstos participaban del malestar emocional sentido por sus madres mientras veían un segmento perturbador de una película durante 20 minutos. Cuando a estos niños se les expuso brevemente a esta misma película después de tres meses de nacidos, mostraron que reconocían la experiencia anterior.

En otros estudios realizados con mujeres que habían sufrido diversos grados de depresión durante el embarazo, se encontró que, al nacer, los bebés también la manifestaban, y en la misma proporción que sus madres.

Una comunicación que los padres pueden establecer con el feto es el juego de las "pataditas". Los padres pueden enseñar a sus a bebés a jugarlo; cuando el bebé patea, los padres tocan el abdomen y dicen "una patadita, bebé"; posteriormente le hacen la invitación otra vez y el bebé complace a sus padres.

También se han hecho experimentos con bebés intrauterinos a quienes se les ha expuesto a pasajes musicales en forma repetida a intervalos regulares. Se ha encontrado que inmediatamente después del nacimiento estos niños identifican y dan muestras de agrado al oír esta música.

El bebé se comunica básicamente por medio de gestos y de lenguaje corporal, los cuales pueden ser captados mediante exámenes de ultrasonido o bien por la madre. El bebé muestra placer o molestia cuando responde con cambios abruptos en el comportamiento a ciertos sabores e incluso olores; reacciona a una luz, un sonido, una presión o un dolor muy fuertes con gestos de escape o defensa; reacciona a la música pateando fuertemente o calmándose para escucharla o para descansar.

En investigaciones llevadas a cabo entre las 16 y 20 semanas de gestación mientras se practicaba la *prueba de amiocentesis*, los bebés realizaron movimientos de protección para tratar de evitar la aguja, presentaron fluctuaciones extremas de la presión cardiaca y dejaron de tener una actividad motriz normal durante horas e, incluso, durante días.

Se ha encontrado también que los bebés muestran fluctuaciones cardiacas acompañadas de un incremento del movimiento fetal, cuando los padres tienen relaciones sexuales durante el tercer trimestre de gestación. Esto se debe a que la actividad cardiaca del feto está relacionada directamente con los orgasmos del padre y de la madre.

¿Es posible estimular la inteligencia del bebé en gestación?

Hasta hace unos decenios, los fisiólogos consideraban que el bebé intrauterino se encontraba en un medio carente de sensaciones. Después, se consideró que los estímulos que captaba el bebé no eran importantes para el desarrollo del cerebro, pero en la actualidad se ha demostrado que el bebé intrauterino es capaz de aprender, ya que puede, cuando menos, reconocer la voz de su mamá y diferenciar sonidos.

Según algunos informes, se ha encontrado que la personalidad futura del niño tiene relación con la tranquilidad o la inquietud que haya mostrado durante la etapa fetal, ya que existen ciertas pautas que permiten inferir que los fetos que se muestran muy activos serán niños ansiosos.

Los movimientos que realice la madre son importantes para el futuro desarrollo del bebé. Aquellos que no reciben esta clase de estimulación, por ejemplo, los hijos de mujeres con embarazos de alto riesgo que tienen que permanecer en cama, parecen presentar retraso en su desarrollo sensoriomotriz posterior.

A los seis meses de gestación, aproximadamente, el bebé es capaz de poner atención y de discriminar lo nuevo de lo viejo. Cuando una persona emite sílabas en voz alta cerca del abdomen de una mujer embarazada, el ritmo cardiaco del feto disminuye, lo cual es señal de que está atento. Cuando se "aburre" con los mismos sonidos, aumenta su frecuencia cardiaca, pero ésta vuelve a disminuir cuando se emiten sonidos nuevos.

En diversas investigaciones se ha encontrado que los sonidos tienen un efecto sorprendente en la frecuencia cardiaca del feto. Estímulos que duran cinco segundos pueden causar cambios en la frecuencia cardiaca y en el movimiento que pueden prolongarse hasta una hora. Algunos sonidos musicales pueden producir cambios en el metabolismo. Esto ha sido corroborado en bebés prematuros que son expuestos a la pieza musical conocida como *Lullabye* de Braham, seis veces al día durante cinco minutos cada vez. Estos bebés ganaron peso más rápidamente que aquellos que fueron expuestos a los sonidos de voces en las mismas condiciones y durante los mismos horarios.

La audición es, pues, con mucho, el canal de información más importante del feto a partir de, aproximadamente 24 semanas antes de nacer, dado que desde la semana 16 es capaz de percibir sonidos por medio de las vibraciones, de los receptores térmicos y del dolor de la piel y la estructura ósea, puesto que su oído está estructuralmente completo aproximadamente a las 24 semanas de gestación.

En la actualidad existen centros especializados en la estimulación de la inteligencia *in utero*. Ejemplo de ellos son los que sostienen que la inteligencia del niño será mayor si desde la gestación se promueve que el cerebro del bebé realice la mayor cantidad de conexiones neurales —o *sinapsis*— posibles, con el fin de que más adelante pueda disponer de ellas, en lugar de que se desperdicien las neuronas y acaben perdiéndose. La estimulación que proponen es auditiva, pues consideran que la música clásica, como la de Mozart o la de Haydn, hace posible la ramificación de conexiones neurales, lo que permite que el bebé se desarrolle con la inteligencia y la seguridad necesarias para relacionarse de manera adecuada con el mundo extrauterino. Por medio de la música, también se estimula la inteligencia emocional, puesto que permite la expresión de afectos.

Los descubrimientos del aprendizaje prenatal son explotados por empresas que venden programas para dar estimulación al feto. Sin embargo, los investigadores se muestran escépticos al respecto, pues, pese a los informes de algunos padres que afirman, por ejemplo, que su hijo de un año toca el piano o que un chico de 14 años alcanzó un cociente intelectual (CI) muy alto, estos casos se consideran descubrimientos seleccionados sin garantía científica, provenientes de teorías del desarrollo humano erróneamente concebidas, de una lógica defectuosa y de una determinada dosis de presunción.

Los dos primeros años (0-2)

¿Cuáles son los logros más importantes que un niño debe alcanzar durante sus dos primeros años de vida?

El desarrollo que se lleva a cabo durante la gestación y en los primeros años de vida tiene un ritmo muy acelerado, ya que durante dicho lapso se presenta una gran cantidad de cambios, tanto cualitativos como cuantitativos. Este proceso sigue un acelerado ritmo durante el primer año y continúa de forma más lenta en el segundo, decreciendo en intensidad en los años siguientes.

Durante el momento del nacimiento y después de éste, el bebé comienza a percibir todo lo que le rodea de diferente manera. Actualmente, se sabe que los recién nacidos son individuos activos, capaces de percibir, de aprender y de organizar información.

Durante los primeros meses de vida, el bebé no tiene la capacidad de moverse de forma independiente; por ello, aunque está listo para explorar su ambiente, depende en gran parte de sus padres o de quienes lo cuidan. En esta etapa, el bebé desarrolla sus sentidos, por lo que es importante que se le proporcionen los elementos necesarios para lograrlo.

El desarrollo de una comunicación activa con su entorno también es una tarea propia de esta edad; por este motivo, los padres deben propiciar un ambiente que responda adecuadamente a las manifestaciones del bebé, ya que de esta manera el pequeño puede descubrir que su conducta afecta a su entorno.

Progresivamente, el niño tiene que lograr aumentar su actividad física, pues cada movimiento nuevo implica un progreso en su coordinación. El control sobre los movimientos de su cabeza es el primer objetivo por alcanzar. Paulatinamente, conseguirá coordinar todos los movimientos necesarios para: rodar sobre su propio cuerpo, pasando de boca arriba a boca abajo y viceversa; mover los brazos y las manos para sentarse; gatear y dar sus primeros pasos. Estos logros son de gran importancia para el bebé, pues le permiten trasladarse, explorar y descubrir todo lo que le rodea.

De forma simultánea, el niño empezará a comprender el lenguaje y a comunicarse más eficazmente, utilizando gestos y señas, lo que facilitará su interacción con las demás personas. Además, comenzará a disfrutar el hecho de poder realizar actividades de autocuidado y de ser cada día menos dependiente de sus padres; asimismo, aprenderá a comer solo, a controlar sus esfínteres y a aceptar, poco a poco, la ausencia de sus padres durante periodos cada vez más prolongados.

Mediante todos estos logros, al niño le es posible adaptarse con mayor facilidad a situaciones nuevas y es capaz de empezar a reconocer la mejor manera de reaccionar en diferentes circunstancias y ante diversas personas. Durante esta etapa, el bebé comienza a expresar sus emociones de forma

Desarrollo motriz de un niño entre los 0 a los 18 meses de edad

Durante los primeros meses de vida, el desarrollo motriz del niño se manifiesta de una manera muy veloz. Posteriormente, como se desarrolla también la motricidad fina, los avances en la motricidad gruesa parecen ser menos evidentes.

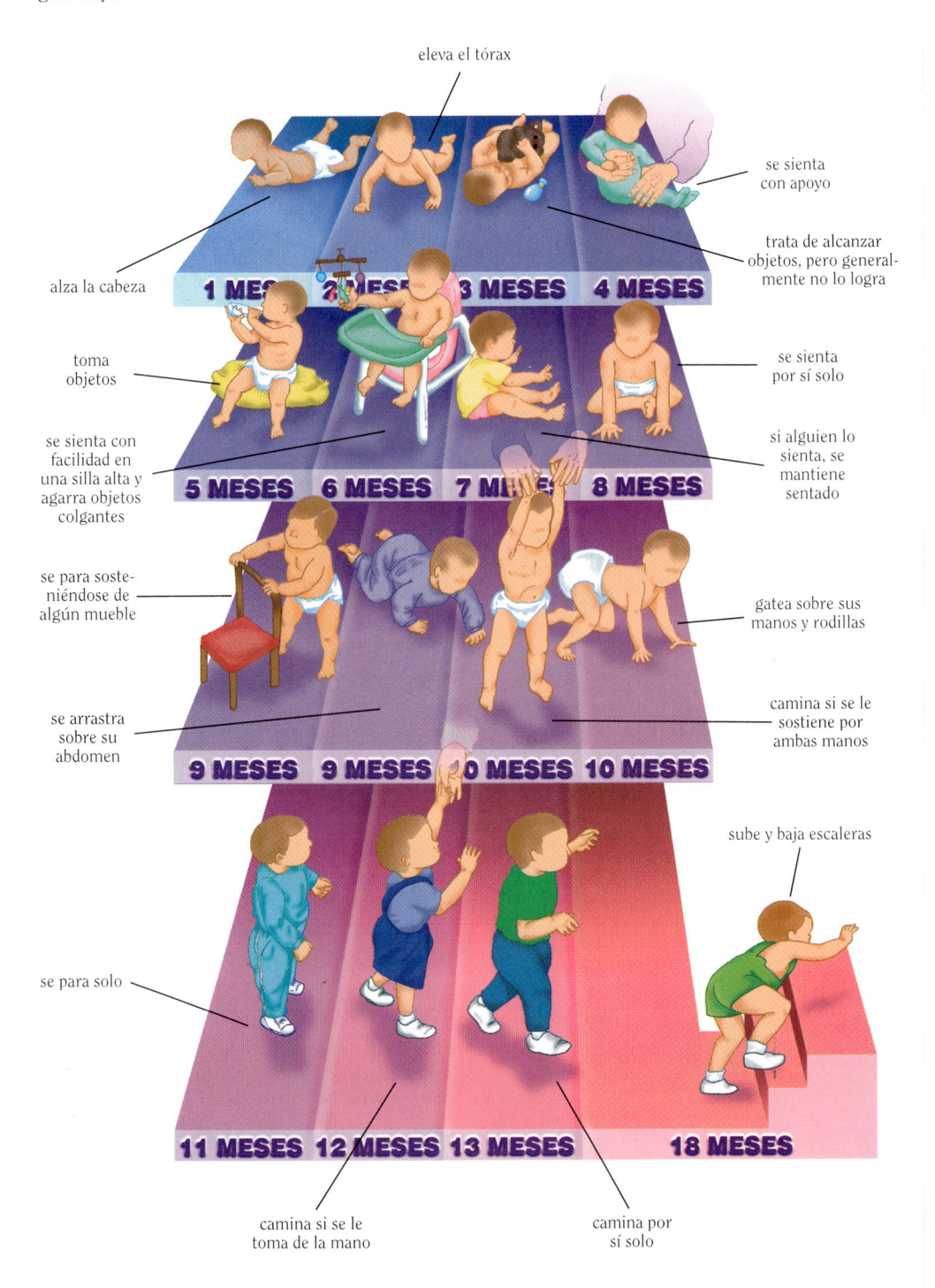

1 MES — alza la cabeza
2 MESES — eleva el tórax
3 MESES — (trata de alcanzar objetos, pero generalmente no lo logra)
4 MESES — se sienta con apoyo
5 MESES — toma objetos; se sienta con facilidad en una silla alta y agarra objetos colgantes
6 MESES —
7 MESES —
8 MESES — se sienta por sí solo; si alguien lo sienta, se mantiene sentado
9 MESES — se para sosteniéndose de algún mueble; se arrastra sobre su abdomen
10 MESES — gatea sobre sus manos y rodillas; camina si se le sostiene por ambas manos
11 MESES — se para solo
12 MESES — camina si se le toma de la mano
13 MESES — camina por sí solo
18 MESES — sube y baja escaleras

más abierta, manifestando su agrado o disgusto ante las diferentes experiencias y situaciones. Asimismo, expresa de diferentes maneras su cariño hacia las personas que lo rodean. El lazo existente entre él y sus padres resulta evidente, y comienza a desarrollar apego emocional con algunas otras personas.

¿La estimulación temprana favorece el desarrollo de la inteligencia?

Las investigaciones y la práctica han confirmado que en los niños y las niñas el desarrollo, incluido el intelectual, se ve favorecido de manera importante cuando son beneficiarios de un programa de estimulación temprana adecuado y oportuno.

Al favorecer un ambiente propicio, este tipo de programa promueve el desarrollo de las habilidades potenciales de los niños y les brinda las oportunidades necesarias para aprender y desarrollarse. Se ha observado que esta estimulación promueve la formación de conexiones neurales nuevas y más complejas en los niños.

Por otra parte, en las bases teóricas de estos programas se insiste en la importancia de la participación de ambos padres. Dichos programas contemplan la etapa prenatal y van estableciendo las pautas generales para cada edad, las conductas y los aprendizajes esperados en cada área, así como los ejercicios que pueden facilitar el alcance de las metas. Además, ofrecen una orientación acerca de los materiales y juguetes que pueden utilizarse para apoyar esta labor. Lo que se pretende es que el niño alcance un desarrollo armonioso y una adaptación al ambiente adecuada.

La estimulación temprana no se limita sólo a una serie de ejercicios físicos o a tareas que los padres o alguna otra persona hacen que el niño realice; implica también la participación activa y placentera de los padres junto con sus hijos y promueve un estilo de relación entre ellos que engloba todos los aspectos del desarrollo.

Con este fin, se recomienda que las diferentes actividades se lleven a cabo en forma de juegos, siguiendo la disposición natural del bebé para el movimiento. Al inicio, se aconseja que se realicen durante unos 15 o 20 minutos diarios. Se ha observado que si bien el bebé muestra una actitud pasiva al principio, poco a poco comienza a participar activamente; sin embargo, si el bebé continúa mostrando una actitud pasiva, puede deberse a que las actividades no sean de su agrado.

Asimismo, se ha comprobado que la puesta en práctica de estos principios desde los primeros días después del nacimiento ayuda a aminorar la tensión de las primeras semanas de vida del bebé. Algunos padres, incluso, han manifestado que estas rutinas ayudan a aliviar las tensiones generadas por el estrés de la vida cotidiana, el cual, con frecuencia, interfiere en la relación entre ellos y sus hijos. Cada sesión es un tiempo exclusivamente dedicado al contacto y a la diversión, por lo que quizá los programas de estimulación temprana benefician más a los padres que a los bebés.

Los expertos afirman que tanto los padres como los hijos valoran positivamente el contacto físico, el cual se convierte en una parte natural del cuidado. Esto obedece a que se siguen algunas reglas importantes en cada sesión, como la relajación y el hecho de que no debe ser una obligación ni para los padres ni para los hijos.

A partir de un programa específico y particular, la estimulación temprana puede representar para los padres un primer paso hacia una nueva forma de relacionarse con los hijos. Los ejercicios suelen ser para los padres una manera concreta y encauzada de comenzar, y lo ideal es que se capaciten antes del nacimiento de su hijo y que pongan en práctica sus conocimientos conforme éste crece. Los programas para cada etapa pueden obtenerse mensualmente con un experto, quien en la misma sesión puede supervisar y revisar las necesidades particulares de cada niño, para considerarlas en el siguiente programa. Es así como se faculta a los padres y se les da la orientación pertinente.

¿Es el llanto del bebé una forma de comunicación?

Desde luego, el bebé utiliza el llanto como una forma para comunicar sus necesidades, ya que todavía no ha desarrollado un lenguaje oral con el que pueda expresarse y pedir que se le satisfaga.

Antes de cumplir los tres meses, cada vez que un bebé llora tiene un motivo importante para hacerlo, por lo que no se le debe ignorar o considerar que se le malcría por acudir a su llamado de inmediato.

Los recién nacidos suelen llorar para llamar la atención, pues es común que sientan molestias físicas que no pueden mitigar por sí mismos. A este respecto, cabe imaginarse la diferencia entre el estado en que se encontraba el bebé en el vientre de su madre, cuando todas sus necesidades estaban satisfechas sin que él hiciera esfuerzo alguno, y el posterior a su nacimiento.

El llanto puede indicar hambre. Generalmente, los pediatras recomiendan que se les dé de comer cada tres horas; sin embargo, muchos bebés no responden bien a ese ritmo de alimentación debido a que su estómago aún no tiene mucha capacidad y necesitan comer con más frecuencia. En este último caso, es recomendable que se les alimente cuando lo pidan. Pero como no sólo de pan vive el hombre, los bebés también solicitan, por medio del llanto, compañía y muestras de amor, ya que a veces se sienten solos e indefensos en este nuevo ambiente desconocido para ellos.

Los bebés también pueden llorar cuando sienten molestias por estar mojados, por lo que a veces un simple cambio de pañal ayuda a que se tranquilicen. En ocasiones, se sienten molestos cuando llevan puesta demasiada ropa o cuando se presentan cambios bruscos de temperatura, ya que la disminución o el aumento de ésta puede desagradarles y hacerlos sentir incómodos.

Algunas veces se les dificulta conciliar el sueño, ya que se les acuesta en una postura incorrecta o incómoda, o porque los estímulos de luz o de ruido son más fuertes que aquellos a los que están acostumbrados.

Los bebés pueden llorar debido a los cólicos que suelen tener después de comer, ya que al succionar ingieren aire. Estos dolores estomacales llegan a desaparecer por sí solos después de los tres meses de edad; mientras tanto, estos malestares pueden aminorarse cargándolos en brazos y meciéndolos, paseándolos o sobándoles el abdomen suavemente. Es importante subrayar que es preferible que los padres estén tranquilos, o que traten de estarlo, para evitar que el bebé perciba su preocupación y así pueda calmarse pronto.

En caso de que se haya hecho todo lo mencionado y aún no se pueda identificar la causa del llanto, es posible que se trate

A falta de palabras, el llanto es el idioma universal con el cual los bebés comunican sus necesidades inmediatas.

de algo más grave que requiera ayuda profesional. De presentarse esta situación, debe revisarlo un pediatra.

Con el paso del tiempo y según sea la intensidad del llanto, la madre aprenderá a reconocer los motivos por los que llora el bebé, ya que poco a poco ambos se irán conociendo mutuamente. Esto último se llega a ser una meta, ya que un niño que es atendido cuando sus necesidades son apremiantes sentirá confianza hacia su madre, lo cual ayudará a promover un sentimiento de seguridad en sí mismo.

¿El destete puede afectar psicológicamente al bebé?

El destete no sólo es un proceso físico sino también psicológico; según algunas teorías psicoanalíticas, puede tener un significado trascendental para el bebé.

De la misma manera que el nacimiento, el destete representa para el bebé un modelo de algunas situaciones que tendrá que enfrentar en su vida futura, relacionadas con la separación, la renuncia y el cambio.

Algunos especialistas sostienen que si se priva al bebé del seno materno sin haberlo preparado con anticipación para ello, es probable que el pequeño interprete el destete como la pérdida del afecto de su madre. Sin embargo, no se han realizado investigaciones que apoyen estas concepciones psicoanalíticas.

En términos generales, se recomienda que el destete se lleve a cabo paulatinamente, alternando el seno materno con el biberón y espaciando gradualmente la ingestión de leche materna hasta suprimirla por completo.

Es básico el aprendizaje por medio del tacto?

El aprendizaje que adquiere el niño con ayuda del sentido del tacto es fundamental para su desarrollo psicológico e intelectual. El tacto, como todos los demás sentidos, necesita práctica para su perfeccionamiento, ya que al principio los movimientos son bruscos y carentes de coordinación. El niño necesita aprender, mediante su acción, a manipular los objetos, lo cual, más adelante, le permitirá tomar con destreza el lápiz y lograr la hazaña de escribir, así como alimentarse por sí mismo, utilizar una computadora y evitar las situaciones de peligro, entre otras cosas. Claro está que estas habilidades se logran poniendo en funcionamiento varios sentidos a la vez.

Durante el primer año de vida, el desarrollo del sentido del tacto se da en dos niveles: el motor y el sensorial. El primero le permite al pequeño manipular objetos por medio de la fuerza, y el segundo le da la posibilidad de conocer, a través de la piel, las texturas, las temperaturas, las formas y demás cualidades de los seres vivientes y de las cosas.

Durante el primer mes, el bebé por lo general tiene las manos cerradas; cuando llega a tenerlas abiertas y sentir algo en la palma de la mano, las cierra con energía, manifestándose así el llamado reflejo de prensión. En el transcurso del segundo mes, comienza a abrir las manos y a querer tocar objetos sin conseguirlo, a menos que se los den. Para el tercer mes, las manos son sus juguetes preferidos: se lleva los dedos a la boca, los chupa, los mordisquea y siente su sabor. El niño empieza a discernir entre lo amargo y lo dulce.

A los cuatro meses, el niño busca intencionalmente asir objetos y acercárselos a la cara. Desea investigar todo tocándolo y tiene preferencia por lo suave, lo blando y lo templado. Entre el quinto y el sexto mes, ya sabe cómo cambiar los objetos de una mano a otra. Utiliza la mano entera para tomar una cosa, que suele caérsele, pues aún no posee suficiente destreza en los dedos. Del sexto al noveno mes, para deleite de sus padres, tira intencionalmente todo lo que tiene en las manos.

En el décimo mes, el bebé puede tomar objetos pequeños con la pinza que forma con los dedos índice y pulgar, además de que utiliza cada vez más los dedos o las yemas para tomar algo. Cuando el niño llega al primer año de edad, puede comunicarse con las manos, pide algún juguete o alimento, aplaude cuando está contento y estira los brazos cuando necesita cariño.

El tacto le da al bebé la posibilidad de diferenciar cada parte de su cuerpo, y conocer la diferencia entre él y los demás.

¿Conviene alentar la curiosidad infantil?

Sí, es recomendable que tanto los padres como las personas encargadas del cuidado de los niños sepan que es normal que éstos manifiesten mucha curiosidad, que les permitan satisfacerla e, incluso, que los alienten a ello.

Los niños son curiosos por naturaleza. Este rasgo los induce a explorar y a manipular su entorno. La curiosidad, que muchos expertos consideran un impulso, una necesidad de conocer, una motivación interna por aprender al máximo, es fundamental en el desarrollo de los seres humanos.

Inducidos por la curiosidad, los niños desean saber cómo son las cosas que los rodean, qué condiciones tienen que darse para que algo suceda, y qué acontecimientos precedieron lo que ya sucedió. Estos elementos forman parte de la experiencia. Cada momento, cada objeto y cada situación vivida constituye para los niños una oportunidad para satisfacer su curiosidad, la cual parece no tener límites.

La participación de los padres en el proceso que viven sus hijos para "descubrir el mundo" es muy importante en el desarrollo de las habilidades y destrezas de éstos. A este respecto, se recomienda que los padres permitan que el hijo inicie la experiencia, pues de esta manera se aseguran de que la vivencia sea del agrado o del interés de éste. Una vez que el niño haya explo-

Un niño que experimenta curiosidad por aprender y que es supervisado apropiadamente por sus padres, incrementa sus posibilidades de tener un desarrollo intelectual óptimo.

rado la situación a su manera, los padres podrán contribuir, resaltando, o aportando algunos aspectos que consideren importantes así como otras formas que pueden ser útiles para aproximarse al objeto o a la situación.

Los padres que han vivido estas experiencias afirman que son extremadamente divertidas e interesantes y que además, de alguna forma, les han ayudado a reencontrarse con su propia curiosidad y con la necesidad de aprender.

Compartir esta curiosidad es también una manera más de relacionarse con los hijos. Los padres pueden conocer sus nuevos intereses y la forma en que avanzan en su desarrollo. Esta información orienta a los padres con respecto a las necesidades de vigilancia y ayuda que tengan los niños en dos aspectos que son realmente fundamentales: apoyar el aprendizaje adecuado y prevenir accidentes.

Los niños no suelen percibir el peligro de manera natural y pueden causarse algún daño con facilidad. De hecho, una de las funciones de la curiosidad es conocer este tipo de riesgos. Al vigilar a los hijos, conviene que los padres actúen teniendo siempre presente la edad del niño y la situación de que se trate, pero deberán hacer todo lo posible para prevenir accidentes y otros inconvenientes. Por ejemplo, cuando los hijos son muy pequeños, conviene verificar constantemente que no tengan a su alcance objetos pequeños o con puntas finas y, conforme el niño crece y logra moverse por sí mismo, se recomienda realizar una exploración física en los lugares en los que pueda estar. Ésta debe realizarse, de preferencia, gateando o caminando en cuclillas para encontrar los posibles peligros que el niño, desde su perspectiva, con los que podría enfrentarse.

Es necesario que, además de intentar vigilar a los hijos y preparar un ambiente con las máximas condiciones de seguridad, los padres hablen con ellos sobre los riesgos en general, y les expliquen específicamente los porqués y las posibles consecuencias de cada situación peligrosa. Este aspecto es de crucial importancia, pues resulta ser una de las principales formas que los padres tienen a su alcance para que sus hijos aprendan a cuidarse solos y, por otro lado, que se prevengan consecuencias lamentables.

Los expertos señalan que dichas explicaciones son el comienzo de un aspecto en la relación entre padres e hijos que, posteriormente, será importante en la prevención del uso de sustancias tóxicas y drogas.

¿Es importante que el niño comprenda el significado de palabras y frases al llegar al primer año de edad?

Sí, ya que el lenguaje no sólo se circunscribe a la actividad de hablar; abarca también entender el significado de las cosas. El pequeño entiende más palabras que las que puede decir, y es capaz de captar relaciones gramaticales que no puede expresar. Además, también es capaz de distinguir enunciados dichos por sus mayores sin que pueda reproducirlos.

El vocabulario del niño es prácticamente inexistente hasta el primer año; a partir de esta edad se inicia, aunque de forma incipiente, el lenguaje hablado. El niño es capaz de decir dos o tres palabras sencillas, además de "mamá", "papá" o "dada", por ejemplo. Como se puede apreciar, son palabras de dos sílabas que para el niño tienen un significado especial por la carga afectiva que le adjudica. En el transcurso del segundo año de vida, aumenta su vocabulario; dirá posiblemente "nene", "babo" (bravo), "papo" (zapato), "eche" (leche), "pa" (pan).

Entiende frases y obedece instrucciones sencillas como "dame la pelota", lo cual se ve favorecido si los objetos o situaciones están presentes. A esta edad, es recomendable decirle lo que él hace; por ejemplo, cuando el niño se divierte jugando con una pelota, se le puede decir: "Estás jugando con la pelota." Esto le ayudará progresiva-

TABLA DE TAREAS DE DESARROLLO DE NIÑOS DE 0 A 12 MESES

Nivel de edad	Área del movimiento	Área del lenguaje	Área intelectual	Área personal	Área social
0-6 meses	• Muestra los reflejos de recién nacido. • Sostiene la cabeza poco a poco. • Apoya la cabeza y el pecho en los brazos cuando está boca abajo. • Alcanza un objeto que esté frente a él y logra tomarlo. • Toca e investiga objetos con la boca. *Rueda sobre su cuerpo. • Se sienta sostenido de los dedos de un adulto y permanece sentado con apoyo. • Alcanza objetos con la mano.	• Se comunica por medio del llanto (diferentes tipos de llanto). • Emite sonidos de vocales y guturales, y balbucea. • Ríe y grita de alegría. • Repite sonidos emitidos por otras personas. • Emite sonidos como respuesta a otra persona cuando ésta le habla.	• Fija los ojos para observar algo. • Intenta tomar un objeto. • Muestra seguimiento visual y auditivo (por ejemplo, busca con la vista un objeto que ha sido retirado de su campo visual). • Muestra coordinación mano-boca. • Repite comportamientos.	• Intenta cubrir sus necesidades, comunicándolas por medio del llanto. • Extiende las manos hacia el biberón. • Emplea lenguaje no verbal (gestos y señas) para comunicar sus deseos. • Sostiene el biberón y logra llevárselo a la boca.	• Reconoce a la madre por la voz y por el olfato. • Sonríe. • Se emociona al ver a su madre y a otras personas muy cercanas. • Responde al sonido de su nombre. • Imita el juego de taparse la cara con las manos.
6-12 meses	• Se sienta con poca ayuda y apoyo. • Cambia de posición sin ayuda (pasa de boca abajo o boca arriba a sentado, y viceversa). • Se arrastra. • Aplaude. • Gatea. • Se pone de rodillas. • Se para con poca ayuda. • Empieza a caminar con ayuda y apoyo.	• Responde a preguntas simples con gestos y ademanes. • Comprende una prohibición. • Responde a la instrucción "dame". • Imita patrones de entonación. • Pronuncia sílabas y posteriormente las combina (como si fueran intentos de formar palabras).	• Sostiene y golpea dos objetos. • Emplea el dedo índice. • Busca objetos. • Saca objetos de recipientes y los mete. • Hace una pinza con su dedo pulgar y el índice. • Deja caer y recoge un juguete de manera constante. • Destapa cajas. • Aplica estrategias ya empleadas para lograr algo.	• Coopera al vestirse y desvestirse, estirando brazos y piernas. • Inicia la toma de alimentos sólidos con cuchara. • Se lleva a la boca los alimentos con los dedos. • Se aleja de la madre, pero manteniéndola a la vista. • Bebe de un vaso "entrenador".	• Sonríe y gorgorea a personas conocidas en respuesta a la atención que le prestan. • Extiende los brazos a personas cercanas pidiendo que lo levanten. • Participa en juegos de escondite. • Imita movimientos (adiós, aplausos, sí con la cabeza).
	Área del movimiento: Implica el control de los músculos para lograr la coordinación necesaria, con el fin de moverse libremente.	Área del lenguaje: Tiene que ver con las fases de la comprensión y la adquisición del lenguaje.	Área intelectual: Implica el desarrollo de la percepción y la cognición para lograr construcciones intelectuales superiores.	Área personal: Se relaciona con el espacio propio y los logros que intervienen en el desarrollo de la autosuficiencia.	Área social: Abarca las metas que proporcionan los elementos necesarios para la adaptación al medio ambiente y a la sociedad.

mente a formarse una representación verbal de lo que hace, es decir, a poner sus acciones en palabras. También es importante que los padres narren de manera sencilla las actividades que ellos mismos llevan a cabo, por ejemplo: "Mamá te está dando de comer", "papá te va dar un beso" y enunciados similares.

A menudo, el niño utiliza "palabras-frase"; por medio de un vocablo trata de comunicar sus deseos y emociones con una frase, por ejemplo "cai", para indicar que quiere ir a la calle. Se puede decir que el niño se comunica "telegráficamente". Estas palabras son efímeras, pues conforme va evolucionando y mejorando el desempeño lingüístico, va sustituyéndolas por otros vocablos cada vez más cercanos al lenguaje de los adultos.

El niño maneja su lenguaje incipiente de dos formas. La primera consiste en conversaciones largas con palabras raras e indescifrables, de las que a veces sólo se entienden una o dos. La segunda modalidad se presenta cuando opta por hablar de manera somera, pero entendiéndose todo lo que dice.

Entre otros mecanismos de aprendizaje, el niño recurre a su capacidad de imitación. De los 12 a los 18 meses puede imitar movimientos de la lengua y los labios. Los padres pueden fomentar esta actividad, para lo cual pueden colocarse junto al niño frente a un espejo, decirle, por ejemplo, que abra exageradamente la boca, frunza los labios o saque la lengua.

Cuando los padres responden a las palabras del niño, fomentan su actividad lingüística, pues el pequeño obtiene una respuesta favorable del entorno. Asimismo, evitarán corregir al niño y hablar del modo en que él lo hace; solamente repetirán sus palabras o frases de forma correcta sin inducirlos a que lo hagan.

La adquisición del lenguaje representa un logro extraordinario para el niño. Le permite evocar lo que quiera con sólo nombrarlo y comienza a expresar sus deseos y necesidades sin que tenga necesidad de llorar, a menos que la situación lo amerite.

¿Son más inteligentes los niños que aprenden a hablar a edad más temprana?

Es indudable que el lenguaje influye de manera importante en el desarrollo de la inteligencia. Aunque la precocidad para hablar a veces se presenta en niños con un cociente intelectual (CI) alto, hasta el momento no existen evidencias que permitan afirmar que los niños que aprenden a hablar más temprano sean más inteligentes que los que comienzan a hacerlo más tarde.

Las primeras palabras del infante aparecen aproximadamente alrededor de su primer año de vida; sin embargo, hay niños que inician esta actividad a los ocho meses y otros que no lo logran hasta el año y medio. Esta última eventualidad no debe catalogarse como un retraso en el desarrollo, a menos que el niño prolongue esta situación durante más tiempo. De llegar a ocurrir esto, los padres deben pedir la asesoría de un terapeuta del lenguaje.

Como suele suceder, los niños que aprenden a hablar antes de la edad promedio no pueden tener acceso a conocimientos superiores sin haber adquirido los básicos. También ellos deben pasar por las mismas etapas de desarrollo que los demás niños: balbuceo, emisión de sílabas, palabras de dos sílabas, palabras-frase y así sucesivamente, hasta que, poco a poco y con el paso del tiempo, vayan perfeccionando su capacidad para transmitir ideas, pensamientos, dudas, preocupaciones y emociones, lo cual implica la estructuración y el uso correctos de las palabras.

Existen dos razones principales por las que los niños aprenden a hablar a edad más temprana. La primera es una predisposición genética: heredan la habilidad verbal que poseen sus padres o sus abuelos; la segunda razón se relaciona con la estimulación que el pequeño recibe de su entorno, fundamentalmente de sus padres o de las personas que lo cuidan. Sin embargo, se ha encontrado una mayor tendencia a desarrollar el uso del lenguaje precozmente entre los hijos de padres ansiosos. Los hijos de padres no ansiosos tienen más bien inclinación por las actividades manuales, lo cual probablemente también indique que disfrutaron de una mayor libertad de acción.

De los factores que se acaban de mencionar, afortunadamente uno de ellos está al alcance de todos y es posible recurrir a él en beneficio del niño; se trata de la estimulación. La estimulación del lenguaje, como cualquiera llevada a cabo en otras áreas, debe realizarse de manera adecuada y en el momento oportuno. Decir "de manera adecuada" significa que al niño se le debe introducir en el mundo de las palabras mediante una interacción armoniosa y amorosa con los padres, quienes a la vez deben armarse de paciencia y evitar, a toda costa, expresar afecto al niño únicamente cuando ha tenido un logro. El "momento oportuno" tiene que ver, por una parte, con la edad del niño. No es posible obligar a hablar a un bebé que no está fisiológicamente apto, pues aún no tiene desarrollado su aparato fonoarticulador. Además, no es aconsejable estimularlo cuando se interfiere con otras actividades que para el niño son más importantes en un determinado momento, como comer cuando está hambriento o dormir cuando está cansado.

Es importante destacar que el niño, como ser integral, va desarrollando varias áreas de manera conjunta —como el lenguaje, el pensamiento, el área emocional, el área psicomotriz—, aunque puede ocurrir que el bebé comience a hablar antes de aprender a caminar.

¿Es verdad que hacia los 18 meses aparece la etapa del "no" y que es señal de independencia y, por lo tanto, de desarrollo?

La aparición del "no" es parte del proceso del desarrollo psicológico del niño y se presenta entre los 18 meses y los 2 años de edad. Esta "primera adolescencia", como a veces se le conoce, surge básicamente a raíz de dos logros en el desarrollo psicomotor del infante: el lenguaje y el desplazamiento sobre sus piernas o bipedestación. El niño se da cuenta de dos cosas: que puede pedir lo que quiera y, si las circunstancias lo permiten, obtenerlo; y que le es posible moverse hacia donde desee. Estos dos logros le permiten cierto grado de independencia, pues al no depender de los padres prácticamente para todo, el niño se percata de que es único y diferente y comienza a formarse su propia imagen corporal.

El niño se autoafirma al decir "no". Esta palabra se convierte en una manifestación de su voluntad y le sirve para oponerse a la mayoría de las instrucciones o a las reglas dadas por los padres. El pequeño puede resistirse, por ejemplo, a darle un beso a la tía o a comer platillos que antes le gustaban. Abandona la actitud dócil que le caracterizaba para convertirse en un niño activo y explorador. Es en este momento cuando los

Cuando los padres le dan libertad a sus hijos, y a la vez supervisan sus acciones, les permiten que se sientan como "peces en el agua". Esto les ayuda a incrementar la confianza en sí mismos, para que al llegar a la adultez, sean personas independientes.

127

padres se encuentran ante el reto de tomar en consideración la necesidad de independencia del niño, pero también de saber en qué momento y medida se deben establecer los límites, los cuales serán inmediatos, claros, precisos y producto de un acuerdo mutuo por ambos padres. Lo ideal sería encontrar el justo medio, tan difícil de lograr, pero tan satisfactorio cuando se ven los resultados.

Es conveniente que los padres generen las condiciones para que el pequeño pueda moverse como pez en el agua, de tal modo que le sea posible satisfacer saludablemente su necesidad de hacer las cosas por sí mismo. De esta forma podrá, por ejemplo, elegir entre el suéter azul o el blanco, o entre la malteada de vainilla o la de chocolate; pero conviene siempre tener cuidado de no hacerle tomar decisiones para las que no esté capacitado. Finalmente, y sin que el niño se dé cuenta, los padres conservarán el control, pero dándole la oportunidad de autoafirmarse.

Los padres deben ser muy pacientes y tener la tolerancia suficiente, puesto que en ocasiones el niño tarda más en desarrollar ciertas habilidades y destrezas, como ponerse o quitarse la ropa o comer con cubiertos. Existen tareas demasiado complicadas para su edad y se enojará si no puede realizarlas, y más aún si los padres han intervenido para ayudarlo. Con el paso del tiempo, esto también le permitirá al pequeño tener mayor tolerancia a la frustración y aceptar que no siempre es posible tener lo que se quiere.

En cuestiones de seguridad y salud, los padres son los más indicados para decidir, y en este caso no puede haber lugar para concesiones. Por ejemplo, se le dirá con firmeza pero sin enojo: "Deja el cuchillo porque te puedes cortar y duele." También a veces serán los papás quienes deban decir "no" con toda tranquilidad, mientras dan una explicación o una alternativa de acción, por ejemplo: "No rayes la pared; aquí hay una hoja para que dibujes." Sin embargo, habrá ocasiones en las que tendrá que ser un "no" rotundo, por ejemplo, ante la inminencia de un accidente. Posteriormente, los niños podrán identificar el peligro ellos mismos. Hay que reconocer que a veces a los niños se les dice "no" innecesaria o injustificadamente, por lo que se sugiere transigir si las circunstancias lo permiten.

Hay dos tipos de señales de alerta a esta edad son dos. El niño puede mostrarse renuente a desligarse de su mamá. Esto puede deberse a una sobreprotección o a un freno en sus intentos de independencia, lo que hace que gradualmente se desanime y se vuelva inseguro. Otra señal sería la falta de límites, lo que deja imposibilitado al niño para adaptarse adecuadamente a un medio en el que las reglas y el respeto a los demás son importantes. Aunque parezca contradictorio, esta última situación puede ser interpretada por el niño como falta de atención y de cariño hacia él.

CÓMO AYUDAR A UN NIÑO QUE EMPIEZA A CAMINAR

El niño posee la información genética necesaria para caminar, y no requiere clases especiales para ello. Se le puede estimular para fortalecer sus piernas y mejorar su coordinación; sin embargo, esto no acelerará el proceso, pues el niño caminará sólo cuando esté lo suficientemente maduro para ello, lo cual sucede alrededor de los 11 o 12 meses de edad, aunque cada niño se desarrolla a su propio ritmo y hay quienes tardan un poco más.

Las siguientes recomendaciones pueden ser útiles para que los padres le faciliten a sus hijos la tarea de caminar:

- Permítale que busque apoyo en algún mueble o en la pared, o bien déle la mano.
- Despeje su camino, y retire los objetos y muebles peligrosos.
- Deje el niño camine descalzo —si las características del suelo lo permiten.
- Evite trasmitirle ansiedad o miedo, o distraerlo dándole indicaciones.
- Cuando se caiga, es recomendable tomarlo con naturalidad, pues es parte de su entrenamiento; la mayoría de las veces los niños lloran más por frustración y por susto que porque verdaderamente se hayan lastimado.
- Aunque se puede ayudar al niño sosteniéndolo de la cadera o de la parte baja del tórax, conviene dejarlo ir a donde quiera para no truncar su iniciativa —siempre y cuando ésta no implique un riesgo.

¿Un niño que no habla puede entender una plática?

Todo depende de la edad del niño, del tema, del vocabulario empleado y de los protagonistas de la conversación. Sin embargo, aunque el niño que no habla no lograra comprender en sentido amplio el contenido y el significado de la plática, por lo general sí puede interpretar fragmentos, o al menos distinguir si se trata de algo agradable o desagradable. La capacidad de comprensión auditiva del lenguaje es una fase del desarrollo de éste, la cual inicia antes de que el niño pueda hacerse entender mediante el habla.

Desde recién nacidos, los bebés prestan atención a todos los sonidos del ambiente circundante. A los pocos meses de vida, son capaces de distinguir los sonidos de la lengua materna de los que no lo son. Los investigadores creen que esto se debe a que van aprendiendo a reconocer los sonidos que les serán útiles para cuando puedan hablar. De los ocho a los nueve meses, la comprensión del lenguaje es más evidente y continúa desarrollándose con gran rapidez. Así, aunque muchos padres sólo conciben la adquisición del lenguaje a partir del momento en que el niño pronuncia su primera palabra, los especialistas afirman que el lenguaje comienza a desarrollarse inclusive desde antes de nacer.

Se ha comprobado que los niños que no han comenzado a hablar entienden más de lo que los adultos pueden imaginarse. Gracias a su capacidad de observación, pueden percibir detalles de un episodio de comunicación que los adultos pasarían por alto. Los niños son capaces de captar y de interpretar detalles de la conducta no verbal de los participantes en la conversación, tales como los gestos, los movimientos del cuerpo, el tono de la voz y otros indicios no lingüísticos. Estos elementos les proporcionan información valiosa acerca de lo que está sucediendo. Aunque no reconozcan las palabras y no comprendan todo el contenido verbal de los mensajes intercambiados, es decir, los conceptos a los que se refieren las palabras y el significado total de los enunciados, pueden intuir por lo menos la intención y el tono de la plática y reaccionar ante ella. Los niños son muy perceptivos a las emociones de los demás. Las reacciones emocionales observadas y percibidas son, la gran mayoría de las veces, lo que más llama la atención y despierta el interés de los pequeños.

Se ha observado que la facilidad y la eficacia con las que el niño logra interpretar el contenido dependen de la proximidad afectiva que éste tenga con las personas que intervienen en la plática. El niño está más familiarizado con el vocabulario de las personas cercanas y con el significado de sus reacciones y expresiones. Asimismo, los niños que han recibido más estimulación verbal disponen de más elementos para la práctica de estas habilidades que aquellos que no han tenido esa oportunidad.

Se recomienda que cuando el niño sea testigo de conversaciones sobre problemas o temas difíciles, o simplemente cuando el niño parece confundido y preocupado por haber presenciado la plática, se le dé una explicación sencilla y veraz con palabras que comprenda y en la que, además del contenido, se incluyan los sentimientos que experimentaron los protagonistas en relación con el tema.

El hecho de que un niño no hable todavía no quiere decir que no sea capaz de percibir muchos detalles de alguna conversación, incluso más de los que los adultos llegan a notar, gracias a su capacidad de observasación.

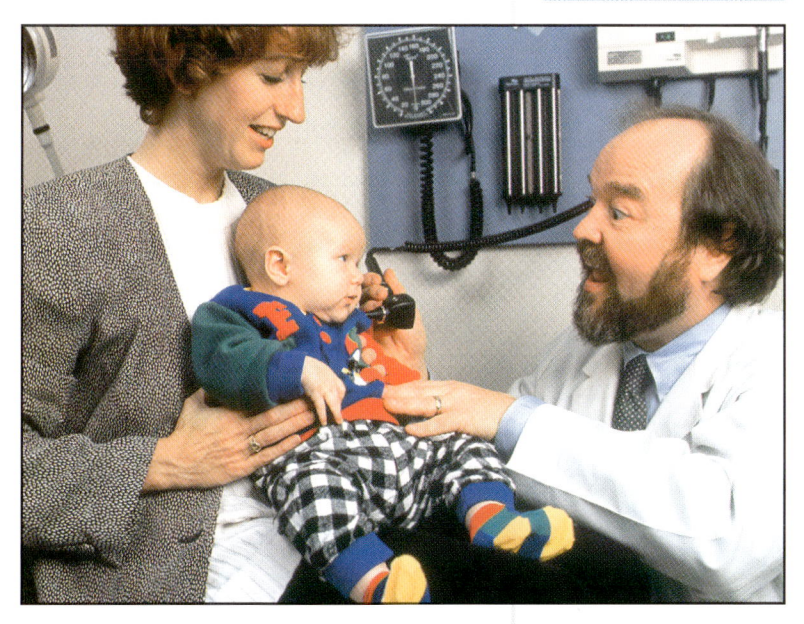

TABLA DE TAREAS DE DESARROLLO DE NIÑOS Y NIÑAS DE 12 A 24 MESES

Edad	Área del movimiento	Área del lenguaje	Área intelectual	Área de autosuficiencia	Área social
12-18 meses	• Se pone de pie solo. • Sube las escaleras gateando. • Se trepa a ciertos muebles. • Baja las escaleras gateando hacia atrás. • Hace rodar una pelota empujándola con las manos. • Camina hacia delante solo. • Camina hacia atrás algunos pasos. • Sube de pie las escaleras con ayuda de un adulto.	• Sopla. • Imita las vocales que escucha. • Imita los movimientos de la lengua y los labios que observa. • Dice "más" y "no hay más". • Reconoce algunas partes de su cuerpo. • Dice 5 palabras diferentes. • Percibe miedo cariño, alegría, enojo y otros estados de ánimo en los demás y es capaz de comunicarlos. • Obedece a instrucciones sencillas. • Se señala a sí mismo cuando se le pregunta "¿Dónde está (su nombre)?"	• Mete objetos en recipientes. • Construye torres de hasta 4 cubos. • Pasa páginas de un libro o un cuaderno. • Realiza trazos primitivos (garabatos). • Reconoce objetos de su uso diario por su nombre y los señala cuando se le pide. • Comienza a abrir y cerrar recipientes. • Hace pares de objetos semejantes (hasta 3 o 4 pares).	• Se quita prendas de vestir sencillas y las que están desabrochadas. • Al comer solo con la cuchara, derrama poco. • Toma el vaso entrenador con las manos, bebe y lo deja. • Identifica las señales de sus esfínteres. • Comienza a controlar esfínteres durante el día con el apoyo de los adultos (recordándole constantemente).	• Explora activamente su ambiente. • Reconoce a personas cercanas y a él mismo en fotografías. • Juega cuando hay otro niño presente, pero de forma independiente. • Imita acciones sencillas de los adultos. • Juega a esconderse y a buscar a otro. • Repite acciones que atraen la atención o causan risa a los demás y a él mismo.
18-24 meses	• Corre. • Empuja y jala juguetes mientras camina. • Se pone en cuclillas y vuelve a ponerse de pie. • Sube y baja escaleras de pie sosteniéndose del barandal. • Patea y arroja una pelota grande. • Dobla la cintura para recoger objetos y levantarse sin caerse.	• Empieza a comprender "uno, muchos, grande, pequeño". • Dice "sí" y "no" para responder a preguntas sencillas. • Dice su propio nombre o su nombre de cariño. • Obedece instrucciones un poco más complejas (de dos pasos). • Combina el uso de palabras y ademanes para expresar sus deseos. • Emite frases simples (de dos palabras).	• Reconoce el círculo y el cuadrado. • Reconoce y señala en libros objetos conocidos. • Construye torres de hasta 6 cubos. • Imita trazos sencillos (líneas). • Observa los libros con atención. • Clasifica objetos de acuerdo con el color (por lo menos dos colores).	• Utiliza la cuchara adecuadamente. • Intenta guardar los juguetes que usa. • Se pone prendas de vestir sencillas. • Muestra agrado por estar limpio. • Avisa cuando tiene necesidad de ir al baño. • Espera que satisfagan sus necesidades de alimento o de higiene.	• Comparte objetos o comida con otra persona cuando se le pide. • Toma parte del juego con otro niño durante periodos muy cortos. • Saluda a otros niños y adultos cuando se le recuerda. • Busca la aceptación de otras personas. • Sabe si es niño o niña. • Empieza a reconocer si tiene éxito o fracasa en sus actividades. • Se resiste a determinados cambios repentinos.

Los años preescolares (2-6)

¿Los juegos simbólicos de los preescolares indican cierto grado de madurez?

Participar en estos juegos muestra que el niño ha alcanzado la madurez necesaria para la etapa de desarrollo a la que corresponde esta actividad. Además de proporcionar diversión al niño, el juego es importante en los ámbitos afectivo y cognitivo.

Los juegos simbólicos son parte de la madurez que manifiestan los niños que todavía no acuden a la primaria. Consisten en la utilización y la construcción de símbolos a voluntad, para lo cual se necesita cierto grado de capacidad para la representación mental, es decir, el niño debe ser capaz de evocar objetos y de recrear situaciones mediante el lenguaje, y otros objetos y situaciones que tenga a su disposición y que funcionan como representación de los primeros. Un ejemplo de esto es cuando un niño le asigna muy variados usos a una cosa: una caja puede ser para él un automóvil o una casa, su habitación puede ser un palacio o una feria.

El juego simbólico es la manera en que el niño transforma la realidad a través de la imaginación. Es un modo de asimilar aquélla, sin límites ni sanciones. Los niños juegan para elaborar aspectos que aún no comprenden, así como para integrar las novedades que se presentan en su vida. El juego es un producto totalmente infantil, a diferencia del lenguaje, el cual no es inventado por el niño sino que se le transmite en formas ya hechas, obligadas y colectivas, muchas veces inapropiadas para expresar las necesidades o las experiencias que le afectan. Tal vez los sueños se podrían equiparar al juego simbólico, puesto que en ambos se hace a un lado el sentido de lo real y de la lógica.

Además de divertir, la principal función del juego es la de dar salida a preocupaciones o conflictos afectivos. Otras veces, sin embargo, está al servicio del aprendizaje. El juego, instancia en la que el niño revela su mundo interior, le permite a éste resolver conflictos, satisfacer necesidades, invertir papeles de obediencia y autoridad y sentirse libre. Asimismo, puede permitirle expresarse en forma lúdica; básicamente, el niño necesita su imaginación, un espacio y juguetes. Estos últimos pueden ser objetos poco estructurados, como cajas, recipientes y plastilina, y cuanto más sencillos sean es mejor. De este modo, se promueve la posibilidad de que el niño dé rienda suelta a su imaginación. Sin embargo, también puede usar objetos definidos, como carritos, trastes, muñecas y libros.

Otro aspecto indispensable en el juego del niño de dos años es tener cerca a su madre, padre o persona a su cuidado, necesidad que va cambiando conforme el niño va creciendo.

Entre los dos y los cinco años, el niño juega de manera egocéntrica, es decir, experimenta a su manera y todo gira en torno a él; aunque otros niños de su edad estén con él, no se da una interacción real, ya que cada uno está en su propio mundo. En ciertas ocasiones, el niño le pide a la madre o al padre que participe en su juego, en cuyo caso se sugiere que éstos se sujeten al guión del niño y eviten proponer ideas propias o corregir sus acciones en nombre de la razón y la lógica; en este momento, los padres pueden aprovechar para ir narrando lo que el niño haga.

Cuando los pequeños recurren a la fantasía y a la imaginación, se desvinculan parcialmente de la realidad; por medio de ellas especulan y experimentan al responder, de forma congruente o no, a sus múltiples interrogantes e inquietudes.

¿Cuáles aspectos se les deben apoyar más a los niños de edad preescolar?

Durante esta etapa de la vida, los niños intentan poner en práctica y perfeccionar el gran cúmulo de habilidades y destrezas que han adquirido. Es una fase del desarrollo en la que tienen la oportunidad de valorar de qué son capaces y qué pueden ser. Los niños entran en contacto con situaciones muy importantes en el ámbito social. Por lo general, esta etapa coincide con el momento en que salen por unas horas del ambiente familiar en el que estuvieron desde el nacimiento para introducirse en el ambiente escolar del jardín de niños.

En esta etapa de su vida, los niños deberán sentirse más competentes, para lo cual se basarán en las habilidades que crean poseer, pues en la medida en que las dominen, o que estén en el proceso de hacerlo, se autoevaluarán y serán evaluados por los demás niños de su edad.

El niño de edad preescolar tiene que enfrentarse a la ausencia de sus padres y a la presencia de un adulto y de otros niños durante cierto número de horas al día. Además, esta nueva convivencia está regida por diversas reglas que en alguna medida son diferentes de las establecidas en la casa. Este cambio implica para el niño una prueba de adaptación, ya que está en juego la integración adecuada para ser aceptado y sentirse parte importante de este sistema.

El niño de edad preescolar logra caminar y correr sin dificultades. Puede caminar de puntas, de talón y hacia atrás; mantener el equilibrio en un solo pie; saltar con uno y ambos pies; subir y bajar las escaleras alternando los pies y sin ayuda; pedalear un triciclo o una bicicleta.

Los avances que manifiesta el niño en aspectos relacionados con el desarrollo del lenguaje significan mucho para él, pues en gran medida le facilitan un desempeño adecuado en el ambiente escolar. Le permiten expresar sus sentimientos y sus deseos y no sentirse tan desvalido. Al tener más habilidades físicas y neurológicas para producir nuevas palabras, aprende a pronunciar un gran número de ellas y a utilizarlas en su discurso cotidiano. Durante este periodo, también logra utilizar artículos, conjugar verbos, emplear nombres de grupos para clasificar apropiadamente objetos o personas, y formar oraciones cada vez más complejas. Con el dominio de las habilidades necesarias, poco a poco consigue un manejo del lenguaje que le ayuda a comprender y a expresarse con relativa claridad.

Al comprender de manera más adecuada, el niño de edad preescolar es capaz de seguir instrucciones cada vez más complicadas, por lo que esta etapa es la ideal para que entienda la importancia de las reglas indispensables para vivir en comunidad. El niño necesita pautas para saber lo que se debe y lo que no se debe hacer. El aprendizaje de las reglas y las normas le brinda los elementos necesarios para esto. Simultáneamente, le enseña qué se espera de él, lo que le genera un sentimiento de seguridad que le permite actuar de manera apropiada en muchas situaciones. En casos concretos, da muestras de comprender los sentimientos de otras personas cuando expresa una reacción que corresponde a lo sucedido, por ejemplo, de tristeza, amor o alegría.

Haber logrado el control de los esfínteres al ingresar a la escuela —o el encontrarse en este proceso— suele representar para el niño un indicio importante de que ha crecido y de que es capaz de desenvolverse de manera un poco más independiente que antes.

Puede recortar, sostener un lápiz o una pluma adecuadamente —entre el dedo pulgar y el índice, apoyando este último en el dedo medio—, hacer figuras con plastilina, comer solo, vestirse y desvestirse. Participa activamente en su higiene personal —se baña, se peina, se lava los dientes, las manos y la cara—. Asimismo, participa en algunas labores hogareñas, principalmente las relacionadas con su persona, como recoger y colgar su ropa. También es capaz de realizar algunas tareas caseras que sus padres le hayan asignado como parte de sus obligaciones diarias.

Es capaz de reconocer los colores. Poco a poco se familiariza con los lápices y papeles, y muestra interés en realizar trazos y dibujos; logra representar ciertos objetos, personas y animales, como una casa, un árbol, un hombre, un perro; consigue escribir de forma clara. Puede identificar objetos iguales y diferentes, pesados y ligeros, largos y cortos, anchos y delgados, y el lugar que ocupan en una serie. Reconoce posiciones espaciales relativas; como detrás, al lado, junto, separado; distingue entre mitades y enteros y separa objetos de acuerdo a sus propiedades más notorias; distingue su derecha y su izquierda y los periodos de atención en los que logra concentrarse se van incrementando.

¿A partir de qué edad los hijos entienden el concepto de "peligro"?

Los niños entienden este concepto aproximadamente entre los cinco y los seis años, periodo en el que ya son capaces de prever las situaciones y conocer los objetos que ponen en peligro su integridad física.

El papel de los padres posee una importancia vital para que el niño llegue a este nivel de conciencia. Deben acompañar al niño en su desarrollo y proporcionarle explicaciones, orientación y enseñanzas adecuadas que le faciliten los medios sanos y apropiados para que investigue y experimente por sí mismo diversas situaciones de su medio social. Por otra parte, los padres también deben imponer límites para controlar su comportamiento. El resultado de estas intervenciones es que el niño internalice, lo cual significa que haga suyas las normas establecidas por sus padres y las muestras de amor que le han manifestado, y que consiga controlar emociones como la agresividad, la angustia o la tristeza y, por consiguiente, que se adapte mejor a su medio social.

Entre los cinco y los seis años, en el plano cognitivo, se advierte en el niño una marcada maduración en la coordinación neuromotriz. Prevalece el pensamiento concreto, por lo que el niño muestra interés por las cosas reales y creíbles. Su fantasía se ve ampliamente enriquecida con personas —que muchas veces son héroes—, objetos —por ejemplo, máquinas—, lugares y animales que, según él, podrían existir en la realidad; además, en cierta medida pierde el gusto por los cuentos demasiado fantasiosos. Este contacto con la realidad permite que le sea posible elaborar, planificar y realizar actividades por sí mismo.

El conocimiento de su medio le permite al niño reevaluar la forma de enfrentar sus nuevas necesidades y las libertades que ha conseguido, lo cual le genera estrés, pues no posee la sabiduría que da la experiencia. Por este motivo, seguirá necesitando el apoyo de los padres, incluso al enfrentar problemas relativamente sencillos.

El niño que no tiene las condiciones mencionadas no estará listo para ejercer su libertad y su autocontrol de manera óptima; no habrá adquirido la práctica suficiente para investigar y probar la realidad por sí mismo y, por ende, seguirá recurriendo a formas

Los niños pequeños carecen de la noción de peligro. Hay que poner mucha atención en sus pequeñas hazañas y juegos, pues suelen pensar que cualquier cosa es posible, incluso volar o correr más rápido que un automóvil.

133

TABLA DE TAREAS DE DESARROLLO DE NIÑOS Y NIÑAS DE 2 A 4 AÑOS

Edad	Área del movimiento	Área del lenguaje	Área intelectual	Área personal	Área social
2-3 años	• Disfruta principalmente las actividades en las que intervienen el desarrollo y el dominio de habilidades de coordinación de los movimientos. • Alterna los pies para subir escaleras. • Intenta saltar con ambos pies. • Se para en un pie. • Comienza a manejar un triciclo de manera coordinada. • Lanza una pelota con ambas manos. • Se mantiene sentado durante el tiempo necesario para realizar una actividad breve. • Da vuelta a las perillas de las puertas. • Comienza a tomar el lápiz adecuadamente.	• Posee cierto vocabulario de nombres de personas, cosas, acciones y situaciones. • Tiende a expresar sus emociones por medio de movimientos corporales. • Emplea la palabra "no". • Escucha con mayor atención. • Responde a la pregunta ¿dónde…? • Emplea la palabra "mío". • Comprende y utiliza "afuera", "adentro", "arriba", "abajo", "abierto" y "cerrado". • Comienza a emplear el plural, los pronombres y los artículos. • Comienza a conjugar verbos. • Habla y actúa al mismo tiempo. • Combina dos palabras para expresar pertenencia (zapato-mamá). • Indica su edad con los dedos.	• Arma rompecabezas de hasta 3 piezas. • Construye torres de hasta 10 cubos. • Copia un círculo. • Hace pares con hasta 6 objetos diferentes. • Construye puentes con tres cubos. • Recuerda lo que sucedió el día anterior. • Busca juguetes perdidos. • Muestra interés por los libros y por compartir su contenido con los demás. • Muestra un sentido del tiempo entendido como sucesión de acontecimientos. • Comienza a contar imitando a un adulto. • Presta atención durante periodos cada vez más largos.	• Comienza a cepillarse los dientes él mismo, imitando a un adulto o siguiendo sus instrucciones. • Bebe líquido usando un popote. • Se lava las manos y se las seca con ayuda. • Se lava brazos y piernas cuando se le baña. • Se baja y se sube el calzón para ir al baño. • Durante el día, avisa que necesita ir al baño con anterioridad suficiente para evitar accidentes. • Permanece seco durante las siestas. • Se limpia la nariz cuando se le recuerda.	• Juega más activamente con otros niños. • Empieza a comprender la noción de esperar su turno. • Muestra signos de compasión, simpatía y vergüenza según la situación. • Dice "por favor" y "gracias" cuando se le recuerda. • Trata de ayudar en tareas domésticas. • Juega a disfrazarse. • Escoge cuando se le indica. • Participa en juegos con otros niños. • Defiende lo que le pertenece frente a los demás. • Manifiesta culpa cuando recibe un regaño o se da cuenta de que actuó mal.
3-4 años	• Marcha. • Salta. • Camina con las puntas y los talones de los pies. • Atrapa una pelota con ambas manos. • Intenta coordinar sus movimientos según la ocasión (lentitud, rapidez, rudeza, delicadeza, etc.). • Corre aumentando y disminuyendo la velocidad. • Alterna los pies para bajar las escaleras. • Empieza a mecerse en un columpio estando en movimiento. • Da maromas hacia delante. • Coordina mejor sus movimientos finos (trazos mejor definidos).	• Obedece instrucciones más complejas. • Utiliza más frases. • Elige acciones u objetos deseados entre diversas opciones propuestas. • Responde a preguntas identificando objetos por su función y su uso. • Reconoce y nombra los colores más comunes. • Dice su nombre completo. • Relata experiencias simples en el orden en que ocurren. • Utiliza preposiciones (sobre, debajo, de, etc.). • Emplea palabras que expresan lo que siente. • Hace preguntas incansablemente.	• Clasifica por tamaño (entre dos objetos y en serie: del más pequeño al más grande, por ejemplo). • Usa las tijeras adecuadamente. • Imita trazos combinados (líneas rectas y curvas). • Hace pares con hasta 10 objetos diferentes. • Distingue conceptos como frágil y resistente, pesado y ligero. • Imita un puente con 5 cubos y otras figuras sencillas. • Cuenta hasta 10 imitando a un adulto.	• Sube y baja los cierres de la ropa con poca o ninguna dificultad. • Abrocha y desabrocha botones grandes. • Va al baño con un poco de apoyo y vigilancia. • Come con un tenedor adecuadamente. • Utiliza un cuchillo sin filo, para untar. • Vierte líquido de un recipiente a otro, derramando poco o nada. • Se lava y se seca la cara y las manos solo. • Se lava los dientes con poca ayuda. • Se peina con ayuda. • Evita peligros comunes. • Empieza a dormir toda la noche sin mojarse.	• Expresa temores y miedos. • Comienza a saludar y a agradecer de manera espontánea. • Logra seguir las reglas del juego imitando a otros niños. • Sigue las reglas del juego dadas por un adulto. • Contesta el teléfono y habla con otras personas o llama a la persona solicitada. • Canta y baila al escuchar música. • Solicita jugar con un juguete que esté utilizando otro niño. • Muestra capacidad para negociar y aceptar tratos con beneficios futuros. • Empieza a mostrarse colaborador.

infantiles de dependencia; es decir, necesitará a sus padres para resolver cuestiones que él podría resolver por sí solo en esta etapa de su vida, y evitará tener iniciativas o tomar decisiones. Este comportamiento es consecuencia de una sobreprotección paterna. Por otro lado, están los niños exageradamente indisciplinados que siguen presentando conductas propias de niños más pequeños y que esperan que se les complazca en todo. Los padres de este tipo de niños suelen ser muy complacientes e incluso indiferentes en su cuidado.

Desafortunadamente, tanto los niños sobreprotegidos como los indisciplinados trasladan a otros ámbitos el patrón que aprenden en el hogar. En esos medios, pueden presentar actitudes de sumisión o de dominio hacia otros niños. Debido a que la confianza en sí mismos y su autoestima son bajas, difícilmente se adaptan a otros grupos y, por lo general, están incapacitados para anticipar situaciones peligrosas, ya que necesitan la ayuda de otras personas para evitarlas.

Obviamente, el niño que se siente seguro en su ambiente familiar se aventura a conocer otros ámbitos sociales como la escuela. La confianza que le hayan demostrado los padres en sus habilidades y la disposición de éstos para estar junto a él cuando los necesite, le ayuda a desarrollar confianza en sí mismo y a elevar su autoestima; esto es: el niño se quiere más a sí mismo, y por ello se cuida y evita lo que pudiera dañar su cuerpo o poner en peligro su salud.

¿Es normal el egocentrismo en el niño?

El egocentrismo se refiere a la incapacidad de considerar las cosas desde una perspectiva ajena, ya que la única perspectiva disponible para entender la realidad es la propia. Los especialistas en el desarrollo infantil han señalado que antes de cumplir el primer año de vida los niños perciben todo lo que está a su alrededor como parte de ellos; es decir, no logran distinguir entre el mundo exterior y ellos mismos. Al parecer, perciben, consideran y conocen todo lo exterior en relación con ellos mismos y piensan que todo gira a su alrededor. Poco a poco, los niños se dan cuenta de que los objetos son entidades externas y separadas, y que sus acciones son independientes de éstos.

Sin embargo, los expertos subrayan que, durante la etapa preescolar, los niños aún no pueden comprender los puntos de vista de los demás y sólo ven las cosas desde su perspectiva. Por eso, consideran que los demás tienen la misma visión de las cosas que ellos y sienten que todos experimentan el mundo como ellos. Si expresaran este proceso verbalmente dirían: "Tú ves como yo veo, tú piensas como yo pienso y sientes como yo siento". Para ilustrar esta situación, se puede poner como ejemplo el juego de "escondidas". En él, el niño preescolar se esconde mirando hacia una pared, aunque una parte de su cuerpo quede visible para los demás. Como él no puede ver a los demás, cree que ellos tampoco pueden verlo a él.

Paulatinamente y con ayuda de sus vivencias, los niños van comprendiendo que cada quien puede tener un punto de vista diferente. Este logro tiene que ver con la maduración de sus habilidades de percepción. Los niños empiezan a comprender que los demás no siempre perciben el mismo objeto o que, por encontrarse en lugares diferentes, pueden estar percibiéndolo pero desde otras perspectivas. Ciertos aspectos que contribuyen a esta maduración son el desarrollo de sus habilidades sociales y el tomar conciencia de que los demás tienen sus propios sentimientos, pensamientos y creencias.

Es importante que los padres sepan que es normal que los niños se comporten de la manera descrita, que comprendan que lo anterior forma parte del proceso normal de desarrollo. Cuando los niños están en edad preescolar, los padres pueden intentar explicarles pacientemente que cada persona puede tener un punto de vista diferente.

¿Qué es más importante para el desarrollo del lenguaje: escuchar o hablar?

Tanto la producción de los sonidos de la lengua —hablar— como su interpretación —escuchar— son condiciones indispensables para el desarrollo del lenguaje verbal. Normalmente, estas dos funciones no se presentan aisladas, por lo que debe haber una coordinación entre ambas. Cabe mencionar que la comunicación no se da sólo en el plano verbal sino también en el corporal. Los gestos, las posturas, las miradas también expresan sentimientos; por ejemplo, dolor, alegría o tristeza, así como pensamientos y actitudes, como acuerdos y desacuerdos, entre otros.

La comprensión pasiva precede siempre a la expresión activa; es por ello que en el primer año de vida el bebé es básicamente receptor de un sinfín de estímulos sonoros. Éstos llegan a través del oído al sistema nervioso central, en donde son registrados. Gradualmente, el bebé comienza a diferenciar la extensa gama de sonidos con sus correspondientes intensidades, duraciones, tonos, etc. Poco a poco va distinguiendo entre el sonido emitido por una persona, un animal, una máquina o un objeto. Volver la cabeza al oír la voz de su madre y escucharse a sí mismo balbucear son acciones importantes en el desarrollo de su discriminación auditiva.

La ausencia de estimulación verbal produce un constante empobrecimiento de la capacidad lingüística. La sordera, por ejemplo, impide el desarrollo lingüístico adecuado del bebé, por lo que es necesario estar alerta para detectar si deja de producir sonidos a los seis meses o antes. El tratamiento de este trastorno resulta más eficaz si se administra a edades tempranas. Una vez determinados el tipo y el grado de la pérdida auditiva, se pueden estimular los restos de audición del niño mediante audífonos que promuevan el proceso de reconocimiento y simbolización del sonido.

Desde que nace, el niño produce sonidos por medio del llanto; posteriormente aparecen el balbuceo fisiológico y el prelenguaje. Se puede considerar que a los tres años se ha formado un lenguaje como tal. El periodo comprendido entre los tres años y medio y los cinco años se caracteriza por un enriquecimiento cuantitativo y cualitativo del lenguaje oral. Para que este desarrollo sea óptimo, es necesario contar con los órganos que permiten escuchar —el oído— y hablar —el aparato fonoarticulador—. Además de la insustituible interacción que hay entre el niño y su medio social, la familia juega un papel muy importante, pues le da la posibilidad de aprender a escuchar y a descifrar los signos del lenguaje; es también la familia la que le confiere un sentido a lo que posteriormente el niño tendrá la posibilidad de expresar.

El sentido del oído permite discriminar y reconocer sonidos; cuando se carece de él es difícil emitirlos de manera congruente

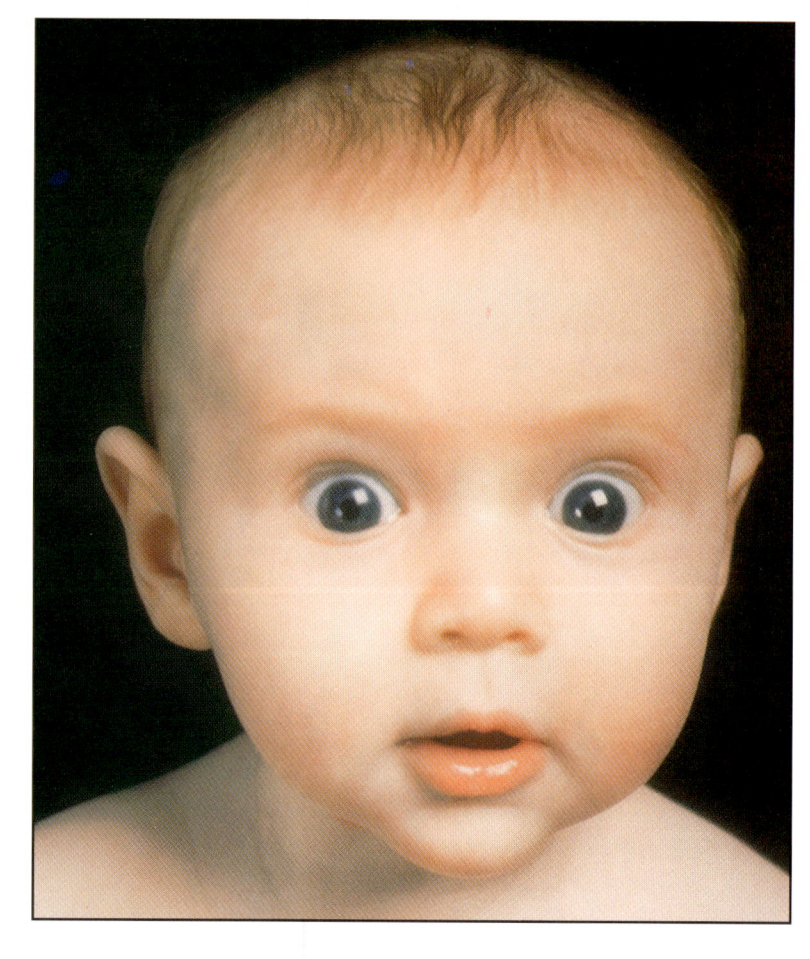

Incluso desde antes de que un bebé empiece a emitir sus primeras palabras, sus padres pueden estimular su lenguaje. Hay que recordar que las características del lenguaje que adquiere el niño dependen de todo lo que escucha a su alrededor.

y con significado, si no se cuenta con una terapia de rehabilitación. Por su parte, el aparato fonoarticulador permite producir sonidos. Si éste se atrofia, no es posible la comunicación verbal, aun si se cuenta con el sentido del oído, aunque quede la posibilidad de hacerlo mediante señas. Los niños tienen que ir aprendiendo a coordinar estas dos actividades, toda vez que maduran de manera interdependiente.

¿A qué edad se termina de aprender a controlar los esfínteres?

Normalmente, a los dos años las niñas y los niños logran controlar el esfínter anal. Cuando están despiertos, el control de la orina, o vesical, lo adquieren entre los dos años y medio y los tres años; el último que aprenden a controlar es el vesical nocturno, el cual se realiza de los tres a los tres años y medio. Es posible que a los cuatro años estén listos para ir al excusado solos.

El control de esfínteres implica la capacidad para postergar o aguantar la necesidad de evacuar. Con anterioridad, el comportamiento del niño obedecía a la satisfacción inmediata de sus deseos y evacuaba al sentir la necesidad. Este control representa para el niño un novedoso logro digno de disfrutarse, pues las investigaciones han demostrado que tener dominio sobre un producto del cuerpo es una prueba de madurez psicológica, lo cual coincide con la necesidad de autoafirmación y de independencia del pequeño. Éste se da cuenta de que dicho aprendizaje le da la oportunidad de complacer o contrariar voluntariamente a sus padres, pues éstos esperan que él evacue a cierta hora y en un lugar específico.

Se trata de un proceso paulatino en el que son frecuentes los retrocesos. A veces el niño necesita asimilar este aprendizaje para comparar entre la experiencia de retener y la de expulsar sin control. El niño estará preparado para controlar sus esfínteres en el momento en que esté maduro en los aspectos biológico, neuromuscular y psicológico. Este proceso se da entre los 18 meses y los dos años de edad.

Una de las consecuencias que puede provocar el obligar a un niño a aprender prematuramente o el someterlo a un entrenamiento inadecuado, por ejemplo, con regaños o golpes, es que el niño adopte una actitud de sumisión caracterizada por el acatamiento de cualquier orden sin oposición alguna, lo que posteriormente puede dar lugar a un cuadro de estreñimiento o a conductas exageradamente rebeldes y fuera de lugar. Otra conducta que pueden presentar estos niños es una actitud obsesiva hacia la limpieza y el orden, aunque también pueden tener problemas de enuresis, es decir, de incontinencia urinaria, con lo que logran expresar su rebeldía de manera incorrecta, a la vez que satisfacen inadecuadamente la necesidad de liberarse, como ocurre al momento de evacuar.

Los padres pueden recurrir a diversos medios para facilitarle al niño la adquisición del control de los esfínteres: pueden vestirlo con ropa adecuada y fácil de quitar; pueden explicarle, con la mayor naturalidad, que se sentará en su bacinica para que haga sus necesidades, y pueden identificar la frecuencia y la hora aproximada en que el niño evacua. Por otra parte, se puede sentar al pequeño después de que haya comido o tomado agua, antes y después de que se duerma, y antes de dar un paseo.

Al reconocer en el niño un gesto de esfuerzo para defecar, es conveniente sentarlo rápidamente. En un principio, se le puede acompañar y aprovechar ese momento para realizar actividades agradables con él, como leer un cuento o jugar con sus juguetes preferidos. Tener paciencia es probablemente lo más importante; se debe evitar regañarlo cuando se moje y asegurarle que saldrá mejor la siguiente ocasión. Asimismo, hay que evitar forzarlo a que permanezca sentado durante mucho tiempo; se debe mostrar alegría cuando haya logrado la hazaña de evacuar en el excusadito, y evitar hacer expresiones de desagrado ante los excrementos.

¿Es cierto que hacia los tres años se inicia una forma elemental de razonamiento basada en la intuición?

Según Piaget, psicólogo suizo que dedicó gran parte de su vida a estudiar el desarrollo intelectual del niño, el periodo de razonamiento intuitivo se da entre los cuatro y los seis o siete años de edad, en el estadio preoperacional, el cual se caracteriza por la falta de lógica en el pensamiento. El pensamiento lógico llega hasta los seis o siete años, cuando el niño arriba al estadio operacional.

En la etapa del razonamiento intuitivo, la conducta del pequeño depende menos de la información recibida a través de los sentidos, como sucedía cuando era recién nacido, por lo que necesita reconstruir, mediante la representación mental, lo que ya había adquirido por medio de la acción, es decir, mediante el tacto y la motricidad, principalmente. En este periodo, el niño adquiere una mayor capacidad para simbolizar objetos o situaciones por medio del lenguaje y de los juegos simbólicos, sin que necesite verlos, tocarlos, oírlos u olerlos. Su razonamiento empieza a establecer categorías. Clasifica los objetos y establece relaciones; ejemplo de ello es su capacidad para establecer diferencias al decir: "Soy

---

EL APRENDIZAJE DEL HABLA Y EL DESARROLLO INTELECTUAL

La facultad para hablar está íntimamente asociada con la inteligencia, y su importancia para el desarrollo de ésta es fundamental, ya que el lenguaje juega un papel importante en la formación de conceptos, pues ayuda a clasificar objetos en abstracciones, como color, tamaño y uso; es un elemento clave de la comunicación e interacción interpersonal. En promedio, los pequeños empiezan a hablar entre los 7 y los 15 meses de edad; generalmente, el hecho de que tengan un retraso en el habla no es señal de alarma, pues cada niño tiene su propio ritmo de desarrollo.

Muchos especialistas consideran que existe un verdadero retraso en el lenguaje cuando el niño no es capaz de decir ninguna palabra una vez cumplidos los tres años de edad. Sin embargo, si alrededor del primer año no ha empezado la emisión de las primeras palabras, es necesario investigar cuáles pueden ser las causas posibles, ya que las dificultades de lenguaje deben ser atendidas cuanto antes para evitar que trastornen el desarrollo del niño, primordialmente a nivel intelectual, en cuanto a su relación con el entorno y a su crecimiento emocional.

Para establecer las causas de algún trastorno en el lenguaje es indispensable acudir con el especialista, el cual deberá:
- Comprobar si el niño oye bien o si tiene alguna deficiencia auditiva.
- Descartar la existencia de algún trastorno neurológico.
- Evaluar el desarrollo de la inteligencia del pequeño, ya que puede ser que los problemas en el lenguaje correspondan a una inmadurez en otros aspectos, o bien que ésta sea integral.
- Evaluar el nivel de interacción social del niño con otras personas, primordialmente con sus padres.

No siempre es posible establecer el motivo por el cual un niño no posee una capacidad lingüística acorde con su edad; sin embargo, cualquiera que sea la causa que origina el trastorno, se debe estimular el lenguaje con programas que favorezcan su desarrollo, en cuyo caso el especialista enseñará a los padres estrategias para que el niño aprenda a hablar.

A continuación se dan algunas recomendaciones generales para que los padres ayuden a sus hijos a aprender a hablar:
- Hablarle constantemente; el silencio no le enseña a comunicarse.
- Hablarle pausadamente, con palabras sencillas, evitando usar palabras o frases deformadas o usando diminutivos en forma indiscriminada.
- No corregirlo diciéndole que lo hizo mal, sino dándole el modelo correcto de lo que quiso decir.
- Mantener el contacto visual con él mientras se le habla.
- No presionarlo, pues la adquisición del lenguaje es algo natural y cada niño tiene su propio ritmo.

más pequeño que papá y más grande que el gato", mas no sabe explicar las razones por las que llega a esa conclusión. Es por esto que a este razonamiento se le considera intuitivo.

En esta etapa, el niño no es capaz de ponerse en lugar de los demás; no puede diferenciar entre su punto de vista y el de otras personas. Habrá ocasiones en las que al aclararle que no debe pegarle a un niño porque a éste le duele, se vea con sorpresa que lo vuelve a hacer. El pequeño sabe que si pega lo regañarán, pero desconoce y no entiende los motivos. Recurre al disimulo y a las pequeñas mentiras para evitar que los demás se den cuenta de sus errores. Debido a que tampoco tiene bien definida la diferencia entre realidad y fantasía, distorsiona con gran imaginación la realidad.

Como no sabe dónde empieza o termina la realidad, suple su desconocimiento con la fantasía, es decir, intuye las respuestas a sus múltiples interrogantes. Manifiesta su intuición al concebir las cosas como vivas y dotadas de intenciones —animismo: "el viento sabe que sopla"—; al creer que las cosas fueron construidas por el hombre —artificialismo: "los hombres han excavado un lago y lo han llenado de agua"—; al querer encontrar una razón para todas las cosas fortuitas para los adultos —finalismo—. Los típicos "por qué" no cesan: "¿por qué tenemos dos ojos?", "¿por qué tengo que comer para crecer?", y así incansablemente cada vez que los padres y otras personas afirman algo que le llame la atención.

¿A qué edad empieza el niño a situarse en el espacio y en el tiempo?

La capacidad de ubicación espaciotemporal inicia desde los primeros meses de vida y se perfecciona de los seis a los siete años. El bebé comienza la organización del espacio y de las relaciones temporales al interactuar perceptual y motrizmente con su entorno. De este modo, durante el segundo año de vida va consolidando esquemas de acción que le permiten organizar el espacio y el tiempo. Este conocimiento es eminentemente de una inteligencia práctica más que conceptual. A los tres años, el niño reconoce las ubicaciones espaciales de "arriba", "abajo", "adelante" y "atrás". Sin embargo, la localización temporal se da en forma gradual más adelante, aunque hay niños que manejan el concepto de "mañana", ubicándolo como el día que viene después de dormir o después de la noche.

De los cuatro a los cuatro años y medio, el niño mejora su capacidad de ubicarse en el espacio, lo que le permite vestirse solo y entender las referencias temporales de "antes" y "después". Entre los cinco y los cinco y medio años, distingue entre la derecha y la izquierda; clasifica objetos por tamaño, color, forma y volumen. Asimismo, maneja el espacio limitadamente; puede ir a la escuela si ésta está cerca y regresar a su casa solo; conoce muy poco las calles que hay alrededor de su casa y no es capaz de explicar cómo se llega a ella, aunque sí de

Desde los primeros meses de vida, el bebé precibe que existen ciertos hábitos que se realizan periódicamente; por ejemplo, se da cuenta de que le dan de comer una vez que se ha despertado, otra vez pasado algún tiempo y una tercera vez antes de dormir, lo cual le permite ir empezar a construir una noción del tiempo.

TABLA DE TAREAS DE DESARROLLO DE NIÑOS Y NIÑAS DE 4 A 5 AÑOS

Edad	Área del movimiento	Área del lenguaje	Área intelectual	Área personal	Área social
4-5 años	• Muestra interés en coordinar sus movimientos finos y gruesos. • Cambia de dirección al correr. • Recorta curvas con tijeras. • Salta en un pie cinco veces seguidas. • Dibuja objetos reconocibles, como un árbol, una casa o un sol. • Pega formas simples. • Atornilla objetos con rosca. • Puede construir con cubos figuras horizontales o verticales, de manera espontánea.	• Puede seguir una serie de instrucciones. • Entiende y emplea las palabras que indican parentesco. • Nombra cosas absurdas en una ilustración y da explicación al respecto. • Relata un cuento conocido sin ayuda. • Reconoce ciertas rimas. • Menciona un objeto que no pertenece a un conjunto de similares. • Pregunta constantemente, esperando explicaciones elaboradas que se acerquen a sus expectativas. • Muestra interés y facilidad en relatar cuentos e historias.	• Logra trabajar solo en una actividad durante 20 a 30 minutos. • Escoge el número de objetos (de uno a cinco) que se le solicitan. • Copia un triángulo. • Recuerda cuatro o cinco objetos previamente observados que estén fuera de su ámbito visual. • Construye una pirámide de diez cubos imitando a un adulto. • Identifica y nombra cinco texturas. • Cuenta de memoria del 1 al 20. • Identifica el momento del día relacionando las actividades. • Identifica y utiliza las palabras "largo" y "corto", así como la primera y última posición, y la de en medio. • Reconoce partes faltantes en ilustraciones.	• Utiliza la cuchara y el tenedor para comer. • Se baña solo con apoyo y vigilancia. • Se amarra y desamarra los zapatos. • Va al excusado solo. • Recoge su ropa y la cuelga en un gancho. • Muestra interés por ciertos retos (adecuados a sus capacidades o con un mayor grado de dificultad). • Comienza a preocuparse por los detalles que a él le interesan y que parecen interesar a los demás. • Se hace cargo de su higiene personal en general con el apoyo de un adulto. • Muestra curiosidad hacia lo relacionado con las diferencias sexuales. • Siente confianza en sí mismo al lograr seguir una rutina de hábitos personales.	• Pide ayuda cuando la necesita. • Participa en algunas conversaciones entre adultos. • Se disculpa oportunamente la mayoría de las veces. • Tiene un comportamiento socialmente aceptable la mayoría de las veces. • Juega activamente con otros niños, cooperando y disfrutando. • Es posible que tenga un amigo imaginario. • Es más sociable e independiente. • Juega compartiendo con otros niños, especialmente con los de su misma edad.

trazar el recorrido superficialmente, pero su descripción está condicionada por experiencias subjetivas, por ejemplo, si en el trayecto de ida a la escuela se apresura y de regreso se retrasa o se entretiene, sostiene que la ida es más corta que el regreso. Entre los cinco y seis años, conoce los conceptos de "presente", "pasado" y "futuro", dado que se lo permite su capacidad lingüística.

La comprensión del tiempo y el espacio es más completa de los seis a los siete años. El niño maneja secuencias temporales más largas: sabe lo que es una hora, un día, una semana, un mes, un año. No obstante, para llegar a este conocimiento, al principio se basa en las rutinas y los hábitos cotidianos, como la hora de despertar, de comer, de ir a la escuela, de jugar, de dormir. También fueron necesarias las secuencias de los siguientes hábitos: lavarse las manos antes de comer, comer la sopa y luego el guisado, después llevar los platos sucios a la cocina y otros que implican una secuencia temporal. En este momento, el niño descubre los conceptos y las medidas que le permiten clasificar acontecimientos y objetos y se puede iniciar en el uso del reloj y la regla, entre otros objetos de medición.

¿Por qué son tan importantes el desarrollo y el desempeño físicos en los niños de edad preescolar?

El desarrollo y el desempeño físicos que alcanzan los niños entre los dos y los seis años de edad les permiten explorar su en-

TABLA DE TAREAS DE DESARROLLO DE NIÑOS Y NIÑAS DE 5 A 6 AÑOS

Edad	Área del movimiento	Área del lenguaje	Área intelectual	Área personal	Área social
5-6 años	• Tiene más equilibrio • Recorta círculos. • Salta en un pie cinco veces seguidas. • Salta 10 veces hacia delante y 6 hacia atrás sin caerse. • Hace rebotar una pelota. • Usa un sacapuntas. • Se mece en un columpio iniciando y manteniendo el movimiento. • Colorea sin salirse de la línea la mayoría de las veces. • Recorta figuras de revistas. • Golpea un pelota con un bat o un palo. • Recoge un objeto del suelo mientras corre. • Salta y gira sobre un pie. • Se cuelga de una barra horizontal durante 10 segundos. • Utiliza el lápiz de manera más adecuada. • Le gusta copiar modelos.	• Contesta a la pregunta "¿por qué?" dando una explicación. • Reconoce y emplea las palabras "algunos", "varios" y "muchos"; "más", "menos" y "pocos". • Explica significados de palabras que ya conoce. • Dice su dirección y su número telefónico. • Pregunta el significado de palabras que no conoce. • Utiliza "ayer" y "mañana" apropiadamente. • Identifica palabras opuestas y las emplea. • Aprecia mucho escuchar lecturas y observar libros. • Responde breve y adecuadamente a lo que se le pregunta.	• Comprende y aplica "detrás", "al lado", "junto". • Nombra 15 números y reconoce la secuencia adecuada de los números del 1 al 10. • Cuenta hasta 20 objetos y dice cuál es su derecha. • Reconoce y dice cuál es su derecha y su izquierda. • Dice en orden los días de la semana. • Copia un rombo. • Reconoce algunas letras del alfabeto. • Escribe su nombre. • Dice el día y el mes de su cumpleaños. • Señala mitades de objetos enteros. • Reconoce los números del 1 al 15. • Realiza sumas y restas simples.	• Se detiene a la orilla de la banqueta, mira a ambos lados y cruza la calle bajo la vigilancia de un adulto. • Escoge la ropa apropiada según la temperatura y la ocasión, la yoría de las veces. • Sabe prepararse un cereal frío y un emparedado. • Corta comida suave con el cuchillo. • Se abrocha el cinturón de seguridad. • Muestra percepción del orden e intentos claros por aplicarlo. • Se hace cargo de su higiene personal y de sus obligaciones cotidianas en general, con poca ayuda y vigilancia. • Muestra interés en terminar cosas y es perseverante. • Muestra curiosidad por los recién nacidos.	• Intenta adaptarse a las normas de la sociedad. • Explica a otros las reglas del juego. • Participa activamente en conversaciones. • Planea actividades y las lleva a cabo. • Elige a sus amigos. • Comienza a considerar la amistad como algo importante. • Busca ayuda para conocer procedimientos y realizar actividades nuevas. • Pide permiso de manera espontánea y espera que se le dé formalmente. • Acepta jugar a la manera de otros niños, siempre y cuando se juegue a su manera en algún momento. • Se da cuenta cuando le hacen ciertas trampas y se vale de esto para obtener beneficios.

torno y experimentar con sus componentes para conocerlo. Implica también el desarrollo de las potencialidades que contribuyen a conquistar dicho entorno.

Para tener acceso a los detalles más pequeños, los niños necesitan moverse con destreza y precisión. Para ello necesitan que todos los músculos que intervienen en cada actividad funcionen de la manera más coordinada posible.

Por otra parte, durante esta etapa del ciclo vital el desempeño físico es la forma más concreta de la que los niños disponen para medir sus habilidades. En esta fase, para ellos es muy importante "ser grande", y los logros que consideran confiables y que ratifican esta idea son los que pueden ver y palpar. De esta manera, el crecimiento y el tamaño en relación con otros niños resultan factores que para ellos tienen una gran importancia, pues en estas edades suelen comparar mucho los tamaños existentes entre ellos.

Los niños adquieren la idea de que el "más grande" —es decir, el más alto— es el mejor. Lo mismo sucede con el desempeño físico; el niño que logra realizar las destrezas físicas más complicadas ocupa un lugar superior en el grupo. Esta posición de jerarquía conlleva un cierto número de ventajas de las que la mayoría de los niños quisieran disfrutar. El niño o niña que ocupa este lugar tiene atribuciones de liderazgo, es decir, puede decidir las actividades del grupo, por ejemplo, a qué van a jugar y la manera en que van a hacerlo. Indica quiénes pueden participar y quiénes no, y qué papel desempeñará cada

Desde la más tierna edad, la lectura es un medio ideal no sólo para adquirir conocimientos nuevos sino también para tener acceso a maravillosos mundos llenos de fantasía.

niño. Además, esta "superioridad" lo faculta para ser quien enseña a los demás en las diferentes actividades, con la finalidad de que los menos competentes logren tener un mejor desempeño.

Algunos niños de estas edades intentan mejorar su desempeño mediante la ingestión exagerada de alimentos o la práctica de destrezas, como hacer maromas, saltar más alto y correr con mayor rapidez. Es importante que los niños comprendan que el tamaño y muchas habilidades físicas no siempre dependen del empeño y la energía que se les dedique, ya que en este aspecto intervienen factores como la herencia y la facilidad o disposición para desarrollar tales o cuales habilidades. El aspecto más importante en lo relativo al crecimiento físico es que éste obedezca a un ritmo y a una proporción que correspondan a la edad y a las condiciones de vida del niño, detalles que debe supervisar el pediatra encargado de vigilar su salud. Sin embargo, también es necesario que los niños sepan que aunque algunas personas son más capaces y mejores en ciertas áreas, ya sea por herencia o por facilidad innata, todos los seres humanos poseen habilidades igualmente importantes para el desarrollo personal, que también estos puntos fuertes necesitan de su atención para perfeccionarse y que el intentar mejorar los puntos débiles ayuda a desarrollarlos al máximo, aunque no se logren todos los objetivos esperados.

¿Es recomendable leerles diariamente a los hijos?

En efecto, destinar al día un tiempo para leerles a los hijos trae consigo muchos beneficios. Los expertos afirman que esta actividad puede realizarse incluso desde antes de que nazca el bebé, concretamente a partir del quinto mes de embarazo. Es recomendable seguir leyéndole por lo menos hasta que la lectura forme parte de sus hábitos cotidianos, pasando desde luego por el periodo en el que el padre y el hijo se alternan el turno para leer. Se recomienda que los padres dediquen por lo menos 15 minutos diarios a esta actividad.

El objetivo de este hábito es que el padre o la madre lea alguna historia o un cuento para que el hijo lo escuche y lo disfrute. Investigaciones recientes han demostrado que cuando los niños tienen la oportunidad de compartir estos momentos con sus padres, desarrollan más su comprensión, adquieren un mayor vocabulario y se les facilita empezar a hablar más temprano y con mayor claridad. En términos generales, tienen un mejor desarrollo del lenguaje.

Lo ideal es que sea un intercambio en el que los padres lean y el hijo tenga una participación cada vez más activa conforme adquiere experiencia y habilidad. Al principio únicamente escuchará algunos minutos y poco a poco lo hará durante periodos más prolongados. De esta manera, le será posible comprender conceptos aislados para después tener una idea más clara de la historia y de la secuencia en que se desenvuelve la trama.

Es importante hacer que el niño preste atención a lo leído para que pueda comprender apropiadamente el contenido y esté en capacidad, junto con el padre o la madre, de expresar libremente sus impresiones. Puede expresar, por ejemplo, qué parte disfrutó más, cuál no le gustó o qué cualidades percibió en los personajes. Posteriormente, el padre o la madre puede pedirle que aporte ideas sobre otras acciones que pudieron haber tomado los protagonistas y cómo éstas hubieran transformado la historia. La atmósfera que rodea esta situación debe ser agradable y amena, con el fin de que el padre y el hijo se encuentren relajados, con una buena disposición y una actitud de respeto hacia sus mutuos puntos de vista.

La lectura compartida suele convertirse en un momento —a veces el único— en que padres e hijos están en contacto y armonía, lo que promueve que estos minutos se dupliquen o multipliquen y que se incluyan también otro tipo de actividades. Cuando los padres se organizan para compartir con sus hijos los momentos de lectura, pueden disfrutar, al menos, de unos minutos libres de las tensiones y de la rutina cotidianas.

En investigaciones y en la práctica clínica se ha oservado que este hábito puede ser un elemento importante para construir una buena relación entre padres e hijos.

En estudios recientes, se afirma que los niños que inician el aprendizaje de la lectura y la escritura teniendo como antecedente una experiencia de este tipo logran leer más rápidamente que los niños que no la tuvieron. Asimismo, esta vivencia puede producir un verdadero gusto por la lectura, que además de hacer de los niños unos expertos lectores, les brinda mayores oportunidades para obtener información y conocimientos en todos los ámbitos del saber humano.

LOS NIÑOS EXPRESAN LO QUE SIENTEN A TRAVÉS DEL DIBUJO

Generalmente, los adultos saben cómo decir o expresar lo que sienten; sin embargo, para los niños esto no siempre es posible y por eso recurren a diversos medios de expresión, como el dibujo o el juego. De acuerdo con algunos psicólogos, el dibujo infantil tiene, en cierto modo, la misma función que el lenguaje. El niño dibuja para sí mismo, para escuchar lo que hay en su interior y para que otras personas lo escuchen. De hecho, el dibujo ha sido utilizado como un instrumento de diagnóstico en psicología, que le permite al profesional asomarse a la vida emocional del pequeño. Sin embargo, las virtudes del dibujo van más allá; se sabe que al permitirle expresar sus emociones, le ayuda a fomentar su creatividad y su autoestima, lo que podrá reflejarse de una manera positiva en todas las áreas de su vida, tanto a nivel personal, como social. A continuación se ofrecen algunas sugerencias para promover esta forma de lenguaje infantil:

- Proporciónele materiales —pinturas y papel— de acuerdo con la edad del niño. No se recomiendan los cuadernos para iluminar.
- Ofrézcale un delantal de plástico y cubra con periódico los muebles cercanos al lugar en el que trabajará el niño; de esta manera, él se sentirá más cómodo y usted no se preocupará por el aseo.
- Enséñele a ser cuidadoso y responsable de su trabajo. Es aconsejable dar pautas cuando el niño lo solicita y, si él lo pide, realizar juicios honestos y bien intencionados sobre la calidad de su trabajo.
- Trate de transmitirle al niño la idea de que sus dibujos son valiosos.
- Promueva que el niño hable acerca de sus dibujos; seguramente los padres aprenderán mucho de los sentimientos de su hijo y de sus estados de ánimo.
- Trate de ser receptivo ante las peticiones del niño, pero evite que se haga dependiente de la presencia o de las sugerencias paternas.

Los años escolares (6-12)

¿Se puede aprender a leer sin saber escribir?

Como resultado de diversas investigaciones se ha concluido que los niños cuentan con los elementos de maduración y las facultades previas necesarias para iniciar el aprendizaje de la lectura aun antes de contar con las habilidades para escribir.

La enseñanza de estas dos habilidades depende del proceso de maduración del niño y de los métodos utilizados para promover un aprendizaje de una manera sencilla y adecuada. Sin embargo, se puede afirmar, en términos generales, que su enseñanza, tan importante para la vida del ser humano en nuestros días, tiene, al igual que las demás tareas del desarrollo, su momento especial. De esta forma, se brinda a los niños la posibilidad no sólo de aprender a leer y a escribir mecánicamente, sino también de disfrutar su aprendizaje y de hacer que formen parte integral de su desarrollo, lo cual puede beneficiar en gran medida su desempeño.

Para la iniciación de la enseñanza de estas dos destrezas existen requisitos previos comunes y otros particulares de cada una. Uno de los requisitos compartidos es haber alcanzado un desarrollo del lenguaje adecuado, ya que los niños tienen que transferir sus conocimientos del habla a un lenguaje representado por signos gráficos. Por otra parte, ambas habilidades requieren que el niño haya alcanzado un nivel de maduración intelectual que le permita seguir las instrucciones, mantenerse sentado y relativamente quieto, y prestar atención durante el tiempo suficiente para observar, conocer, familiarizarse y, posteriormente, iniciar y lograr la comprensión correspondiente.

Asimismo, para aprender a leer y a escribir, los niños deben dar muestras de un gran interés y de motivación. La instrucción debe ser adecuada, y quienes la impartan deben tener mucha paciencia y contar con una preparación especializada que los haya concientizado adecuadamente acerca de la importancia y las implicaciones de este proceso de enseñanza-aprendizaje.

Por su parte, la escritura tiene sus requisitos particulares: el niño debe haber alcanzado una maduración neurológica y física que le permita una coordinación correcta entre el cerebro y los músculos que intervienen en los movimientos requeridos para escribir. En términos generales, los niños necesitan haber adquirido la capacidad de permanecer sentados y, simultáneamente, de tomar el lápiz de manera apropiada y realizar los trazos que sirven de preparación, además de las habilidades específicas que implica la lectura en cuanto al reconocimiento de las letras por su forma y sonido, y la combinación y asociación de éstas, primero en sílabas y posteriormente en palabras.

Cuando el niño vive el aprendizaje de la lectura y el de la escritura como un experiencia positiva y muy divertida, el descubrir la gran aventura que significa leer y escribir se convierte, para la mayoría de los niños, en una gran motivación para continuar aprendiendo.

¿A todos los niños se les hace difícil el aprendizaje de la lectoescritura?

En el aprendizaje de la lectura y de la escritura están involucrados muchos factores que pueden incidir de manera positiva o negativa en cada niño. Algunos parecen aprender de manera natural y sin complicaciones; otros manifiestan ciertas dificultades, y otros más presentan problemas importantes y no llegan a adquirir estas habilidades adecuadamente.

En nuestros días, saber leer y escribir se ha vuelto imprescindible y se ha convertido en uno de los logros más importantes que deben alcanzar los niños, independientemente de las circunstancias específicas de cada uno. En la mayoría de los países, se cuenta con programas para que los niños tengan acceso a la alfabetización. Probablemente por las dos razones mencionadas anteriormente, ha surgido la creencia de que aprender estas dos habilidades resulta fácil para todos los que tienen la oportunidad de hacerlo y se lo proponen. Sin embargo, cabe señalar que en este aprendizaje intervienen procesos muy complicados que tienen que ver con el desarrollo de determinadas habilidades, su puesta en práctica de manera coordinada y su integración a determinados conocimientos previamente adquiridos. Incluso, se cree que, aun para las personas que poseen habilidades superiores, adquirir estas destrezas implica un esfuerzo especial.

Cuando no se tiene en cuenta la premisa de que el aprendizaje de la lectura y de la escritura son procesos complejos, se tiende a no prestar a la enseñanza de estas habilidades la atención que merece. Al estar conscientes de estos aspectos, los padres de familia pueden dar a sus hijos el apoyo adicional que requieran.

Es importante que los padres detecten el momento en que sus hijos muestran mayor interés por aprender a leer y a escribir. Algunos consejos para averiguarlo pueden ser:

• El interés que manifiesta el niño por jugar con libros o cuadernos, aun antes de que relacione que el texto —leído por los adultos o por niños mayores— proviene de los signos impresos y no de los dibujos o las ilustraciones.

• La certeza que puede manifestar su hijo de que ya sabe leer cuando logra memorizar algunas historias y bien recitarlas mientras pasa las hojas de un libro. Algunos niños, incluso, pueden afirmar que saben leer libros hasta con los ojos cerrados.

• Los comentarios de su hijo sobre lo injusto que resulta que algunos niños ya sepan leer y él no, o que necesita ir más tiempo a la escuela para aprender. La mayoría de los niños creen que saber leer y escribir ubica a las personas que poseen estas habilidades en un nivel superior especial.

Cuando los padres creen que ya existe tal interés, es importante que den a su hijo la oportunidad de iniciar el aprendizaje de la lectura y de la escritura, mostrándose entusiasmados y dispuestos a apoyarlo en todo lo que necesite. Si es posible, incluso antes de que el niño muestre este interés, sería muy provechoso que pudiera contar con el material adecuado; algunos de estos materiales pueden ser: libros infantiles ilustrados que correspondan con la edad del pequeño, letras y números de plástico o de otros materiales, papel y lápices, plastilina y pinturas.

A lo largo del proceso de adquisición de la lectoescritura, e independientemente del tiempo que se invierta en él, conviene no saltarse ninguna etapa. Cuando los niños están aprendiendo, muchos de sus errores se deben a que aún no han terminado de desarrollar algunas capacidades necesarias. El presionar a los niños para que aceleren su proceso de aprendizaje hace que éste se limite a los aspectos mecánicos; es decir, que los niños sólo se preocupen por leer sin errores los sonidos de las letras impresas y de escribir letras bien formadas en el orden requerido, sin preocuparse

---

¿ES IMPORTANTE LA MANERA DE TOMAR EL LÁPIZ AL ESCRIBIR?

Sí, los especialistas señalan que los niños deben aprender a tomar el lápiz en la forma adecuada incluso antes de aprender a escribir, ya que esto favorece una coordinación correcta de sus movimientos, con lo que el niño puede hacer una letra más legible y en un menor tiempo. Tomar el lápiz apropiadamente facilita la coordinación de todos los músculos necesarios para escribir.

Se recomienda que, desde que los niños realizan los ejercicios preparatorios para la escritura, se les invite a tomar el lápiz con los dedos pulgar e índice en forma de pinza, apoyándose en el dedo medio. Sin embargo, hay que respetar el desarrollo personal de cada niño y no presionarlo para que realice actividades que para él aún son difíciles.

Al aprender a escribir, el lápiz o la crayola suelen ser más convenientes que los bolígrafos, pues permiten que el niño realice sus trazos de una manera más precisa.

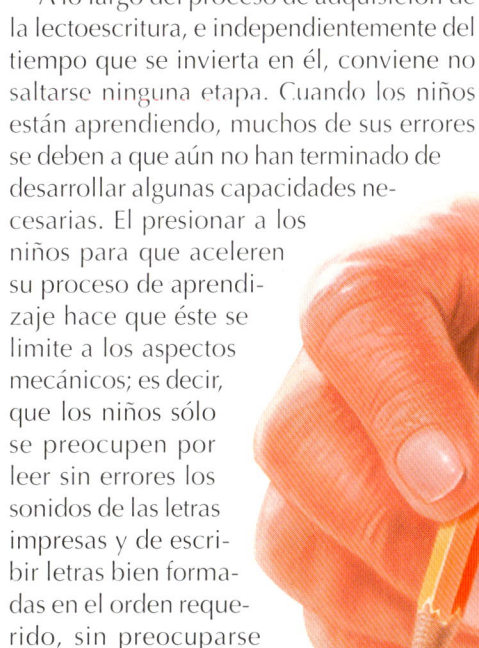

por integrar los conocimientos necesarios para lograr un aprendizaje adecuado de estas habilidades. Además, la presión lleva a los niños a vivir esta experiencia con angustia y con el temor de no ser lo suficientemente capaces, por lo que pueden surgir en ellos sentimientos negativos; así, lo que podría ser una experiencia de aprendizaje muy enriquecedora y divertida se convierte en una tortura.

Resulta conveniente tener presente la siguiente premisa: "Durante los primeros años de la primaria, los niños aprenden a leer y en los años posteriores, leen para aprender."

La música ha sido un arte inseparable del espíritu humano desde el principio de los tiempos. Incluso los pueblos con características más primitivas le han dado un lugar muy especial en su vida social, cultural y religiosa.

¿Es cierto que el aprendizaje precoz de la música le ayuda al niño a manifestar sus afectos y emociones?

La música le permite al niño conocer el lenguaje de los sonidos, que constituye otro medio con el que también puede expresarse, además de la comunicación verbal y el juego. El niño puede experimentar diversos estados de ánimo al escuchar melodías que induzcan la tranquilidad, el movimiento, la alegría, la tristeza, la ternura, el vigor o la fuerza. Además, le dará la oportunidad de saber con mayor certeza lo que siente en algunas ocasiones.

Por otra parte, despertar a la sensibilidad auditiva y musical no se reduce a la actividad de escuchar, que genera sensaciones y emociones y da la posibilidad de disfrutar al descifrar los mensajes que entrañan; también se relaciona con la actividad de ejecutar, ya que el niño se encuentra apto para expresarse mediante signos y sonidos musicales a través de la vocalización, el baile, la expresión corporal de sonidos y los instrumentos.

A partir de los siete u ocho años, el niño está capacitado para desarrollar destrezas técnicas específicas para aprender a tocar un instrumento, pues a esta edad aumenta su capacidad de concentración y está apto para asumir un aprendizaje que implique ciertas exigencias.

Es pertinente aclarar que los especialistas recomiendan que el niño comience el acercamiento con la música entre los tres y los cuatro años de edad, periodo durante el cual disfruta espontáneamente de la imaginación y de la fantasía, las cuales se pueden explotar en beneficio de la música.

La forma ideal de comenzar a aprender música es mediante el juego, pues de esta forma no se frena la libertad del niño. La música primero se siente; es por ello que el compositor o el ejecutante tiene la capacidad de transmitir sentimientos, además de conocimientos.

Para lograr un aprendizaje óptimo, se recomienda que se le dé al niño libertad para que explore objetos que produzcan sonidos. Generalmente, entre los tres y los cuatro años de eadad puede transformar algunos de ellos —por ejemplo, ollas, palitos, botes, tapaderas— en originales instrumentos musicales. Posteriormente, a los siete u ocho años o un poco antes, el pequeño elegirá un instrumento por decisión e iniciativa propias, y en función de sus gustos y capacidades. Es recomendable que los padres eviten forzar al niño a escoger un instrumento con el que no se sienta cómodo. Asimismo, se puede considerar la opción de inscribirlo en una academia musical para niños.

Entre las múltiples ventajas que genera el aprendizaje de la música está la de ser un complemento del desarrollo infantil, ya que prepara al pequeño poco a poco para ser más sensible al movimiento y al ritmo.

El infante aprende a disfrutar de los sonidos armónicos, del canto, de la danza y de la ejecución de un instrumento, lo que a su vez favorece el desarrollo de su autoestima. Asimismo, la música lo ayuda a encontrar su propio ritmo y a desarrollar una personalidad plena y sensible; le permite liberar energías, canalizándolas por medios más prácticos, y a encontrar sus propios recursos creativos; también favorece la comprensión y expresión del lenguaje oral y fomenta la socialización y la comunicación.

¿Tener dificultad para las matemáticas implica que no se tiene la capacidad para lograr un buen desempeño aritmético?

No, en todo proceso de aprendizaje se requiere la experiencia que sólo el tiempo puede proporcionar.

En ocasiones, para tener un mejor desempeño en matemáticas, el niño solamente necesita una reeducación acerca de los procesos aritméticos. Por otra parte, es necesario considerar que existe una relación entre madurez y aprendizaje. Por lo general, entre los seis y los siete años, ya está maduro para comprender las operaciones; sin embargo, algunos niños necesitan un poco más de tiempo para lograrlo, posiblemente debido a que su edad cronológica no corresponde con su edad mental. En tal caso, hay que esperar a que el tiempo y la estimulación que proporciona el medio actúen.

En el niño se puede crear una predisposición negativa hacia las matemáticas. En muchos casos, el infante cuenta con todas las condiciones necesarias para desempeñarse con soltura en esta área; sin embargo, los padres, hermanos o familiares pueden transmitirle la creencia de que las matemáticas son incomprensibles y, por ende, difíciles de aprender.

Otros motivos por los que puede presentar esta dificultad son presentar alteraciones afectivas graves que hagan que su atención esté demasiado enfocada en sí mismo como para interesarse en cosas externas, y padecer una disfunción cerebral que lo incapacite para comprender el proceso matemático.

Esta dificultad específica en el proceso de aprendizaje del cálculo se conoce como discalculia, y se observa en niños con inteligencia normal, que, si bien no repiten años escolares, realizan las operaciones matemáticas con dificultad. Existen tres tipos de discalculia: la natural, la verdadera y la secundaria. La primera se presenta al comienzo del aprendizaje del cálculo y puede corregirse con la práctica. La discalculia verdadera se manifiesta en el tercero o el cuarto grado de primaria y una de sus carac-

La percepción que tienen los padres acerca de las matemáticas puede influir en gran medida en la actitud de los hijos hacia la ciencia de los números.

terísticas es que el niño afianza los errores de cálculo que tuvo en el primer grado y que no logró superar. En estos casos, se hace necesaria una reeducación; de no llevarse a cabo, puede haber un retraso pedagógico importante que produzca en el pequeño un sentimiento de inferioridad y una situación de aislamiento.

Por último, existe la discalculia secundaria, que es un trastorno que se origina como parte de otro cuadro más complejo al que se le conoce como "déficit global de aprendizaje"—dificultad para aprender en todas las áreas.

Para el tratamiento, se hace indispensable el trabajo conjunto de los padres, el niño, el profesor, un psicólogo y un médico —neurólogo, si fuera necesario—. La función de los padres consistirá en motivar el aprendizaje, pues de esta manera la actividad fluye generando interés y, como consecuencia, el niño mejora su rendimiento. En la medida en que los padres sean comprensivos, el niño dejará de aislarse y hará su mejor esfuerzo. El profesor se sensibilizará ante el problema y ayudará al niño en el proceso de abstracción. El psicólogo trabajará junto con el niño los trastornos psicológicos que generan esta dificultad y lo ayudará en el proceso de reeducación. Cabe hacer notar que si bien la reeducación es difícil, no es imposible desaprender lo mal aprendido.

¿Cuán importantes son los amigos cuando los niños asisten a la primaria?

Los amigos o compañeros de escuela son de suma importancia durante esta etapa, pues le dan al niño la posibilidad de socializar de un modo distinto del que se daba con sus compañeros de preescolar.

El pequeño comienza a establecer relaciones "formalizadas" con personas diferentes de sus padres y hermanos. La formalidad se debe a que el niño tiene que cumplir con las normas escolares: ser puntual todos los días, controlar su conducta durante el tiempo que esté en la escuela y dedicarse a un trabajo supervisado continuamente.

El tiempo libre del niño disminuye, pues tiene que administrarlo para tener tiempo para comer, realizar las tareas que le asignan en la escuela, en la casa y, dado el caso, en alguna actividad extracurricular, por lo que el juego con sus compañeros de escuela se vuelve importante. Tanto niñas como niños juegan como miembros de un grupo con normas propias, diferentes de las que imperan en la casa.

En esta edad escolar, las tensiones y las preocupaciones son generadas por las exigencias del grupo, debido a que la opinión y los sentimientos de los amigos revisten particular importancia. El niño no solamente se centra en sus propios deseos y necesidades; también puede disfrutar los juegos de competencia. Su nivel de inteligencia le permite evaluar sus habilidades y limitaciones, además de compararlas con las de sus compañeros. Aprende, entre otras cosas, a desempeñar diversos papeles que van más allá de ser hijo de mamá y papá, a expresar su energía en forma constructiva, a encontrar aliados para reforzar su posición, a aceptar adecuadamente los fracasos y los éxitos. Es decir, el niño aprende que la satisfacción puede ser mayor si la comparte con sus amigos y que también puede recibir el apoyo de éstos si se siente triste, por ejemplo, por la derrota de un equipo de futbol. También es característico que alrededor de los diez años, las niñas tengan una amiga confidente, la cual ocupa un lugar muy especial en sus vidas, pero también las hace sufrir si se enoja y les deja de hablar.

En ocasiones, los niños se identifican con pequeños con quienes comparten intereses, como coleccionar gorras, muñecos de peluche, videojuegos, estampas, etc. También se da el caso contrario, es decir, que un niño establezca amistad con alguien totalmente opuesto en su modo de ser: el deportista puede disfrutar la amistad del estudioso; la niña popular se relaciona con chicas no muy conocidas. Asimismo, es la edad en la que surgen los apodos, pues los defectos y las cualidades llaman mucho la atención de estas mentes clasificadoras y críticas.

Los niños deciden en conjunto quien es la bonita, la inteligente, la chistosa, el travieso, el jefe, el chismoso o el perezoso.

Los amigos son el "colchón" que los protege de las constantes frustraciones que sobrevienen en esta edad; son quienes los retroalimentan e impulsan a la competencia y quienes les permiten experimentar otro tipo de cariño, diferente del que disfrutan con sus familiares.

El juego solitario que se da durante los años anteriores es sustituido por el juego en equipo, que enseña al niño a compartir objetos y actividades y lo prepara para participar en juegos competitivos en grupo.

¿Es importante que el niño se sienta capaz en el plano académico desde que asiste a la escuela primaria?

Para el niño, es fundamental sentirse capaz en el ámbito académico, pues, además de que el aprendizaje escolar es la principal característica de este periodo, los logros en este plano fomentan su autoestima y la seguridad en sí mismo.

Desde el momento en que el menor incursiona en la escuela primaria, el mundo adquiere otra perspectiva para él, ya que este nuevo ambiente social le impone metas, limitaciones, realizaciones y frustraciones, a diferencia de años anteriores en los que la fantasía y el juego ocupaban la mayor parte de su tiempo.

Al tener conciencia de sí mismo, el niño comienza a manifestar preocupaciones que no deben subestimarse. Cabe hacer esta observación, pues a veces los adultos consideran que la infancia es un periodo carente de responsabilidades. Las preocupaciones principales de los pequeños giran en torno de la separación diaria de la familia; asimismo, el niño debe adaptarse a la cultura de sus compañeros y al sistema

CÓMO AYUDAR A UN NIÑO PARA QUE TENGA AMIGOS

- Anímelo a que haga amistades fuera de casa. Inscríbalo en una guardería o en el kinder.
- Favorezca la amistad de su hijo con niños de su misma edad, mayores y menores que él. La mezcla de edades ayuda al niño a que su margen de experiencia social sea más amplio.
- Si el niño es tímido e introvertido, le ayudará mucho tener amigos menores que él.
- No lo fuerce para que conviva con muchos niños al mismo tiempo; en ocasiones, los pequeños se sienten más a gusto interactuando con un solo amiguito.
- Asista con su hijo a fiestas infantiles y a otros lugares en donde suele darse la convivencia infantil.

escolar, tener control sobre sus emociones —ya no le es permitido llorar a pulmón abierto— y, desde luego, adquirir nuevos conocimientos y nuevas habilidades. Por medio de éstos, podrá canalizar su curiosidad y su energía, ya que tendrá que ordenar de manera sistemática toda la información que recibe de su medio ambiente.

En esta etapa, el niño tiene facilidad para aprender y para poner todo su empeño en lo que hace y, por lo general, su tendencia es tratar de alcanzar la perfección. La profesora o el profesor "califica" su esfuerzo, en buena medida porque es importante que el niño se sienta orgulloso de su actividad y que la disfrute.

Por medio de la escritura y de la lectura comienza a dominar las reglas del idioma: gramática, ortografía, vocabulario, conjugaciones verbales, redacción, etc. Asimismo, siente satisfacción al resolver sin errores operaciones aritméticas cada vez más difíciles, desde la suma, la resta, la multiplicación —pasando obviamente por el aprendizaje de las famosas "tablas"—, la división y las fracciones, hasta llegar a la meta de resolver las temidas raíces cuadradas. Le intrigan, o por lo menos trata de comprender, algunos sucesos histórico-sociales desconocidos por él hasta entonces; adquiere nuevos conocimientos sobre la naturaleza y estructura del cuerpo humano.

Con todo, existen diferencias individuales; por ello, algunos niños mostrarán más

> **CÓMO PUEDEN CONTRIBUIR LOS PADRES PARA QUE SUS HIJOS TENGAN UN BUEN DESEMPEÑO ESCOLAR**
>
> Los padres contribuyen para que sus hijos obtengan un buen desempeño escolar cuando:
> - Platican con ellos y les dedican un tiempo exclusivo; les hacen preguntas; los animan a participar en la conversación familiar y a hablar adecuadamente.
> - Tienen altas expectativas hacia sus hijos; los animan a dominar correctamente las tareas de desarrollo propias de la edad y los alientan para obtener buenos resultados escolares sin presionarlos.
> - Se relacionan cálida y afectuosamente con sus hijos, los ayudan a expresar sus emociones positivas y negativas; rara vez los castigan y conocen bien casi todas sus necesidades y sus deseos.
> - Educan y crían a sus hijos de forma democrática, y no de modo permisivo o autoritario; son firmes pero razonables, plantean alternativas; dejan que los niños tomen decisiones.
> - Muestran confianza en sus hijos, pues saben que éstos pueden desempeñarse óptimamente, por lo que estimulan constantemente su autoestima, su motivación, sus expectativas y su desempeño.
> - Utilizan la motivación intrínseca, ya que premian la capacidad y el esfuerzo, en lugar de dar premios cuando obtienen buenos resultados, o castigar y retirar privilegios.

La actitud y la aptitud profesional que se tenga en relación con el niño pueden promover o bien obstaculizar el proceso de aprendizaje.

Los padres son las figuras más importantes para el niño. Entre los 6 y los 12 años de edad llegan a idealizarlos y a considerarlos como personas perfectas que todo lo saben: son los orientadores expertos en un mundo complejo para la mente infantil. Sin embargo, en el contexto escolar, los profesores sustituyen a los padres. En el salón de clases son los que guían, enseñan y califican el desempeño del estudiante y, hasta cierto punto, controlan su conducta.

El niño se identifica con la madre, el padre, la profesora o el profesor, puesto que quiere parecerse a ellos en su modo de conducirse y porque además son para él figuras de respeto y de autoridad.

Algunos profesores tienen facilidad para observar habilidades destacadas en los niños y pueden sugerir a los padres actividades extracurriculares que sean adecuadas para el nivel del menor. Un profesor sensible también puede advertir problemas de aprendizaje en determinado alumno y apoyarlo para que los supere, dándole tiempo suficiente para ponerse al día y asimilar correctamente los conocimientos. En el caso de algunos niños, el profesor también puede suplir en cierta medida alguna falta de atención o de cariño que los padres no hayan sabido o podido prodigar.

En muchos casos, cuando un pequeño tiene dificultades en el proceso de aprendizaje, paralelamente presenta problemas de conducta que lo pueden inducir a convertirse en el saboteador de la clase. Con el tiempo, puede ganarse la antipatía de algún profesor, haciendo que lo ignore o que lo exponga ante sus compañeros al etiquetarlo, lo cual va en detrimento de la autoestima y de la motivación del niño. Esta dificultad por lo general puede superarse si el niño cuenta con el apoyo de la familia y ésta, junto con el profesor, logra establecer una buena comunicación. Es necesario tomar las medidas necesarias para enfrentar conjuntamente el problema.

aptitudes para las labores escolares que otros. Cuando un niño no se siente lo suficientemente apto para aprender, surgen en él sentimientos de inferioridad, pues no puede responder de una manera adecuada ante la exigencia social de la competencia. El niño puede mostrar apatía hacia el aprendizaje escolar, pero a la vez manifestar interés por buscar y clasificar información sobre su artista o deportista favorito. En estos casos, hay que determinar las causas de la falta de interés en el ámbito escolar.

¿Por qué algunos profesores son tan importantes en el desempeño de los niños en edad escolar?

El lugar que ocupa el profesor en la vida escolar del menor lo convierte en la persona que más influye en su rendimiento escolar.

¿Por qué a cierta edad niños y niñas juegan únicamente con compañeros de su mismo sexo?

Entre los cinco y los diez años, tanto las niñas como los niños se separan en grupos del mismo sexo y de edades similares. En realidad, los adultos promueven esta separación, logrando con ello que los pequeños tengan más intereses y conductas en común con miembros de su mismo sexo; además, influyen las características de los roles que se le asignan a cada género.

Los padres inician este proceso en la casa, al darle al infante juguetes en función de su sexo. Más tarde, en la escuela, los maestros eligen actividades que consideran apropiadas para cada género; separan los lugares en que se sentarán en el salón y dividen la formación. De esta forma, el niño aprende los roles sociales masculinos y femeninos. Hay que tener en cuenta que el concepto de género es construido socialmente por los adultos y los niños mediante prácticas cotidianas que refuerzan la idea de que ambos géneros son mutuamente excluyentes y, por lo tanto, rivales. De este modo, se le concede más importancia a la diferencia de género y se ignoran las actividades de grupo en la que participan niñas y niños.

En una investigación reciente, se encontró que, a pesar de los cambios que se han dado durante los últimos tres decenios respecto al rol de la mujer en la sociedad en materia de educación, derechos y trabajo, aún persisten en los juegos infantiles las diferencias tradicionales entre mujeres hombres. Las niñas continúan jugando a las muñecas, la casita, la escuelita, la enfermera, mientras los niños lo siguen haciendo con herramientas, pistolas y carros e interactúan entre ellos jugando futbol o a las luchas, que son juegos rudos, competitivos y ruidosos. Tanto a las niñas como a los niños les agrada iluminar, pintar y jugar con plastilina y a las cartas, pero por lo general lo hacen de forma separada, aunque en algunas ocasiones llegan a jugar juntos. Algunos estudios señalan que el 80% de los grupos de juego están integrados por niños de un mismo sexo, y el 20% restante de manera mixta.

Un dato curioso registrado en los resultados de algunas investigaciones tiene que ver con la disminución de la rigidez con que se dividen las actividades e intereses de cada género, aunque no se da de la misma manera en el femenino y en el masculino. A la edad de diez años, las niñas muestran menos preferencia por las actividades femeninas y aumenta su interés por las actividades masculinas, ya que tienen mayor libertad de participar en juegos atípicos de su género, como el basquetbol y los campamentos escolares, en tanto que los varones continúan practicando actividades y juegos característicos de su género, lo cual se debe posiblemente al riesgo social que corren de ser estigmatizados por otros niños si llegan a interesarse por juegos supuestamente femeninos.

Para un niño, es más difícil integrarse a un grupo de niñas, pues se vuelve el blanco de burlas y corre el riesgo de ser etiquetado por sus compañeros con insultos. Sin embargo, una niña puede tener más fácil acceso a los grupos masculinos.

La separación entre niñas y niños en el juego proviene de la idea de que hombres y mujeres viven en mundos separados. Sin embargo, esta creencia da pie para que los pequeños organicen actividades de oposición de niñas contra niños, y viceversa: se molestan mutuamente, evitan involucrarse con el grupo de género diferente y buscan tener acceso al grupo de su mismo género.

Los expertos consideran que cuando al niño se le permite interactuar sin prejuicio con las niñas, y viceversa, se le está dando la oportunidad de tener una relación más armoniosa con niños de diferente género, la cual se reflejará en el futuro, ya que tanto hombres como mujeres serán más sensibles ante las necesidades del otro género, haciendo posible una relación basada en la comprensión. Estas condiciones ameritan más esfuerzo por parte de los padres y de los profesores, pues es preciso luchar contra los prejuicios socialmente establecidos.

La adolescencia (12-18)

¿Por qué parece que en la adolescencia algunos jóvenes dejan de aprender?

Aunque durante la adolescencia los jóvenes siguen adquiriendo nuevas habilidades y formas de integrar éstas con las que ya poseen, generalmente el aprendizaje deja de enfocarse hacia lo que "debe aprenderse según la escuela o la sociedad", y se vuelca hacia el autoconocimiento y la introspección. Las prioridades de los jóvenes cambian y su aprendizaje apunta hacia áreas que les interesan de manera particular; a partir de ese momento, necesitan demostrarse a sí mismos que son individuos en evolución y que pueden hacerse cargo de su futuro.

En esta etapa, tratan de adquirir habilidades, conocimientos y experiencias que no hubieran podido aprender sólo con base en las recomendaciones de otras personas, y que son fundamentales para su vida como futuros adultos. El aprendizaje más valioso es el que surge de lo que viven y experimentan ellos mismos.

A este respecto, el papel de los padres es ofrecer sus puntos de vista sin imponerse, e intentar aportar la mayor cantidad de elementos para que los hijos puedan rescatar la información que necesiten y que, si así lo deciden, puedan ponerla en práctica e integrarla a su esquema de conocimientos.

En la mayoría de los casos, el aprendizaje formal que ofrece la escuela pasa a un segundo plano. Es común ver a los adolescentes preocupados, distantes y distraídos durante su estancia en la escuela o al realizar sus tareas. Resulta evidente su incapacidad para concentrarse adecuadamente en estas actividades. Al parecer, sólo logran prestar atención a las conversaciones con los amigos, ya sea en llamadas por teléfono o personalmente, a la música que acostumbran escuchar o a sus introspecciones en los espacios de silencio en los que parecen no escuchar ningún estímulo del mundo exterior. Por lo general, los libros que leen o consultan con interés durante esta etapa son los que les puedan aportar elementos adicionales para su conocimiento y su comprensión de la vida.

Durante las etapas de desarrollo anteriores a la adolescencia, resulta evidente el creciente nivel de aprendizaje de los niños. Éstas son etapas en las que las habilidades y los conocimientos aprendidos suelen manifestarse de forma concreta cuando los niños los aplican en experiencias de la vida cotidiana y en la obtención de nuevos aprendizajes.

Los padres suelen evaluar el desarrollo de sus hijos con base en lo que logran aprender. Asimismo, los niños también miden su desarrollo con base en lo que aprenden, pues sienten que les proporciona la capacidad de tener logros, de ser aceptados y de darles satisfacción a sus padres y profesores. La mayoría de ellos lleva a cabo un recuento detallado de sus logros y lo expresa con orgullo y abiertamente ante sus padres y personas cercanas.

En resumen, los adolescentes intentan aprender a tomar decisiones con respecto a cómo quieren vivir, a aplicar estas ideas en su vida cotidiana y a reevaluarlas y reajustarlas en función de los resultados que obtienen de la experiencia.

¿Por qué se dice que la adolescencia implica el surgimiento de una crisis?

La idea de que este periodo de la vida siempre llega acompañado por una crisis tiene por lo menos dos fundamentos: por un lado, la experiencia de un gran número de personas y los mitos populares que giran alrededor de la adolescencia y, por otro, un gran número de investigaciones científicas realizadas al respecto. Al ser una etapa de la vida del ser humano que implica el paso de la niñez a la edad adulta, la adolescencia ha recibido una atención especial en algunas culturas. Asimismo, la diversidad de reacciones y vivencias que el ser humano tiene durante esta fase ha despertado el interés de los especialistas. Éstos sostienen que la adolescencia trae consigo un gran número de cambios y transformaciones físicas y emocionales y, en términos generales, en todos los ámbitos.

Durante la adolescencia, el ser humano sufre un desequilibrio, el cual es más intenso al inicio de esta etapa, ya que durante los años escolares el crecimiento y el desarrollo siguen en general un curso metódico y un ritmo relativamente constante; en cambio, durante la adolescencia tiene lugar un rápido periodo de maduración biológica, física, psicológica y sexual.

Todos estos cambios y la velocidad con la que ocurren provocan en algunos jóvenes, en sus familias y en su entorno dificultades que pueden transformarse en problemas mayores, dependiendo de la situación particular en cada caso. Como en otras situaciones que implican cambios, existe la posibilidad de que se desencadene una crisis.

La experiencia personal de cada uno de nosotros puede remitirnos a por lo menos un episodio en el que la adolescencia se relacione con una crisis. Éstas, por lo general, son difíciles para quienes las viven; sin embargo, también suelen ser oportunidades para reajustar y acomodar aspectos que pueden favorecer el crecimiento personal y familiar. Contrariamente a lo que se piensa, las crisis no tienen únicamente implicaciones y efectos negativos; también pueden representar nuevas alternativas y desencadenar situaciones positivas.

Nuestras sociedades han favorecido determinadas creencias que muchas veces no benefician ni a los adolescentes ni a sus familias. Algunas personas consideran que la etapa que media entre la niñez y la adultez no provoca crisis alguna, que todos pasan por ella sin grandes tropiezos y que la transición es prácticamente automática. Cuando las circunstancias no coinciden con este mito, manifiestan desconcierto y desilusión y declaran al adolescente como el único responsable. Por otro lado, también se sostiene que es una edad muy difícil, que es imposible evitar el desastre familiar que sobreviene cuando alguno de los hijos entra en la adolescencia y que esta etapa interfiere con los logros ya alcanzados. Esta creencia puede atemorizar a los niños y angustiarlos respecto de todo lo relacionado con esta etapa, lo que añadirá aún más tensión de la que se espera. Ambas actitudes con frecuencia complican la situación.

Los expertos recomiendan considerar a la adolescencia como un segmento más del desarrollo personal y tener en cuenta tanto los aspectos difíciles como los agradables y divertidos, ya que finalmente el paso por cada etapa de la vida conduce al ser humano a un crecimiento en todos los aspectos de su personalidad.

Durante la adolescencia, las crisis no implican sólo situaciones negativas; en la mayoría de los casos constituyen los motores del cambio y permiten adquirir la madurez.

¿Por qué algunos adolescentes buscan escapar de sus problemas refugiándose en la escuela, en los amigos o en algún otro medio?

Algunos jóvenes viven la adolescencia con mucha ansiedad y angustia, y reaccionan de diferentes maneras. A algunos les resulta tan difícil y amenazante esta etapa que se convencen —propositivamente o no— de que sus problemas no existen y, por consiguiente, no los enfrentan. Cualquier medio les sirve de refugio: los amigos, la música, la comida, la televisión, etc. Sin embargo, se ha observado que, independientemente de estos intentos, la mayoría de los jóvenes no logran escapar de su situación y, tarde o temprano, terminan por enfrentarla.

En algunos casos, la adolescencia hace las veces de tregua fortuita durante la cual el joven se fortalece y logra sentir que puede enfrentar sus dificultades con éxito; en otros con el paso del tiempo y con el desgaste que implica cada situación, la crisis suele ser aún más difícil que lo que parecía al principio.

Otros jóvenes necesitan cierta distancia y un determinado espacio para reflexionar sobre las estrategias que deben adoptar para salir adelante. Recurren entonces a procedimientos que aparentemente tienen como finalidad escapar —como los mencionados— con el fin de darse el tiempo y el espacio que necesitan para reconocer cómo se sienten o qué les preocupa, y así buscar otras opciones o posibilidades de solución.

Aunque algunos jóvenes parecen absortos al escuchar música, ver la televisión o comer, están viviendo un proceso interno muy importante, indispensable para acceder al aprendizaje necesario con el fin de superar esta etapa. Incluso, se ha observado que los adolescentes que se refugian en los estudios tienen un desempeño diferente del que solían tener, ya que sus energías están centradas en otros asuntos que son prioritarios para esa edad.

El proceso tan necesario de romper con la tutela familiar, así como los posibles conflictos entre padres e hijos antes de la adolescencia, aunados al hecho de que durante esta etapa de la vida es también muy importante pertenecer a un grupo, conduce a los muchachos y a las muchachas a buscar el apoyo, la aprobación y la seguridad en un grupo de iguales, es decir, de compañeros que están viviendo situaciones parecidas a las de ellos.

A diferencia de la niñez, en la que, además de los padres, los profesores y compañeros desempeñan un papel muy importante para el desarrollo, en la adolescencia, la interacción con los amigos es la más importante. Es la fuente de referencia principal para el desarrollo del autoconcepto, del lugar en la sociedad, de las futuras relaciones entre adultos; es el ámbito en el que los adolescentes pueden compartir sus sentimientos, dudas, temores y proyectos con otras personas, para lograr una mutua comprensión. Los iguales son modelos y espejos en este tramo del camino hacia la independencia.

La amistad desempeña un papel muy importante y adquiere un matiz particular: "Es amigo el que forma parte de su mundo, el que comparte las experiencias propias de la edad, el que apoya y alienta, el que está dispuesto a defender activamente la filosofía del grupo; la amistad ofrece protección contra la ansiedad y contra el estrés y es una fuente de soporte". Debido a esto, los jóvenes están dispuestos a pasar por una serie de pruebas con tal de sentirse aceptados y reconocidos, llegando a acatar de forma exagerada diversas modas y estilos de vida.

Los expertos afirman que el grupo de amigos puede representar grandes ventajas, aunque también importantes inconvenientes. Al no encontrar formas adecuadas de comportamiento en el ámbito de los adultos ni en el de los niños, los adolescentes tratan de crear su propio mundo. Tanto los cambios internos correspondientes a estas edades como los que se dan en nuestras sociedades hacen que se incrementen las posibilidades de desajustes que pueden promover conductas de riesgo, las cuales, a su vez, pueden tener como consecuencia situaciones que afectan de manera permanente la vida del adolescente y la de su familia. Estos grupos de adolescentes, carecen en su mayoría, de los elementos necesarios para enfrentar este tipo de desajustes, de ahí que se encuentren en riesgo constante. Los principales peligros que enfrentan son el tabaquismo, el alcoholismo, la drogadicción, los embarazos no deseados y las enfermedades de transmisión sexual.

Aunque para algunos jóvenes estos refugios son temporales y enriquecedores, para otros pueden implicar toda una forma de vida, pues les permiten evadir sus dificultades recurriendo al abuso del alcohol o a la adicción a las drogas, o bien presentando comportamientos inadecuados, como la delincuencia, o una combinación de estas conductas.

¿Es cierto que los problemas que presentan los adolescentes se deben a la educación que recibieron de pequeños?

A pesar de que se ha dicho que la manera en la que cada persona vive su adolescencia depende de las experiencias vividas en fases anteriores, investigaciones recientes aportan datos que muestran que el desarrollo psicológico del individuo se produce a lo largo de toda la vida, y que el ser humano siempre puede encontrar ocasiones —tanto individuales como sociales— que le permitan reorientar su vida. Por tanto, el paso por alguna o algunas de las etapas anteriores no es determinante para el desarrollo de las fases posteriores.

Sin embargo, existen factores que suelen ser importantes en la mayoría de los casos, pues pueden contribuir a prevenir conflictos y crisis, o bien a favorecerlos. Entre los más importantes se cuentan:

• Las características propias de esta etapa de la vida, en la que los jóvenes experimentan cambios físicos —hormonales, estructurales y de apariencia—, psicológicos, emocionales, cognitivos y sociales. Al enfrentarse con estos cambios, los adolescentes se dan cuenta de quiénes son y quiénes quieren ser en el futuro.

• El tipo de relación entre padres e hijos: la cercanía, la confianza, el respeto, las expresiones de afecto —o la carencia en estos aspectos—, el estilo de comunicación, la enseñanza y la adopción de valores, las reglas de la familia, etcétera.

• Los aspectos particulares de cada individuo: la imagen que cada quien tiene de sí mismo y de los demás; las maneras particulares de reaccionar, las capacidades ejercitadas, las expectativas para el futuro, etcétera.

• La calidad de la orientación educativa, que comprende información relativa al desarrollo, la sexualidad, los riesgos posibles de algunas actividades, etcétera.

Así, reviste una gran importancia el tipo de reacción y el grado en que el adolescente, los padres y otras personas cercanas acepten los cambios que tienen lugar y que están estrechamente relacionados con los factores anteriores.

En cuanto a los adolescentes, la concepción de sí mismos ante los cambios dependerá de cuán atractivos se sientan

Los cambios hormonales, psicológicos y de apariencia que experimenta el adolescente suelen ser tan veloces que frecuentemente lo hacen sentir incomprendido por el mundo de los adultos.

Para garantizar que los adolescentes adquieran un concepto sano de su sexualidad y la puedan ejercer de manera responsable, no sólo se requiere una educación sexual adecuada, sino también una buena comunicación con los padres y sentido común.

físicamente, de que tengan una imagen positiva de su cuerpo, de su imagen física en general con respecto al estándar que prevalece en su grupo de compañeros de edad, y del lugar que ocupan en éste, por ejemplo, una posición de liderazgo o de popularidad.

Ante la incertidumbre, es frecuente que los padres y las personas cercanas al adolescente modifiquen su actitud y reaccionen ante él de manera diferente, incluso antes de que él mismo note sus propios cambios físicos y psicológicos. Estas modificaciones de la actitud suelen ser drásticas y los adultos las justifican con argumentos como: "Ya no es un niño, ya no necesita que se le trate como tal; es por su bien..." Por ejemplo, se le asignan al joven nuevas responsabilidades, disminuye la cercanía física —como los abrazos y las muestras de cariño—, se esperan reacciones emocionales "propias de un adulto", etcétera. En términos generales se le trata como si ya no fuera el mismo, considerándose que, ante tantos cambios, las maneras con las que se le trataba ya resultan obsoletas. El adolescente reacciona con rechazo y rebeldía, pues siente que ya no es un niño, pero al mismo tiempo sabe que aún no puede reaccionar como adulto.

Los especialistas afirman que si se tiene en cuenta el desarrollo global y el ajuste en el ciclo vital del ser humano, los cambios de la adolescencia son menos radicales de lo que se cree comúnmente. Sostienen que tener en cuenta el proceso que implica la adolescencia ayuda a los padres y a otras personas a reaccionar adecuadamente ante los cambios, lo que facilita a su vez la reacción del adolescente en algunos aspectos durante esa etapa. Tanto las personas como sus necesidades van evolucionando de una manera gradual, por lo que las reacciones también pueden encontrar esta manera de evolucionar.

Por lo general, los problemas que viven los adolescentes implican la búsqueda de soluciones a problemas vitales. Durante la adolescencia, el ser humano debe comenzar a enfrentarse con éstos de manera más autónoma y activa. Desde el nacimiento, todo individuo tiene que enfrentar diferentes tipos de problemas, y cada etapa va brindando la oportunidad de buscar opciones o alternativas para llegar a la solución de problemas y pasar a la siguiente búsqueda. Por ello, la oportunidad de resolver problemas representa una oportunidad de crecimiento vital.

¿Cómo influye en el comportamiento del adolescente el que reciba educación sexual?

A pesar de que comúnmente se piensa que la educación sexual que pueda impartírseles a los adolescentes puede incidir negativamente en su comportamiento, los resultados de investigaciones recientes han demostrado lo infundado de esta afirmación. Tener acceso a una educación sexual no hace que los hijos manifiesten actitudes más rebeldes y retadoras, ni que tengan más problemas de relación con sus semejantes, ni que cambien sus valores morales. Se ha observado que estos jóvenes no tienen relaciones sexuales antes que los muchachos que no han tenido acceso a este tipo de información.

Por otra parte, el hecho de que los adolescentes adquieran conocimientos adecuados en materia de sexualidad no constituye necesariamente una garantía para prevenir una conducta sexual temprana o irresponsable. Aunque la educación sexual representa un factor muy importante, intervienen también otros.

Entre estos factores destacan:
• Tener una buena relación con los padres, lo cual incluye una buena comunicación, un adecuado nivel de confianza y el apoyo suficiente por parte de éstos. Compartir con los padres los problemas personales, incluidos los que se relacionan con la sexualidad y la anticoncepción, parece ser muy importante.
• Tener una autoestima alta, una buena autoimagen y la habilidad para tomar decisiones y defender sus puntos de vista con firmeza y claridad.
• Contar con información adecuada en materia de comunicación y roles sexuales en la relación de pareja.
• Considerar las consecuencias de tener un hijo durante la adolescencia.
• Tener expectativas para lograr niveles escolares altos y cursar una carrera.
• Contar con amigos y personas cercanas que tengan las características señaladas en los puntos anteriores.

Como puede observarse, los padres deben tener presentes todos estos aspectos y hacer todo lo que esté a su alcance para no descuidarlos.

En virtud de lo anterior, así como los adolescentes necesitan una buena preparación, tanto los padres como los profesores también necesitan muchos conocimientos para ayudar a enfrentar los problemas que les surgen a aquéllos durante esta importante etapa de la vida.

La población en general debe tener acceso a este tipo de información, ya que las creencias de los padres, profesores y personas cercanas se transmiten de manera implícita o explícita e influyen considerablemente en el comportamiento sexual de los adolescentes.

A este respecto, se ha observado que la mayoría de los padres y profesores manifiestan una gran necesidad de recibir este tipo de información, y el deseo de aprender estrategias para orientar y capacitar a los adolescentes.

¿La masturbación es normal en el desarrollo del niño?

Sí, aunque popularmente se ha considerado que el ser humano despierta a la sexualidad hasta la adolescencia, la sexualidad es algo natural e inherente a él y la masturbación es una de sus manifestaciones más tempranas.

Los expertos señalan que desde sus primeros días de vida, los niños experimentan sensaciones placenteras al recibir estimulación en algunas partes de su cuerpo, como la boca o los genitales.

Posteriormente, como parte de la exploración natural de su cuerpo, el individuo va descubriendo que le es agradable tocarse y acariciarse los genitales, e intenta hacerlo constantemente, es decir, se masturba. Esta actividad prevalece a lo largo de toda la niñez y hasta la adolescencia, intensificándose en algunos momentos en especial. Es una parte del proceso natural del descubrimiento de la sexualidad y facilita el desarrollo adecuado del área sexual.

Es recomendable que los padres estén bien informados respecto de este tema, e intenten entender a la masturbación como lo que es: una fase totalmente normal del desarrollo infantil. La forma en que reaccionan los padres cuando sorprenden a su hijo masturbándose va a tener consecuencias importantes, no solamente relacionadas con la sexualidad del niño, sino también aquellas que tienen que ver con su desarrollo integral.

La percepción que los padres tengan sobre este aspecto del desarrollo va a transmitirse de diferentes maneras a los hijos, e influye directamente en la percepción que estos últimos adquirirán acerca de la sexualidad y sus manifestaciones.

Los padres pueden explicar a los hijos que al hecho de acariciarse uno mismo para sentir placer se le llama masturbación; que el ser humano tiene, entre otras, la necesidad de sentir placer, que la masturbación es una forma de obtenerlo y que forma parte de la intimidad personal, es decir, que no es adecuado que se acaricie cuando estén presentes otras personas. Se recomienda que los padres actúen en forma congruente con este punto, respetando el hecho de que a veces los hijos desean estar solos, y evitando comentarios que hagan referencia en forma velada a que los hijos se masturban.

A pesar de la gran cantidad de creencias populares que existen al respecto, los padres deben tener presente que la masturbación no implica ningún tipo de problema del desarrollo; por el contrario, es una actividad necesaria, forma parte de las tareas del desarrollo en la niñez y en la adolescencia, y también es una forma legítima de actividad sexual, por lo que es normal también en los adultos.

La masturbación no debería desencadenar situaciones problemáticas ni sentimientos de miedo y de culpa en los padres ni en los hijos.

Es importante aclarar que cuando las creencias y las reacciones ante la masturbación han provocado situaciones difíciles en las familias, se requiere la consulta con un especialista. De esta manera, tanto los hijos como los padres podrán contar con el apoyo que requieren para superar las dificultades y lograr continuar su desarrollo de una forma adecuada.

¿Es cierto que entre los 18 y los 20 años se adquiere el equilibrio de pensamiento?

Como el pensamiento es un proceso en constante modificación, nunca acabado, técnicamente hablando no se puede aludir a un equilibrio de pensamiento, ya que el ser humano sigue adquiriendo y experimentando nuevos conocimientos, ideas y sentimientos; la única constante en este proceso es el cambio.

El joven ya ha adquirido la capacidad para elaborar abstracciones, es decir, para manipular signos y símbolos mentales complejos. Por ejemplo, es capaz de entender y crear metáforas y no necesita ilustraciones para entender conceptos, lo que le permite, por otra parte, resolver ecuaciones algebraicas.

Antes de los 18 años, algunos adolescentes atraviesan por crisis en casi todos los ámbitos de su existencia. Para construir su propia identidad, centran sus preocupaciones en la búsqueda de diversos modos de acción y pensamiento y, en este proceso, su manera de conducirse puede parecer voluble o impredecible. En muchas ocasiones, sus pensamientos y comportamientos no son congruentes y hacen afirmaciones que no ponen en práctica. Asimismo, idealizan personajes actuales o pasados, por ejemplo, le atribuyen a su novio o novia actitudes y valores propios o que le gustaría que su pareja tuviera.

El proceso anterior es una etapa en el camino del equilibrio entre la realidad y la fantasía, puesto que para lograr las metas reales el joven deberá recurrir a su capacidad de imaginar y soñar. Del mismo modo, puede alcanzar una congruencia entre el pensamiento y la acción.

La etapa comprendida entre los 18 y los 20 años es primordialmente una fase de consolidación. La frase con la que un joven de esta edad podría describir mejor el concepto que tiene de sí mismo es: "Éste soy yo". Tal nivel de desarrollo le permite integrarse adecuadamente a la sociedad en la que vive.

¿Es cierto que la capacidad intelectual sólo se desarrolla hasta los 15 años?

Existe poca coincidencia entre los puntos de vista de los investigadores en torno de este tema. Existe la tendencia a considerar que, dada la plasticidad y la flexibilidad del intelecto, la inteligencia va aumentando hasta la adolescencia y declina con la vejez; sin embargo, aún no se tiene plena certeza de esta aseveración y, por tanto, no es aceptada de manera general. Algunos estudiosos afirman que el declive intelectual empieza entre los 10 y los 20 años, o alrededor de estas edades, pero hay investigadores que se oponen a esto, alegando que si se dispusiera de pruebas adecuadas, se comprobaría que la inteligencia aumenta hasta la edad de 50 años.

Existen obstáculos teóricos y prácticos para llevar a cabo investigaciones con el fin de describir la tendencia general de la inteligencia durante toda la vida, desde la infancia hasta la vejez, aunque se han llegado a realizar algunos. Entre estas dificultades se menciona el hecho de que la inteligencia a la edad de cinco años es muy diferente de la de los 15 o 60 años, por lo que no se pueden comparar, además de que las pruebas para medir la inteligencia son exclusivas de ciertas edades y existe una gran polémica en torno de lo que realmente evalúan.

Se han realizado dos tipos de investigaciones para medir el cociente intelectual (CI) en diferentes edades: transversales y longitudinales. Las investigaciones transversales aportan información sobre los resultados del CI de diferentes grupos de edades examinadas a la vez; por ejemplo, se le aplica una prueba a un grupo de niños de cinco años y, al mismo tiempo, se aplican otras pruebas a grupos de 15, de 30, de 60 años, etc. En las investigaciones longitudinales se examina a los mismos individuos en diferentes edades de su vida.

A veces, los resultados obtenidos a partir de estos dos tipos de investigaciones no concuerdan. Las investigaciones transversales tienden a mostrar un declive importante en relación con la capacidad intelectual a edades relativamente tempranas. Sin embargo, la falla que se encontró en este estudio fue que las personas mayores que participaron tenían un menor nivel promedio de educación con respecto a las más jóvenes. Por otra parte, en los estudios longitudinales se encontró un descenso insignificante o incluso nulo hasta una edad muy avanzada; en este último caso, el principal escollo que se presentó fue que algunas personas dejaban de cooperar en el estudio y sólo los más capaces tendían a permanecer.

Los estudios longitudinales pueden resultar más valiosos, puesto que dan información sobre el desarrollo de la inteligencia

Actualmente ha caído en desuso la idea de que una persona mayor de 15 años no pueda seguir estimulando su intelecto.

La búsqueda de la propia identidad es la tarea de desarrollo más importante del adolescente. Una educación adecuada durante la infancia es la base para vivir una adolescencia agradable y sin demasiados conflictos.

a lo largo de las diferentes edades del individuo; sin embargo, se debe considerar que, por lo mismo, son más costosos y difíciles de poner en práctica. Algunas personas han afirmado que para poder realizar estudios de este tipo y comparar los resultados con otra generación de una manera realmente precisa, se necesitarían 200 años.

En otras investigaciones, se ha llegado a la conclusión de que las personas que muestran aptitudes superiores no manifiestan merma intelectual, por lo menos hasta alrededor de los 50 años. Asimismo, otros estudios indican que el descenso en la aptitud intelectual es menor cuando la persona se dedica a una actividad intelectual y mayor cuando su vida diaria implica una menor estimulación de este tipo. De hecho, se encontró que hay menos deterioro en las células del cerebro de personas ancianas que han mantenido un alto nivel de actividad. Se sabe, además, que el tiempo no pasa en balde; los resultados de algunas pruebas indicaron que las personas mayores tendían a tener puntajes bajos en actividades que implicaban memoria a corto plazo, pero altos en el área verbal, gracias a la madurez y a la experiencia que otorga el tiempo.

Si bien es cierto que a los 15 años se desarrollan las bases cognitivas, es decir, los recursos con que cuenta una persona para aprender —dado que el adolescente alcanza el máximo nivel cognitivo que es el pensamiento abstracto, lo que posiblemente coincida con la cúspide del desarrollo neurológico—, la inteligencia es una facultad humana que precisa del aprendizaje para incrementarse, por lo que se podría decir que una persona que ejercita y mejora sus capacidades, a la vez que aprende otras, aumenta su capacidad intelectual. La capacidad intelectual es un proceso, no un producto acabado y, por tanto, una facultad susceptible al cambio.

¿Cuáles son las tareas del desarrollo de los hijos adolescentes?

El caudal de cambios físicos, psicológicos y sociales que viven los jóvenes ocasiona que, durante la adolescencia, la tarea central del desarrollo sea la búsqueda de la identidad como ser humano íntegro.

En respuesta ante las necesidades propias de la edad y ante las creencias populares que existen alrededor de esta etapa, el gran reto de los adolescentes es la preparación para la vida adulta, que, si bien tiene principio con la vida misma, es mucho más intensa durante la adolescencia. Los cambios corporales derivados de la maduración de los órganos genitales traen consigo cambios en el aspecto físico. Los seres humanos comienzan a ser físicamente capaces de reproducirse durante esta etapa, pero esto no implica que tengan la madurez social para enfrentar este hecho en los demás ámbitos de su personalidad. En este sentido y en algunos otros se dirigen la mayoría de las metas por alcanzar. En este camino, el cuestionamiento y la reflexión son ingredientes necesarios. Todos los principios que habían regido la vida del individuo buscan y adquieren un lugar diferente dentro de la jerarquía habitual.

Como sucede en las otras etapas del ciclo vital, la adolescencia implica tareas del desarrollo para los hijos, pero también para los padres.

El joven debe definirse y tratar de aceptarse como individuo con pensamientos propios. Las maneras de pensar y de comportarse se ven matizadas con un gran toque de autonomía e independencia; todo lo relacionado con el joven se vuelve algo personal, ya no compartido ni familiar. Los adolescentes revisan aspectos relacionados con la religión, con la justicia, con los roles propios de cada género, con las decisiones y las reglas familiares, así como con creencias, actitudes o ideales concernientes a cuál será su papel o función como adulto. Asimismo, rechazan todo lo que sienten ajeno a ellos e intentan hacer valer sus derechos para hacer evidente y establecer su identidad.

En cuanto a los padres, frecuentemente intentan mantener el control, por lo que el conflicto se vuelve más difícil. En la mayoría de los casos, tanto los padres como los hijos se preocupan de que la relación pueda deteriorarse para siempre, teniendo en cuenta todo lo que se está viviendo durante la adolescencia. Sin embargo, se ha observado que la distancia física o emocional suele ser benéfica para la relación. Aunque ambas partes se necesitan, esto puede también estar relacionado con el establecimiento de los límites indispensables para un nuevo tipo de relación. El nuevo tipo de relación y de nuevas formas de comunicarse con los padres y con otros adultos con funciones de autoridad implica para estos últimos la importante labor de proveer de nuevo la confianza, la tranquilidad y el apoyo, a la vez que permiten a los adolescentes evaluar sus ideas en contextos menos críticos.

Ser capaz de establecer y defender un punto de vista parece promover un fuerte sentido de identidad personal.

Los adolescentes tienen que adquirir y continuar afinando sus destrezas sociales: desde nuevas reglas básicas de comportamiento hasta las bases para una adecuada convivencia con una pareja. Tienen que aplicar y extender sus conocimientos sobre la toma de decisiones, continuar su educación formal en escuelas y colegios e, incluso, en algunos casos, elegir profesión, lo que implica un gran conflicto, ya que es una decisión que puede afectar su futuro de manera considerable. Asimismo, tienen que enfrentar el reto de mantenerse fuera de los posibles riesgos a los que se es más vulnerable a esta edad: el alcohol, las drogas y la delincuencia, entre otros.

El ejercicio de la sexualidad adquiere una importancia central en la vida de un joven o de una joven adolescente. Para él o para ella, será una gran experiencia el intercambio de miradas y las vivencias siguientes que constituyen una preparación para tener y conservar una relación de pareja estable que incluya relaciones sexuales responsables y seguras.

Estos elementos, entre los que destacan la influencia de las hormonas y el sentirse como niños y adultos al mismo tiempo, pueden originar sentimientos ambivalentes y confusos, que incluyen cambios drásticos de estados de ánimo. Los padres y los adultos cercanos suelen tratar a los adolescentes con la misma ambivalencia, ya que también a ellos esta situación les resulta confusa. Los adolescentes, al igual que los adultos de su entorno y en general toda la familia, pueden sentir que necesitan entender el proceso por el que están pasando. La confusión y la incertidumbre pueden ofrecer la posibilidad de flexibilizar las ideas y los preceptos anteriores, por lo que la posibilidad de cambio resulta más accesible.

Un elemento primordial en la negociación exitosa que se requiere en estos años parece ser el apoyo familiar, educacional y social, el cual debe ser congruente con las necesidades y los intereses de los jóvenes, y contar con más oportunidades de hacerse cargo de explorar y resolver las incertidumbres relacionadas con la identidad.

El adulto joven (18-34)

¿Es posible aprender de adulto lo que no se logró aprender de niño?

Aprender es una tarea que puede llevarse a cabo a lo largo de toda la vida. Existe la creencia popular de que los conocimientos que no pudieron obtenerse durante la infancia —y que son propios de esta fase— no pueden adquirirse en etapas posteriores. Sin embargo, aunque todo aprendizaje se relaciona con un momento ideal, se ha observado que, en general, cuando el adulto se lo propone tenazmente, logra adquirirlo y dominarlo, si bien con mayor esfuerzo y dedicación. Asimismo, se ha confirmado que cuando se logra un aprendizaje tardío el desempeño no necesariamente se sitúa por debajo de lo esperado.

Hay habilidades que resultan más fáciles de dominar y otras que, aun con el mayor empeño, son prácticamente inaccesibles para el adulto, considerando los requisitos y los factores necesarios para ejercerlas. En ocasiones, para lograr el aprendizaje, el adulto necesitará una capacitación mucho más intensa que la que hubiera requerido en etapas previas de su vida. Esta práctica deberá incluir las bases fundamentales del proceso que le permitan alcanzar el objetivo.

El dominio de destrezas en las que interviene el cuerpo —por ejemplo, los deportes— requiere un entrenamiento previo y la elasticidad que se posee durante la infancia; no obstante, puede alcanzarse. De manera similar ocurre con algunas otras habilidades. No obstante, investigaciones actuales sostienen que no podría establecerse una regla al respecto. Aunque en la adultez el potencial no se desarrolla como en las etapas anteriores, es posible que existan capacidades ya desarrolladas que no se hayan aprovechado al máximo y que puedan ejercitarse de manera óptima.

Es importante señalar que la declinación natural de las capacidades físicas y mentales en el ser humano puede verse influida en cierta medida por la ejercitación constante de éstas. Considerar la posibilidad de continuar aprendiendo favorece de manera muy importante la actitud de las personas hacia el desarrollo continuo de cada etapa de la vida.

Además de la experiencia de vida con la que cuenta, el adulto enriquece de modo especial cualquier experiencia de aprendizaje. Así, lo aprendido adquiere un matiz distinto y en algunos casos suele ser mejor asimilado, aprovechado y valorado que si se hubiera dado en una etapa anterior. Los expertos señalan que personas que aprendieron y dominaron actividades propias de la infancia durante la adultez pueden también tener desempeños apropiados y, aun en algunos casos, notables.

Nunca es tarde para aprender nuevas habilidades y para hacer realidad los sueños de superación que se han tenido durante toda la vida.

¿De qué depende la vocación?

La vocación puede considerarse desde dos diferentes puntos de vista. Por una parte, es la inclinación que se tiene por alguna profesión o carrera; y por otra, es la ocupación que elige un ser humano.

Las cuestiones relacionadas con la vocación han despertado el interés de muchos especialistas e investigadores.

Idealmente, la vocación debe estar relacionada con la elección profesional, que en términos generales determina aspectos significativos de la vida del individuo, por ejemplo, el lugar que ocupa en la sociedad y, en general, el estilo de vida que lleva, tanto en el ámbito personal como en el familiar. Esta elección es una parte fundamental de su plan de vida.

A pesar de la importancia del vínculo entre vocación y elección profesional, aún en la actualidad, un porcentaje importante de jóvenes elige su profesión sin haber identificado y reconocido previamente sus capacidades y las necesidades sociales de su entorno. En otros palabras, muchos jóvenes no tienen la oportunidad de reflexionar sobre cuáles son sus habilidades y destrezas sobresalientes, las áreas fuertes que pueden explotar y sus intereses, con el fin de elegir una profesión tomando en cuenta estos aspectos.

Con frecuencia, las causas de lo anterior tienen su origen en algunas creencias sociales, entre las que destacan:

• Que los hijos, por tradición o bien por necesidad de la familia, continúen con la misma profesión del padre o de algún otro familiar.

• Que los hijos decidan desempeñar profesiones que los padres hubieran querido ejercer y para las cuales no tuvieron la oportunidad.

• Que las vocaciones y actividades desempeñadas deben obedecer al sexo del individuo, con lo cual ambos sexos se ven limitados en su elección.

La creencia según la cual la ocupación está predeterminada suele conducir a grandes fracasos, ya que cada actividad exige habilidades especiales que el joven no siempre puede desarrollar; además, al no coincidir con sus intereses, es difícil encontrar la motivación necesaria para la consecución de la meta.

Estos fracasos traen consigo un alto grado de frustración tanto para el joven como para la familia, y a menudo son motivo de dificultades y tensiones.

Cuando los jóvenes tienen todas las oportunidades de tener acceso a una educación formal que les permita posteriormente desempeñar un trabajo, el conflicto puede atribuirse ante todo a la elección de la carrera. Se ha observado que se produce un temprano abandono escolar cuando la carrera que se estudia no responde a una elección propia del adolescente o cuando no está relacionada con sus aptitudes. Sin embargo, es importante aclarar que, en algunos casos, los jóvenes llegan a adaptarse a la situación, continúan estudiando y logran tener un desempeño adecuado e inclusive sobresaliente.

La vocación es algo eminentemente social y depende de factores individuales y de las características culturales, científicas y tecnológicas de la sociedad. Es necesario que cada individuo cuente con la posibilidad de reflexionar para elegir entre toda la gama de posibilidades que existen y en función de sus recursos personales, de sus intereses y de sus necesidades.

Se recomienda que los padres establezcan un ambiente propicio para que tanto ellos como sus hijos puedan exponer sus opciones, motivos y razones. De esta manera, el joven, a quien en última instancia compete la decisión definitiva, podrá tener la mayor cantidad de elementos a su disposición para tomar la decisión que considere más adecuada.

Por otra parte, existen apoyos externos, como la ayuda profesional de psicólogos y diversas pruebas especiales, que permiten brindar una orientación. Asimismo, cabe recordar que, aunque se espera que la elección que haga el adolescente sea la definitiva, siempre es posible reconsiderarla y rectificar.

¿Por qué se dice que los padres y los hijos pueden alejarse o acercarse más durante la adultez joven?

La adultez joven es la etapa de la vida que señala la entrada al mundo de la vida adulta, e implica tareas de desarrollo en las cuales la presencia de los padres juega un papel muy especial. Por este motivo, durante este periodo los hijos pueden experimentar una mayor cercanía afectiva con sus padres, o bien un distanciamiento importante con ellos.

Los expertos en el tema afirman que, para los padres, el solo hecho de considerar que el hijo está dejando atrás la adolescencia y entrando a la adultez les brinda cierta tranquilidad y paz. Además, durante esta fase del desarrollo puede darse la reflexión necesaria para reacomodar ciertos aspectos que, de alguna manera, y algunas veces sin darse cuenta, se desorganizaron durante la adolescencia.

En está etapa, tanto los padres como los hijos pueden reevaluar sus posiciones, rescatar aspectos que consideran valiosos de su relación y enriquecerlos con las experiencias vividas durante la etapa anterior.

Asimismo, la naturaleza de algunas de las tareas del desarrollo propias de esta etapa suelen incluir la idea de compartir, tanto por parte de los hijos como de los padres.

En el intento de los hijos por alcanzar las metas adecuadas a está edad y en el de los padres por cumplir con los objetivos correspondientes a la etapa del ciclo-vital que están viviendo, se requiere un apoyo mutuo y recíproco en el que se incluya un gran respeto hacia las decisiones de cada parte. De esta manera, la relación entre padres e hijos puede reforzarse y enriquecerse durante toda la vida.

Cuando los hijos vivieron su adolescencia como una guerra en la que no se logra llegar a la negociación necesaria para aliviar el conflicto, es probable que ellos y los padres desarrollen resentimientos y sentimientos negativos que podrían desencadenar problemas más serios, y propiciar un alejamiento mayor. La falta de aceptación y de negociación hace que la convivencia sea muy difícil.

Cuando los padres pretenden controlar el comportamiento y los pensamientos de los hijos durante su adolescencia, estos últimos tienden a distanciarse, como un recurso para obtener su autonomía y su libertad; asimismo, los padres mantienen su postura, intentando demostrar que son ellos quienes tienen la razón. Como consecuencia de este círculo vicioso, la relación llega a desgastarse tanto que en algunas ocasiones los padres y los hijos se relacionan de manera semejante a como lo hacen con aquellas personas que no conocen. No obstante, cualquier momento de la vida puede resultar apropiado para intentar una reconciliación.

Vivir momentos o experiencias positivas y negativas puede otorgarle a la relación entre padres e hijos cierto aire de compañerismo y de horizontalidad, que la benefice mucho.

¿La palabra independencia adquiere un significado diferente cuando se ha dejado de ser niño?

Aunque cada persona le asigna un significado especial a las palabras de su vocabulario, algunos vocablos, como "independencia", que han jugado un papel decisivo a lo largo de la historia humana, suelen tener, en términos generales, significado o significados compartidos. Podría decirse que el referente de esta palabra encuentra espacios comunes en las diferentes fases del desarrollo del individuo.

Tal vez el nacimiento sea la primera expresión de la independencia del nuevo ser: sobrevivir fuera del vientre materno. Paulatinamente, pero siempre con la presencia y la participación activa de los padres, el bebé va incluyendo también la capacidad de moverse y trasladarse para explorar su mundo y aprender de él gracias al conocimiento de los objetos y de las personas que lo rodean. De esta manera, logra identificar el lugar que ocupa en su medio. En este periodo, la independencia radica en que los padres le permitan al niño un cierto espacio —que será cada vez mayor— para establecer nuevos lazos y relaciones.

Con la llegada de la adolescencia, caracterizada por un conjunto de transformaciones que ratifican la inminente entrada a la vida adulta, los jóvenes requieren un cambio que esté a tono con los que están experimentando. El alcance de la palabra "independencia" será diferente del que tuvo durante los primeros años de vida. Se asociará con el rechazo a que los padres estén incluidos en la intimidad de la que ahora deben disfrutar; es decir, aunque los padres sigan siendo importantes, a partir de ese momento deberán tener una función de observadores pasivos, cuya participación debe ser expresamente solicitada por el hijo. Por otro lado, es común que los adolescentes incluyan en su mundo a una mayor cantidad de personas ajenas al medio familiar, sobre todo amigos y compañeros de la escuela.

Durante la adultez joven, cada individuo delimitará —en función de sus vivencias, características particulares y plan de vida— los elementos necesarios que le ayudarán a construir su definición de "independencia". Sin embargo, se ha observado que, haciendo a un lado las particularidades, la mayoría de los jóvenes desean ser independientes, pero manteniendo una relación cercana y armoniosa con sus padres.

Es importante señalar que los distintos matices adjudicados al término "independencia" no sólo difieren en el grado de dependencia o no dependencia que la persona le otorgue en cada etapa, sino también en función del estilo particular de cada individuo y de la situación.

De algún modo, estos valores diversos entran en juego conforme se van imponiendo los significados que los hijos le asignan a este vocablo, como ha venido sucediendo en todas las épocas. Así, generación tras generación, esta palabra va adoptando formas y aspectos peculiares como respuesta al proceso de evolución del ser humano.

¿Qué decisiones debe tomar su hijo o hija durante la adultez joven?

La libertad consiste en la capacidad del ser humano para decidir entre las diversas opciones que se le presentan en la vida. El joven tendrá que ejercer su libertad en distintas circunstancias, aunque hay situaciones que son típicas de la adultez joven.

A partir de los 18 años, el individuo es considerado mayor de edad, por lo que adquiere garantías y obligaciones ciudadanas, como votar, lo cual implica una determinada conciencia política y la capacidad de decidir, hasta cierto punto, sobre el acontecer cotidiano de su país. Por otra parte, como se explica con mayor detalle más adelante, el joven se ve enfrentado a la decisión de elegir carrera, pareja y de considerar la posibilidad de tener uno o varios hijos.

A diferencia de épocas pasadas, en las que generalmente sólo a los hombres se les impulsaba para que estudiaran, en la actualidad las mujeres tienen las mismas oportunidades educativas. Por ello, alrededor de los 18 años el joven o la joven debe tomar la decisión de elegir la profesión u ofi-

Una de las tareas del desarrollo del adulto joven consiste en asumir la responsabilidad de sus actos, algunos de los cuales en ocasiones pueden implicar riesgos o problemas.

cio que ejercerá durante el resto de su vida. Para ello, es importante que se conozca a sí mismo y que, posteriormente, disfrute su trabajo. Sin embargo, a veces se equivoca y se ve precisado a abandonar la primera carrera escogida y a optar por otra; sin embargo, como reza el dicho, es de sabios equivocarse, siempre y cuando no sea de manera continua.

No obstante, cabe observar que, debido a la incertidumbre que genera la situación socioeconómica actual, para el adulto joven no es fácil decidir la mejor manera de asegurar un futuro económico estable.

Muchas veces, el joven tiene que enfrentarse con el dilema de decidir si abandona sus estudios para trabajar o si recurre a trabajos complementarios éstos, por lo general no son de su agrado, pero le generan un ingreso. Algunos también se ven en la necesidad de decidirse por cambiar de carrera, al percatarse de que la que estudiaban está saturada y no hay trabajo suficiente.

La expectativa social señala que los jóvenes realicen actividades que les produzcan altos ingresos, por lo que las carreras relacionadas con el arte o con las humanidades no son aceptadas con mucha facilidad. En general, se espera que el joven estudie carreras que la sociedad tenga en alta estima, como medicina, ingeniería, arquitectura, administración, contaduría o computación, cuyas fuentes de trabajo son mayores y, en muchos casos, mejor remuneradas. Sin embargo, cuando la persona tiene claros sus objetivos, sabe que finalmente tiene sentido luchar por sus convicciones con la certeza de que su recompensa se traducirá en dedicarse a lo que le gusta, pues de otro modo sentiría frustrada su vocación.

Otra elección vital del joven es la de una pareja estable para compartir su vida y establecer una relación afectiva, y con quien más tarde posiblemente conforme una familia, ya sea por medio del matrimonio o de la unión libre. Por lo general, deberá decidir el número de hijos y el momento adecuado para tenerlos, así como la educación que éstos recibirán. Sin embargo, en ocasiones los hijos llegan antes de lo planeado y la joven pareja tiene que tomar decisiones sin estar debidamente preparada para ello. En el caso de los jóvenes con preferencias homosexuales, puede haber variantes en algunas de estas situaciones, pero, en términos generales, las decisiones que deben tomar son muy similares a las de los jóvenes heterosexuales.

Otro aspecto, relacionado con el anterior y en el que interviene la capacidad para tomar decisiones, es el ejercicio de la sexualidad. Posiblemente, se podría disculpar que el joven de épocas pasadas no tuviera una educación sexual adecuada debido a los tabúes, normas y tradiciones, así como al difícil acceso a la información. Sin embargo, en la actualidad, aunque persisten ciertas ideas moralistas de antaño, el joven tiene más facilidad para obtener información y, como consecuencia, para tener una vida sexual responsable. Debe conocer los métodos de control natal para evitar embarazos no deseados, y reducir el riesgo de contraer enfermedades de transmisión sexual —desde infecciones de fácil tratamiento hasta el contagio del virus del sida, cuya cura aún no se ha encontrado—. Asimismo, en las relaciones sexuales son importantes los lazos afectivos que deben existir entre los integrantes de la pareja para que la relación se dé en un ambiente de amor y respeto mutuos.

¿Es cierto que si un hijo llega a la adultez joven sintiéndose confuso, quiere decir que no logró alcanzar las metas de la etapa anterior?

No, durante años se había considerado que la confusión, que es una característica de la adolescencia, desaparece cuando la persona evoluciona a la siguiente etapa, considerada ya como parte de la adultez. Antes, se pensaba que el indicador principal que las personas tendrían para percatarse de que estaban alcanzando la madurez de la edad adulta era no sentir confusión. Sin embargo, algunas investigaciones señalan que ni la confusión ni la inmadurez son necesariamente sinónimos de adolescencia, aunque durante esta etapa casi siempre están presentes.

Los expertos indican que la confusión es decisiva durante todas las etapas de la vida del ser humano, pues representa una fase necesaria de la transición a otra.

Con base en este enfoque, la confusión es considerada como una motivación para la búsqueda de alternativas y soluciones a los problemas que presentan determinadas experiencias. Asimismo, se sostiene que darse cuenta de que se siente confusión es ya un llamado a la acción, pues la incertidumbre experimentada por la persona puede incitarla a identificar la mayor cantidad de opciones posibles y a sopesar las ventajas y desventajas de cada una de ellas, favoreciendo de esta manera la posibilidad de elección y de reacción. Además, puede permitir el proceso de revalorización necesario para lograr el aprendizaje continuo del ser humano, en el que reexamina y se decide, si es necesario, un cambio o seguir el mismo curso.

Se ha observado que el proceso por el que pasan las personas cuando están confundidas favorece la flexibilidad de pensamiento que caracteriza al ser humano como especie. Este proceso está relacionado con el hecho de que cada individuo es único y diferente, de la misma manera que el curso de su desarrollo.

Es necesario subrayar que la confusión estática, la cual no implica un paso más hacia la evolución, puede resultar tan paralizadora como el no percatarse de la confusión misma.

De esta manera, se espera que los adultos jóvenes sientan confusión y que la expresen. Ésta puede estar relacionada con las vivencias positivas y negativas que se tienen en el proceso de búsqueda de identidad, con las demandas de las demás tareas del desarrollo durante estos periodos de vida y con situaciones fortuitas en la existencia del individuo en las que se espera su participación activa.

El ambiente y la familia

¿De qué manera las inconveniencias cotidianas obstaculizan a los padres en su labor de proporcionar el ambiente más adecuado para el desarrollo de los hijos?

La noción de ambiente ideal para favorecer el desarrollo de los hijos no sólo incluye aspectos que los padres están en posibilidad de contribuir o modificar, sino también circunstancias de la vida en las que éstos no tienen injerencia.

Anteriormente, se tenía la idea de que los hijos lograrían desarrollarse de manera óptima si los padres los protegerían de cualquier acontecimiento considerado como negativo. Tal protección podía significar mantener en secreto este tipo de hechos, negando su existencia o disfrazando la situación con alguna historia inventada. De esta manera, los hijos crecían ignorando una parte importante de las dificultades y con información deformada que obtenían únicamente a partir de su experiencia y de lo que ellos, de acuerdo con sus capacidades y su edad, podían percibir y comprender. Por otra parte, a esta información se le agregaban las historias falsas que recibían. Posteriormente, cuando se consideraba que ya era tiempo de que se enteraran de la "realidad", se enfrentaba a

La violencia familiar, tanto verbal como física, es un aspecto que los padres pueden erradicar con el fin de darles a sus hijos un ambiente más propicio para su desarrollo.

Todo hijo, independientemente del sexo al que pertenece, tiene derecho de ser respetado y de recibir de sus padres todo el apoyo y los elementos necesarios para su desarrollo adecuado.

los hijos de forma tajante con los problemas e inconveniencias cotidianas. Así, los hijos ingresaban al mundo adulto con un cúmulo de información contradictoria que se enredaba todavía más al experimentar personalmente este tipo de dificultades y al creer que era la única forma de aprender a vivir.

En la actualidad, se cuenta con un gran número de investigaciones que coinciden en afirmar que es recomendable que los hijos participen en prácticamente cualquier tipo de experiencia. Esta participación les puede facilitar la adquisición y el desarrollo de las habilidades que necesitan para resolver problemas de manera práctica y eficaz.

La reflexión que pueden obtener los hijos a partir de la observación y de las explicaciones pertinentes dadas por los padres puede constituir una experiencia muy enriquecedora para la comprensión y para la posterior adopción del conocimiento.

Incluso, en edades tempranas, la mayoría de los hijos percibe una gran parte de los problemas, aunque no siempre logran identificar sus particularidades. Con el fin de enriquecer la experiencia de los hijos y la de los padres, se recomienda que:

• Los padres pregunten a sus hijos cuál es su percepción; es decir, qué entienden sobre lo que está sucediendo. Conocer estos datos, además de dar información acerca de cómo comprende el hijo el problema en cuestión, ofrece a los padres consejos generales sobre la manera en la que los hijos perciben, entienden y se explican las dificultades. Esto último suele depender de la edad y de las habilidades especiales del hijo. Tal información resulta de gran utilidad para que los padres tengan una guía acerca de la forma ideal para dar explicaciones a los hijos; asimismo, delimita el vocabulario que deben utilizar, la complejidad de las frases y el contenido que deben incluir.

Cuando se tienen varios hijos, es conveniente observar cuán diferentes son las percepciones de cada uno de ellos y, en el momento oportuno, proceder en forma individual o por subgrupos.

• Conviene que la información proporcionada, independientemente de la edad y del estilo de cada niño, sea veraz y que, por otra parte, incluya aspectos relacionados con las emociones que los padres y los hijos experimentan al respecto.

¿Se debe estimular de manera diferente a los niños que a las niñas?

Las recomendaciones relativas a la estimulación que conviene brindar a los hijos y a las hijas se aplican a cualquier ser humano, independientemente de su sexo. Toda hija y todo hijo tienen derecho a un trato único y especial, basado exclusivamente en su manera de ser y de comportarse, en sus intereses y en sus características particulares, pero no en su sexo.

La manera en la que se estimula a los niños y a las niñas determina en gran medida su comportamiento posterior. Antiguamente, el trato diferenciado que se le daba a los hijos y a las hijas obedecía a la idea de que desempeñarían roles distintos en la vida. En la actualidad, los hombres y las mujeres realizan actividades similares, por lo que no es necesario prepararlos de modo diferente. Se ha observado que las actividades que eran propias de los hombres y las que eran características de las mujeres pueden desempeñarlas ambos sexos de manera indistinta. Por ejemplo, las mujeres han salido de sus casas a trabajar para aportar recursos económicos y bienestar para la familia y los hombres comienzan a tener más participación en las actividades familiares y en las tareas del hogar.

Como respuesta ante esta transformación de la sociedad, la educación y la estimulación de las hijas y los hijos se han modificado, y todo parece indicar que seguirán haciéndolo cada vez más. En investigaciones realizadas recientemente, se ha señalado que, además de que este cambio brinda a hombres y mujeres la posibilidad de enfrentar y adaptarse mejor a los requerimientos sociales, aporta información sobre las limitaciones de las que pueden adolecer al dejar de desarrollar todas sus capacidades al máximo, en virtud de una asignación diferenciada de habilidades y talentos sólo a un sexo en detrimento del otro.

En la actualidad, cada vez más personas aceptan que ninguno de los sexos es más importante o mejor que el otro, sino que se complementan. Se ha observado que para que el ser humano desarrolle todo su potencial, es necesario ejercitar tanto las características que se han asignado tradicionalmente a un sexo como las que, según se creía, pertenecían al otro. Así, un ser humano integral es una persona activa, competente y emprendedora, que logra desarrollarse profesionalmente; además, puede adaptarse a diferentes situaciones, es capaz de expresar sus sentimientos, es sensible ante lo que expresan los demás, sabe dar y recibir afecto y, en general, disfruta de todos sus recursos. Esto les permite a los seres humanos actuar con libertad y autenticidad y no en función de lo que se espera de ellos.

En el pasado, a la capacidad intelectual se le relacionaba con el hombre; por ello, la mayoría de las niñas y de las mujeres no recibían la misma estimulación ni la misma motivación y no tenían desempeños sobresalientes en este campo. Ello daba lugar a que se creyera que las mujeres carecían de ciertas habilidades y recursos.

Es aconsejable que los padres traten a sus hijos y a sus hijas de una manera igualitaria, con el fin de ayudarlos a que se desenvuelvan en la vida de la manera más eficaz posible.

Así como una niña es capaz de comprender y practicar actividades antes reservadas a los niños, un varón también tiene necesidad de expresar sentimientos y deseos considerados sólo femeninos hasta hace poco tiempo.

Lograr que los hijos obedezcan, ¿es difícil sólo para los padres?

Obedecer constituye una parte importante de la relación entre las dos partes involucradas. De acuerdo con algunos investigadores, como Jean Piaget, la insistencia excesiva en la obediencia por parte de los padres puede repercutir negativamente en el desarrollo moral del niño.

Para algunos padres, es difícil encontrar caminos adecuados para que sus hijos sigan sus instrucciones; asimismo, en ocasiones los hijos tienen dificultad para comprender y aprender las formas adecuadas de comportamiento necesarias para seguir las instrucciones de sus padres.

Lo anterior ha desencadenado una serie de investigaciones que coinciden en que los padres y los hijos se ven favorecidos en estos aspectos cuando los primeros entienden algunos factores que intervienen en el proceso de adquisición de la disciplina. Uno de estos elementos es que la motivación, producto del actuar de acuerdo con las reglas para cumplir con sus responsabilidades, es mucho más eficaz que sentir miedo por castigos o, en el otro extremo, por la promesa, a manera de chantaje, de obtener una recompensa.

Se ha observado que cuando los padres comienzan a aplicar estos principios de disciplina con sus hijos, frecuentemente se desesperan y prefieren imponer un castigo por tener éste, en apariencia, efectos más rápidos. Lo cierto es que los resultados no son más rápidos sino solamente momentáneos en su eficacia, ya que operan a partir del miedo y no con base en la reflexión ni en el aprendizaje.

El que los niños puedan asumir las consecuencias de sus actos favorece un proceso de aprendizaje, el cual lleva tiempo y requiere la tolerancia y la paciencia de todos. Para contribuir a esto, se recomienda a los padres que cuando intenten que sus hijos los obedezcan, limitándolos en algún comportamiento, se les ofrezcan otras opciones que sí pueden ejecutar e incluso que se les invite a que sugieran ellos otras alternativas.

Los estudiosos en la materia señalan que, en este sentido, conviene que los padres eviten situaciones extremas en las que el reto y la agresión se conviertan en las únicas soluciones posibles.

Para ello, y dependiendo de las particularidades de la situación, se sugiere que los padres traten de identificar la secuencia que siguen los acontecimientos e intenten detenerla recurriendo a alguna distracción o a comportamiento diferente del que solían seguir. Por ejemplo, si la hora del baño es un problema, los padres podrán planear una actividad interesante para después, y explicar a los hijos el plan a seguir. Éste, en muchos casos, podrá evitar que se vuelva a instalar la misma dinámica problemática, ya que se está involucrando un nuevo elemento. Lo mismo puede ocurrir con las

RECOMENDACIONES PARA CONVIVIR CON UN NIÑO AGRESIVO

La convivencia con un niño agresivo, independientemente del origen de su comportamiento, suele ser particularmente difícil para los padres, quienes tienen que enfrentar berrinches y provocaciones. Frecuentemente, estos últimos experimentan sentimientos confusos al respecto, entre ellos culpa, por sentir que no son tolerantes y que no saben cómo resolver la situación; asimismo, pueden experimentar frustración o inadecuación en su papel como padres. Aunque siempre debe buscarse el origen del comportamiento agresivo del pequeño, para lo cual es conveniente recibir orientación profesional, a continuación se ofrecen algunas sugerencias generales que ayudarán a enfrentar la situación:

- No recurra a normas demasiado rígidas, ya que ello sólo generará reacciones agresivas y de rebeldía en el niño.
- Evite la brusquedad, ya que la violencia verbal, física o de actitud a menudo solamente logra incrementar la agresión y tiene un efecto contrario al deseado; además, daña emocionalmente tanto a los padres como a los hijos.
- No prometa premios o castigos que no van a cumplirse.
- Trate de dialogar con el niño y de explicarle serenamente lo erróneo de su comportamiento, evitando utilizar adjetivos despectivos, ridiculizarlo o compararlo con otros.
- En todo momento mantenga la calma; recuerde que se educa con el ejemplo.
- Permita y promueva que el niño hable y que se desahogue.
- Promueva que el niño participe en actividades recreativas, deportes o actividades físicas intensas.
- Hágale saber constantemente al niño que se le quiere a pesar de su actitud.
- Solicite la orientación con un profesional; muy frecuentemente, solucionar los problemas suele ser más sencillo de lo que las personas se imaginan.

situaciones relacionadas con la elaboración de tareas y trabajos escolares, o con el cumplimiento de algunas pequeñas actividades asignadas a los hijos. Los padres podrán utilizar su creatividad para que, en caso de que un intento no funcione, emprender otros. Este tipo de estrategias frecuentemente favorece la conducta de los hijos y también la de los padres por la sencilla razón de que suele ser muy divertida.

¿Es cierto que el bebé se tranquiliza cuando escucha una melodía suave que la madre haya acostumbrado escuchar durante el embarazo?

En realidad, el bebé en gestación aprende a reaccionar a partir de los cambios a nivel fisiológico que experimenta la madre, los cuales son, por lo general, de naturaleza hormonal.

La madre gestante se encuentra expuesta a numerosas situaciones que generan en ella diversos estados emocionales. Las circunstancias son imprevisibles y constantes, por lo que es común que esté triste, alegre, enojada, tranquila, angustiada, estresada, etcétera.

Se ha encontrado que cuando la madre está en estado de constante estrés durante el embarazo, el bebé puede nacer con bajo peso, como consecuencia de la secreción de adrenalina que atraviesa la placenta y llega al feto.

Aunque el bebé se encuentra dentro de la bolsa amniótica, está pendiente de los estímulos auditivos, los cuales son los que más fácilmente capta. Se sabe que los sonidos suaves son los que el feto acepta con mayor facilidad, reflejándose lo anterior en una actividad cardiaca lenta, señal de que está tranquilo. Cuando el sonido no le es agradable, presenta aceleración cardiaca, aunada a movimientos constantes.

Si la mamá se tranquiliza o relaja mientras escucha una canción de cuna o una melodía suave, el bebé asociará este estado de ánimo con la melodía.

Como el niño es capaz de almacenar información aun desde antes de nacer, puede detectar y reconocer sonidos parecidos fuera del útero, aunque éstos suenen de manera diferente; por ello, una vez que el bebé ha nacido, se tranquilizará al escuchar la melodía que ya conoce, a menos de que se encuentre molesto por otras razones, como cólicos, hambre, incomodidad por estar mojado, etc. De ahí la importancia de que la música que escuche la futura madre sea de su preferencia, ya que de otra forma el bebé captará el estado de ánimo que tenga la madre —disgusto, tristeza, ansiedad, etc.— y no asociará la música con la tranquilidad.

¿Es verdad que la imaginación es una habilidad muy importante para los seres humanos?

La imaginación —la habilidad para concebir sucesos y experiencias que no existen— es un recurso que poseen todos los seres humanos. La imaginación es la fuente de creatividad más importante. El ser humano recurre a ella para resolver cosas prácticas y cotidianas, así como para desarrollar su potencial artístico.

La imaginación y la fantasía son los entretenimientos preferidos de los niños, pues les ofrecen una infinidad de oportunidades para divertirse y aprender. Los pequeños utilizan la fantasía como un instrumento para relacionarse con el mundo y, además de brindarles diversión y placer, los ayuda a desarrollar su razonamiento lógico. En los adultos, los orienta en la consecución de una diversidad de placeres humanos, como la prosperidad, el amor, la expresión estética y el poder. La humanidad necesita la fantasía tanto como el pensamiento racional.

La imaginación y la fantasía son fundamentales para enfrentar presiones externas. Estos recursos contribuyen de diversas maneras a percibir las múltiples posibilidades que tienen los seres humanos para resolver problemas.

> La naturaleza es abundante en elementos sensoriales que enriquecen la percepción que va adquiriendo el niño de su mundo. Los aromas, las texturas, los sonidos, los sabores y la sabia combinación de colores que hizo la naturaleza, despiertan su curiosidad y le proporcionan conocimientos y experiencias nuevos.

A lo largo de toda su vida, el ser humano utiliza esta valiosa habilidad para soñar despierto; sin embargo, muchos niegan o rechazan esta idea, pues la asocian con una característica infantil, a pesar de que todos nos hemos podido dar cuenta de las experiencias divertidas y enriquecedoras que puede brindar. Por ejemplo, las expectativas que pueden surgir de la imaginación, de la fantasía y de los sueños respaldan la sensación de que las cosas, por más difíciles que parezcan, pueden mejorar si se sigue determinada dirección. El ser humano debe recordar que no sólo es necesario adaptarse a las circunstancias que se presentan, sino también encontrar alternativas para modificarlas positivamente.

Los adultos que tienen contacto con niños poseen más posibilidades de rescatar estas habilidades a menudo tan olvidadas, debido a que los pequeños las disfrutan utilizan de manera natural. Cuando las personas se convierten en padres, poseen grandes oportunidades de compartir con sus hijos este tipo de experiencias. Además, tienen el compromiso de enseñarles el valor de mantener despiertas estas capacidades y de hacer uso de ellas durante toda la vida.

Una forma práctica de enseñarles a los hijos a desarrollar su imaginación es mediante juegos en los que se plantee una situación —que puede ser parte de la dinámica cotidiana o un episodio de una historia ficticia— e invitándoles a aportar las ideas que les surjan libremente. Con ayuda de este tipo de ejercicios, los padres pueden transmitirles a los hijos que es adecuado dar rienda suelta a la imaginación para buscar alternativas a problemas reales o tan sólo para divertirse.

¿Es cierto que las visitas a parques y jardines son excelentes para estimular la capacidad sensorial de los niños?

Las visitas a lugares abiertos estimulan los sentidos del niño, ya que se expone a sensaciones diferentes de las que normalmente encuentra en su casa y obtiene mayor información acerca de su medio y de sí mismo.

Las habilidades sensoriales, junto con otros procesos, le facilitan al niño la adquisición del lenguaje y otras destrezas motoras e intelectuales.

Para los pequeños, la calle constituye un incentivo muy importante. Aproximadamente a los seis meses, muestran alegría cuando ven abrirse la puerta principal de su casa, pues para ellos significa estar en contacto con objetos, situaciones y personas diferentes. Lo anterior es fuente de curiosidad, pues le interesa conocer todo lo que se relacione con la novedad y tiene la capacidad para aprender de ello.

El contacto con la naturaleza permite al niño desarrollar su curiosidad, adquirir y ampliar conocimientos a partir de la construcción de conceptos sensoriales como los colores, las temperaturas, las texturas, los olores y los sonidos provenientes de los seres y elementos que conforman el mundo natural, como los animales, los árboles, las flores, el aire y todo lo que pueden percibir. Dichos conceptos sensoriales también los recibe a través de otros objetos y situaciones, pero en circunstancias distintas. El niño podrá discriminar entre el sonido proveniente del canto de un pájaro, del aire o del movimiento de los árboles y las plantas. A la larga, esta estimulación le brindará la oportunidad de sentirse parte de la naturaleza y respetarla, además de que estas visitas representan excelentes ocasiones para relacionarse con otros niños, aprender nuevos juegos y adquirir diversas habilidades. En la mayoría de los parques hay resbaladillas, aros y columpios, que son muy atractivos para los pequeños, pues promueven el desarrollo de destrezas motoras, además de permitirles manifestar su energía de un modo saludable.

Este conocimiento de la naturaleza generalmente se da de manera espontánea entre los niños que viven en zonas rurales, lo cual no ocurre entre los de zonas urbanas en donde los espacios al aire libre son limitados. Sin embargo, existen y son una excelente alternativa para evitar, hasta cierto punto, la adicción a la televisión o a los videojuegos; sin embargo, los padres deben prestar atención a los posibles peligros que corren sus hijos cuando se encuentran en este tipo de lugares.

¿Por qué es difícil armonizar el papel de padre o de madre con los demás papeles que se desempeñan en la vida?

Éste es uno de los principales dilemas que enfrentan quienes se convierten en padres. Aun antes de que el hijo nazca, la sociedad y ellos mismos suelen darle una importancia preponderante a la paternidad. En muchas ocasiones, cuando la persona se ve enfrentada con la necesidad de asumirse

LOS PARQUES Y JARDINES ESTIMULAN LA CAPACIDAD SENSORIAL

El niño tiene que aprender a percibir para poder darle un significado a los diferentes estímulos que el ambiente le proporciona. Cuando se le da la oportunidad de conocer diversos lugares, puede establecer familiaridad con éstos y en el futuro se sentirá más libre en ellos.

La organización sensorial influye de una manera importante en el desarrollo motor grueso; es decir, en los movimientos del cuerpo, como caminar, saltar, correr, etc., los cuales serán la base de la futura coordinación motriz fina; ésta permite que el niño escriba, dibuje, lea, recorte, etc. Por lo tanto, el niño utiliza varios sentidos y habilidades simultáneamente: el tacto, la fuerza y la dirección de los movimientos, el equilibrio y la visión para poder tener una buena coordinación en sus acciones.

En conclusión, convivir con la naturaleza le proporcionará al niño diversos beneficios cognitivos: percibirá, por ejemplo, la dureza de una roca, la fragilidad de un nido, el olor de las flores y de la tierra mojada, la caída de las hojas. Adicionalmente, se podrá desarrollar en otros aspectos: la comunicación, ya que los elementos naturales, al darle tema de conversación promueven el lenguaje; la estética, al apreciar la belleza del arcoiris, del canto de un pajarillo y otras cuestiones sencillas pero de gran valor; y finalmente también se manifestará el beneficio en el plano de la adaptación socioemocional, pues a las personas les gusta cuidar de cosas diferentes a sí mismas, por lo que enriquecen su propia vida al cuidar de la naturaleza y al aplicar los conocimientos adquiridos en su casa a otros ámbitos.

como padre o madre, todos los demás papeles que desempeña pasan a un segundo plano. Aspectos que solían considerarse como fundamentales dejan de tener el mismo valor, por ejemplo, la relación con la pareja y con los familiares y amigos, las ilusiones y los intereses personales. Toda la energía se concentra en la labor de ser padres; sin embargo, esta experiencia puede vivirse de maneras muy diversas.

Aunque hasta hace algunos años la mayoría de los hombres mantenía una gran distancia en prácticamente todo lo relacionado con el desarrollo y con el cuidado de los hijos, en la actualidad el varón ha empezado a asumir un papel más activo como padre.

Ante la gran demanda social y personal que implica tener y criar a un hijo, es co-

Debido a las exigencias laborales de nuestro tiempo, muchas madres y padres de familia tienen grandes dificultades para equilibrar su desempeño profesional con su papel como padres de familia y como pareja.

mún que las personas sientan que no están desempeñándose adecuadamente en su papel como padres, como personas y como miembros de la sociedad en la que viven y trabajan, pues sienten la necesidad de compartir su tiempo con otras ocupaciones y actividades que también demandan su atención. Por estas razones, se sienten frustrados y desarrollan sentimientos de culpa. Es como si convertirse en padres les impidiera seguir siendo seres humanos íntegros con características tanto positivas como negativas y con necesidades e intereses en todas las áreas de su personalidad.

Los sentimientos de culpa con frecuencia matizan la forma en la que los padres se relacionan con sus hijos. Por ejemplo, pueden permitirles conductas que no estarían dispuestos a tolerar en caso de no sentirse culpables, o exigirles comportamientos y actitudes que no están en capacidad de manifestar para su edad.

Sin embargo, para el adecuado desempeño de cualquiera de los papeles que asume el ser humano, es necesario que éste se perciba a sí mismo como una persona íntegra y completa, con necesidades en cada uno de los planos de su personalidad que deben atenderse. Esto implica que deberá repartir su atención teniendo en cuenta las prioridades correspondientes a cada momento del ciclo vital. Cada individuo realizará un ajuste en función de la etapa que esté viviendo y de sus circunstancias particulares, con el fin de centrarse en el área que más lo requiera, sin olvidar que las otras necesidades también existen.

De esta manera, llegado el momento de la crianza de los hijos, los padres pondrán énfasis en esta área durante los primeros años sin perder el contacto directo con sus demás papeles. Posteriormente y en la medida en que los hijos vayan creciendo y adquiriendo destrezas y habilidades, tendrán la posibilidad de tomar ciertas distancias y dedicar más tiempo a sus intereses y al desempeño de sus otras actividades.

Los expertos afirman que cuando se logra equilibrar la atención y el tiempo que requieren los diversos aspectos de la personalidad del individuo, se obtienen efectos positivos tanto para el bienestar familiar como para el personal. Esto se debe a que el contacto con otros ambientes e individuos brinda elementos que pueden enriquejcer significativamente la experiencia vital.

¿El apoyo que los padres deben brindarle a un hijo que es adulto joven es similar al que le deben ofrecer en una etapa posterior?

Idealmente, el apoyo que los padres deben brindar a sus hijos en todas las fases de su desarrollo debe responder a los requerimientos particulares de cada periodo y a las necesidades especiales de cada hijo y de cada situación. Esta recomendación se aplica también a las etapas posteriores a la adultez joven. En términos generales, puede decirse que el apoyo que los padres brindan a sus hijos debe ser similar de una etapa a otra. No obstante, existen aspectos diferentes que deben considerarse.

Los pensamientos, las actitudes y las conductas de los adultos jóvenes son más afines a los de sus padres que en alguna etapa anterior. Además, las experiencias que tienen que ver con el logro de las metas y de los objetivos propios de esta edad están mucho más relacionadas con las preocupaciones, los intereses y el desempeño de los padres.

Estos factores determinan que padres e hijos tengan la sensación de no pertenecer a mundos diametralmente opuestos. Aunque entre ellos median varios años de distancia, la cercanía y el entendimiento pueden intervenir de manera importante en la relación. No obstante, esto puede suscitarse en etapas anteriores, siempre y cuando los padres logren liberarse temporalmente de su posición de jerarquía y autoridad y compartan con sus hijos algunos momentos críticos para ellos, como la pérdida de un juguete muy querido o el enfrentamiento de alguna situación semejante.

La sensación de compartir brinda la posibilidad de que padres e hijos convivan de manera diferente de como lo hacían en etapas anteriores.

Aunque los padres mantienen su lugar como tales y los hijos el suyo, unos y otros podrán intercambiar experiencias desde una postura más igualitaria. Aun siendo distintas estas experiencias, se tiene la oportunidad de enriquecer los procesos vitales mutuos, permitiendo así una relación de estrecha colaboración. De esta forma, el apoyo deja de ser unilateral para convertirse en recíproco, hasta un punto en el que incluso la relación puede llegar a invertirse. Los padres comienzan a necesitar a los hijos en otros ámbitos de la vida práctica debido a situaciones como la enfermedad, la viudez, la vejez, y los problemas económicos.

La vejez de los padres implica una etapa de consolidación de su experiencia. Los hijos, y en general la familia, podrán disfrutar compartiendo todo el cúmulo de experiencias familiares, y crecerán tanto en el plano individual como en el común.

¿Qué deben contestar los padres cuando no conocen la respuesta que los hijos les solicitan?

Aunque durante un periodo de su infancia los niños ven a sus padres como sus ídolos y como personas que lo saben todo, es necesario que cuando éstos no sepan qué responder a las preguntas de sus hijos sean sinceros y no duden en hacérselo saber. Además, es importante que busquen la respuesta en fuentes adecuadas, como libros, especialistas en el tema, etcétera.

Tal actitud tiene grandes ventajas para padres e hijos. Una de ellas es que estos últimos se forman una imagen más cercana a lo que los padres son en realidad. Entienden que son seres humanos con cualidades, pero también con defectos, y que tienen toda la disposición para desempeñar el papel de padres de la mejor manera posible. Aprenden, además, que la paternidad representa un reto importante que requiere una constante preparación y actualización, así como un compromiso que exige un gran esfuerzo.

Al vivir este tipo de experiencias, los hijos tienden a no formarse muchas falsas expectativas sobre sus padres, lo cual hace posible que ambas partes actúen de forma natural y espontánea, sin cuidar apariencias innecesarias. Estos niños aprenden que no hay nada malo en no saberlo todo, ya que es algo que, por más que se intente, no es posible.

Los hijos también reciben la misma enseñanza cuando los padres consultan a especialistas para encontrar soluciones a inquietudes y problemas, ya que es una manera de hacerles ver a los pequeños que el conocimiento humano es tan extenso que es necesario dividirlo en especialidades, para que el ser humano tenga acceso a conocimientos cada vez más diversos y profundos.

Por otra parte, los hijos comprenden que lo importante es tener la capacidad para identificar las mejores fuentes de información. La búsqueda de respuestas puede ser, incluso, una actividad compartida, lo cual brinda a los hijos la oportunidad de aprender métodos para adquirir conocimientos.

Si los padres recurren a libros y revistas, por ejemplo, los niños aprenderán a consultarlos en el futuro, pues perciben que son medios accesibles y adecuados para resolver dudas e inquietudes. En la actualidad, también existen otros medios, como las computadoras —con los CD-ROM's e Internet— que pueden proporcionar una gran cantidad de datos sobre los temas más diversos; los medios masivos de comunicación son capaces de proporcionar la información más reciente relacionada con aspectos de prácticamente todo el mundo. El uso que los padres suelen hacer de estos medios hace que los niños les asignen un valor importante, ya que para éstos sus padres son, y serán, figuras trascendentes durante toda su vida, incluso si no lo saben todo.

Estas vivencias preparan a los niños para enseñar a su vez a sus propios hijos aspectos de la paternidad que, como éste, implican un aprendizaje compartido.

¿Son autosuficientes los chicos sobredotados o necesitan ayuda para salir adelante?

Como existe un porcentaje considerablemente menor de niños sobredotados, la mayoría de las personas no saben cuál es la manera adecuada de tratarlos, y asumen posturas que, aunque lógicas al parecer, no tienen fundamentos científicos. Los niños sobredotados necesitan la ayuda, la atención, la estimulación y el apoyo de sus padres, sus maestros y de la sociedad en general, de forma similar a la que requieren los niños con habilidades promedio. También necesitan un trato especial y un personal que atienda sus necesidades para que, como cualquier otro individuo, aprendan a ser personas autosuficientes.

En términos generales, los niños con habilidades especiales siguen un esquema de desarrollo normal, pero con algunas variantes, que se manifiestan, sobre todo, mediante la adquisición más temprana de ciertas capacidades y a través de una precoz consecución de metas.

Los expertos afirman que los padres, maestros y personas que estén encargadas de cuidar y apoyar a estos niños, deben recibir una amplia orientaciónque les permita conocer los elementos necesarios para favorecer su desarrollo.

Además de centrarse en las características generales de este grupo, la formación que reciban los padres y profesores también debe relacionarse con las características particulares del niño sobredotado que tienen a su cargo.

A continuación se dan algunas recomendaciones generales que pueden ser de gran utilidad:

• Analizar, junto con el hijo, qué aspectos de su desarrollo desea él que se compartan con personas ajenas a la familia; se deben discutir las ventajas y las desventajas de hacerlo, pues es una forma de protegerlo de que otras personas lo etiqueten y lo traten de manera especial.

• No utilizar las cualidades especiales del niño para castigarlo o reprenderlo, pues podría llegar a la conclusión de que no es ninguna ventaja poseerlas.

La población en general, también debe cumplir un papel especial de apoyo, similar al que se espera de ella con respecto a cualquier grupo de individuos con características especiales. Conviene intentar desmitificar ciertos temas relacionados con las personas sobredotadas, que resultan nocivos para ellas y para los demás. Estos mitos y prejuicios que, entre otras cosas, marcan una línea divisoria entre los seres humanos, impiden la aceptación de características especiales, así como el crecimiento, la evolución y la riqueza que se derivarían del intercambio de las vivencias de estos niños con otras personas.

Pese a sus habilidades sobresalientes, el niño sobredotado requerirá constantes apoyos educativos y afectivos que le permitan desarrollar al máximo sus potencialidades y convertirse en un ser pleno que pueda ofrecer valiosas aportaciones a la sociedad en la que vive.

¿Es cierto que los niños sobredotados sufren inestabilidad emocional y social?

La inestabilidad emocional o social de un niño no se relaciona con su condición de sobredotado o no, sino con una conjunción de factores. En términos generales, los niños sobredotados tienen mayores probabilidades de adaptarse a su medio y ser estables en el plano emocional, pues cuentan con recursos que pueden ayudarlos en estos aspectos. Sin embargo, en esto, como en muchas otras cuestiones relacionadas con los niños sobredotados, no hay reglas.

Cada niño puede reaccionar de manera diferente, aunque se han observado algunas tendencias:

• Puede darse el caso de que cuando el niño se percata de sus diferencias, logra adaptarse a su entorno con ayuda de sus habilidades excepcionales.

• El niño puede sentirse desadaptado y raro debido a las diferencias que percibe en él cuando observa a los demás niños. Ante esto, suele reaccionar ocultando o disfrazando sus talentos, y comportándose sin su espontaneidad habitual, a la vez que se siente contrariado al no poder manifestarse libremente, y reprimido al no poder desempeñarse con la eficacia con la que podría hacerlo. Esta actitud con frecuencia le impide seguir perfeccionando algunas de sus habilidades.

Cuando un niño sobredotado es tratado de manera inapropiada, puede sentirse incomprendido e incapaz de formar parte activa de un grupo. El pequeño debe tener la oportunidad de participar en actividades de grupo y de comunicar lo que siente y piensa, a la vez que recibe respeto y apoyo de los demás. Esto se reflejará en su desempeño, en la manera de relacionarse con la gente y también en el concepto que tenga de sí mismo.

Otro aspecto importante en estos niños es el relacionado con la tendencia a un desarrollo más acelerado que el de los demás. Su pensamiento y comportamiento también evolucionan con mayor celeridad. Es por ello que, en muchos aspectos, además de las habilidades específicas, suelen manifestar diferencias. Los expertos afirman, por ejemplo, que el desarrollo moral de estos niños se rige por un ritmo más veloz, por lo que difieren en muchas necesidades, intereses y creencias de sus compañeros de la misma edad. Los niños sobredotados cuestionan y revisan determinadas costumbres y reglas antes que el promedio de los niños, lo que hace que sus compañeros y los adultos cercanos consideren que constituyen la excepción.

Investigaciones recientes señalan que un porcentaje importante de personas que se pueden clasifi-

Debido a que la capacidad de aprendizaje y el desarrollo intelectual de un niño sobredotado son más acelerados de lo normal, los padres y las demás personas que lo rodean deben conocer la mejor manera de tratarlo, para impedir que el pequeño se sienta raro o fuera de lugar.

La naturaleza es pródiga en ejemplos, a través de los cuales el niño puede empezar a aprender acerca de los temas de la reproducción y de la sexualidad.

car como sobredotados no están conscientes de ello. En ocasiones sólo son percibidas como diferentes con respecto a la mayoría y reciben y asumen diversas clasificaciones o etiquetas, que las ubican como personas con un desarrollo emocional inapropiado —lo que les hace ganar el calificativo de inestables— y con una incapacidad importante para desenvolverse adecuadamente en la sociedad.

La falta de información de la población en general sobre las características especiales de los niños con talentos excepcionales y la forma ideal de estimularlos puede dar lugar a un trato discriminatorio hacia ellos e implicar un factor que obstaculice su desarrollo, no sólo emocional y social, sino también en todas las demás áreas de su personalidad.

Conviene detectar lo más tempranamente posible a los niños sobredotados. Además, se recomienda a los padres que, de acuerdo con su particular juicio, le expliquen a su hijo que sus habilidades especiales son motivo de orgullo y de alegría y que, así como ellos poseen éstas y muchas otras cualidades, cada ser humano tiene también las suyas y, aunque pueden ser diferentes o parecidas, son también muy valiosas para su crecimiento personal y para la sociedad.

¿Qué importancia tiene la educación sexual y a qué edad debe iniciarse?

La educación sexual es tan importante como cualquier otro tipo de preparación que se les brinde a los hijos, y debe iniciarse prácticamente desde su nacimiento.

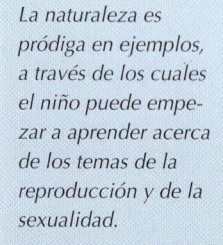

En el pasado, el tema de la sexualidad estuvo rodeado por prejuicios y creencias populares, que impedían que se le considerara como una parte integral del ser humano. Sin embargo, durante los últimos años, este tema ha comenzado a liberarse de algunos mitos, aunque en muchas sociedades de todos los países aún queda un largo camino por recorrer.

La mayoría de la gente se siente incómoda cuando se ve obligada a referirse al tema de la sexualidad. Para los niños, se trata de un aspecto tan natural como los demás, y manifiestan su curiosidad al respecto tan espontáneamente como en otras circunstancias. Sin embargo, al observar la actitud de sus padres, maestros o personas cercanas a ellos, perciben estos prejuicios y aprenden que ellos tampoco deben hacer preguntas sobre el tema. Así, desde muy pequeños, empiezan a tratar de desligar este aspecto de las demás áreas de su personalidad.

Al igual que todos los factores relacionados con el desarrollo del ser humano, la sexualidad requiere una atención especial. Los niños necesitan explorar su cuerpo y obtener respuestas objetivas y adecuadas a sus inquietudes. Los padres, por su parte, tienen la responsabilidad de estar informados y de librarse de un gran número de ideas erróneas que se han venido transmitiendo de generación en generación. Cuando logran esto, ellos y sus hijos obtienen muchos beneficios.

Al principio, la información —adecuada o no— se transmite a los niños de manera implícita, cuando éstos exploran sus genitales, de la misma manera que cualquier otra parte de su cuerpo, y los padres reaccionan de una forma u otra. La inquietud de los pequeños de saber sobre la sexualidad forma parte de su interés por conocer su cuerpo y, en general, todo el ambiente que los rodea.

Los niños deben tener acceso a la misma información. Con igual naturalidad con la que los padres enseñan a sus hijos los nombres de las partes del cuerpo que no están relacionadas con la sexualidad, deben enseñarles también las que sí lo están. Es recomendable emplear los nombres más apropiados de cada parte y mostrar satisfacción cuando la niña o el niño logra aprenderlos. Los aspectos relacionados con el cuidado corporal y con los hábitos de higiene pueden representar una buena oportunidad para que los padres eduquen a sus hijos en este tema.

Posteriormente, la curiosidad natural del niño lo lleva a preguntar y a indagar sobre aspectos relacionados con la sexualidad. Los padres pueden aprovechar estas primeras preguntas para darle la información necesaria. Ante cada inquietud de los pequeños, se recomienda que los padres se pregunten qué desean saber ellos en realidad, y de dónde obtuvieron la información que ya poseen. Es importante que los padres den a sus hijos toda la información que necesitan en ese momento de su vida. Las respuestas deberán darse cuando el niño pregunta y, si los padres no conocen la respuesta, deberán reconocerlo ante el niño, y buscar la información adecuada.

Si los niños reciben más información de la que están preparados para comprender pueden no entender o bien confundirse. Cuando reciben menos información que la que necesitan es probable que sigan insistiendo en conocer la respuesta y, si no encuentran una que les satisfaga, buscarán otras fuentes, por ejemplo, los amigos o personas diversas.

Como los padres conocen mejor a sus hijos, son las personas más aptas para darles información sobre la sexualidad, que deberá ser veraz y concreta. Esto último no se podría controlar si son otras las personas que desempeñan esta labor. Asimismo, una vez proporcionada la explicación, los padres pueden observar si sus palabras y el contenido del mensaje fueron adecuados, y preguntarles a sus hijos si necesitan más información al respecto.

Los factores mencionados anteriormente pueden constituir en gran medida los primeros pasos para lograr que entre padres e hijos exista un buen canal de comunicación en torno de la sexualidad, lo que sin duda beneficiará la relación. Es importante que los padres expliquen bien sus sentimientos al respecto y la situación que se ha vivido en nuestra sociedad, ya sea cuando alguna persona haga un comentario prejuicioso sobre el tema o si se sienten incómodos al tratarlo. De esta manera, los hijos percibirán que sus padres son sinceros y que las actitudes prejuiciadas les son ajenas. Además, tendrán los elementos necesarios para entender las actitudes que aún conserva gran parte de la población.

¿Toda la gente puede ser creativa?

La creatividad es una característica intrínseca al ser humano, aunque no todos tengan la oportunidad de descubrirla en sí mismos o en los demás.

Si consideramos a la creatividad como una facultad para crear, como una aptitud para descubrir, para imaginar y para dar forma a lo inédito, cualquier persona tiene la posibilidad de descubrir su potencial creativo, siempre y cuando su entorno le brinde las posibilidades para hacerlo, y el ser humano se dé a sí mismo esta oportunidad.

La creatividad es un elemento fundamental para el desarrollo humano; los expertos coinciden en que constituye la piedra angular que ha hecho posible el progreso de la humanidad.

Es importante que los padres tengan la sensibilidad necesaria para estimular a sus hijos en este aspecto y para fomentar adecuadamente sus potencialidades. Cada ser humano cuenta con aspectos especiales que favorecen el desarrollo de su capacidad creativa.

En este sentido, es conveniente que los hijos aprecien esta facultad de forma especial para así propiciar su desarrollo, ya que a partir de este conjunto de habilidades pueden enriquecerse todas las demás.

Algunas investigaciones han demostrado que el hecho de que un individuo otorgue a la creatividad una atención adecuada, puede tener efectos trascendentales en su vida, pues todas sus experiencias estarán matizadas de manera particular.

Según algunos estudios recientes, los niños empiezan a descubrir su capacidad creativa a partir del periodo de la imitación. Durante esta etapa, es importante que el infante reciba aliento y aceptación cuando realiza variaciones y aportaciones personales en alguna actividad. Al parecer, una vez que los pequeños sienten que logran dominar una habilidad de modo natural, tratan de ponerle su sello personal. Paulatinamente, y a través de la experiencia, los niños requerirán en menor medida seguir modelos, y comenzarán a improvisar creando, cada vez con mayor frecuencia.

Desarrollar los potenciales creativos mantiene al ser humano en contacto con su naturaleza curiosa y con su necesidad constante de conocer y de saber; asimismo contribuye en gran medida a hacer de las cosas y de las experiencias cotidianas algo innovador y original.

SUGERENCIAS PARA FOMENTAR LA CREATIVIDAD DE LOS NIÑOS

La creatividad no es sólo la capacidad para inventar una historia o para pintar; es una cualidad humana mucho más amplia. Consiste en la posibilidad de buscar diferentes soluciones para una situación, reflexionar sobre sus emociones y expresarlas; implica una actitud flexible ante la vida. Por ello, es importante que los padres estimulen a temprana edad —alrededor de los dos años— esta potencialidad que todos los niños poseen. Algunas recomendaciones al respecto son:

- Proporcionarles material para crear. Algunas opciones son utilizar cosas que habitualmente se tienen en casa —incluso material de desecho—, como botes de leche, cajas de cartón, papel periódico, retazos de tela, pinturas, crayolas, acuarelas, papel, plastilina, barro, masa hecha con harina y agua; juguetes como títeres, muñecos, teléfonos, peines, vajillas, instrumentos musicales, cuentos con imágenes, etcétera.
- Dejar que empleen los materiales libremente: no se debe tratar de ser directivo o didáctico, ni se debe corregir, criticar o juzgar.
- Intervenir o ayudar sólo cuando los niños lo soliciten, pero mantenerse a la expectativa.
- Si algo se ensucia o desordena, no enfadarse ni apremiarse a limpiar o a arreglar.
- No presionar al niño a inducirlo al juego creativo.

Se ha observado que cuando una persona no tiene este tipo de oportunidades durante la niñez, cuenta con la posibilidad de vivir este proceso en edades posteriores, aunque al parecer no con tanta facilidad como lo hacen los niños pequeños.

¿Qué características de la personalidad favorecen el desarrollo de la creatividad?

Se ha observado que entre las características de la personalidad que manifiesta la gente creativa, cabe destacar la tolerancia al fracaso. Ésta le permite al individuo arriesgarse a emprender cosas en las que el éxito no está asegurado de antemano, y le facilita la incursión en terrenos poco explorados, en donde la posibilidad de cometer errores puede ser considerable. Sin esta capacidad, el niño que, por ejemplo, se ha acostumbrado a obtener buenas calificaciones o a lograr el reconocimiento permanente de sus padres, puede detenerse ante la realización de una empresa que suponga el riesgo de no ser premiado en la escuela o en el trabajo, o de no obtener el reconocimiento por parte de sus padres.

Para un buen estudiante, es muy conveniente aprender que las calificaciones o la aprobación de los demás no siempre constituyen buenos indicadores de que se están realizando bien las cosas. Otro rasgo relacionado con el anterior es la voluntad para salvar obstáculos, la cual se deriva del aprendizaje de que la gente productiva y creativa no es la que no comete errores o nunca encuentra dificultades sino la que aprende de sus fracasos, la que está dispuesta a levantarse cuando tropieza y la que se compromete consigo misma a realizar mejor las cosas en el futuro.

La disposición a crecer continuamente y el sentimiento de que la vida y el desarrollo nunca terminan es otra característica que acompaña a la creatividad. Cuando la gente siente que ha llegado a su punto final y que ya no va a poder superar lo que ha realizado, pierde su capacidad para seguir aprendiendo y puede dejar ir la oportunidad de seguir creando y creciendo.

¿Por qué es importante aprender a negociar?

La negociación es una de las estrategias más eficaces para resolver problemas. El ser humano se ve obligado, por las más diversas razones, a enfrentar dificultades y contratiempos durante toda su vida. El desarrollo de la habilidad para analizar problemas y para encontrar soluciones debe iniciarse desde temprana edad. Aprender a negociar es importante en la medida en que brinda la posibilidad de incluir a las personas interesadas en la búsqueda de soluciones o en la toma de decisiones.

Un niño creativo aprende a partir de sus fracasos y no se desanima cuando las cosas no salen como esperaba, pues las intenta una y otra vez, valiéndose de diferentes medios y habilidades.

181

¿LA ACTIVIDAD CIENTÍFICA ES MÁS ESTRICTA Y DISCIPLINADA MIENTRAS QUE LA ACTIVIDAD ARTÍSTICA ES MÁS LIBRE Y ESPONTÁNEA?

Tanto la ciencia como el arte son actividades que expresan la creatividad humana; ambas requieren disciplina y le permiten al ser humano romper los estrechos caminos del dogmatismo y de la norma rígida. Quienes oponen el arte a la ciencia probablemente no han comprendido el verdadero carácter creador de esta última y la disciplina que involucra el verdadero arte. El desarrollo científico no nos brinda una imagen terminada y cerrada del universo sino, como lo señalara Vygotski, importante psicólogo soviético, abre las puertas de la imaginación y le permite al niño soñar con realidades inimaginables.

El verdadero científico descubre un mundo infinitamente más rico y sorprendente que el mundo que se observa desde una perspectiva simplista no científica. El conocimiento científico nutre la mente de los niños y de los adolescentes y les brinda una panorámica infinita de asombro continuo y de descubrimientos sin fin. El artista y el científico se encuentran en extremos tan cercanos que sólo las personas sensibles y de mente abierta pueden llegar a comprender.

Para que los hijos puedan expresarse creativamente acerca del mundo en el que viven o aun de ellos mismos, deben ser capaces de conocer ese mundo y de conocerse a sí mismos de la mejor manera posible, y este conocimiento lo brinda la ciencia.

Contar con la capacidad de negociar puede tener muchas ventajas para la vida cotidiana, ya que favorece las relaciones con los demás, sean familiares, amigos o personas extrañas; asimismo, permite llegar a acuerdos y, por ende, evitar muchos conflictos.

Para negociar, se deben poseer dos habilidades fundamentales: saber escuchar con respeto y expresarse con claridad.

Negociar implica aceptar los puntos de vista que tienen los demás, y defender el propio en el entendido de que, dependiendo de las circunstancias, muchas veces es necesario ceder en algunas cosas. Negociar implica también conciliar opiniones opuestas o complementarias. Cabe también señalar que la opinión de las personas merece ser considerada, independientemente del sexo al que pertenezcan y de su edad. En algunas investigaciones realizadas recientemente se ha observado que las personas que negocian tienen mayores probabilidades de resolver sus problemas de una manera eficaz, y de adquirir habilidades y conocimientos cada vez más precisos en el proceso de búsqueda de soluciones. La participación de los interesados abre una oportunidad muy valiosa que puede contribuir al hallazgo de la mejor solución y al enriquecimiento personal de todos.

Cada ser humano cuenta con un acervo de experiencias y de habilidades único, que puede compartir con los demás. De estos intercambios pueden surgir soluciones o decisiones interesantes que no hubieran sido posibles sin el concurso de dos o más personas. Otra de las ventajas que implica esta manera de resolver las dificultades es que, al participar todos los individuos interesados, la responsabilidad queda repartida. Como es la mejor manera de enseñarles a los hijos las estrategias relacionadas con la capacidad de negociar, resulta importante que desde muy pequeños participen en este tipo de dinámicas. Por ejemplo, los pequeños pueden intervenir en ciertas decisiones que suelen tomarse en la familia, como elegir un lugar para salir a pasear o decidir qué se va a jugar.

¿Cómo puede influir el arte en el desarrollo integral de los hijos?

Algunos estudios recientes han mostrado que el arte puede contribuir en gran medida al desarrollo de los niños, ya que proporciona un tipo de estimulación diferente del que se logra por otros medios. El arte ayuda a ampliar las experiencias del individuo y le brinda oportunidades para desarrollar sus potencialidades.

El carácter libre del arte hace posible que cualquier ser humano pueda tener acceso directo a él.

El arte constituye una parte esencial del legado intelectual y cultural de la humanidad. Puede aportar elementos fundamentales para conocer y aprovechar los logros de las generaciones pasadas y es una importante instancia de expresión de la personalidad y de la experiencia vital.

Además de despertar el interés de los pequeños por las cuestiones estéticas y por la historia de las creaciones humanas, el arte puede ayudarles a descubrir talentos que hubieran permanecido ocultos en caso de no haber existido la experiencia artística. Ésta se relaciona con el anhelo creador que todo ser humano posee y que comparte con los demás. Por otra parte, el interés por el arte puede proporcionar espacios de esparcimiento.

Los niños necesitan tener oportunidades para expresarse artísticamente, ya que en el juego creativo surgen de modo natural diversas situaciones de aprendizaje. Este acercamiento crea formas nuevas y eficaces de aprender. En términos generales, para los niños, el contacto con el arte desde diferentes ángulos resulta muy beneficioso y les ayuda en muchas áreas de la personalidad. Por ejemplo, se ha demostrado que una persona creativa tiene más oportunidades de encontrar soluciones a sus problemas.

El desarrollo artístico del niño está relacionado con las experiencias de esta naturaleza que haya tenido y también con el desarrollo de sus capacidades, pero no con su edad cronológica.

Cualquier aproximación al arte es benéfica: asistir a conciertos de música, a obras de teatro, a espectáculos de danza o al cine, visitar museos y leer diversas obras literarias.

Para los niños que por alguna razón han experimentado fracasos repetidos, el arte es una buena opción para ayudarlos a recuperar la confianza en sí mismos, puesto que logran desarrollar una capacidad socialmente reconocida.

El arte se ha utilizado con muy buenos resultados como parte del tratamiento psicológico para los niños hiperactivos, tímidos, agresivos o aquellos que presentan algún problema de coordinación motora, así como para el de personas discapacitadas que desean mejorar sus facultades y sentirse útiles.

¿Qué pueden hacer los padres para que sus hijos se interesen en el arte?

Los padres pueden fomentar de diversas maneras el gusto por el arte en sus hijos. Pueden llevar a sus hijos a los museos, a funciones de teatro, de danza y de cine, a exposiciones, además de darles la posibilidad de leer una gran variedad de libros y ver documentales. Todas las oportunidades posibles son valiosas.

El arte es consustancial al ser humano. Por ello, desde los primeros años de la infancia el niño es capaz de manifestar su creatividad artística a través de la pintura, el modelado en plastilina, etcétera.

Es importante que en este acercamiento se invite a la participación activa y no únicamente a una observación indiferente. Todos los sentidos del ser humano pueden ser estimulados por medio de estas vivencias. Cuando se tienen experiencias relacionadas con el arte, se recomienda que padres e hijos compartan sus reacciones y las sensaciones que experimentaron ante la creación artística. Cada persona puede percibir y experimentar aspectos diferentes. Es necesario que se respeten y valoren los puntos de vista y las aportaciones de todos con independencia de la edad, el sexo y la experiencia previa. Esto propicia un gusto cada vez mayor por el arte.

Como parte de la convivencia familiar, se puede realizar un sinnúmero de actividades relacionadas con el arte.

En el hogar, los padres pueden proponerle al niño diversas actividades, por ejemplo, pintar un cuadro. Las instrucciones deberán ser sencillas y las ideas que se propongan, poderse llevar a cabo. Los niños tendrán libertad para pintar con el material disponible, pero también se recomienda que, desde la primera ocasión, tengan la posibilidad de experimentar con materiales de textura, color, tamaño y forma diferentes. Los pequeños desarrollarán sus propias técnicas, aunque también se les podrían enseñar algunas ya establecidas, teniendo siempre presente que lo importante es que se sientan a gusto y que puedan expresarse con confianza. De esta manera, podrán concentrarse mejor y expresar libremente sus ideas y emociones. Así, el arte puede convertirse para el niño en un medio excelente para que exprese pensamientos, sentimientos y reacciones aun antes de que pueda hacerlo con palabras.

Regularmente, se invitará al niño a que comente lo que ha expresado en su obra. Esta invitación deberá ser sutil y en forma de pregunta abierta; es decir, no deberá preguntársele "¿qué es?" ante su trabajo. La indagación abierta hace que el niño sienta que se aprecia su esfuerzo y su empeño, así como la obra como tal, con el significado que ésta tiene para él y con todas sus características formales —color, textura, forma, etc.—, reduciendo al mínimo las posibilidades de que el niño sienta que no cumple con las expectativas de sus padres o de otras personas. Asimismo, al relacionar las palabras con el arte aprenderá a comunicarse con ayuda de otros medios. En un momento determinado, el niño podrá descubrir y aprender técnicas más profesionales, con lo cual se favorecerá un aprendizaje más formal en caso de el niño llegara a presentar un interés especial.

Un aspecto importante de estas actividades es exponer los trabajos terminados en un área especial. Todos los trabajos deben formar parte de la exposición que se monte, pues cada uno de ellos implica un esfuerzo particular. El aliento y la motivación que el niño reciba durante todo el proceso son muy importantes para que siga sintiendo que el arte no es ajeno a su mundo y a su experiencia.

Por otra parte, siempre se cuenta con la posibilidad de inscribir al niño en una clase especial en la que pueda tener acceso al arte de manera diferente, compartiendo con otros niños. En estas clases no debe imperar una atmósfera de crítica. Las personas que imparten estas clases deben ser personas flexibles, que comprendan la importancia de este proceso para el desarrollo de los niños y que cuenten con la preparación adecuada. Por último, es recomendable que el amor por el arte se promueva antes o de manera simultánea que el aprendizaje formal que requieren las diferentes posibilidades de formación.

¿Cómo repercute el alcoholismo de los padres en el desarrollo de los hijos?

El alcoholismo de la madre tiene un efecto importante sobre el desarrollo prenatal, mientras que el del padre tiene principalmente efectos que dependen del entorno social, y que se relacionan con el proceso de aprendizaje y con los interpersonales.

No existen estudios concluyentes que muestren algún efecto negativo del alcoholismo del padre en relación con algún trastorno genético o con una deficiencia intelectual, por lo que no resulta adecuado relacionar el alcoholismo paterno con las alteraciones congénitas.

Por su parte, las madres alcohólicas, es decir, aquellas que consumen grandes cantidades de alcohol, tienen una probalidad del 50% de tener hijos que presenten alguna deficiencia.

En un 30% de los casos se produce lo que se denomina síndrome fetal alcohólico. Este cuadro se caracteriza por un pobre crecimiento, un patrón distintivo de características faciales —nariz aplanada, labio superior poco desarrollado, ojos ampliamente espaciados— y por problemas evidentes del sistema nervioso central que se manifiestan en retraso mental, irritabilidad, problemas de atención e hiperactividad. Mientras que los rasgos faciales pueden ser menos notables en la adolescencia y en la adultez, los daños cognitivos permanecen.

Entre los hijos de madres que beben moderadamente, también se reporta un índice de trastornos conductuales, una velocidad menor en el procesamiento de la información, problemas con la lectura y las matemáticas y dificultades motoras.

Por ello, es sumamente recomendable que la madre se abstenga de tomar bebidas alcohólicas, de preferencia desde antes de embarazarse. Esto es muy difícil de lograr para las mujeres alcohólicas, por lo que se sugiere que recurran a alguna terapia o a un tratamiento que les permita abandonar la adicción antes de queden embarazadas.

¿Cómo se puede prevenir que los hijos sean víctimas de abuso sexual y de otros tipos?

Se entiende por abuso sexual a cualquier tipo de contacto físico o sexual que se realiza sin el consentimiento de una persona o bien cuando ésta no posee la capacidad para decidir si desea o no dicho contacto. Por lo general, el abuso sexual se lleva a cabo mediante engaños, chantajes o amenazas con el propósito de coaccionar a la víctima.

Es de vital importancia que las víctimas del abuso sexual reciban atención especializada lo más pronto posible.

Los padres pueden proteger a sus hijos del abuso sexual si:

• Le explican al niño o niña que debe comunicarles cualquier actitud o acción de cualquier persona que los haya hecho sentir incómodos. Los hijos siempre deben tener presente que los padres están dispuestos a apoyarlos y a protegerlos de manera incondicional. Una relación adecuada entre padres e hijos promueve la confianza necesaria para comunicar a tiempo cualquier situación peligrosa.

• Hablan de la sexualidad frente a sus hijos como una parte natural del ser humano y evitan los tabúes y los mitos al respecto; de esta forma, los hijos sienten la confianza necesaria para hablar acerca del tema, sin inhibiciones.

• Cuando deben dejarlos al cuidado de alguna persona se aseguran de que sea alguien de su absoluta confianza.

• Concientizan a sus hijos de que no tienen por qué obedecer a cualquier adulto por el simple hecho de serlo.

• Fomentan en los hijos, lo más tempranamente posible, su capacidad para tomar decisiones, puesto que les será de gran utilidad para contrarrestar cualquier intento de abuso sexual.

• Enseñan a sus hijos a confiar en sus sentimientos y a encontrar maneras de ponerse a salvo de situaciones que impliquen un peligro potencial.

Es preciso recordar que, para desarrollarse adecuadamente, todo niño tiene derecho a ser protegido contra cualquier forma de maltrato.

Cabe señalar que no siempre las personas que abusan sexualmente de un pequeño son extraños; en muchos casos se trata de personas conocidas previamente por la víctima del abuso.

¿Los niños con alguna deficiencia cerebral pueden ser estimulados con resultados positivos?

Sí, pueden ser estimulados con éxito gracias a lo que se conoce como "plasticidad cerebral". A lo largo de la vida, el cerebro se va organizando y programando en función de lo que capten los sentidos de la vista, el gusto, el olfato, el oído y el tacto, de la manera en que se realice esta captación y de las relaciones que la persona establece con su entorno físico y social. La "plasticidad cerebral" es posible porque el cerebro del niño aún no está totalmente desarrollado, organizado ni programado. Debido a lo anterior, el cerebro es capaz de formar nuevas conexiones y de organizarse de manera diferente.

Es importante aclarar que la deficiencia cerebral incluye la pérdida o la modificación de alguna o algunas de las funciones que realiza el cerebro. Según sea el origen y la zona afectada por la lesión o la deficiencia, se observan cambios en la conducta, las actitudes o los movimientos del niño. Es imposible comprender a un niño únicamente con base en lo que sucede en sus aparatos funcionales, pues, además de la parte biológica, también hay que considerar la parte psicológica y la social.

Si bien es cierto que no es posible modificar un cerebro lesionado si no permite que un niño capte y asimile los estímulos de igual manera que uno libre de lesiones, no resulta imposible encontrar nuevas formas de comunicación que le permitan abrirse y adaptarse a su entorno y que, al mismo tiempo, le permitan a las demás personas relacionarse con él de una manera nueva que favorezca una mejor comprensión del niño.

La estimulación promueve el desarrollo cerebral y permite compensar las deficiencias en el funcionamiento cerebral. Para que tenga éxito, debe comprender las tres partes mencionadas: la biológica, la psicológica y la social. En la vida cotidiana de cualquier sujeto, estas partes se encuentran entrelazadas e interactúan automáticamente, sin que tengamos plena conciencia de ello. Por eso, al niño, al igual que a cualquier persona con alguna deficiencia cerebral, debe estimulársele en estos diferentes ámbitos.

Actualmente, se utilizan estrategias de estimulación en clínicas, hospitales y escuelas en donde se tratan a niños con este tipo de problema. Además, se han establecido programas de orientación para que los padres aprendan a estimular a sus hijos. Los resultados de estos programas indican que los niños estimulados logran superar la deficiencia y su rendimiento puede alcanzar niveles similares a los de otros niños.

El desarrollo infantil no es un monólogo, sino un diálogo; un diálogo entre el niño y todo su entorno, que incluye la participación activa de las personas que están en contacto con él.

¿Es posible influir en el desarrollo intelectual de los niños que padecen parálisis cerebral?

Sí; un déficit físico no necesariamente implica un déficit intelectual, y muchos niños pueden trascender su discapacidad. Esto no impide que pasen por periodos de desesperación, depresión y ansiedad, al percatarse de sus limitaciones y de su

---

Las actividades recreativas acuáticas pueden ser de gran ayuda para estimular a niños con deficiencias cerebrales. La delfinoterapia —terapia que consiste en que el pequeño juegue e interactúe con un delfín especialmente entrenado para ello— ha dado excelentes resultados en niños autistas y con otras deficiencias cerebrales.

dependencia temporal o bien indefinida de otras personas.

La parálisis cerebral infantil (PCI) consiste en una afectación de las capacidades motoras. Presenta diferentes grados: puede ir desde cierta torpeza al caminar hasta una incapacidad para moverse a causa de graves contracturas. Su origen está relacionado con determinadas condiciones del embarazo, como exposición a los rayos X, enfermedades, infecciones, intoxicaciones y con la edad de la madre. Asimismo, se vincula con ciertas complicaciones del nacimiento, entre ellas un parto prolongado, una rotura prematura de la bolsa amniótica y vueltas del cordón umbilical alrededor del cuello del niño. Por último, se relaciona con percances sufridos durante los primeros años, por ejemplo, intoxicación por plomo o insecticidas, golpes directos, traumatismos relacionados con intervenciones neuroquirúrgicas, epilepsia, hipoglucemia, defectos congénitos del metabolismo, entre muchos otros factores.

La localización de los trastornos es variable. La afectación puede ubicarse en un solo miembro —monoplejía—, en la mitad del cuerpo —hemiplejía—, en dos miembros —diplejía—, en los miembros inferiores —paraplejía— o en los cuatro miembros —cuadriplejía.

Por tratarse de un trastorno crónico, a estos pacientes debe dárseles seguimiento médico. Si bien cuando ocurre un daño en el sistema nervioso central "la célula que se pierde está perdida para siempre", se pueden emplear muchos recursos para paliarlo, entre ellos la fisioterapia, la estimulación temprana y la educación. Estos recursos se centran en las áreas motoras, sensitivas, sociales, intelectuales, del lenguaje y de la personalidad. Por medio de ellos se puede conseguir que las partes no lesionadas del cerebro sustituyan hasta cierto punto a las células afectadas. Esto depende, desde luego, de muchos factores. Es necesario estar conscientes de que no todas las actividades ni todos los medios son aptos para todos los niños. Existe el peligro de que las actividades mal realizadas refuercen determinados movimientos corporales que agraven la patología.

Debido a su afectación motora, con frecuencia estos niños muestran alteraciones en diversos ámbitos, por ejemplo, el campo táctil y visual, el esquema corporal, las posibilidades de acción, el habla y la orientación temporal y espacial.

El apoyo familiar determina en buena medida la adaptación del niño a su medio. Si los padres lo aceptan y hacen los ajustes necesarios en su entorno, el pequeño puede enfrentarse de manera saludable a su situación. En caso contrario, podría sentir rechazo por sí mismo.

Teóricamente, el nivel intelectual de los niños que padecen parálisis cerebral infantil es normal. Sin embargo, al mismo tiempo que este padecimiento, se pueden presentar trastornos de distintos tipos, como una epilepsia o una deficiencia sensorial parcial o completa. Este último trastorno provoca cierto grado de incapacidad para recibir estímulos. Un 47% de los niños con PCI poseen un cociente intelectual (CI) normal o superior y el porcentaje restante presenta algún grado de deficiencia mental. En el 17% de este grupo, la deficiencia es ligera; en el 16%, media; y en el 20%, profunda.

Se ha encontrado que a mayor número de extremidades afectadas mayor es la probabilidad de que la inteligencia se ubique por debajo de la media. Esto indica que el déficit físico influye en alguna medida en la capacidad intelectual. Sin embargo, hay que tener en cuenta que en muchas ocasiones resulta difícil valorar esta capacidad, pues estos niños presentan escaso control sobre sus movimientos y hablan de forma ininteligible. Por lo tanto, existe la posibilidad de que su inteligencia sea subestimada. Hay que tener presente que un déficit físico, aunque se considere grave, no necesariamente limita el desarrollo intelectual de una persona. Testimonios vivientes de lo anterior son Stephen Hawking, destacado físico, y Gabriela Brimmer y Joey Deacon, quienes, a pesar de su discapacidad, han escrito libros acerca de sus vidas con profundo conocimiento de causa.

¿Se puede rehabilitar a los niños con síndrome de Down?

Los niños con síndrome de Down pueden ser rehabilitados integralmente. Esto quiere decir que pueden aprovecharse al máximo sus aptitudes y posibilidades reales, de tal manera que puedan integrarse a la sociedad en la mayor medida posible, contando para ello con el apoyo y la participación de la familia desde fases tempranas y, posteriormente, de la escuela. Sin embargo, para que las acciones que se inician tempranamente alcancen el éxito, es necesario que tengan continuidad.

El síndrome de Down consiste en una distribución defectuosa de los cromosomas que puede producirse de tres formas: *trisomía regular, trisomía 21 con mosaicismo* y *translocación*. Como consecuencia de este defecto en el número de cromosomas, el niño presenta rasgos físicos característicos, de un retraso en su desarrollo, a causa de una falta de maduración.

Es recomendable que un especialista le proporcione estimulación temprana con ayuda de los padres. Estos especialistas han recibido capacitación en las técnicas que los padres pueden emplear con sus hijos en la casa, con el fin de aprovechar al máximo los diversos beneficios de la estimulación en todos los niveles.

Asimismo, es importante que los padres reciban asesoría médica, con el fin de detectar o anticiparse a ciertas enfermedades que suelen aquejar a estos niños y hacer todo lo posible para evitarlas o, en su caso, tratarlas oportunamente. Algunos de ellos llegan a fallecer al cabo de unos años a causa de infecciones, problemas pulmonares y malformaciones congénitas del corazón, del tubo digestivo y de otros órganos, entre otros trastornos.

El grado en que el niño se adapte a su medio dependerá del tipo de alteración genética que posea, ya que, al parecer, los niños con síndrome de Down por trisomía con mosaicismo son más inteligentes que los que presentan traslocación y éstos, a su vez, más que los que sufren trisomía regular; sin embargo, aún no se ha llegado a una conclusión definitiva al respecto.

Por lo general, los niños con este síndrome asisten a escuelas de educación especial cuyo personal ha recibido una capacitación particular en las técnicas de enseñanza que ellos requieren. El aprendizaje en los niños con síndrome de Down se da de una manera más lenta que en los que no sufren de este mal, por lo que, a pesar de una capacitación adecuada y persistente, escriben con dificultad, lo que ha dado lugar a que se sustituya la escritura manual por la máquina de escribir o la computadora. Se intenta que estos niños sean capaces de escribir cuando menos su nombre. En aritmética, se espera que posean la capacidad práctica para contar objetos reales, aprenderse su domicilio —incluidos los números— y determinados números telefónicos, tanto el propio como el de sus amistades y de sus familiares; asimismo, se espera que aprendan a leer el reloj digital y a utilizar el dinero.

SÍNDROME DE DOWN

En 1959 se descubrió que el responsable del síndrome de Down era un cromosoma de más, presente en las células de los inidividuos afectados.

Uno de cada 650 recién nacidos presenta este síndrome, y la frecuencia aumenta conforme es mayor la edad de la madre; una de cada 40 mujeres mayores de 40 años y que son madres por primera vez tiene un hijo con síndrome de Down.

Las principales características de una persona con síndrome de Down son:

• Los ojos con el ángulo externo sesgado hacia arriba y los pliegues cutáneos de ambos lados de la nariz cubriéndoles parcialmente el ángulo interno de los ojos.

• Rostro generalmente pequeño.
• Lengua más larga de lo normal.
• Manos anchas y cortas.
• Cociente intelectual que puede oscilar entre 30 y 80.

Afortunadamente, en la actualidad existen diversos centros de enseñanza y programas de estudio que permiten que los niños con este síndrome aprendan a leer y a desarrollar sus habilidades en la mayor medida posible.

Posteriormente, el chico ingresará a otra escuela, en donde recibirá conocimientos de índole sexual y social, se le fomentarán las habilidades prácticas de la vida, se identificarán sus habilidades personales y se le adiestrará para el trabajo. Hay diversos lugares de trabajo en los que es posible incorporar a los jóvenes con este síndrome, como embotelladoras, fábricas y restaurantes, entre otros.

Además de que es importante que haya modificaciones en el entorno en que se desenvuelve el niño con síndrome de Down, la integración también implica un grado adecuado de socialización, es decir, la participación de la persona en otros ámbitos, como la familia, el hogar y la sociedad, lo cual implica posibilidades de recreación, de hacer amistades y de tener una sexualidad sana. Además de lograr que estos niños se desarrollen en las mejores condiciones posibles, al llegar a la edad adulta conviene que continúen su desarrollo de manera autónoma, como cualquier ser humano.

¿Cuán determinantes son las privaciones físicas o emocionales para el desarrollo intelectual del niño?

Desde un punto de vista cuantitativo y cualitativo, las carencias físicas o emocionales —sobre todo las que sufra el niño durante los primeros cinco años de vida— pueden afectar de manera desfavorable el desarrollo de la personalidad infantil y, como consecuencia, la capacidad intelectual del pequeño.

La privación física durante la primera infancia puede relacionarse con la falta de estimulación física, por ejemplo, cuando la madre o la persona que cuida al niño no lo acaricia o le bloquea constantemente su curiosidad. También puede darse en el terreno alimenticio, cuando al niño no se le proporciona comida adecuada y en cantidad suficiente, lo que reduce su capacidad para aprender. Puede manifestarse asimismo en el ámbito sensorial, lo que ocurre cuando al niño no se le permite relacionarse con objetos, situaciones o personas que le puedan dar referencia de las cualidades de las cosas. La privación puede también relacionarse con el aspecto motor; en este caso, consiste en impedirle al niño moverse en el espacio con relativa libertad, con lo que se le bloquea su necesidad natural de autonomía para conocer su mundo. Entre otras consecuencias, el chico puede sufrir alteraciones en su capacidad para ubicarse en el tiempo y el espacio; por otro lado, percibe una imagen corporal distorsionada, experimenta una falta de destreza y coordinación motriz y, más tarde, puede presentar problemas de aprendizaje y baja autoestima. Estas privaciones de algún modo están relacionadas con las de tipo emocional.

Las carencias emocionales están estrechamente vinculadas con la relación que la madre —o la persona sustituta de ésta— establece con el niño durante los primeros años. La figura materna suele ser la más importante durante la primera infancia, pues el niño se comunica con su entorno a través de ella. Es la persona que satisface sus necesidades físicas y afectivas y quien, por otra parte, le da la posibilidad de diferenciarse y, por ende, de construir una personalidad propia. La carencia emocional se da principalmente en los siguientes casos: ausencia de la madre o de la persona sustituta; deficiente calidad materna —la madre es imprevisible y presenta conductas incongruentes y caóticas—, y separaciones constantes del niño y la madre.

Para estudiar cómo afecta al desarrollo del niño la ausencia de la madre, hace varios decenios se llevó a cabo la siguiente investigación. Se estudiaron dos grupos de niños; uno de ellos constituido por hijos de madres delincuentes que vivían con ellas en una institución penitenciaria, en la que la madre cuidaba a su hijo con el apoyo de personal competente. El otro grupo estaba conformado por niños que vivían en orfanatorios, donde recibían una alimentación y cuidados de higiene óptimos, pero sin que los niños tuvieran un contacto humano afectivo con las personas que estaban a su cargo. Este último grupo presentó diversos síntomas, relacionados de alguna forma con la depresión, entre ellos: llanto, pérdida de peso, detención del desarrollo, retraimiento y rechazo al contacto humano. Cabe mencionar que actualmente este tipo de instituciones están conscientes de los daños que acarrea la carencia afectiva y toman medidas para evitarlos.

La deficiente calidad materna se relaciona con una serie de conflictos familiares, por ejemplo, bajo nivel socioeconómico, rupturas en la pareja, nuevas uniones más o menos transitorias, alcoholismo, violencia y muchos hijos con poca diferencia de edad entre ellos. Aunque los niños que viven en estas circunstancias reciban los estímulos afectivos necesarios, presentan constantes dificultades intelectuales, lo que a su vez genera fracaso escolar y, en muchos casos, conductas antisociales.

Los periodos de separación prolongados resultan especialmente críticos para los niños que tienen entre cinco meses y tres años de edad. Cuando el niño vive estas situaciones, desarrolla una sensibilidad extrema y sufre angustias, por lo que puede llegar a mostrar una dependencia excesiva hacia otras personas. Estos niños pueden verse afectados en los siguientes aspectos: detención del desarrollo afectivo y cognitivo; vulnerabilidad ante enfermedades e infecciones; falta de apetito; falta de control de esfínteres; insomnio, pesadillas y dolores de cabeza; aislamiento social; dificultad para jugar o realizar actividades sencillas; tristeza; crisis de llanto; fatiga permanente e indiferencia. Por otra parte, repiten a menudo "no sé" y "no puedo", y tienen la sensación de que no se les quiere. En el plano cognitivo, presentan dificultades de concentración, de memorización y de adaptación al ambiente escolar.

Según un informe de la Organización Mundial de la Salud (OMS), el grado de afectación depende de la edad que tenga el niño en el momento de la separación y la duración de ésta. Cuando no es muy prolongada, la recuperación del comportamiento saludable del niño es rápida y completa, aunque sigue siendo vulnerable ante las amenazas de separación. En caso de carencia afectiva prolongada, el comportamiento y las funciones intelectuales generales pueden mejorar si se dan los cambios necesarios en la vida del niño que le permitan volver a relacionarse sanamente con las personas que están a su alrededor. Sin embargo, la aparición del lenguaje puede retrasarse, lo que puede afectar determinados aspectos de los procesos intelectuales, entre ellos la función verbal y la capacidad de abstracción. También pueden afectarse algunas funciones de la personalidad, como la capacidad para establecer relaciones interpersonales sólidas y duraderas.

Cuando la carencia es grave, prolongada y ocurre a partir del primer año de vida con una duración de tres años o más, se producen efectos muy perjudiciales en el plano intelectual y en el de la personalidad.

Si la carencia se inicia durante el segundo año de vida, los efectos son desfavorables, profundos y duraderos en el aspecto de la personalidad, pero los daños producidos en los procesos intelectuales pueden llegar a revertirse.

El tratamiento que pueden recibir los pequeños que estén en estas situaciones consiste en una terapia impartida por un psicólogo o psiquiatra que compense o satisfaga las necesidades no cubiertas. Al suplir determinada carencia materna, algunas personas pueden convertirse en "rescatadores" del niño, dándole la oportunidad de desarrollarse satisfactoriamente, pese a las dificultades por las que esté pasando.

En el aspecto del desarrollo infantil, es tan importante tener en cuenta la inteligencia cognitiva como la emocional. El niño tiene derecho a que los padres le proporcionen todos los medios posibles para que su aprendizaje sea óptimo, pero también tiene derecho a ser querido. La satisfacción de estas necesidades se traduce en la forma en que el pequeño se relaciona con su medio que, a juicio de los expertos, debe ser asertiva. Se considera que el niño es asertivo si manifiesta los siguientes comportamientos: expresa saludablemente sus ideas y sentimientos, muestra capacidad para comprender a los demás y para solucionar problemas. Como el estrés causado por las dificultades y los desafíos está presente a cualquier edad en el ser humano, es conveniente que, desde pequeño, el niño sepa lidiar con las decepciones y muestre una actitud optimista ante ellas. La inteligencia emocional se gesta, pues, desde los primeros años de crianza; de ahí su transcendencia para que en la edad adulta el niño sea un ser humano independiente, asertivo, solidario, productivo, respetuoso, sensible, amable y adaptado. Todos estos rasgos son promovidos por padres que saben expresar su amor sanamente.

¿Puede el desarraigo perjudicar el desarrollo intelectual de los hijos de padres inmigrantes?

La inteligencia se relaciona con la capacidad del individuo para adaptarse a distintas situaciones. Las condiciones sociales, es decir, el ambiente en que la persona se desenvuelve, constituyen un factor fundamental. Las personas que abandonan su país para residir en otro toman una decisión que provoca cambios tan importantes que es frecuente que surja una situación de crisis en su vida. Ésta puede ser canalizada positivamente, es decir, se puede aprender y mejorar a partir de ella. Los principales cambios se relacionan con la separación de familiares y amigos y con el enfrentamiento a nuevos usos y costumbres, de ahí que la llegada a otro país provoca un conflicto de valores culturales.

En una investigación realizada recientemente, se encontró que en el proceso de adaptación del niño —tanto del inmigrante como del nacido en el país adoptivo— los padres desempeñan un papel central, pues son los mediadores entre el niño y las situaciones a las que éste se enfrenta. Por ello, la actitud de los padres hacia el cambio social y hacia las nuevas experiencias constituye una pauta poderosa para el niño y para su consiguiente adaptación al nuevo país. Esta última se ve también determinada por el nivel socioeconómico familiar, la educación de los padres, la edad y la inteligencia de los niños, así como por la situación del niño ya sea como inmigrante o como nacido de padres inmigrantes en el nuevo país.

Los padres inmigrantes pueden rechazar la cultura adoptiva y apegarse en forma casi desesperada a todo lo que pertenece a la de origen o, por el contrario, pueden sobrevalorar la cultura adoptiva en un afán por integrarse. En muchos casos, el niño muestra actitudes de rechazo y sufre fracasos escolares cuando los padres no tienen un buena relación con la lengua y la cultura del país al que llegan; por el contrario, generalmente el pequeño obtiene éxitos cuando su actitud es de sobrevaloración.

Asimismo, la capacidad intelectual del hijo de padres inmigrantes dependerá de la situación profesional y socioeconómica de la familia. En Estados Unidos, los extranjeros que llegan a radicar allí no tienen las mismas posibilidades de trabajo. Por ejemplo, la situación de los judíos provenientes

El inmigrante puede llegar a experimentar la sensación de que no deja huella en ninguna parte; sin embargo, este sentimiento puede evitarse mediante una adecuada actitud hacia la cultura del país al que se llega.

Cuando un niño pertenece a una minoría racial, las actividades grupales pueden facilitarle su adaptación al nuevo medio ambiente.

de la antigua Unión Soviética es muy diferente de la de los inmigrantes mexicanos. Por haber residido en un país en el que existe un mayor acceso a la educación, los primeros pueden desempeñar un trabajo mejor remunerado o, cuando menos, equivalente al que tenían en su país de origen. La situación es diferente en el caso de una gran parte de los mexicanos que cruzan la frontera sin contar con un nivel educativo adecuado. Éstos tienen que conformarse con trabajos relacionados con la agricultura o los servicios, y muchos de ellos tienen que permanecer ilegalmente en un país que les impide trabajar lícitamente. La desigualdad de oportunidades obedece a cuestiones políticas, pero también al racismo imperante, por lo que la población inmigrante mexicana es marginada y vive en un ambiente poco favorable en el que no cuentan con las mismas facilidades para recibir una educación adecuada. Una de las consecuencias es que las pruebas de inteligencia arrojen resultados bajos, pues incluyen preguntas sobre conocimientos generales que se obtienen en la preparación escolar en un idioma desconocido o escasamente dominado por el niño inmigrante.

Esto último puede ser diferente en el caso de los hijos de inmigrantes que nacen en el país adoptivo, ya que éstos conocen mejor el idioma, por haber vivido en él desde su nacimiento. Sin embargo, al no conocer sus costumbres y formas de vida en general, los padres pueden mostrar conductas de aprehensión con sus hijos nacidos en el nuevo país. Por esta razón, la socialización de estos niños puede verse limitada, lo cual no es determinante para que desarrollen sus capacidades intelectuales adecuadamente, y menos aun cuando los padres se preocupan por su desarrollo.

Si un niño crece en el seno de un grupo étnico distinto del suyo, ¿se ve afectada su capacidad intelectual?

No, pues la capacidad intelectual de un niño no está determinada por la raza. Lo que sí puede tener repercusiones en esta capacidad es el ambiente en el que se desenvuelve, que en gran medida se relaciona con la calidad de la crianza y de la educación que se le proporcione al niño.

Las maneras de percibir las actividades intelectuales y de encarar cierto tipo de situaciones son diferentes según el país, la cultura y la raza. En cada cultura, se enseñan o refuerzan determinadas habilidades intelectuales. Desafortunadamente, debido al racismo, existen grupos étnicos marginados, como los indígenas de México o los grupos afroamericanos de Estados Unidos, por lo que las oportunidades de acceso a la educación y al conocimiento están limitadas y su situación económica y laboral, menos favorecida. Esto hace que el ambiente en el que crecen estos niños no les proporcione la estimulación adecuada, lo cual no implica que los niños pertenecientes a esos grupos no sean inteligentes o no tengan la posibilidad de desarrollar sus capacidades intelectuales en su comunidad o en otro ambiente.

En Minnesota, Estados Unidos, se llevó a cabo una serie de estudios sobre adopción transracial con niños que crecieron en hogares adoptivos —130 niños de raza negra, 25 de raza blanca y 21 entre asiáticos, indígenas estadunidenses y latinoamericanos—. La mayoría de estos niños fueron criados por familias blancas con una buena posición socioeconómica. Los niños por lo general obtuvieron puntuaciones por encima del promedio en las pruebas estándar de cociente intelectual (CI) y de aprovechamiento escolar, en comparación con la población blanca de su Estado. El desempeño intelectual de los niños negros era tan bueno como el de los niños blancos adoptados por familias similares. Por otra parte, los niños adoptados obtuvieron por lo menos 20 puntos más que los niños educados en comunidades negras. Este desempeño puede interpretarse como un efecto del ambiente, ya que, al tener mayor acceso a la educación, los padres adoptivos se preocupan por proporcionarle al niño las mejores oportunidades de educación formal, además de tener en cuenta las necesidades del niño durante su desarrollo. Esto probablemente no habría sucedido si hubieran sido educados por sus padres naturales, pues estos últimos pertenecían a comunidades marginadas que no tenían acceso a las mismas oportunidades.

Por otra parte, pueden surgir en el niño sentimientos de inadecuación, como consecuencia del trato discriminatorio que recibe en el grupo en el que crece. El trato, por lo general, se manifiesta como intolerancia y segregación, debido a las características físicas del niño, que son distintas de las prevalecientes en el medio. Debido a lo anterior, las repercusiones tienden a manifestarse en los planos social y afectivo. El grado de afectación dependerá de la autoestima del niño, y ésta a su vez depende en gran medida del trato de los padres, pues son quienes, en primera instancia, lo ayudan a adquirir confianza para enfrentar diversos tipos de situaciones. Si un niño tiene fuerza interna y confianza en sí mismo, es poco probable que la discriminación de que es objeto tenga efectos negativos en su estructura psíquica.

¿Por qué es importante aprender a comunicarse adecuadamente?

Porque la comunicación es la base de las relaciones entre los seres humanos. Sin embargo, con frecuencia se concibe como un proceso automático que se da al aprender a hablar y no se considera que para que la comunicación sea adecuada es necesario que el individuo pase por un proceso de aprendizaje particular.

A lo largo de la historia, los seres humanos han intentado encontrar maneras eficaces de comunicarse con la finalidad de expresar, compartir e intercambiar necesidades, experiencias, pensamientos y sentimientos. Pese a ello, la comunicación ineficaz ha originado muchos problemas entre los grupos humanos y muchas de las grandes tragedias sufridas por la humanidad.

Del mismo modo en que una comunicación inadecuada afecta a grandes grupos humanos, influye también, de manera cotidiana y específica, en grupos más pequeños, como las familias y sus diversos integrantes.

Los investigadores afirman que un gran número de problemas de pareja y de relaciones intrafamiliares podrían evitarse o bien solucionarse adecuadamente, si en su repertorio cotidiano de comportamiento, las personas contaran con formas eficaces de comunicarse.

Se han realizado diversas investigaciones sobre comunicación, cuya aplicación ha ayudado a muchas personas a transmitir sus mensajes adecuadamente y a ser escuchados y comprendidos por los receptores. Las maneras de comunicación que son eficaces, ofrecen beneficios muy importantes a quienes las aprenden y las aplican, independientemente de su edad, ocupación y posición social.

No obstante, se recomienda que este aprendizaje se lleve a cabo desde las etapas más tempranas, pues resulta mucho más fácil para los niños, ya que pueden aprender a establecer relaciones interpersonales más sanas y productivas desde pequeños. La incorporación a la vida cotidiana de estas maneras de comunicarse abre canales para establecer relaciones de confianza, armonía y respeto. De esta manera, se favorece la resolución de dificultades, así como la prevención de algunas situaciones problemáticas, pues se pueden establecer normas y valores de una manera clara y pueden promoverse oportunidades de negociación.

Los partidarios de este enfoque, que suele denominarse de comunicación asertiva, sostienen que el discurso debe ser claro y preciso y expresar lo que el individuo siente y piensa. Por otra parte, en un episodio de comunicación, los papeles de quien trasmite el mensaje y de quien lo recibe se intercambian y ambas partes constantemente deben dar y recibir retroalimentación continuamente.

Es importante recordar que los seres humanos nos comunicamos, entre otras cosas, porque no tenemos la habilidad de adivinar lo que sienten y piensan los demás. A este respecto, existe la falsa creencia de que cuando existe cierta cercanía emocional entre dos personas, una debe adivinar las necesidades y pensamientos de la otra.

La comunicación consta de dos elementos: el verbal y el no verbal. La comunicación verbal incluye el aspecto hablado de la comunicación, las palabras y el contenido del mensaje. La no verbal abarca los gestos, el tono de voz, las miradas, los movimientos corporales y, en general, la actitud con la que se trasmite el mensaje. Estos elementos se complementan y, para que un mensaje tenga la claridad necesaria, deben coincidir y ser congruentes. De esta manera, la persona que recibe el mensaje tiene más oportunidades de entenderlo y, a su vez, la comunicación tiene mayores posibilidades de ser realmente eficaz.

La manera o la actitud con que recibe el mensaje la persona a quien está dirigido también es fundamental, ya que saber escuchar implica que el receptor le da la debida importancia a lo que le transmite su interlocutor y, por lo mismo, contribuye a la calidad de la comunicación. Incluso antes de comprender el contenido de la comunicación verbal, los niños logran entender la comunicación no verbal, por lo que desde sus primeros años ambas tienen una importancia fundamental.

Se recomienda que el contenido del mensaje incluya ideas cortas que especifiquen claramente lo deseado, con palabras que la persona a la que está dirigido conozca, maneje y pueda comprender.

Los diferentes estados de ánimo pueden ser facilitadores u obstáculos en el proceso de comunicación. Cuando una persona se siente bien, tiene más posibilidades de transmitir y recibir mensajes adecuadamente. Puede decidir mejor qué quiere expresar y de qué manera hacerlo; puede también poner más atención y escuchar con mayor cuidado.

Sin embargo, cuando la persona se encuentra enojada o se siente contrariada, le resulta muy difícil lograr lo anterior. En estos casos, se recomienda hacer todo lo posible por relajarse y esperar un momento más oportuno, no sin antes explicarle al interlocutor que prefiere esperar, por no encontrarse en condiciones de participar adecuadamente en la situación de que se trate. Al actuar de esta manera es factible evitar agresiones o actitudes que pueden ser poco favorables para tener una buena comunicación.

¿Es cierto que a un niño solitario le es más difícil desarrollar sus aptitudes intelectuales que a un niño sociable?

En el campo de la psicología no se puede asegurar totalmente si algo va a ocurrir o no, ya que la historia y el medio social de cada ser humano es diferente. El individuo recibe la influencia del medio social —a la vez que influye en éste—, por lo que son muy diversas las maneras de enfrentar las oportunidades y las adversidades. El conjunto de estos elementos influyen en la personalidad y en la evolución de la capacidad intelectual del niño.

Existen dos clases de soledad: la desolación y la solitud. La primera se relaciona con un sentimiento de abatimiento, pena, abandono y confusión, y para muchas personas es un estado muy doloroso. Generalmente, la desolación es causada por carencias afectivas tempranas. La segunda permite la introspección y el autoconocimiento, ya que la persona está más en contacto consigo misma. Es un tiempo que la persona se regala para reflexionar, adquirir conciencia sobre sí misma y enfrentar sus sentimientos, lo cual facilita el desarrollo y la evolución del individuo.

El niño aprende a sentirse solo a partir del modelo de interacción familiar. Hay muchas razones por las que un niño se puede sentir "solitario". Una de ellas puede obedecer a la situación objetiva de ser hijo único y a la situación circunstancial de que no tenga la oportunidad de interactuar con otros pequeños. Un niño que está en estas circunstancias probablemente sienta la falta de un hermano o hermana con quien compartir su vida diaria, aunque también hay quienes se acostumbran a su situación sin prestarle mayor importancia. Estar solo también es una conducta que el niño puede aprender en su contexto familiar. Hay familias cuyos integrantes se centran en sus propias actividades y no le conceden importancia a la comunicación con los demás.

Otro caso es el del niño que se percibe aislado a causa de una depresión. Aun acompañado, se siente solo, relegado y no querido. En casos como éste, puede haber repercusiones en el plano intelectual, puesto que la mayoría de las aptitudes intelectuales precisan de concentración y estos niños carecen de ella al dirigir la mayor parte de su atención a sus problemas internos. Esta situación varía en función de la edad y de los motivos que originan la depresión; cuanto menor sea el niño suele ser más grave.

El caso más extremo de soledad no saludable es el del niño autista, en quien generalmente se presenta un déficit cognitivo que incluye deterioro del lenguaje y de las funciones de secuencia, abstracción y codificación de símbolos. Sin embargo, se ha descubierto que las puntuaciones de cociente intelectual (CI) de estos niños varían enormemente, pues éstas oscilan entre muy bajas —lo cual indica la presencia de un retardo grave— y muy altas. Sin embargo, alrededor de las tres cuartas partes de los niños autistas muestran algún grado de deterioro de su capacidad intelectual, aunque esto podría ser consecuencia de sus dificultades de interacción durante la evaluación, más que a una deficiencia intelectual.

Un niño sociable es el que puede entablar relaciones con otras personas con relativa facilidad. Esto le permite tener acceso a mayor información proveniente de su medio y de los comportamientos de la gente. Además de darle herramientas para manejar diversas situaciones, esta capacidad puede hacerlo que se adapte de manera más adecuada a la sociedad.

Todos los niños requieren la interacción con otros pequeños para adquirir habilidades sociales. Cuando el niño es sociable, puede adquirir habilidades intelectuales relacionadas con las áreas en las que es indispensable la interacción social. Sin embargo, el niño solitario también puede desarrollar diversas habilidades intelectuales. En los procesos creativos es necesario que el realizador esté en contacto consigo mismo, lo que permite encauzar y darle significado a la soledad por medio del arte.

Una de las consecuencias de que un niño siempre sea solitario es que, posteriormente, puede serle más difícil el establecimiento de relaciones sociales con otras personas.

¿Puede repercutir el tipo de luz en nuestro desempeño intelectual?

Hasta la fecha, no se han realizado investigaciones en las que se estudien los efectos directos de la luz natural o artificial en el desempeño intelectual, pero sí algunas sobre los efectos que ambos tipos de luz pueden tener en la salud física y mental, así como en determinadas áreas cognitivas.

La luz natural o solar está compuesta por ondas electromagnéticas de las que sólo un mínimo porcentaje alcanza la Tierra. La luz solar incluye todos los colores del arcoiris: violeta, azul, verde, amarillo, naranja y rojo. Este tipo de luz puede ser percibido por el ojo humano, lo que no sucede con la luz infrarroja, la luz ultravioleta, los rayos X, los rayos gama y otros.

Algunas investigaciones recientes aportan información valiosa sobre la forma en que la luz solar influye en la salud. De acuerdo con la cronobiología, la luz coordina la química corporal, la que a su vez rige los patrones de sueño y los modos de sentir y de comportarse. Durante el día, la luz cambia, por lo que las fluctuaciones químicas alteran la capacidad de alerta y de realizar actividades físicas y mentales. Con frecuencia, estos cambios causan modificaciones en el estado de ánimo, en la energía, el sueño y la susceptibilidad a ciertas enfermedades. La luz solar puede fortalecer los huesos, pues activa los procesos corporales de producción de la vitamina D. Asimismo, puede dañar la piel, los ojos y el sistema inmune. Este riesgo se ha incrementado debido a la destrucción de la capa de ozono que protege al planeta de algunas radiaciones dañinas para los seres humanos y para otras especies.

Algunos investigadores piensan que la salud depende en gran medida de la sincronización entre el sistema circadiano —especie de reloj interno— y los ciclos de luz y oscuridad. Uno de los efectos de una falta de sincronización en este aspecto podría ser la disminución del tiempo de vida de las personas con horarios irregulares de trabajo y de descanso. Los seres humanos tenemos un sistema circadiano con el que medimos el tiempo y coordinamos las funciones del organismo con base en un ciclo aproximado de 24 horas. Este ciclo corresponde al tiempo que le lleva a la Tierra girar sobre su propio eje, lo cual expone a todos los seres vivientes del planeta a los ritmos cotidianos de la luz, la oscuridad y la temperatura.

Como la función de los fluidos corporales y de los tejidos biológicos está relacionada con los ritmos circadianos, las habilidades físicas y mentales difieren de manera importante de un periodo del día a otro. En general, durante las horas de la mañana, el organismo tiende a desempeñarse mejor en el plano intelectual —con excepción de la memorización—, mientras que es más apto para las actividades físicas en la tarde. Las preferencias pueden variar de una persona a otra, pues hay quienes prefieren realizar ciertas actividades en la mañana y otras en la tarde o en la noche.

Algunas personas son muy sensibles a la luz, por lo que sus reacciones a la estación invernal son muy acentuadas, ya que en esta época la luz solar dura menos y la temperatura desciende. Durante los meses de invierno, estas personas sienten fatiga y somnolencia casi todo el tiempo y tienden a dormir más. Les surgen sentimientos de

---

LA LUZ Y LA OSCURIDAD

Los ritmos cotidianos de luz-oscuridad están relacionados con los ritmos circadianos y con el funcionamiento corporal, por lo que éstos influyen en las actividades físicas y mentales del ser humano. Aunque las preferencias pueden variar, en general se considera que las tareas que requieren el razonamiento verbal y la memoria a corto plazo, como son los debates o la presentación de exámenes, se realizan mejor al mediodía. Las personas se encuentran en mejores condiciones para estudiar entre las 6 de la tarde y las 12 de la madrugada, pues se considera que en ese periodo la información es retenida con más precisión en la memoria de largo plazo. A otras más, se les facilitan las actividades repetitivas que involucran la destreza manual, como practicar escalas en el piano o ensamblar piezas, al atardecer, después del mediodía.

tristeza, irritabilidad y ansiedad y, por otra parte, presentan falta de concentración, tendencia a aislarse y disminución del deseo sexual. Muchos desarrollan antojos por los carbohidratos, que consumen en grandes cantidades. A esta alteración se le conoce como desorden afectivo estacional y es más frecuente en las latitudes nórdicas, aunque también se presenta en las regiones del hemisferio sur.

En cuanto a la luz artificial, algunos estudios han demostrado que la fluorescente puede afectar las emociones y la salud física. En una escuela se iluminó un salón con luz fluorescente y otro con Vita-Lite® —luz incandescente que cubre el espectro completo, aunque prácticamente no despide rayos ultravioleta—. En el primer salón, los estudiantes mostraron irritabilidad, cansancio, hiperactividad y falta de atención en clase, a diferencia del segundo salón en el que los alumnos presentaron un mejor rendimiento académico y mayor tranquilidad y, además, adquirieron menos caries que los niños del primer salón.

¿Es cierto que algunos colores favorecen el rendimiento intelectual?

Según algunos investigadores, el 80% de todas las informaciones que analizamos son de naturaleza óptica, por lo que el ser humano, independientemente de la actividad que realice, se verá influido por una gran cantidad de estímulos visuales, salvo que la percepción del color de la persona sea deficiente. El color es una cualidad de la luz y una sensación provocada en la mente como resultado de algunas ondas

Los colores tienen un efecto determinado sobre el estado de ánimo. Un bello arco-iris, que reúne todos los colores del espectro solar, puede hacer que se experimenten sentimientos muy agradables.

Desde los principios de la historia humana, el hombre aprendió a combinar los colores para manifestar su creatividad y su sentido artístico.

luminosas que estimulan los centros nerviosos de la vista y el cerebro. Las reacciones que una persona presenta ante el color son subjetivas, lo cual incluye el plano emocional.

En publicidad, se analizan los efectos psicológicos de los colores y su correcta aplicación, tanto en los mensajes como en los productos, como factores para inducir al consumo.

Los colores tienen diferentes significados dependiendo de la cultura y de la época. En México, se realizó una investigación en la que se observó una relación entre los colores y ciertos significados asignados a ellos por la gente. Así, para las personas entrevistadas, el color rojo denota calor, es excitante, activo, agresivo y fuerte. El amarillo representa a las enfermedades y es superficial, débil y alegre. El verde simboliza la esperanza, la fertilidad y la acidez. El azul da la sensación de masculinidad, infinito, felicidad, es "paternal" y el más atractivo. El violeta es un color femenino que simboliza las penas. El blanco denota inocencia, paz y virtud. El negro simboliza la maldad, la muerte, la noche, lo profundo, lo misterioso, el odio y el pecado.

El uso de determinado color hace que el individuo experimente distintas sensaciones. El color induce a las personas a inferir el peso de un objeto; es pesado si el objeto es de color oscuro, y ligero si es claro, aunque en la realidad los objetos tengan el mismo peso y tamaño. Los colores claros son más alegres que los colores oscuros. La "temperatura" del color se relaciona con la energía que el color absorbe o refleja. El blanco repele el calor y el negro lo absorbe. Los colores cálidos son el rojo, el naranja y el amarillo; los fríos, el azul, el verde y el violeta. Los cálidos levantan el ánimo y los fríos tranquilizan. Los colores oscuros hacen percibir el objeto con un tamaño menor que los colores claros.

La gente muestra preferencias por determinados colores, por lo que se han asociado los diversos rasgos individuales con sus gustos por el color, aunque estas asociaciones no se han fundamentado con certeza. El rojo representa un carácter impulsivo, extrovertido, activo y simpático. Las personas joviales e indecisas prefieren el naranja. El color preferido por los idealistas, los intelectuales y los filósofos es el amarillo. Las personas con carácter artístico, comprensivo, tolerante y leal muestran preferencia por el verde. El color azul suele ser elegido por personas conservadoras, impresionables y precavidas. Las personas analíticas y misteriosas eligen el color violeta. El blanco es el color de la gente de carácter amable y modesto. Por último, el negro es preferido por las personas de carácter presumido y sofisticado.

Actualmente, están teniendo auge la psicología del color y la cromoterapia, las cuales sostienen que los colores repercuten en la salud física y mental. Según los terapeutas del color, cada color promueve un estado de ánimo distinto. El azul, por ejemplo, puede ser relajante; el rosa puede fomentar la armonía y la paz interior; el rojo induce al movimiento. En cada color —aseguran— hay tonos positivos y negativos, por lo que la presencia de determinada tonalidad puede favorecer conductas, pensamientos y sentimientos adecuados o inadecuados. Por ejemplo, el azul es capaz de promover la relajación, pero una sobreexposición a éste puede llevar a la persona a la falta de acción o a la pasividad.

¿Puede el ruido tener efectos nocivos en la inteligencia?

No, si el ruido tuviera alguna repercusión en la inteligencia, ¿cuántas personas, especialmente en las grandes ciudades, tendrían una baja capacidad intelectual? Sin embargo, sí afecta negativamente la salud física y mental y repercute en la capacidad de concentración y atención del individuo, lo que dificulta o impide la adquisición de ciertas habilidades.

Los avances tecnológicos han hecho que el ruido esté siempre presente en las ciudades. El silencio parece imposible; basta con recordar el sonido del refrigerador o de un despertador. La percepción de este estímulo es relativa, pues varía de una persona a otra y depende de la intensidad, la frecuencia, la duración y la hora en que se presente. Para una persona, determinada música puede ser desagradable y parecerle ruido, pero para otra no. El sonido continuo que produce un martillo al ser golpeado en la pared resulta insoportable para cier-

---

LA ELECCIÓN DEL COLOR

La elección del color es una cuestión muy personal, pues cada uno de ellos produce sensaciones muy diferentes en cada persona. Además del color, el tono también puede influir en cada individuo.

De acuerdo con los terapeutas del color, el amarillo estimula el intelecto, ya que es un color que se asocia con la capacidad de organización, la inteligencia activa, el buen desempeño escolar y la atención al detalle; por otro lado, también se le relaciona con la comunicación, pues se ha observado que las personas que se encuentran en habitaciones pintadas de este color se encuentran motivadas para hablar, además de que se producen en ellos sentimientos optimistas.

El amarillo se recomienda para pintar las habitaciones de niños pequeños, en quienes fomenta sentimientos positivos a la vez que coadyuva al desarrollo de sus procesos mentales, aunque otros estudiosos sugieren el blanco, o colores claros, como el azul celeste o el verde tenue.

---

tas personas. Además de la contaminación del suelo, del agua y del aire, también existe la contaminación por ruido. A esta última no se le ha prestado la atención que merece.

Los sonidos se miden en decibeles (dB). Cuando éstos exceden los 75 dB pueden provocar fatiga auditiva; es decir, una deficiencia pasajera de la audición. El ruido impide escuchar las señales de peligro, pero también una conversación, lo cual genera cierto "aislamiento" y afecta la socialización, pues la persona puede tratar de ir a lugares en los que no se perciba la molestia o usar tapones en los canales auditivos. La repercusión más grave es la pérdida definitiva del sentido del oído, que puede ser provocada, por ejemplo, al estar expuesto a explosiones o a un ruido intenso de más de 85 dB durante ocho horas al día, por espacio de varios años. Esto ocurre en ciertas diversiones juveniles en las que el ruido o la música alcanzan los 105 dB; este es el caso de los conciertos de rock, las discotecas o los aparatos portátiles de sonido escuchados a máximo volumen. También sucede como consecuencia de la exposición al ruido industrial en el trabajo, lo que, además de causar pérdida auditiva, contribuye a una baja productividad y a un mayor número de errores laborales.

Es posible que el ruido también afecte la salud en otros aspectos. Las personas pueden manifestar efectos nocivos en el sistema cardiovascular, en el sistema digestivo y en la salud mental. El estado mental depende en gran medida del bienestar físico. Si la parte fisiológica del organismo reacciona ante el ruido, lo mismo sucede con la psíquica.

El ruido genera estados de fatiga, irritabilidad y tensión en las personas. En los niños, además de perjudicar el desarrollo del lenguaje, dificulta la adquisición de la lectura, especialmente en aquellos que están expuestos a ruidos de más de 80 dB, como los que se producen en los comedores escolares.

Por último, el ruido tiene efectos en el sueño, dado que origina dificultad para conciliarlo, propensión a despertarse durante la noche y a no tener un sueño reparador debido a la corta duración del sueño profundo. El descanso es una condición importante para que una persona se sienta motivada para aprender. Se han producido casos extremos en personas con una capacidad de adaptación psicológica inadecuada a las que el ruido les provoca sentimientos de extremo enojo o frustración. En Nueva York, por ejemplo, un hombre le disparó a un niño que estaba jugando frente a la ventana de su dormitorio. El hombre, un trabajador nocturno, relató posteriormente que los gritos y los ruidos del niño lo habían despertado.

El hombre necesita estimulación acústica para disfrutar de la vida, pero una sobrecarga puede poner en riesgo su salud mental.

¿Cierto tipo de música ayuda a pensar mejor?

El pensamiento es un proceso interno complejo en el que se producen representaciones mentales: eventos y objetos que no están presentes en la realidad inmediata. Uno de los elementos de este proceso es la memoria. Mediante ésta, se pueden anticipar acontecimientos. Asimismo, el pensamiento permite a la persona imaginar situaciones que podrían ocurrir o que no han ocurrido. Por otra parte, hace posible que surjan ideas para solucionar problemas o tomar decisiones.

En el ser humano, el acto de pensar y las respuestas afectivas deben estar coordinadas. Debe haber una congruencia entre los pensamientos y los sentimientos, lo que se ve reflejado en la acción.

El cerebro procesa la información de dos formas. A grandes rasgos, el hemisferio izquierdo maneja la información de manera secuencial, lógica y analítica. Esta forma de procesar la información permite hacer reflexiones racionales a partir de los estímulos. Por otro lado, el hemisferio derecho maneja la información de modo simultáneo y totalizador, poniendo énfasis en los aspectos afectivos de los estímulos. Esta capacidad del hemisferio derecho es fundamental en la percepción musical, ya que ésta se basa en la integración espacial y temporal de la información para determinar la calidad total de la música. Sin embargo, se ha demostrado que ambos hemisferios cooperan en el procesamiento de los estímulos musicales.

Por otra parte, estos últimos pueden propiciar la evocación de experiencias emo-

PARÁMETROS DE RUIDO

0	dB	umbral de audibilidad
20	dB	desierto
45	dB	departamento normal
75	dB	calle de tránsito importante

Ruidos fatigantes

90	dB	licuadora
105	dB	discoteca o aparato portátil de sonido a todo volumen

Comienza el umbral del dolor

180	dB	ruido proveniente de un cohete que despega

cionales. Con base en lo anterior, ha surgido una nueva forma de tratar algunos trastornos y padecimientos: la musicoterapia. El prósito de esta terapia es facilitar la experiencia afectiva, identificar las expresiones de afecto y ayudar a la persona a comprender las emociones de los demás. La musicoterapia propicia la síntesis, el control y la modulación del comportamiento emocional de la persona, por lo que puede ayudar a modificar conductas inapropiadas.

La salud mental se basa en la capacidad que tiene la persona para conocer, controlar y comunicar adecuadamente sus emociones, sentimientos y pensamientos. Una persona que enfrenta adecuadamente sus emociones es capaz de reflexionar de manera racional y saludable sobre sus mundos interno y externo.

Los problemas siempre están presentes; lo que es diferente es la manera de enfrentarlos. Cualquier persona se desenvuelve con soltura en una actividad, sea física o intelectual, cuando se encuentra relajada y sin tensiones que afecten su capacidad de concentración. Así, puede solucionar los problemas de la manera más adecuada y en menor tiempo, o tomar una actitud más positiva en caso de que el problema no tenga solución.

En la actualidad, muchas personas tienen que trabajar bajo presión y sus decisiones pueden verse influidas por el estado de ánimo en el que se encuentran. Es recomendable estar tranquilo y relajado cuando se enfrentan problemas, ya que cuando la persona está más consciente de su cuerpo es probable que evite la tensión muscular y demás repercusiones del estrés, como los dolores de cabeza, las alteraciones gastrointestinales y otros trastornos.

El efecto de la música en una persona depende del estado de ánimo en el que se encuentre, de lo que inconscientemente asocie con una determinada melodía, de sus gustos y preferencias musicales, y de sus antecedentes socioculturales. Algunas personas prefieren las piezas musicales de tipo instrumental, otras la música clásica, el jazz o el *new age*. La música induce a estados de relajación corporal, ya que propicia la aparición de imágenes mentales que ayudan a las personas a combatir el estrés. Cabe mencionar que algunas veces se produce el mismo efecto cuando la música esté acompañada por una letra, pues la persona puede identificarse con algún dilema, problema, situación o sentimiento al que se haga referencia en la pieza musical, por lo que puede darle un nuevo significado a su situación y comprender mejor sus problemas.

En California, se realizaron investigaciones con estudiantes universitarios en las que se demostró un incremento del razonamiento espaciotemporal después de escuchar ciertos fragmentos musicales de Mozart, lo cual no sucedió con el grupo que no estuvo expuesto a ellos. Las selecciones consistieron en los primeros 8 minutos 24 segundos del primer movimiento —*allegro con spirito*—, más 1 minuto 30 segundos del segundo movimiento —*molto allegro*— de la "Sonata para dos pianos en Re mayor de Mozart". Este incremento también se encontró en un grupo de niños preescolares que tomó lecciones de teclado electrónico.

¿Pueden estimular nuestra inteligencia algunas técnicas como el yoga o la meditación trascendental?

Estas técnicas conducen al individuo a tener conductas y actitudes más saludables en los planos psicológico y biológico. Por lo tanto, si se practican adecuadamente, pueden estimular la inteligencia. También inducen a un estado alterado de la conciencia, en el que no se está dormido ni totalmente desconectado de la realidad.

Generalmente, se acepta que es posible aprender a alcanzar dicho estado mediante posturas corporales y ejercicios de respiración y de meditación, como los que componen las rutinas del yoga.

En algunas investigaciones se ha señalado que este estado alterado de la conciencia le permite a la persona estar mucho más consciente de su cuerpo, percibir la realidad de una manera más adecuada, modificar ciertos aspectos de su personalidad, experimentar emociones de un modo más intenso y tener experiencias espirituales y místicas a las que, de otro modo, no tendría acceso, o cuando menos no con la misma intensidad.

Estas experiencias pueden hacer que la persona tenga un sentido más positivo de la vida y logre un crecimiento interno importante, generándose cambios saludables en su vida posterior, lo que puede conducir a la autorrealización. A su vez, este sentimiento puede hacer que la persona le confiera un significado a todas las experiencias, independientemente de que sean positivas o no, tomando el aprendizaje que ellas le aportan y aplicándolo a otros aspectos de su vida.

El yoga nació en la India como parte de la religión hindú y ha sido practicado durante más de dos mil años. El objetivo de esta práctica es la unificación del cuerpo y de la mente y sus principios son la meditación, la conducta ética, el ejercicio físico y la respiración, que están dirigidos a percibir e integrar los diferentes aspectos de la conciencia personal en un todo. Así, el yoga une el cuerpo, los sentimientos y los pensamientos, es decir, permite relacionar los planos material, emocional e intelectual de quien lo practica. Según sus partidarios, mejora la salud física y mental, y constituye una guía ética y una herramienta sumamente útil para el desarrollo espiritual, que comienza por producir un deseo de felicidad y armonía.

En esta técnica no existen criterios para juzgar la ejecución de las posturas; lo que cuenta es la concentración, la conciencia y el esfuerzo que se requieren para realizarlas. Se considera que si se domina la habilidad para dirigir la atención hacia diferentes partes del cuerpo, se puede recurrir a esas mismas habilidades para alejar y desechar el caos emocional y disfrutar la vida. Todo esto implica una conciencia diferente, ya que disminuye la ansiedad y surge la conciencia, la intuición y aun la inteligencia.

Los yoguis afirman que las posturas de esta técnica actúan en el plano físico, sobre los músculos y las coyunturas, y en el fisiológico, sobre los órganos internos y el sistema nervioso. Cuando los músculos se relajan y los órganos internos trabajan eficientemente, el sistema nervioso funciona mejor y la salud emocional mejora. Cuando se practica de manera apropiada y bajo una buena supervisión especializada, las posturas del yoga mejoran la circulación; la digestión se ve menos afectada por el estrés, y el funcionamiento del corazón, los pulmones, el hígado y los riñones es más eficiente. Las diferentes posturas estimulan todos los demás órganos y se lleva a cabo una desintoxicación natural, se fortalece el sistema inmune y la energía aumenta.

¿Cómo influyen los desafíos en el niño?

Las maneras en que los desafíos influyen en el niño dependen de la edad, del tipo de desafío, de la forma en que los enfrentan pero, sobre todo, de la forma en que la familia los expone a ellos. Los desafíos son inherentes al crecimiento fisiológico, psicológico y social del pequeño, ya que cada etapa del desarrollo exige que se cumpla con ciertas expectativas. Antes de los seis años, el niño enfrenta desafíos de maduración. Tiene que aprender, entre otras habilidades, a sostener la cabeza, hablar, sentarse, caminar y controlar los esfínteres. Por ello, es importante que el tipo de desafío esté de acuerdo con la edad; es decir, que no se le exija al menor un comportamiento o una actitud que no esté preparado para manifestar.

El niño debe aprender a caminar antes de correr; tiene que disfrutar plenamente de su pensamiento intuitivo basado en la imaginación antes de acceder al pensamiento lógico. Un ejemplo de reto a destiempo es exigirle a un pequeño que utilice adecuadamente el tenedor y el cuchillo a los dos años, edad en que aún no posee una coordinación motriz que se lo permita.

Entre los cinco y los seis años de edad, el niño tiene que hacer frente a diversas situaciones que son desafiantes para él: retos escolares, como escribir y memorizar las tablas de multiplicación, y desafíos conductuales, como hacerse cargo de su aseo personal y comportarse apropiadamente. Comienza a prestar atención a las opiniones y críticas de otras personas, principalmente de sus padres, hermanos y amigos, y empieza a ser autocrítico. Además, manifiesta un gran sentido de competitividad; ejemplo de ello es el esfuerzo que realiza por salir con ventaja en todas las actividades en que participa, incluidos los juegos. Es común que los pequeños se desafíen mutuamente con frases como "A que tú no puedes saltar tan alto como yo" o "A que no me alcanzas". Estos retos forman parte de su desarrollo y lo alientan para adquirir nuevas habilidades.

En esta edad, el niño es muy susceptible a la manera en que los adultos manejan los desafíos. Por lo tanto, es muy recomendable que alienten al niño a enfrentar situaciones presentándoselas como un reto y no como un problema. También es conveniente que los padres le pregunten a su hijo cómo se siente después de haber llegado a cierta meta, qué ha aprendido en el transcurso, además de comentar los beneficios que le proporciona y, si es necesario, darle una opinión. Asimismo, cuando se trate de un nuevo aprendizaje, conviene analizar su utilidad con él.

A la larga, se obtienen mejores resultados cuando el niño participa en el proceso y lo disfruta; esto es tal vez lo más importante, pues se sentirá motivado para aprender. Bien cabe aquí el dicho que reza "Nadie aprende en cabeza ajena", puesto que se aprende de los éxitos y de los fracasos propios. Es más saludable que el niño haga suya la necesidad de mejorar y de esforzarse sanamente en lo que haga y no que trate por todos los medios de agradar a otros. En ocasiones, el niño superará el reto, pero en otras no; de ahí que sea tan importante llegar a la meta como disfrutar del aprendizaje que se dio en el transcurso.

Cuando los adultos tratan de cambiar las conductas del niño recurriendo a desafíos basados en la comparación entre hermanos o compañeros de escuela o en la descalificación, obtienen el rechazo hacia la persona con la que se le compara y en pocas ocasiones se logra lo que se busca. Cuando el niño "mejora" lo hace con la finalidad de no recibir más insultos ni ser objeto de comparaciones. Lo hace como un "trámite" para cumplir con las exigencias de otra persona, no porque lo sienta como una necesidad propia, con la consecuente repercusión negativa en su autoestima.

Una persona que durante su infancia fue objeto de imposición de retos que implicaban una exigencia exagerada, puede tomar uno de dos caminos al llegar a la adultez: optar por no hacer nada y sentirse insuficiente para alcanzar sus metas e ideales, o intentar alcanzarlos de manera obsesiva, exigiéndose mucho y mostrándose demasiado perfeccionista.

Estas personas caen en un círculo vicioso, ya que, aunque lleguen una meta, no se sienten satisfechas y tienen que iniciar una y otra vez un nuevo proyecto. No aprecian el aprendizaje, las anécdotas, las experiencias y las vivencias que surgen durante el proceso necesario para llegar a un objetivo, ya que para ellas lo más importante es llegar a la meta.

Para cada niño, el desafío puede implicar cosas diferentes. Por ello, no es recomendable que los padres fuercen a sus hijos en ninguna circunstancia.

¿Qué diferencia de edad es recomendable que exista entre los hermanos?

Se recomienda que exista una diferencia de dos o tres años entre el nacimiento de un hermano y otro. Esta sugerencia se basa en dos motivos fundamentales. El primero tiene tiene que ver con la relación que se establece entre los padres y el niño; el objetivo es establecer lazos amorosos con el bebé durante las primeras etapas de su desarrollo. Durante estos tres primeros años, el niño puede disfrutar plenamente de la relación con sus padres, quienes centran su atención y su cariño en él por medio de juegos, pláticas, abrazos, besos y otras demostraciones de amor.

Es fundamental que el infante experimente de manera amplia la interacción que se da entre él o ella y su familia antes de la llegada de un hermanito, lo cual hará que adquiera bases sólidas para aceptar el nacimiento de otro bebé. Esto es fundamental cuando se trata del primogénito, pues los hijos que llegan después de él o ella no pasan por este proceso de manera tan drástica, ya que en el momento de su nacimiento estará presente por lo menos uno de los hermanos.

Otro de los motivos de esta recomendación es que cuando no existe tanta diferencia de edad entre los hermanos, éstos pueden interactuar de una manera en la que haya mayor armonía, en virtud de que tienen más intereses comunes; si existe una diferencia de edad de más de cinco años, los hermanos tienden a separarse en sus actividades.

En estos casos, el hermano o la hermana mayor se interesará por juegos y actividades que correspondan a su edad, como los videojuegos, el turista, los juegos de memoria, las tareas y trabajos escolares, entre otros; mientras que el niño pequeño estará jugando con rompecabezas de pocas piezas, juguetes para armar de partes sencillas, o bien realizará otras actividades adecuadas para su edad.

Sin embargo, cabe hacer notar que los niños tienen una gran capacidad para adaptarse a diversas circunstancias y para ir aprendiendo de sus hermanos mayores o menores. Los mayores podrán desarrollar su habilidad para enseñar actividades o conocimientos nuevos a los pequeños y además de convertirse en guías o líderes; en tanto, los pequeños podrán aprender de sus hermanos mayores diversas habilidades y maneras de socializar.

Tanto los niños mayores como los menores dan muestras de cooperación y solidaridad para estrechar los lazos familiares, siempre y cuando cuenten con el ejemplo de los padres.

¿Son normales los celos ante la llegada de un nuevo hermanito?

Esta conducta es normal en algunos niños que van a tener o tienen un hermanito recién nacido, puesto que en su interior abrigan el temor de que el nuevo miembro

> *Aunque una relación fraterna puede ser excelente sin importar el número de años que medie entre un hermano y otro, en términos generales se recomienda que exista una diferencia de dos o tres años.*

de la familia le arrebate la atención y el cariño que le prodigan sus padres y demás familiares. Por este motivo, el niño empieza a considerar al nuevo bebé como un peligroso rival.

Antes de los tres años de edad y en ocasiones hasta los cinco, el niño no comprende esta situación y la vive con diversos temores, ya que la llegada de un bebé representa, por ejemplo, la ausencia de la madre en el hogar —pues ésta suele pasar varios días en el hospital—, y en ocasiones también la del padre. Ante esta situación, el pequeño puede experimentar angustia, la cual se puede manifestar por medio de una inquietud inusitada en él, o bien a través de una actitud silenciosa, puesto que algunas veces cambian las condiciones de su entorno si sus padres lo dejan al cuidado de otras personas mientras que la mamá regresa a casa. Al niño se le debe informar con suficiente anticipación y con mucho detenimiento el cambio que ocurrirá, para que, una vez llegado el día, no lo tome por sorpresa y no le genere miedo ni sentimientos adversos.

Los hijos primogénitos generalmente sienten este cambio de una manera más acentuada, pues además de que no conocen la experiencia de tener hermanos, están acostumbrados a recibir prácticamente toda la atención y mimos de sus padres y demás familiares. Los padres no deben perder de vista que, hasta ese momento, el primogénito era el consentido de la casa y que, en lo sucesivo, se verá obligado a compartir sus privilegios, antes exclusivos, con su hermano o hermana.

Al parecer, algunos niños se adaptan a la nueva situación con mayor facilidad que otros. En algunos casos, pueden mostrarse agresivos con el nuevo hermanito y llegan a empujar, golpear o rasguñar al bebé; asimismo, es posible que destruyan objetos o sus mismos juguetes, o que manifiesten conductas características de edades anteriores, como orinar o defecar, perdiendo el control que ya tenían sobre sus esfínteres; también pueden empezar a hablar de modo mimado, balbucear, hacerse los chistosos o moverse sin coordinación. Algunos infantes se chupan el dedo, otros quieren volver a tomar líquidos en biberón, manifestando de esta manera su contrariedad y necesidad de atención. Se comportan de la misma manera que el nuevo bebé para, de algún modo, "recobrar" el amor de sus padres, que imaginan haber perdido.

Una manera de evitar la agresión por parte del primogénito es prestándole atención y manifestándole cariño. Se le puede cargar, acariciarlo y hacerle ver por medio de una plática cariñosa que se le quiere igual que a su hermanito. Asimismo, se le puede hacer participar en los preparativos anteriores al nacimiento del nuevo bebé y, posteriormente, dejarlo que colabore con el cuidado del hermanito o hermanita mediante actividades sencillas —como ir por el pañal, peinarlo suavemente con un cepillito, darle el biberón cuidadosamente, etc.— para que se pueda ir acostumbrando a su presencia, sin que se le obligue y sin hacerle ninguna recriminación en caso de que no quiera hacerlo.

Si el niño muestra alguna conducta agresiva, los expertos sugieren que no se le castigue, sino que los padres sean muy pacientes y traten de comprenderlo, e impongan límites claros al comportamiento del menor. De esta manera, se le estará enseñando, a través del ejemplo, la capacidad de tolerancia que él también necesitará después tener con su hermano o hermana, puesto que el niño intuye que debe querer y aceptar al nuevo integrante de la familia, aunque en un principio esté dominado por sus impulsos.

Los padres deben satisfacer, en la medida de lo posible, los deseos de sus hijos mayores, quienes demandan atención debido a la inseguridad que les causa la nueva situación. Sin embargo, si se les demuestra afecto, abandonan espontáneamente la actitud que han estado adoptando. Cuando no sea posible cumplir sus deseos, es recomendable que se le diga que a todo el mundo le gustaría complacerlo, pero que en ese momento, debido a determinada razón, no es posible.

¿Es realmente necesaria la colaboración entre padres y maestros?

Sí, aunque las funciones de los padres en el desarrollo de los niños son diferentes de las de los maestros, existen muchos puntos en común entre ambas; el principal que comparten es el hecho de que el objetivo fundamental es el bienestar integral de los niños. Por lo tanto, la colaboración se hace necesaria en beneficio de estos últimos.

La escuela y la casa no son entidades aisladas; ambas forman parte del mundo de los hijos y deben colaborar para que haya cierto grado de congruencia entre ellas. Los padres y los maestros comparten la responsabilidad del aprendizaje social y académico de los niños, sin olvidar, desde luego, la responsabilidad propia de éstos como alumnos.

Las investigaciones han demostrado que la participación de los padres en la educación escolar de los hijos influye positivamente en el éxito académico, debido a que suelen ser los agentes de cambio más importantes en la vida de éstos. Para que haya una colaboración eficaz entre padres y maestros, ambos deben dar muestras de respeto, aprecio, confianza, apertura y disposición. Asimismo, deben tener una actitud de compromiso, trabajo y constancia.

Probablemente, la primera forma de cooperación de los padres —primeros maestros de los niños— hacia los maestros sea brindar a sus hijos los elementos necesarios para que ingresen a la escuela y propiciar un ambiente adecuado que sirva de apoyo al proceso de enseñanza-aprendizaje y al adecuado comportamiento escolar de los niños. Esta colaboración permite que exista una retroalimentación constante entre padres y maestros en lo que se refiere al desempeño esperado.

Los primeros tienen la ventaja de conocer las particularidades de sus hijos, lo que puede ser de gran utilidad para el adecuado desempeño de los maestros, ya que les permite contar con una visión más completa del estudiante. La colaboración entre padres y maestros transmite a los hijos el mensaje de que la escuela es valiosa para su familia, y que ésta lo es para la comunidad escolar. A los padres, la colaboración con los maestros les ayuda a valorar el papel de estos últimos como profesionales y de la educación académica en general; igualmente, hace que las expectativas de padres y maestros sean más congruentes, lo que beneficia de forma importante el proceso de enseñanza-aprendizaje y promueve el adecuado comportamiento de los hijos, pues éstos sienten menos ansiedad, confusión y frustración.

Los maestros también se benefician con la colaboración, puesto que los antecedentes del niño y los valores familiares ocupan un lugar en el salón de clases. Asimismo, los padres pueden proporcionar información sobre el desarrollo del niño, acerca de sus dificultades actuales y sobre el ambiente familiar. Esto le da al maestro más elementos para entender al pequeño y brindarle más atención cuando se requiera.

Por otra parte, la incorporación de actividades relacionadas con la escuela en otros ambientes resulta muy enriquecedor para un óptimo aprendizaje de los hijos. Los maestros pueden asesorar a los padres para que consigan este objetivo. También pueden ayudar mucho si se centran en los puntos fuertes y en los aspectos positivos del estudiante y de su familia. Estas actividades de colaboración promueven una mejor relación entre el maestro y los padres, lo que redunda en importantes ventajas para el alumno. Los padres tienen la oportunidad de sentirse partícipes del desarrollo de sus hijos, lo que ayuda a elevar la satisfacción que sienten por su labor.

El compromiso de colaboración debe ser explícito y de común acuerdo. Asimismo, debe tener como premisas que trabajar unidos es mejor que trabajar por separado y que hay mucho que aprender a partir del proceso educativo, de por sí complejo. La colaboración hace posible la conformación de un equipo constituido por padres, maestros e hijos, con metas en común y con procedimientos afines para lograr los mejores resultados y un enriquecimiento pleno.

¿Qué efecto puede tener en la capacidad intelectual de un niño el que uno de sus padres, o ambos, sean discapacitados?

La discapacidad de los padres puede tener efectos tanto positivos como negativos en la inteligencia y en la personalidad del niño. Las personas discapacitadas son aquellas que carecen de alguna facultad, sea física o mental. Entre las primeras están las que por un accidente o una enfermedad han perdido un miembro del cuerpo o alguno de los sentidos, al igual que las personas con alteraciones motrices; entre las segundas se cuentan las que sufren alguna alteración psiquiátrica —como la esquizofrenia, la paranoia o la depresión—, y las que presentan retraso mental.

En la actualidad, existen instituciones públicas y privadas con programas que promueven la integración a la vida cotidiana de las personas con discapacidad. La rehabilitación física y la estimulación temprana aplicadas a los niños discapacitados con el fin de que tengan un mejor desarrollo —según sus limitaciones— pueden tener continuidad en la adultez, puesto que la persona discapacitada tiene el derecho a una actividad productiva y, si es posible, también a ser padre.

Independientemente de los obstáculos que buena parte de la sociedad impone a estas personas con respecto al derecho de ser padres, muchas logran este objetivo. Sin embargo, en algunos casos, la función paterna no puede llevarse a cabo satisfactoriamente debido al grado de deterioro mental que presenta la madre o el padre, o que tienen ambos.

Las personas discapacitadas que deciden tener hijos pueden formar una familia, o bien ser padres solteros. Los padres que padecen alguna discapacidad motora o sensorial proporcionan a su hijo o hijos una enseñanza implícita de optimismo ante la vida y de superación a pesar de las situaciones adversas, de cómo aprender de las dificultades y sobreponerse, de explotación máxima de las habilidades y de los recursos propios y de empatía hacia los discapacitados. Probablemente, el niño aprenda habilidades que hayan adquirido los padres para adaptarse a su medio, además de las que él mismo posee. Por ejemplo, el hijo de una persona con discapacidad auditiva puede aprender a desarrollar más su visión con el fin de captar mensajes que no puedan expresarse oralmente, sino mediante las actitudes y el lenguaje corporal.

Posiblemente, el hijo de una persona con parálisis cerebral aprenda a encontrar soluciones no convencionales a ciertos problemas. Una persona con esta discapacidad motriz a quien le resulte imposible escribir con la mano, puede valerse de las capacidades que no ha perdido, por ejemplo, utilizar sus pies para escribir en una máquina de escribir o en un teclado de computadora. Sin embargo, no se pueden soslayar las experiencias desafortunadas de incompetencia paterna. Las personas que padecen discapacidades graves, por ejemplo, un trastorno o un retraso mental pronunciado, y que, por otra parte, no cuentan con el

Aunque uno de los padres sufra alguna incapacidad física, como la ceguera, no hay motivo para hacer a un lado los momentos gratos de la vida y disfrutar el desarrollo de los hijos.

apoyo de sus familias, en muchas ocasiones se ven imposibilitadas para brindarle seguridad y bienestar al niño.

Se han registrado casos de retraso en el desarrollo maduracional y neurológico de hijos de padres con discapacidades muy serias, por ejemplo, retardo en la aparición del lenguaje —como consecuencia de una falta de disciplina y educación—, nutrición inadecuada, dificultades emocionales y carencia de higiene y arreglo personal. Cuando uno o ambos padres tienen retraso mental, se presenta un contraste cognitivo, ya que, con el paso del tiempo, el niño va incrementando su cociente intelectual (CI) y el padre no, lo que trae consigo que, debido a su discapacidad, éste ignore los cuidados tanto físicos como emocionales que debe proporcionarle a su hijo.

Ejemplo de lo anterior es el de una madre con retraso mental, que pensó que su bebé de tres meses estaba preparado para hacer sólo tres comidas al día, y que se puso furiosa por el llanto y los gritos de su hijo hambriento, a quien ella acusaba de estar llorando sin razón.

En Estados Unidos, muchas personas con discapacidades graves que viven en su comunidad —no en instituciones— tienen acceso a la paternidad y disfrutan de derechos legales sin precedentes. En dicho país, existen instituciones educativas que enseñan a los padres discapacitados a hacerse cargo del cuidado de sus hijos. La condición es que estén motivados para aprender y que tengan cierto grado de capacidad intelectual, lo que evita que el menor sea separado de sus padres para ubicarlo en un centro de atención.

La capacidad intelectual de un niño no se ve limitada necesariamente por la discapacidad de los padres, sino por la incapacidad de éstos para demostrarles amor mediante los cuidados que le prodiguen.

¿Influye en el desarrollo intelectual de un hijo el tamaño de la familia?

A pesar de los numerosos estudios al respecto, no se ha logrado establecer una relación directa entre el tamaño de la familia y el cociente intelectual (CI). La mayoría de los investigadores afirman que hay que realizar un mayor número de investigaciones sobre el tema. Sin embargo, en muchos de estos estudios se ha encontrado que, en familias con un número pequeño de hijos, la atención que se les presta está mejor distribuida. Lo mismo ocurre en el aspecto económico, pues al tener menos gastos con los hijos, éstos tienen mayores oportunidades de tener acceso a diversos niveles de educación. Esta teoría apoya lo que se escucha constantemente en los medios de comunicación: "Pocos hijos para darles mucho", "La familia pequeña vive mejor", "Planifique su familia", etcétera.

En favor de la familia numerosa, se sostiene que cuanto mayor es el número de hermanos, se juega más y se tiene una mayor seguridad; asimismo, existe una mayor rivalidad y competencia. En las familias grandes, a menudo se presentan divisiones en equipos o alianzas, que no siempre son constantes, pues pueden cambiar de integrantes con el paso del tiempo y las circunstancias.

Algunos autores aseguran que el número de hijos es determinante para el desarrollo

Cuando una familia decide cuántos hijos tener, es aconsejable que considere no sólo su situación económica presente sino también la futura a mediano plazo.

de la capacidad de socialización en entornos fuera del ámbito familiar. Un niño con más de un hermano posee medios para aprender habilidades y escuchar puntos de vista distintos de los suyos.

También el sexo de los hermanos se considera un factor de gran importancia. Los estudios muestran que los niños con hermanos varones generalmente se enfrentan a desafíos más "masculinos" que los que sólo tienen hermanas. Las niñas que tienen hermanos varones por lo general son más ambiciosas, más agresivas y se desempeñan mejor en las pruebas de aptitud intelectual que las que solamente tienen hermanas. Las niñas que tienen hermanos mayores muestran rasgos más "marimachos" que aquellas que tienen hermanas mayores. Los chicos con hermanas mayores son menos agresivos y atrevidos que los que tienen hermanos mayores. La compleja trama de interacciones puede tener un efecto en los procesos de desarrollo psicológico. Algunas de las áreas en las que se puede apreciar tal efecto son los intereses, las preferencias, la forma de pensar, la autoestima y el aprendizaje de diversas aptitudes.

Tras una serie de estudios, algunos investigadores en el campo de las ciencias sociales han formulado ciertas hipótesis sobre la relación entre el tamaño de la familia y el CI. Se ha observado que las personas que tienden a formar familias numerosas tienen un nivel socioeconómico bajo, un CI ligeramente inferior al promedio y un nivel educativo también más bajo. Las razones por las que forman estas familias se han atribuido a factores sociales, culturales y religiosos. Por otra parte, se estableció que los hijos de estas personas tienen un CI un poco más bajo que el normal, y en algunos casos ligeramente inferior al de sus padres. El CI menor o igual se atribuye a que las oportunidades educativas se ven reducidas a causa del bajo nivel socioeconómico de la familia. Asimismo, dado que los padres presentan un nivel educativo más bajo, la estimulación intelectual en el hogar llega hasta ciertos límites. En contraste, estos mismos estudios han revelado que las personas que tienden a formar familias pequeñas son personas de nivel socioeconómico alto o medio alto, con un CI medio o superior al promedio y un nivel educativo alto. Estas circunstancias permiten que los hijos tengan acceso a niveles superiores de educación, a más fuentes de estimulación de la inteligencia y a mayor motivación en el hogar. No hay que olvidar que estos mismos investigadores recomiendan que se lleven a cabo un más estudios con un mejor control de las variables para confirmar o invalidar los resultados obtenidos hasta la fecha y que proporcionen mayor información.

¿Tiene algo que ver el orden del nacimiento con el grado de inteligencia que un niño pueda alcanzar?

El debate sobre este tema aún no ha terminado. Algunos estudios afirman que el orden del nacimiento tiene un efecto en la inteligencia y otros dicen haber demostrado todo lo contrario. De acuerdo con los primeros estudios, el orden del nacimiento contribuye muy poco a la variación del cociente intelectual (CI) entre hermanos. La puntuación del CI de cada nuevo hijo que nace en una familia es, en promedio, 0.7 más baja que la del hermano inmediatamente anterior. La genética no ofrece ninguna explicación acerca de este efecto, por lo que se han descartado las causas de esta índole. Cada hermano recibe al azar la mitad de los genes de cada uno de sus padres. Por lo tanto, no debe haber ninguna razón para que los hermanos nacidos después tengan un CI menor.

Un dato curioso es el hecho de que muchos hijos únicos tengan CI inferiores en comparación con muchos primogénitos. Esta diferencia no es estadísticamente significativa, por lo que no debe dar lugar a preocupación.

No ha habido concenso entre los científicos en cuanto a una explicación del efecto que puede tener en el CI el orden de nacimiento. Si bien no hay duda sobre la realidad de este efecto en virtud de los estudios sobre el tema, es difícil de investigar, puesto que el efecto es muy pequeño. Se necesitarían muestras muy grandes para determinar si la diferencia es estadísticamente significativa, ya que 0.7 no lo es; por lo que resulta muy difícil establecer algún factor ambiental específico del que se sospeche.

Una de las teorías que ha tenido más aceptación fue propuesta por un psicólogo social, quien afirma lo siguiente: el primer hijo llega a una familia compuesta por dos adultos y recibe toda la atención de los padres, además de que el nivel mental del entorno social del niño es el nivel mental de los padres. El primer hijo goza de esta ventaja por lo menos durante nueve meses, si no es que durante más. El segundo hijo que llega a la familia debe compartir la atención —ahora dividida— de los padres, por lo que su entorno estará compuesto del promedio que resulte entre el nivel de los padres y el nivel del primer hijo. Además, el primer hijo, al estar más maduro y tener más experiencia, puede actuar como una especie de maestro, lo que resulta ventajoso para su desarrollo. Esta situación se da con cada hijo sucesivo. Esta ingeniosa teoría concuerda con muchas de las observaciones hechas acerca del lugar que cada hijo ocupa en la familia. Es importante aclarar que estas investigaciones se han llevado a cabo en familias estables y en las que los hijos reciben las mismas oportunidades.

En la actualidad, muchos psicólogos consideran inadecuada una teoría meramente psicológica acerca del efecto del orden de nacimiento. Creen que para explicar este efecto deben tenerse en cuenta ciertos factores prenatales: situación económica, social y emocional de los padres, cuidado del hijo, tiempo entre un nacimiento y otro, interacción con el medio, etc. Para sustentar esta hipótesis, se afirma que la capacidad del vientre de la madre para nutrir adecuadamente al feto va disminuyendo con cada hijo. Esta afirmación se basa en hallazgos que muestran que si una pareja adopta un hijo y posteriormente tiene un hijo biológico, éste no tiene un CI menor que el hermano, a pesar de ser criado de igual manera.

Los estudios en los que se afirma que el orden en el nacimiento no tiene ningún efecto en la inteligencia han basado sus explicaciones en factores tanto ambientales como biológicos. Se dice que hay ocasiones en las que el primer hijo llega sin que se planee, lo cual puede repercutir en su desarrollo. Para dar un ejemplo, en un estudio se da cuenta de un primer hijo que llegó cuando los padres no se encontraban en una buena situación económica, lo que hizo que éste no tuviera el mismo desarrollo que el segundo, quien nació cuando los padres estaban en mejor situación económica, por lo cual tuvo acceso a fuentes de estimulación más ricas. Este hijo presentó un CI un poco más alto que el primer hijo. La diferencia no fue estadísticamente significativa —0.6—, pero sí la hubo. A este respecto, se señala que no se trata de que los primogénitos sean más inteligentes, sino de que su inteligencia es diferente. En diversas teorías se señala que los primogénitos poseen una inteligencia verbal-conceptual superior a la de los otros hermanos, debido a su particular interacción con los adultos, y que los demás hijos son más inteligentes en el plano perceptual.

Ambos tipos de investigaciones presentan limitaciones y utilizan variables diferentes. Estas variables son las que han determinado la diferencia entre la afirmación según la cual el orden de nacimiento repercute en el CI y la contraria. Para llegar a una conclusión convincente, sería muy conveniente que ambas corrientes de investigación utilizaran el mismo procedimiento y las mismas variables.

¿Es cierto que los hijos únicos tienen más probabilidades de desarrollar al máximo sus aptitudes intelectuales?

Esto no se puede afirmar ni negar. El hecho de ser hijo único no implica tener más probabilidades de desarrollar al máximo las aptitudes intelectuales; es sólo un factor circunstancial y el desarrollo de las aptitudes intelectuales depende de muchos. Ser hijo único, como cualquier otra situación filial, tiene sus ventajas y desventajas.

El tema del hijo único se ha tratado desde diversas e interesantes perspectivas. Anteriormente, se encasillaba al hijo único y a sus progenitores. Se afirmaba que los padres eran demasiado protectores y que impedían que el hijo único adquiriera hábitos autónomos y confianza en sí mismo. Asimismo, se decía que esto se reflejaba en las primeras interacciones del unigénito con los niños de su misma edad, al agudizarse su baja autoestima y su necesidad de dependencia, y al eludir las dificultades y las responsabilidades sociales. Estas creencias hicieron que se catalogara al hijo único como una persona narcisista, no solidaria, egoísta e incapaz de demostrar un espíritu de equipo. También se decía que el hijo único intenta mantener una situación privilegiada y ser el centro de atención mediante estrategias pasivas, como la enfermedad o la ansiedad, o recursos activos, como la soberbia, la agresividad o la insolencia. Se agregaba que el trato que se daba a los hijos únicos en las escuelas era diferente.

Los maestros atribuían al hecho de ser hijo único la explicación de numerosas conductas en el niño; por ejemplo, si hacía berrinches, pensaban que era por ser hijo único; si no compartía sus juguetes, decían que nunca se había tenido que enfrentar a una situación parecida y que estaba acostumbrado a no compartir. No se daban cuenta de que no se trataba de comportamientos exclusivos de los hijos únicos. En lo que respecta a la inteligencia, se creía que el hijo único tenía mayores posibilidades, sobre todo de ascenso económico, pero que al estar consentido no podía desarrollar su potencial, puesto que al haber obtenido todo sin esfuerzo, no se exigía nada a sí mismo y no se esforzaba lo suficiente.

Actualmente, tales creencias se han puesto en duda a raíz de estudios basados en la observación de familias y en investigaciones sobre la relación madre-hijo, padre-hijo, familia-hijo y escuela-hijo único. Los resultados de estas investigaciones han aportado importantes conocimientos y desmitificado algunas de las creencias mencionadas. Incluso, se ha comprobado que en muchos casos se consiente más a los hijos menores que a los únicos.

Todos los padres primerizos tienen que hacerse cargo de un ser que depende totalmente de ellos. Es lógico que estén al pendiente de lo que le pueda suceder, pues no quieren que nada ponga en riesgo su seguridad física y emocional. Esto lo hacen todos los padres; sólo que, al tener otro hijo, dejan de ser primerizos y muestran mayor confianza al hacerse cargo del segundo y de los siguientes.

Se ha refutado también la antigua idea del niño consentido que no llega a desarrollar todo su potencial intelectual. Se ha visto que el aprovechamiento máximo de este potencial depende del niño y de las bases que éste haya recibido de sus padres y de su familia. Se ha comprobado que la diferencia no estriba en el hecho de ser hijo único, sino en la manera en que se críe al niño.

Los inconvenientes que se le atribuían al hecho de tener sólo un hijo se han desmentido en la actualidad. De la actitud de los padres depende que el hijo único se desarrolle de una manera adecuada y armónica.

211

¿Es posible que los gemelos tengan el mismo nivel intelectual aunque se críen en hogares separados?

Sí, pero no hay que olvidar que todo el proceso que lleva a un individuo, y en este caso a dos, a desarrollar su nivel intelectual depende no solamente de lo heredado, sino también de lo ambiental.

Los estudios sobre este tema son muchos y muy variados. Lo que se pretende investigar es la relación entre lo heredado y lo ambiental, y definir cuál de los dos factores contribuye más al desarrollo de la inteligencia y en qué medida. Para llegar a una conclusión, se han realizado numerosos estudios en los que se ha comparado, por una parte, a gemelos monocigóticos —de un solo óvulo— criados juntos y criados separados y, por otra, a gemelos heterocigóticos —de distintos óvulos— criados juntos y criados separados.

Para el estudio de los gemelos monocigóticos o idénticos, se parte de la base de que ambos tienen la misma carga genética y de que tuvieron un desarrollo intrauterino similar, lo cual incluye una dieta adecuada por la madre y un curso normal y satisfactorio del embarazo.

Al aplicar pruebas de inteligencia a gemelos monocigóticos criados juntos se encuentra que la correlación entre sus puntajes va de 0.75 a 0.91. Estas mismas pruebas aplicadas a gemelos monocigóticos criados separados arrojan una correlación que va de 0.60 a 0.88, ligeramente menor que la anterior. La diferencia en los gemelos monocigóticos criados separados se ha atribuido a factores ambientales, como una buena salud, un ambiente hogareño estimulante y un acceso a oportunidades educativas superiores. La correlación más alta entre los gemelos idénticos criados separados se dio entre aquéllos en los que estos tres factores eran similares, en contraste con los que presentaron una correlación del 0.60, en quienes se observó que los factores ambientales eran diferentes.

En cuanto a los gemelos no idénticos o heterocigóticos, el cociente de correlación, una vez aplicadas las pruebas de inteligencia, va, en el caso de haberse criado juntos, de 0.40 al 0.68, y en el de aquellos que fueron criados separados, del 0.24 al 0.43. Estas estadísticas muestran que, a pesar de tener un desarrollo intrauterino similar, los factores ambientales influyeron más que en el caso de los gemelos monocigóticos.

De estos estudios se deduce que lo heredado es un factor que hay que tener en cuenta. Asimismo, cabe señalar que la diferencia entre las puntuaciones se debe a factores ambientales, los cuales, como es bien sabido, son importantes en el desarrollo del potencial intelectual de todo individuo.

En resumen, tanto los factores genéticos como los ambientales son importantes en el nivel de ejecución intelectual de un niño.

¿Repercute en el desarrollo intelectual el ser hijo adoptivo?

En el desarrollo intelectual de un niño adoptivo, como en el de cualquier niño, intervienen numerosos factores. Como cualquier niño, el hijo adoptivo nace con un cúmulo de potencialidades, que puede desarrollar si se dan las condiciones ambientales y académicas que favorezcan un aprendizaje adecuado. El hijo adoptivo tiene las mismas oportunidades de desarrollarse intelectualmente que cualquier otro individuo.

La adopción es una manera distinta de conformar una familia y, aunque no es la más común, es tan válida y meritoria como la otra. Sin embargo, se recomienda tener presente que aunque ser adoptado no es un factor determinante; la manera en que se maneje esta situación puede tener una gran incidencia en el desarrollo del individuo.

Cabe aclarar que no solamente la familia adopta al hijo, también el hijo adopta a la familia. En toda familia existe una interrelación entre todos sus miembros, por lo que la participación y la experiencia de cada cual es igual de importante. Uno de los elementos fundamentales es la preocupación constante que representa para los padres adoptivos tomar la decisión de decirle o no la verdad al niño y, en caso de que opten por comunicárselo, de encontrar el momento adecuado y las condiciones propicias. Las estadísticas señalan que la mayoría de los niños adoptados que presentan dificultades de aprendizaje y problemas emocionales que interfieren directamente con su desarrollo intelectual en realidad se encuentran inmersos en una problemática surgida a partir de esta disyuntiva.

Como sucede con cualquier secreto familiar, el de la adopción trae consigo dificultades muy importantes. Por otra parte, la mayoría de las veces deja de ser secreto en las circunstancias menos propicias. Esto sucede, por ejemplo, en familias que consideran que hay información que algunas personas, incluido el hijo adoptivo, no deben saber. En muchos casos, el hecho se descubre tras una serie de averiguaciones y estrategias secretas. El hijo adoptivo o alguna persona cercana comienza a investigar sin el conocimiento de los padres. Esto puede llevar a situaciones muy desagradables en las que algunas personas pueden abusar de esta información y dañar al niño de alguna forma.

Los expertos afirman que los padres tienen el derecho de decidir el momento y el modo que consideren más propicios para decirle a su hijo que es adoptado y, por otro lado, que éste a su vez tiene el derecho a conocer esta verdad de boca de sus padres y en las mejores condiciones posibles. Con base en las investigaciones más recientes, los especialistas también señalan que esta información debería transmitirse cuando el hijo presente la curiosidad natural por el origen de los niños, lo que ocurre entre los tres y siete años, aproximadamente. Ésta suele ser la pauta que indique a los padres que el niño está listo para comenzar a comprender este tipo de cuestiones.

La explicación deberá adecuarse al lenguaje que el niño sea capaz de comprender y debe haber la posibilidad de aclarar las dudas que le surjan al niño y de que éste pueda expresar los sentimientos que le provoque tal revelación. En la actualidad, los padres pueden disponer de materiales de apoyo que facilitan esta tarea. Existen, por ejemplo, libros infantiles que cuentan historias de hijos adoptivos. Los padres pueden elegir la que más se aproxime a sus ideas y experiencias.

Cuando los niños se enteran de que son adoptados después de haber creído que no lo eran, tienden a sentir un gran enojo y mucha confusión. Pueden sentir que no son dignos de la confianza de sus padres o que se les ha considerado incapaces de comprender, o que existen aspectos negativos en el mismo hecho de adoptar. En general, se pueden sentir traicionados y defraudados.

De acuerdo con investigaciones recientes, se recomienda que los padres reciban, además de la capacitación requerida para aprender a desempeñar su papel paterno, la orientación adecuada para facilitar el proceso de adopción, tanto desde el punto de vista psicológico como legal. Cabe destacar que esta recomendación se hace extensiva a los familiares cercanos. Se ha observado que no basta con la convicción

El hecho de que los padres traten de una manera igualitaria a los hijos legítimos y a los naturales —adoptivos— puede evitar que estos últimos experimenten desventajas en su desarrollo intelectual.

de querer adoptar, pues existen muchos prejuicios y creencias sociales que pueden influir negativamente en el proceso. Los padres y las personas cercanas que lo requieran pueden acudir a diversas organizaciones e instituciones, así como con especialistas que ofrecen este tipo de preparación. Se recomienda que ésta tenga lugar desde antes de que se inicie el tramite legal.

¿Es cierto que para los hijos la influencia de la madre es más importante que la del padre?

No, los expertos afirman que tanto la función de la madre como la del padre son muy importantes en la crianza, educación y desarrollo integral de los hijos. Tradicionalmente, se ha considerado que la madre es la encargada del cuidado de los hijos y la responsable de su desarrollo, por lo que muchas veces es la figura que más influye en los hijos, cuando menos durante los primeros años. El padre, por su parte, se ha visto como el encargado de proveer los recursos económicos suficientes para el sostenimiento de la familia y de participar en cierta medida en la educación de los hijos cuando éstos son mayores. De acuerdo con este punto de vista tradicional, la intervención del padre en el hogar y en el cuidado de los hijos es periférica, por lo que erróneamente se ha considerado menos importante.

Actualmente, se acepta que el padre es fundamental en la crianza y en el desarrollo de los hijos. Algunos estudios muestran que incluso cuando el bebé está en el vientre de la madre la figura paterna desempeña un papel muy importante.

La tajante división de roles que ha existido entre hombres y mujeres ha generado una situación en la que ninguno de los sexos tiene las mismas oportunidades para desarrollar todas las capacidades inherentes al ser humano. Sin embargo, aunque esta concepción se ha transmitido generación tras generación como un comportamiento esperado, empieza a observarse un cambio al respecto; los hombres y las mujeres comienzan a incursionar en terrenos antes reservados para uno u otro sexo. Uno de estos terrenos es el relacionado con el cuidado y la educación de los hijos. Cada vez más hombres asumen una participación más activa y responsable, aunque en un gran porcentaje de los casos las mujeres siguen teniendo más responsabilidad y participación.

Para su óptimo desarrollo, los hijos necesitan que sus padres colaboren en las tareas relacionadas con su cuidado y educación. Esta colaboración implica el compromiso de compartir tanto lo laborioso de esta tarea como los momentos placenteros.

Muchos hombres y mujeres adquieren las capacidades necesarias para tener un desempeño adecuado como padres. Ambos sexos son capaces de expresar y comprender sentimientos, de ser tiernos con sus semejantes, de aceptar que se necesita de los demás, pero también de ser personas emprendedoras y decididas, que puedan

Aunque hasta hace algunas décadas se le daba poca importancia al papel del padre en la formación de los hijos durante sus primeros años, en la actualidad se sabe que la influencia paterna es igualmente importante que la materna.

defender sus derechos y desempeñarse diligentemente en los ámbitos profesionales en los que hayan decidido participar. La posibilidad de desarrollar un amplio espectro de habilidades facilita la adaptación a las diferentes situaciones a las que se ven enfrentados los seres humanos, y la respuesta a las diversas demandas del entorno, lo que representa una gran oportunidad de crecimiento familiar e individual. Las ideas y las experiencias de vida de ambos pueden enriquecer a la otra persona y a la pareja en su conjunto. De esta manera, la labor de ser padres se verá también beneficiada, ya que podrán ampliar el panorama de alternativas y opciones.

Cuando los padres logran desarrollarse plenamente, a la vez que disfrutan y se sienten satisfechos, enseñan de forma directa a sus hijos muchas habilidades prácticas e intelectuales para tener mayores oportunidades de éxito, muy necesarias en una sociedad tan demandante como la actual. Esta experiencia les brinda a los hijos, entre otras cosas, elementos importantes para vivir en pareja y para que ellos, en su momento, sean mejores padres.

Investigaciones recientes han encontrado que cuando el padre y la madre comparten la tarea de la crianza de los hijos con un espíritu de colaboración y de respeto, resulta más fácil para ellos desempeñar y disfrutar esta experiencia. Su desempeño es superior, lo que beneficia directamente a los hijos y les confirma que ambos son igualmente importantes.

¿Qué tipo de problemas puede presentar en su desarrollo un niño demasiado consentido?

Los niños demasiado consentidos generalmente enfrentan problemas relacionados con su ritmo de desarrollo. Como viven en un ambiente que no promueve su aprendizaje, no logran alcanzar el nivel esperado en el dominio de las habilidades propias de las diferentes etapas.

Determinar si un niño está consentido o no, puede dar lugar a antagonismos entre los padres e incluso entre profesionales. Sin embargo, en términos generales, se puede decir que un niño está demasiado consentido cuando se le trata con demasiada indulgencia, cuando se le permiten comportamientos y actitudes inadecuadas y cuando se le protege de manera exagerada.

Es posible que la madre, el padre o la persona encargada de su cuidado crean que el niño es demasiado pequeño, que es incapaz de seguir ciertas instrucciones o que no necesita realizar ciertas actividades si no lo desea. En estos casos, aquéllos las realizan o hacen que otra persona las realice en lugar del niño.

Puede tratarse también de la situación tan común en la que el pequeño manifiesta con berrinches y otros comportamientos inadecuados su desagrado para realizar tareas que percibe como difíciles y complicadas o que no tiene ganas de realizar, aun si forman parte de sus actividades y corresponden a su edad. Muchos padres de niños que reaccionan de esta manera no encuentran una forma eficaz de enfrentar esta situación o creen que es normal y que no hay nada que hacer, con la consecuencia de que no logran poner límites al niño. Los padres ceden y el niño termina por hacer lo que desea; esta dinámica se transforma en algo constante.

En casos como el que se acaba de describir, suele observarse que los padres tienden a no ser congruentes con lo que dicen y hacen en relación con el comportamiento esperado de los hijos. Para dar un ejemplo, los padres le explican al hijo que debe pedir las cosas que desea con palabras y no con gritos ni berrinches; sin embargo, si el hijo hace esto último, lo complacen de todas maneras para que deje de molestar. De esta manera, los niños logran controlar poco a poco las reacciones de sus padres y consiguen todo lo que quieren por medios inadecuados.

Estas situaciones les pueden parecer favorables a los niños consentidos, ya que aparentemente su situación es muy cómoda.

Sin embargo, los expertos coinciden en que se obstaculiza el desarrollo del niño, ya que se le impide que se esfuerce e intente lograr las metas propias de su edad por medios adecuados. Al no desarrollar las habilidades correspondientes a cada etapa, con frecuencia se frena el ritmo de desarrollo normal y el niño puede presentar dificultades para desenvolverse de una manera adecuada. Cuando el niño deja de aprender ciertas habilidades, se puede volver incapaz de aprender otras de mayor complejidad. Asimismo, aunque el aprendizaje se favorezca en las etapas posteriores, no se dará de la forma natural y espontánea que se requiere.

De esta manera, se desperdician las capacidades potenciales de estos niños, quienes tienen que enfrentarse a la vida con desventajas, ya que no cuentan con las habilidades que les permitan resolver determinados problemas de forma práctica, adecuada y oportuna. Al notar estas consecuencias, los niños consentidos se sienten incapaces y no aceptados, pues con frecuencia son víctimas de burlas y rechazos. La protección ofrecida por los padres se transforma en una gran inseguridad para los hijos, puesto que no adquieren los elementos necesarios para ir aprendiendo paulatinamente a valerse por sí mismos.

Es muy importante que los padres que consienten demasiado a sus hijos reflexionen acerca de las reglas y normas establecidas en sus hogares, pues por lo general el reevaluarlas, reestructurarlas y seguirlas de modo congruente puede favorecer en gran medida un cambio de actitud en ellos y en sus hijos. Se recomienda a los padres que consideran que sus hijos son incapaces de realizar ciertas actividades —por ser muy pequeños o por otras razones— que revisen las pautas de desarrollo esperadas para cada etapa y que hagan todo lo posible para que sus hijos adquieran paso a paso las habilidades y los conocimientos correspondientes.

Los padres enseñarán con instrucciones simples y concretas cada paso de la actividad, además de fungir como ejemplos, realizándolo ellos mismos. Para cada aprendizaje, todo niño requerirá un tiempo particular, por lo que los padres le darán la oportunidad de realizar los intentos suficientes para cada dominio. Es indispensable que en cada intento sea menor la ayuda que brinden a sus hijos y que manifiesten su alegría y satisfacción al observar el esfuerzo y los avances alcanzados.

Para que el niño pueda desarrollar su autonomía y su independencia, debe asumir la responsabilidad de su comportamiento; cuando se le consiente mucho, se le transmite un mensaje tergiversado.

¿Cómo afecta a la inteligencia de los niños criarlos con demasiadas restricciones?

Cuando se cría a los hijos con demasiadas restricciones, el desarrollo de su inteligencia se ve afectado, y las consecuencias se manifiestan en las diferentes esferas en las que se desenvuelven los niños. A este tipo de padres se les conoce como padres autoritarios. Según este patrón de comportamiento no se presenta un equilibrio entre las exigencias que se les hacen a los hijos y las de éstos.

Los padres autoritarios pueden, desde luego, satisfacer muchas necesidades de sus hijos, pero, tarde o temprano, su proceder tiene consecuencias negativas en el desarrollo y en el bienestar de éstos. Las exigencias de los padres tienen características de edictos: las reglas no se discuten; se imponen sin explicación y sin posibilidad alguna de negociarlas. Al cumplimiento de estas reglas, los padres les confieren un gran valor y, cuando el niño las infringe, se le impone un castigo. En muchas familias autoritarias, el castigo es verbal, pero en otras la reprimenda puede ser física.

En un estudio realizado en Estados Unidos con familias autoritarias y no autoritarias, se observó que los niños que fueron criados en el primer tipo de hogares mostraron una baja interacción con los demás niños. En otro estudio, quedó demostrado que los efectos de la crianza restrictiva y autoritaria afectan más a los hijos varones que a las niñas. La explicación de este fenómeno se atribuye a que, en este tipo de familias, se permite a las niñas ser sensibles, afectivas y cálidas hasta cierto punto. En cambio, los varones deben adoptar un patrón tradicional y estricto; es decir, reprimir sus sentimientos y, sobre todo, no esperar ningún tipo de diálogo en materia de comportamientos y reglas. A pesar de que las restricciones afectan por igual a niños y niñas, el papel tradicional de éstas constituye un alivio.

Asimismo, se realizó una investigación con el fin de determinar las características de los padres que crían a sus hijos de manera restrictiva y autoritaria. En términos generales, los resultados fueron los siguientes: los padres quieren moldear, controlar y evaluar las conductas y actitudes de sus hijos por medio de reglas establecidas; valoran la obediencia y respetan la autoridad, el trabajo y la tradición; no estimulan a los hijos para que expresen sus opiniones. Las dos primeras conclusiones parecen positivas, pero lo que las hace diferentes es estar matizadas por la falta de estimulación hacia los hijos para que juntos analicen y, en su caso, negocien reglas y comportamientos.

En fechas recientes, se investigó otro aspecto: la autoestima de estos niños. Se observó que los hijos de padres autoritarios tienen una baja autoestima y poca seguridad en sí mismos.

Sin embargo, en materia de rendimiento escolar, se observaron grandes logros. Los hijos de este tipo de padres obtienen un buen promedio y ocupan primeros lugares en la escuela. Sin embargo, pese a que esto se considera favorable, no deja de tener un trasfondo negativo, pues el aprendizaje se da más por obligación y por miedo que por gusto. Los niños entrevistados admitieron estudiar forzados por las expectativas de sus padres, o bien por el miedo a las consecuencias si no cumplían con esas expectativas. En estudios longitudinales, se puso de manifiesto que, una vez independizados de los padres o tras la muerte de uno de ellos o de ambos, el rendimiento escolar disminuía de manera considerable y pocas veces el trabajo escolar era retomado con la misma intensidad.

¿Cómo afecta al desempeño intelectual del niño ser abandonado temporal o definitivamente por sus padres?

A diferencia de algunas teorías antiguas que afirmaban que los primeros años de vida del ser humano marcan profundamente el futuro de una persona, en la actualidad se considera que a lo largo de la vida se atraviesan periodos sensibles, aunque no críticos, para el desarrollo del individuo. Ningún problema sociopsicológico en la vida determina de manera irreversible las características psicológicas.

En función de la gravedad de la carencia de afecto y de la relación con figuras importantes para el niño, así como de la duración de esa situación, se puede analizar la influencia que se reflejará en el desarrollo posterior del pequeño. Algunos factores, por ejemplo, el momento en el que

Cuando un niño adquiere confianza en sí mismo durante los primeros años de la infancia, al llegar a la edad adulta podrá realizar de una manera adecuada y sencilla las tareas propias de cada etapa de la vida.

el niño empieza a recibir una buena interacción afectiva y experiencias enriquecedoras, pueden ser fundamentales, ya que se invierten los efectos de la privación afectiva.

En investigaciones realizadas con niños que han vivido en orfanatos en los que el contacto personal con el adulto es muy limitado, se han observado repercusiones importantes en su desarrollo posterior, en especial en el área de las relaciones sociales. Estos niños suelen presentar dificultades para establecer contactos estrechos durante la adolescencia o bien una reducción de su capacidad para ser padres afectuosos con sus propios hijos. Sin embargo, estos efectos se dan, en gran medida, en función de la duración del periodo de institucionalización y de la edad a la que ésta se inició. Cuando los niños son integrados rápidamente en hogares afectuosos y cálidos, estos efectos se aminoran considerablemente. En muchos orfanatos, las condiciones han ido mejorando y se presta cada vez más atención al desarrollo emocional de los pequeños.

Otro caso posible de abandono emocional o físico ocurre en los procesos de separación o de divorcio de los padres. Para que los hijos conserven su salud mental y un equilibrio afectivo y social, es indispensable que mantengan relaciones estables continuas con sus dos progenitores.

Aunque en numerosos casos el apoyo de un solo padre puede parecer insuficiente, en otros el tener una relación conflictiva con ambos padres puede provocar mayores desajustes en la vida del hijo.

Es muy importante que tanto el padre como la madre estén conscientes de que se están divorciando de su pareja pero no de sus hijos. Una buena relación con éstos después de la separación o del divorcio facilita el ajuste de los hijos a esa nueva situación y ayuda también a los padres a continuar con su vida.

¿Enfrentan algún inconveniente en su desarrollo intelectual los hijos de madres solteras?

Se ha observado que el inconveniente con el que más comúnmente se enfrentan los hijos de madres solteras está relacionado con el área social del desarrollo. En términos generales, los hijos de madres solteras tienen oportunidades similares de desarrollarse adecuadamente a las de los hijos de una familia tradicional, siempre y cuando cuenten con los recursos biológicos necesarios y con un ambiente adecuado. Es decir, el desarrollo intelectual de los hijos de madres solteras puede verse afectado exactamente por la misma clase de factores que el de los hijos de un núcleo familiar tradicional.

Aunque lo ideal es que los hijos cuenten con el cuidado, la atención y el apoyo de su madre y de su padre para obtener un desenvolvimiento óptimo, se ha observado que aun cuando esto no es posible por diversas circunstancias, los individuos logran desarrollarse adecuadamente cuando cuentan con la estimulación oportuna.

Se dice, por ejemplo, que, al carecer de la figura paterna, los hijos varones de madres solteras, no tienen un modelo para

---

EL ESTRÉS INFANTIL

Aunque muchas personas podrían pensar que el estrés es privativo de los adultos, es un hecho que los niños también lo padecen, incluso desde el momento de su nacimiento.

Los niños cuya vida puede clasificarse como difícil son los más propensos a sufrir estrés y depresión.

Algunas veces resulta muy difícil para los padres y los maestros darse cuenta cuándo un hijo o un alumno sufre estrés. Algunos síntomas de estrés infantil pueden ser:

- Mal comportamiento y rendimiento escolar extrañamente deficiente.
- Retraimiento repentino; el niño abandona de manera inesperada actividades que normalmente le interesan mucho.
- Los niños de 8 años sufren pérdida de interés en el juego y se niegan a hablar de lo que les molesta.
- Los niños de 12 años presentan depresión, dificultad para dormir, pérdida del apetito y dolores estomacales.
- Los jóvenes de 17 años sufren pesadillas y fantasías suicidas.

aprender los comportamientos socialmente esperados de los hombres; en el caso de las niñas, se supone que éstas se ven imposibilitadas para aprender los aspectos relacionados con el papel que la sociedad le ha atribuido a los hombres y que, por lo tanto, en el futuro no les será posible relacionarse adecuadamente con las personas de este género. A este respecto, se ha observado que el hecho de que tanto niños como niñas convivan y se relacionen adecuadamente con algún tío o con el abuelo puede tener el efecto de sustituto y facilitar el desarrollo esperado.

En términos generales, se puede decir que las condiciones en las que viven los hijos de madres solteras no suelen ser muy diferentes de las que rodean a un gran número de niños que pertenecen a familias tradicionales, pues las responsabilidades y las tareas que idealmente se comparten entre dos personas —el padre y la madre— son enfrentadas por una sola: la madre.

Aunque a la mujer se le ha asignado tradicionalmente la responsabilidad del cuidado de los hijos y del hogar, día tras día se incrementa de manera importante el número de mujeres que aportan recursos económicos para el sostenimiento de la familia y, en muchos casos, la aportación de la mujer es la más importante o la única. Por este motivo, muchas mujeres experimentan una sobrecarga de trabajo, que en ocasiones equivale hasta tres jornadas: la atención y cuidado de los hijos, las labores del hogar y la jornada de trabajo externo al hogar. Esta situación generalmente provoca un nivel muy alto de estrés que, en el caso de las madres solteras, puede incrementarse. Esto suele repercutir en su forma de relacionarse con los hijos, los cuales pueden volverse, por ejemplo, menos pacientes y tolerantes.

Es necesario que la sociedad considere y reevalúe los fundamentos de algunas de las creencias que rodean a situaciones como las relacionadas con las madres solteras, ya que de esta manera será posible brindar un apoyo que redunde en el bienestar de los niños, de las madres y de la sociedad misma, pues un porcentaje importante de las mujeres son madres solteras.

¿Es verdad que los hijos de padres divorciados y los de parejas mixtas pueden llegar a tener problemas en su desarrollo intelectual?

El hecho de que los hijos de padres divorciados puedan llegar a tener problemas en su desarrollo intelectual depende de la forma en que los padres enfrenten la separación, de cómo se lo hagan saber a su hijo y de la manera en que como éste lo tome.

Es normal que al principio el niño presente ciertos problemas escolares, debido al periodo de adaptación que implica cualquier cambio, el cual en este caso es considerable y requiere mucha energía y voluntad para superar los cambios que trae consigo. La manera en que los padres

A pesar de los prejuicios que existían hasta hace algunas décadas acerca de los hijos de las madres solteras, en la actualidad se sabe que pueden tener prácticamente las mismas posibilidades de desarrollo que los hijos de familias nucleares.

Cuando los padres no le explican a un hijo los motivos reales de su divorcio, el pequeño puede experimentar la fantasía de que él tiene algo que ver en la separación de sus seres queridos.

enfrentan este cambio repercute en la forma en que los hijos lo perciben. Generalmente, antes del divorcio ocurre una separación emocional que da lugar a conflictos y discusiones o bien a la indiferencia. Una vez que se ha tomado la decisión de divorciarse, es importante comunicárselo a los hijos. No hay que dar por un hecho que ellos ya lo saben, que lo adivinaban o que lo veían venir. Es muy importante establecer la diferencia entre lo que los padres creen que saben los hijos y lo que éstos perciben en realidad. Los primeros deben ser totalmente claros al explicarles a los segundos las causas del divorcio. Se ha comprobado que cuando los hijos son pequeños tienen la fantasía de que la separación de sus padres tiene algo que ver con ellos. Se le debe aclarar al niño que, por un determinado motivo, ellos ya no estarán juntos, pero que no cambiará el amor que sienten por él. Cuando se omite esta aclaración se corre el riesgo de que el niño idealice excesivamente al padre ausente. En muchos casos, el niño tiende a portarse excesivamente bien cuando está con el padre ausente, pues piensa que si se porta mal, el adulto se irá definitivamente.

Los hijos de madres solas, especialmente los varones, muestran déficits congnitivos que se traducen en malas calificaciones en la escuela y en bajas puntuaciones en las pruebas de inteligencia y aprovechamiento; sin embargo, si las madres divorciadas mantienen un contacto suficiente con los hijos, imponen una disciplina sensible pero firme, se comunican bien con ellos y al mismo tiempo los alientan a comportarse de manera independiente y madura, los hijos no suelen presentar estos déficits.

Se ha visto que entre más pequeño sea el niño en el momento del divorcio de sus padres los efectos negativos pueden llegar a ser mayores; probablemente las deficiencias intelectuales no se perciben durante la etapa preescolar; no obstante, es posible que se pongan de manifiesto más tarde.

En cuanto a los hijos de parejas mixtas, hay que señalar que las investigaciones han llegado a conclusiones opuestas; sin embargo, las diferencias entre ellas radican en el tipo de variables utilizadas y en las hipótesis planteadas.

En un estado norteamericano en el que el racismo se encuentra muy marcado, los resultados de las investigaciones realizadas indicaron que sí existía una diferencia en el cociente intelectual (CI) de los hijos de parejas mixtas y que éste era menor en los niños que tenían la piel más oscura; sin embargo, en estudios realizados en un estado en el que el racismo casi no existe, no se encontraron diferencias en el CI de los pequeños.

De lo anterior se desprende que en realidad los factores que influyen son meramente ambientales, y que repercuten en la motivación del niño para aprender y desarrollarse.

¿Cómo repercute la insuficiencia de recursos económicos en el desempeño intelectual de los niños?

Los recursos económicos con los que cuenta una familia no necesariamente determinan el nivel de desarrollo intelectual de los hijos. Se ha observado que mientras éstos tengan cubiertas sus necesidades básicas y cuenten con padres o con tutores dispuestos a estimular su desarrollo en todos los aspectos, incrementarán sus habilidades de manera adecuada y estarán en condiciones de tener un desempeño intelectual normal.

Incluso si los recursos económicos son escasos, la voluntad y el amor de los padres pueden ayudar a suplir muchas carencias. Se ha visto que a un niño le afecta más el descuido o la falta de atención por parte de sus padres o de sus tutores que la limitación económica.

Los padres deben tener en cuenta que la tensión que provoca la falta de recursos económicos puede dañar las relaciones familiares. Por este motivo, resulta conveniente que les expliquen claramente la situación a sus hijos, utilizando palabras y frases adecuadas a la edad de cada uno de ellos. Si éstos también expresan sus sentimientos al respecto y ofrecen su punto de vista, la comprensión mutua será eficaz. De esta manera, el factor económico permanecerá dentro de los límites apropiados y se fortalecerán la confianza y el afecto entre los miembros de la familia.

En un hogar en donde se trabaja responsablemente y se distribuyen los recursos económicos de manera organizada, los hijos aprenden que el esfuerzo es necesario para lograr las metas propuestas y que es importante administrar adecuadamente el dinero.

La participación de los hijos en la toma de decisiones con respecto a la distribución del dinero, del ahorro y del gasto familiar puede ir aumentando a medida que van creciendo. Es importante que los niños comprendan el valor del dinero; sin embargo, no es aconsejable inculcarles ideas de temor o de sufrimiento acerca de los recursos económicos. Lo más aconsejable es enfocarse en la actividad y en el desarrollo de habilidades que hagan posible que la situación familiar mejore. Puede resultar útil conocer biografías de personajes célebres que vencieron sus condiciones adversas, ya que de esta forma los hijos comprenderán que una situación económica específica no necesariamente determina el futuro de una persona.

Cuando los niños son muy pequeños se limitan a aceptar las decisiones de sus padres; no obstante, mediante algunos juegos se les pueden proponer situaciones imaginarias en las que se involucre la toma de decisiones acerca de la manera en la que deben gastar y ahorrar el dinero. Es aconsejable asignar a los niños de alrededor de siete años una pequeña cantidad de dinero a la semana, explicándoles que lo pueden gastar o ahorrar para adquirir más adelante algún objeto. De esta forma, en el momento en el que los hijos lleguen a la adolescencia serán capaces de buscar productos de buena calidad a los precios más adecuados, y valorarán el poder del ahorro. Asimismo, al llegar a la adultez joven les será psoible tomar sus propias decisiones, ya que contarán con los elementos suficientes para hacerlo.

Si los padres de un niño no tienen suficiente preparación académica, ¿puede verse afectado el desempeño intelectual de éste?

Aunque los padres no cuenten con preparación académica, con una carrera o con estudios superiores, pueden estimular a sus hijos de forma efectiva y adecuada y también despertar en ellos la inquietud por estudiar desde niveles básicos hasta carreras universitarias e incluso niveles académicos de posgrado.

Desafortunadamente, los conocimientos necesarios para estimular adecuadamente a los hijos no forman parte de la educación tradicional. La mayoría de las personas no considera necesario adquirir nuevos conocimientos académicos para desempeñar la labor de ser padres; sin embargo, ésta implica una preparación adicional e independiente de los estudios académicos regulares.

En términos generales, podría decirse que a las personas que cuentan con estudios académicos se les facilita la labor de alentar el desarrollo de las capacidades de sus hijos, y motivarlos para que tengan una preparación escolarizada y realicen estudios a nivel profesional.

Es importante que, desde los primeros años de vida, los hijos estén enterados de que el hecho de contar con un adecuado grado de preparación les dará mayores y mejores oportunidades de triunfar en la vida. En la actualidad, no es suficiente querer trabajar y tener buenos hábitos de trabajo; además se requiere la mejor preparación académica posible y la disposición de seguir preparándose continuamente.

No se debe confundir el hecho de obtener un título profesional con la superación personal. Muchas veces los hijos se reciben de carreras que no deseaban estudiar, sólo por el deseo de complacer a sus padres, abuelos, tíos u otros familiares. Es imprescindible tener en cuenta que todo ser humano debe desenvolverse en el área que realmente le atraiga y que le permita ejercitar sus habilidades. Algunas profesiones, como la de músico, pintor o escritor, generalmente no están avaladas por un título profesional.

Para lograr una posición académica sólida durante la edad adulta, es necesario fomentar la disciplina y los hábitos de estudio desde muy temprana edad. Es importante hacerles ver a los hijos, desde pequeños, que los estudios profesionales implican muchos esfuerzos; pero que, a cambio, generalmente ofrecen grandes satisfacciones. Asimismo, deben saber que la actualización constante estimula las habilidades intelectuales y las mantiene activas.

Debe tenerse en cuenta que para los padres que no tuvieron una preparación académica o que la tuvieron incompleta, es más complicado ayudar a sus hijos en la resolución de dudas y en la elaboración de tareas y trabajos escolares. En estos casos, resulta recomedable explicarle la situación a los maestros y solicitarles su ayuda fuera de clases. Otra opción puede ser acudir a academias especializadas en las que se imparten lecciones de asignaturas que generalmente se les dificultan a los hijos, como matemáticas o química. Tener la oportunidad de acceder a una educación escolarizada es derecho de todo ser humano ya sea niño, joven o adulto.

Si los padres de un niño no tuvieron estudios, no significa que por ello deban limitar a su hijo. Cada persona debe tener nuevas oportunidades de superación a lo largo de toda su vida. Se ha visto que muchas veces los hijos de matrimonios poco instruidos llegan a ser grandes especialistas en una determinada área.

¿Debe un niño experimentar y descubrir las cosas por sí mismo?

Sí, siempre y cuando sea con la orientación y la vigilancia de un adulto y en situaciones que no representen ningún riesgo para el niño.

Éste es curioso por naturaleza: quiere saber, tocar, probar y oler entre otras cosas. Quiere conocer todo lo que forma parte de su mundo. Es importante que el pequeño sea alentado a explorar, a aprender cómo funcionan las cosas, pero también a estar consciente de qué es lo que se puede tocar y hacer, y qué es lo que no. Es importante subrayar que todo niño es capaz de entender si se le habla en términos comprensibles para su edad. Algunos padres piensan que los niños no pueden entender y ni siquiera se toman el esfuerzo de conversar con ellos. Es lógico que el pequeño no logrará entender algunas palabras y expresiones de los padres, pero si se les explica qué significan, terminará por entenderlas. Asimismo, es necesario aclarar que la guía y la supervisión de los padres implican comunicación, paciencia y disposición para ayudar; no suponen represión, censura e imposición de órdenes y puntos de vista.

Se han llevado a cabo diversas investigaciones con la finalidad de observar en qué medida repercuten en el desarrollo del niño las limitaciones que se le impongan en lo que se refiere a la exploración de su espacio. Se llegó a la conclusión de que los padres que permitieron, bajo su supervisión, que el niño explorara su mundo, hicieron que el desarrollo de su hijo fuera más productivo y dinámico. El aprendizaje se dio con mayor rapidez que en aquellos niños cuyos padres no permitieron. Entre las características de los primeros destacan el sentido de independencia y una mayor confianza en sí mismos.

En otra investigación, se incluyó entre las variables las características de la personalidad resultantes de la exploración del entorno. Las conclusiones arrojadas, además de corroborar lo anterior, permitieron comprender mejor las características de los niños de padres comprensivos. Éstos presentaban un mejor estado de ánimo, se mostraban motivados e interesados en el aprendizaje y tenían una actitud optimista hacia el mismo. La relación de estos niños con sus padres era más sólida y comunicativa, lo que se traducía en un mayor grado de confianza en sí mismos.

Otra investigación incluyó las características de los padres que permitían explorar y las de los padres que no favorecían la exploración. Los primeros platicaban con ellos, les explicaban las razones por las cuales se podía o no hacer o tocar algo. El lenguaje que empleaban era sencillo, concreto y sin censura. Por otro lado, los padres de los niños que no podían explorar no daban explicaciones sobre las razones de no hacer o no tocar ciertas cosas. Las relaciones de los niños con sus padres eran distantes, pues no sentían confianza para hacerles preguntas. Las características de estos padres incluían, además del autoritarismo, un alto índice de neurosis.

Las consecuencias de la guía y la vigilancia en la exploración del mundo de los niños son positivas tanto para éstos como para la familia. En la escuela, estos pequeños son mejores alumnos y están dispuestos a aprender, pues tienen un modelo positivo que los motiva. Su comportamiento es más desenvuelto, ya que hacen más preguntas para satisfacer su curiosidad. Son niños que se sienten orgullosos de sí mismos y manifiestan seguridad y autonomía.

Aunque es muy importante que el niño descubra el mundo por sí mismo, la adecuada vigilancia de los padres puede evitar que los pequeños realicen descubrimientos que pueden poner en juego su vida o su salud.

¿Se deben utilizar los premios y los castigos para estimular la inteligencia de los hijos?

Durante mucho tiempo, se consideró que esta estrategia era la más adecuada; no obstante, en la actualidad se cuenta con evidencias suficientes que indican que premiar o castigar a los hijos no es la opción más recomendable para estimular el desarrollo de las habilidades de los individuos.

Con frecuencia, cuando los premios y los castigos son la consecuencia de los comportamientos y actitudes de los hijos, prácticamente se convierten en la única manera en la que ellos reciben información acerca de su desempeño. Así, esta información suele contener mensajes que sólo evalúan el que el hijo haya alcanzado o no la meta esperada, sin tener en cuenta que la mayoría de los logros se componen de una serie de pasos por seguir, cada uno de los cuales es tan importante como el otro. Además, no se valora el esfuerzo, la dedicación y la perseverancia involucrada en el intento, ya que la motivación para aprender y comportarse adecuadamente radica únicamente en querer ganar el premio o en el miedo a ser castigado.

Generalmente, mediante los castigos, los niños dejan de presentar el comportamiento indeseado temporalmente; sin embargo, no los llevan a la necesaria reflexión profunda para lograr un cambio permanente. Además, el castigo que lastima al niño física o psicológicamente suele desencadenar agresión. Cuando los hijos llegan a considerar que el castigo que duele mucho es algo positivo, tienden a permitir el abuso, ya que lo clasifican como un tipo de castigo.

Los niños que son educados con base en premios y castigos aprenden a tratar de esta misma manera a los demás.

Cuando los hijos se desempeñan en función de lo anterior, aprenden que ellos mismos y/o sus acciones sólo son valiosas cuando responden a lo que otra persona espera de ellos.

Aunque resulta muy importante que se enseñen a asumir responsablemente las consecuencias de sus acciones, el hecho de ganar un premio o de merecer un castigo implica que el niño tiene que ser mejor o peor que otros, lo que promueve la competencia entre los pequeños. Así, se transmite el mensaje de que cada quien debe valorarse en función de lo que valen los demás y no por lo que cada quien es, intenta y logra.

La motivación personal y el gusto natural por aprender, por ser más capaz, más responsable y autosuficiente pasa a otro nivel de menor importancia.

Frecuentemente, todos estos elementos se traducen en dificultades de aprendizaje, que repercuten directamente en el desarrollo intelectual de los hijos y en otras áreas de su personalidad.

Uno de los riesgos de motivar constantemente a los hijos con dulces o juguetes radica en el hecho de que los pequeños pueden recibir el mensaje equivocado de que en el mundo las cosas deben funcionar de esa manera.

¿Qué sucede cuando las expectativas de los padres difieren de las tendencias, intereses o habilidades de sus hijos?

Cuando lo que los padres esperan de sus hijos no coincide con las tendencias de éstos, regularmente se desencadena un conflicto familiar importante.

Aun antes de que los hijos nazcan, los individuos tienden a desarrollar expectativas acerca de lo que se espera que los hijos sean, desde las características físicas hasta el estilo de vida que se considera el ideal para ellos.

Este modelo en ocasiones está diseñado en función de: los logros no alcanzados por los padres, sus sueños, algún personaje al que los padres admiran o idolatran, o bien de acuerdo con lo que los padres consideran como lo más adecuado. En ocasiones, éstos comparan las características y los logros del hijo con el modelo que se se han hecho de él.

Esta situación puede conducir a la familia a una problemática constante. Los padres y los hijos se ven envueltos en una lucha de intereses —ya que cada uno lucha por lograr su objetivo: los primeros conseguir que el hijo cubra sus expectativas y los segundos lograr cubrir las propias— mediante la cual se afecta la calidad de la relación y el desarrollo personal tanto de padres como de hijos, pues los intentos fallidos de ambas partes no aportan la satisfacción necesaria para buscar nuevas alternativas y motivar su desarrollo óptimo.

Los padres experimentan una sensación de fracaso, ya que piensan que su labor es lograr que los hijos hagan lo que más les conviene. Por su parte, los hijos pueden sentirse rechazados y no aceptados, sentir que sus esfuerzos para conseguir sus metas fueron saboteados, y experimetar una sensación de fracaso y de inseguridad que les impide tener un desarrollo adecuado.

Es necesario que los padres tengan presente que la decisión acerca de los planes y expectativas de los hijos sólo les corresponden a estos últimos.

Tener expectativas específicas para un individuo puede ser muy limitante. Cuando una persona espera algo de otra sólo está pendiente de que lo esperado se manifieste, por lo que la motivación y la estimulación están únicamente encaminadas hacia ese objetivo o aspecto. Así, los demás ámbitos de la personalidad quedan descuidados y las potencialidades existentes no logran desarrollarse al nivel que lo hubieran hecho en caso de contar con el apoyo necesario. De esta manera, aun cuando los hijos logren satisfacer las expectativas de sus padres, sólo habrán aprovechado una fracción de sus capacidades.

No obstante, la tendencia a formar expectativas a futuro, puede tener efectos muy positivos. Éstas pueden funcionar como guías para alcanzar metas, cuando son pensadas y diseñadas de forma individual y tomando en cuenta todas las posibilidades reales de la persona y de las circunstancias que está viviendo en ese momento.

En relación con los padres, es muy recomendable que éstos reflexionen profundamente sobre las expectativas que tienen para sus hijos y que las reevalúen, ya que mientras más amplias, flexibles y generales sean éstas, más oportunidades les brindarán a los hijos para desarrollarse de manera adecuada.

¿Las comparaciones pueden resultar dañinas para el desempeño intelectual de los hijos?

Las comparaciones pueden tener efectos negativos en el desempeño intelectual de los hijos, pues al sentirse comparados creen que deben alcanzar una meta inalcanzable: ser como otro.

Cada ser humano tiene características biológicas y psicológicas únicas, lo que lo hace un ser irrepetible. Por ello, la comparación queda fuera de lugar; aunque pueden existir algunas similitudes, no es posible encontrar coincidencias tan particulares entre dos seres humanos.

Cuando los hijos son comparados con otros individuos luchan por ser como estos modelos sin conseguirlo, ya que, aunque pongan todo su empeño, esto no es posible y se sienten incapaces, pues creen que no alcanzan esa meta debido a que no tienen las capacidades ni el tesón necesarios para ello.

Esto puede tener repercusiones muy importantes en el desarrollo y en el desempeño intelectual de los hijos a lo largo de las diversas etapas de su vida.

Cada logro reconocido que consiguen los hijos, aun desde que son muy pequeños, suele ser la semilla de la motivación para conseguir el siguiente.

Cuando los padres piensan que el desempeño de su hijo no es adecuado porque no es como el de otro pequeño, le transmiten este sentimiento por medio de actitudes y mensajes que le indican al hijo que su logro no es suficientemente bueno ni satisfactorio. Esto impide que el hijo experimente esa gran satisfacción natural de haber alcanzado una meta.

Esta situación, generalmente obstaculiza el proceso de aprendizaje. Ante el hecho de experimentar fracaso tras fracaso, los hijos dejan de esforzarse y de intentar aprender, por lo que en muchos casos no logran alcanzar un nivel de desarrollo óptimo y tienen menores oportunidades de obtener un buen desempeño.

Asimismo, se ha observado que aunque los hijos tengan las habilidades suficientes para desenvolverse adecuadamente, no lo hacen cuando son comparados por sus padres, pues la mayoría de ellos piensa que si sus capacidades no son como las del modelo con el que son comparados, no son valiosas ni útiles.

En este sentido, los hijos apreciarán y admirarán al modelo ideal, en lugar de apreciar sus propias características particulares, de la misma manera como lo hacen sus padres o maestros, o bien desarrollarán sentimientos negativos hacia este modelo debido a la frustración de no lograr ser como él. Estos sentimientos no favorecen el desarrollo de los hijos en ningún aspecto.

¿Cuán importante es inculcar en los hijos metas realistas y una actitud optimista hacia la vida para lograr el máximo rendimiento intelectual?

Tener una actitud optimista hacia la vida puede implicar grandes beneficios. El ser humano tiende a guiar su vida con base en los significados que él mismo ha construido, y a través de éstos se forma una percepción de sí mismo y del mundo que lo rodea. El optimismo es uno de estos significados que llevan al individuo a interpretar su mundo juzgando las cosas desde su aspecto más favorable.

Una actitud optimista hacia la vida tiene efectos positivos en el desarrollo, en la salud y en la efectividad con que se desempeña una persona. Se ha observado que cuando se tiene una visión de la vida predominantemente optimista se posean mayores oportunidades y alternativas para resolver dificultades y en general más posibilidades de disfrutar y gozar de la vida.

Los expertos señalan que existen tres aspectos importantes en la construcción de una actitud optimista ante la vida: el sentirse capaz, la positividad y el poder aprender el optimismo de sus padres. Asimismo, es de vital importancia tomar en cuenta que las contrariedades son algo cotidiano, pero que puede ser superado. De esta manera, se puede tener la sensación de tener el control sobre los acontecimientos y de ser capaz de superar las cosas.

Una actitud optimista hacia la vida no puede enseñarse con palabras; al igual que otras actitudes del ser humano, se aprende por imitación. Padres optimistas criarán niños optimistas, en tanto que padres pesimistas difícilmente podrán tener hijos con actitudes optimistas.

Aunque tener una actitud optimista ante la vida implica diversos factores, en ella resulta de gran importancia el establecimiento de metas realistas, que permiten que la persona tenga mayores posibilidades de alcanzar el éxito y un desarrollo personal realmente adecuado. El término "metas realistas" se refiere a las que resultan posibles de alcanzar para la persona, de acuerdo con sus características personales y condiciones particulares de vida en un momento determinado. Aun cuando los padres traten de ayudar a sus hijos a establecer metas realistas y les brinden los elementos necesarios para lograr sus objetivos, los hijos necesitarán experimentar el fracaso y la frustración derivada de intentar llegar a metas imposibles.

El hecho de tratar de visualizar la meta por alcanzar puede brindar ventajas significativas, ya que se pueden diseñar y especificar tanto sus generalidades como sus detalles. El grado de precisión que se tenga en cuanto al objetivo facilitará en gran medida el que la meta pueda alcanzarse.

¿Es importante enseñar a los hijos a decidir?

Sí, la vida del ser humano está llena de decisiones que, en diferente medida, influyen en el camino que se ha de tomar.

Así, el saber tomar decisiones es de gran importancia para todos. Aunque es un proceso difícil y complicado que requiere una gran responsabilidad, es necesario que los niños lo aprendan desde muy pequeños.

Con frecuencia, se piensa que la toma de decisiones es un campo al que solamente los adultos pueden tener acceso; por ello, muy a menudo los adultos tienden a tomar todas las decisiones, incluso las que le corresponderían al niño, sin permitirle participar. La participación del niño se limita a escuchar lo que ha decidido el adulto y a asumirlo incondicionalmente, pues piensa que los adultos saben mejor que él lo que le conviene.

Al igual que muchas otras, ésta no es una habilidad que deba desarrollarse hasta la adultez, sino que lo ideal es que vaya poniéndose en práctica desde la infancia.

Se ha observado que ir aprendiendo a tomar decisiones resulta positivo, pues no sólo es el punto de partida para que los niños puedan tomar decisiones adecuadas al llegar a la vida adulta, sino también porque tiene una utilidad práctica para los niños en las etapas que están viviendo.

Aun cuando los niños son muy pequeños, deciden cotidianamente, si bien lo hacen en función de sus necesidades. Poco a poco lograrán entender el porqué de estas decisiones y aprenderán a expresarlo.

Posteriormente, necesitarán conocer el proceso ideal para tomar una decisión y también las ventajas que éste trae consigo.

Ser responsable de la elección realizada y aceptar y asumir las consecuencias también forma parte del proceso por aprender, el cual proporciona a los hijos la posibilidad de buscar y encontrar las alternativas adecuadas.

En este momento del proceso, los niños requerirán entender las ventajas y las desventajas de cada una de estas opciones.

Mediante ejemplos sencillos, los padres pueden proporcionar a sus hijos los elementos necesarios, explicándoles lo que ellos observan y las razones de las conclusiones que obtienen.

Asimismo, brindarán a los hijos la oportunidad de practicar esto ellos mismos. Los padres pueden diseñar un ejercicio de toma de decisiones e invitar al hijo a exponer las ventajas y las desventajas de cada una de las alternativas posibles. Estos ejercicios pueden incluir decisiones que formen parte de la vida diaria, como las actividades que realizará en su tiempo libre.

El papel de los padres debe consistir en apoyar el esfuerzo del hijo y, una vez que éste haya terminado, aludir en forma de preguntas a lo que el hijo no mencionó y que puede enriquecer el ejercicio —las aportaciones de los padres en forma de preguntas sólo completarán la información, sin transmitirle al hijo el mensaje de que está mal, ya que el cuestionamiento le deja al niño la responsabilidad de valorar el comentario del padre.

De manera gradual, el niño podrá asumir las consecuencias de sus decisiones para, posteriormente, valorar la importancia que tiene este proceso y asumir la responsabilidad.

¿CUÁLES SON LOS TEMORES MÁS COMUNES DE LOS NIÑOS?

Experimentar temores forma parte del desarrollo normal de todo niño.

Los bebés sienten angustia cuando pierden de vista a su madre, aunque sea por un solo momento.

Desde los primeros años de vida, el niño experimenta el temor de perder el afecto de sus padres, de los cuales depende en su totalidad; este temor se incrementa cuando los padres regañan o castigan al niño. Por este motivo, es recomendable que siempre le dejen bien claro al niño que el hecho de regañarlo o castigarlo no implica que no lo quieran o que lo quieran menos. Incluso, si al niño se le llegara a separar abrutamente de sus padres, esto afectaría tanto su salud física como psicológica.

Existen otros temores infantiles que surgen en el niño por imitación, es decir, que le son transmitidos por sus propios padres. En este rubro está el miedo a las tormentas, a la oscuridad, a ir al dentista, etcétera.

Los padres demasiado aprensivos, que temen constantemente que sus hijos se lastimen, se caigan o se enfermen, no solamente bloquean el desarrollo natural del niño, sino que también le infunden el temor constante de que la vida representa un constante peligro.

Existe un sinnúmero de decisiones que los hijos pueden tomar y que les pueden servir de práctica. Los padres deben delimitar en qué decisiones de la familia pueden intervenir los hijos, tomando en cuenta la edad y aptitud de cada uno. Por ejemplo, el niño puede practicar su poder de decisión seleccionando un juguete, un dulce, su propia ropa, etc.; las anteriores son decisiones que no están relacionadas con la seguridad e integridad del niño, y que por lo tanto resultan inofensivas en caso de que el niño no tome la adecuada.

Estas decisiones son muy importantes para el desarrollo del niño; por ello, los padres deben respetarlas para que de esta manera el hijo pueda experimentar lo que implica asumir las consecuencias, ya sean positivas o negativas, de su decisión. Respetar las decisiones implica no burlarse ni descalificar el intento del niño al expresar que no sabe tomar decisiones.

Es importante que los niños comprendan que tomar decisiones es un proceso necesario durante toda la vida y que tener la habilidades para hacerlo representará numerosas ventajas, las cuales son necesarias para su adecuado desarrollo.

La capacidad para tomar decisiones de manera responsable implica un paso de suma importancia hacia la autosuficiencia, y constituye, a la vez, una meta deseada por padres e hijos.

¿Cuán importante es para los hijos el hecho de que sus padres les inculquen la disciplina y los valores morales?

La disciplina es indispensable para el adecuado desarrollo de los niños. Implica la constancia que se requiere para alcanzar las metas y objetivos propuestos; asimismo, es una guía necesaria para aceptar, respetar y seguir las reglas de manera constante y responsable.

Es importante que los padres comprendan que el hecho de disciplinar a un niño les reportará grandes ventajas tanto a ellos como a los pequeños. Además, por medio de la disciplina, es mucho más fácil alcanzar los objetivos y metas, y la dinámica familiar se ve muy favorecida, al igual que todas las relaciones sociales. Ser disciplinado brinda la oportunidad de saber que para lograr algo es necesario esforzarse y trabajar en ello, lo que brinda mayores posibilidades de alcanzar el éxito.

La disciplina funciona como una guía para señalar los puntos claros y concretos que muestran los lineamientos o reglas ya establecidas a fin de marcar los límites del comportamiento adecuado.

Por otra parte, la disciplina no debe implicar, en ningún momento, la violencia ni el maltrato a los hijos. Debe ser firme, pero justa en todo momento. Los padres deben ser sensibles ante las razones de la conducta del niño y hacia las reacciones negativas que todos los niños suelen manifestar cuando se les impone algo.

Por su parte, la adquisición de valores morales juega un papel de vital importancia en el desarrollo de habilidades como el razonamiento lógico y el abstracto, indispensables para desarrollar la capacidad para captar la relación causa-efecto, hacer juicios correctos, desarrollar el sentido común, así como la capacidad de planteamiento lógico y secuencial.

Los valores dependen de la cultura, del grupo social, de la religión e incluso de las características del núcleo familiar. Asimismo, la sociedad ejerce presión para que las personas ajusten sus acciones a las normas que todos comparten.

Existen normas convencionales como las costumbres en general: la forma de vestir y de saludar, y valores morales, que se refieren a aspectos más generales de las relaciones con los otros, e incluyen la justicia, la integridad y el respeto a los derechos de los demás.

Aunque cada persona define qué es importante y correcto de acuerdo con sus necesidades y circunstancias, y tiene su propia jerarquía de valores en la que están incluidas las reglas sociales, familiares y personales, los valores se crean en respuesta a la necesidad de regular la interacción social; por eso, deben ir cambiando y ajustándose; asimismo, deben ser sensibles ante las condiciones culturales y los cambios históricos.

Los valores morales se transmiten a los hijos en forma de mensajes verbales y no verbales. Desde edades muy tempranas, el niño aprende lo que es bueno y lo que es malo, lo que está permitido y lo prohibido. Paulatinamente, las personas cercanas al niño y los medios de comunicación empiezan a influir en este sentido.

Los niños tienden a aceptar los valores morales de forma más adecuada y manifestando una actitud saludable al respecto cuando los entienden en función de todo un grupo social y no únicamente como preceptos individuales.

Para hacer suyos los valores morales, el niño debe pasar de la moralidad heterónoma a la autónoma; así, aunque en un principio los valores sean implantados por otros, el individuo poco a poco los va adoptando como propios.

La maduración del niño contribuye en parte al razonamiento moral; sin embargo, las experiencias que los niños tienen con otros seres humanos juegan un papel muy importante, ya que estimulan significativamente las habilidades necesarias para su desarrollo.

En el proceso de adquisición de valores intervienen dos partes: la teórica, que se refiere al hecho de que los padres les proporcionan la información a sus hijos acerca de los valores que deben hacer suyos; y la práctica, que, al igual que en casi todos los procesos de aprendizaje, suele ser la más importante y definitiva, y que consiste en el hecho de que los padres prediquen con su propio ejemplo. Cuando un padre le dice a su hijo que no debe mentir, pero él mismo sí lo hace, el pequeño recibe una doble información, que lo confunde y lo deja

Entre los valores que aprende el niño de sus amigos durante los primeros años de su infancia está el compañerismo y la solidaridad.

inmerso en un conflicto. Por este motivo, el ejemplo y los actos de los padres deben ser consecuentes con lo que tratan de enseñar a sus hijos. Otro ejemplo al respecto puede ser cuando los padres le indican a sus hijos que no deben gritar, empleando para ello un tono de voz muy alto. En este caso, los niños generalmente entienden que, aunque no se debe gritar, en la realidad sí se grita.

Situaciones como la anterior le transmiten a los niños el mensaje de que los valores morales tienen vigencia dependiendo de la situación; es decir, que adquieren o pierden importancia según el contexto.

¿Cómo deben reaccionar los padres ante los errores de los hijos?

Es recomendable que los padres reaccionen con una actitud comprensiva, ya que el error puede ayudar a los hijos a aprender y a alcanzar el éxito, siempre y cuando se considere valioso el intento realizado.

Las reacciones de los padres le darán a los hijos las pautas para definir su significado de la palabra error, y determinarán sus actitudes hacia los aciertos y equivocaciones.

Es muy importante que tanto padres como hijos comprendan que no es necesario tener éxito todas las veces que se intenta algo, y que la perfección no es una característica del ser humano, por lo que niños y adultos pueden cometer errores.

Con frecuencia, los padres ponen más atención en los fracasos y en los aspectos negativos de sus hijos que en sus aciertos. Ante esta situación, estos últimos reciben un mensaje que les indica que lo que los define como personas son sus errores y los aspectos negativos que sus padres han observado en ellos.

Generalmente, este hecho hace que los hijos incluyan entre los aspectos negativos que les son atribuidos los errores que han cometido. Así, los errores son clasificados como experiencias negativas, y se tiende a no considerar que la experiencia misma puede implicar aprendizaje y, por lo tanto, tener consecuencias positivas.

Entonces, los hijos pueden bloquearse y desmotivarse para intentar modificar su actitud y redirigir sus esfuerzos a fin de reanudar su aprendizaje.

Una actitud comprensiva y de apoyo por parte de los padres a menudo tiene ventajas importantes para el desarrollo de los hijos y para su relación con ellos.

Es importante que los padres analicen tanto el significado que le atribuyen a los errores de los hijos como sus reacciones ante esto, ya que mediante esta reflexión podrán encontrar la mecánica más adecuada para mejorar su actitud.

De esta manera, los hijos tendrán los elementos suficientes para poder comprender sus propios errores y los de sus padres y se incrementarán las posibilidades de enriquecer su relación.

Es recomendable que frente a una situación que implique un error evidente tanto padres como hijos compartan sus impresiones y puntos de vista, comenten cuáles pueden ser los aspectos positivos de la experiencia y reflexionen acerca de los factores que pudieron haber influido en el error —por ejemplo, el procedimiento utilizado, las condiciones externas, etcétera.

¿Qué consiguen los padres que esperan demasiado de sus hijos?

Consiguen hijos con una baja autoestima, inseguros e insatisfechos, que además crecen con la idea de que nada es suficiente.

Ciertos padres creen que con las exigencias exageradas que les hacen a sus hijos los ayudan a ser personas con grandes deseos de superación. Es adecuado inculcarles estos deseos a los hijos, pero hay que saber cómo hacerlo: lo importante no es el qué sino el cómo, no es que realicen una tarea, sino que lo hagan con gusto y que lo disfruten. Esto se consigue por medio de la comunicación y la interacción entre padres e hijos.

La salud

¿Qué precauciones debe tener una mujer embarazada para reducir el riesgo de daño cerebral en su bebé?

Para reducir este riesgo, la mujer embarazada debe poner especial atención en todo lo que la rodea. No debe pensar que el bebé está protegido por el hecho de que se encuentre dentro del seno materno. Existen muchos factores que pueden poner en riesgo el embarazo. Para evitarlos en la mayor medida posible, es importante: cuidar la higiene personal y la alimentación; evitar enfermedades virales y de otros tipos; informarse oportunamente acerca de todo el proceso del embarazo y del parto; y estar consciente de los factores de riesgo implicados dependiendo de la edad, las condiciones físicas y mentales de la madre, del padre y de la familia. Asimismo, es muy importante que la madre se abstenga de fumar, beber alcohol y consumir drogas, y que únicamente tome medicamentos y se realice placas de rayos X bajo estricta vigilancia médica.

Durante el periodo fetal, se pueden producir un aborto, un parto prematuro y alteraciones cerebrales. Uno de los casos más dramáticos y conocidos que se hayan registrado fue el de los bebés que nacieron con graves defectos anatómicos en las extremidades, debido a que durante el embarazo las madres tomaron un medicamento llamado talidomida. Existen muchos medicamentos que, según se cree, pueden producir defectos en el feto; entre ellos figuran algunos antibióticos y medicamentos hechos a base de hormonas, los esteroides, los medicamentos que contienen anticoagulantes, los narcóticos y la quinina, así como las dosis excesivas de algunas vitaminas como la A, la D y la K. La vitamina D, administrada a mujeres embarazadas puede provocar calcificaciones intracraneales en el niño. La vitamina K sintética puede provocar lesiones cerebrales graves por hemorragias o, incluso, la muerte del feto.

En diversos estudios realizados a muchas mujeres que ingirieron durante el embarazo el medicamento stibestrol —un compuesto estrogénico empleado para prevenir el aborto—, se observó que estas madres tuvieron hijas que contrajeron cáncer vaginal durante la adolescencia.

La administración de medicamentos durante el embarazo debe ser controlada por el médico. La acción nociva de determinados medicamentos administrados a muje-

El hecho de que una futura madre evite los factores que pueden poner en riesgo el embarazo, como tomar bebidas alcohólicas, contribuye en gran medida a la gestación de un hijo sano.

res gestantes está condicionada, cuando menos, por dos factores:
• La posibilidad de traspasar la barrera placentaria.
• La mayor o menor sensibilidad del niño en proceso de gestación.

Durante el primer trimestre de gestación, los riesgos son considerables; éstos pueden ser: aborto, *embriopatía*, alteraciones cerebrales y retraso mental, entre otros.

Otra fuente potencial de defectos de nacimiento es la exposición de la madre a los rayos X durante el embarazo, tanto para el tratamiento del cáncer de la pelvis como para hacer diagnósticos. Otras situaciones que pueden causar defectos similares son las exposiciones a fuentes de energía atómica y a la lluvia radiactiva, así como algunos riesgos profesionales.

Aun cuando estos riesgos no se conocen con precisión, se sabe que la radiación puede provocar una gama de daños en los niños que están por nacer, entre los que destacan las deformaciones, las lesiones cerebrales, mayor susceptibilidad a algunas formas de cáncer, la reducción de la esperanza de vida, las mutaciones en los genes del feto y, en los casos muy graves, la muerte. Entre la fecundación y el momento en que el óvulo se implanta en el útero, la radiación produce la destrucción del óvulo en casi todos los casos. El mayor peligro de deformaciones se da entre la segunda y la sexta semanas después de la concepción. Aun cuando los efectos de los rayos X pueden ser menos graves después de las seis semanas de vida fetal, existen riesgos de lesión, especialmente en el cerebro.

¿Qué factores deben cuidarse en el momento del nacimiento de un bebé?

Los factores que hay que cuidar se pueden dividir en tres categorías: aquellos que pueden afectar a la madre, los que pueden afectar al bebé y los que pueden afectar a ambos. Aunque es lógico pensar que cualquier factor afecta a la madre junto con el bebé, desde el punto de vista fisiológico es importante hacer la distinción.

Los factores más comunes en la primera categoría son las hemorragias y los desgarramientos, y éstos pueden presentarse durante la segunda o la tercera etapa del parto. En las madres primerizas, el parto tarda alrededor de 14 horas, pero puede prolongarse hasta 20. Los subsiguientes suelen ser más rápidos. La primera fase acaba con una dilatación del cérvix de alrededor de 10 cm, y se divide en una subfase temprana, una activa y una última, llamada transicional. Durante la subfase temprana o periodo de latencia, que dura entre 12 y 14 horas, el cérvix se prepara para el parto y se dilata hasta 5 cm. Las contracciones son regulares e intensas y es probable que la madre pueda caminar sin ningún problema. En la subfase activa, las contracciones, que se presentan cada 3 o 4 minutos y duran entre 40 y 60 segundos, son lo suficientemente fuertes y frecuentes como para que el doctor determine que es hora de ir al hospital. Durante esta subfase, el cérvix se dilata hasta los 8 cm. Esta subfase puede durar de unos minutos a 6 horas. Si al llegar a esta etapa la fuente no se ha roto, el

En la actualidad, gracias a los avances en la medicina, es posible reducir la probabilidad de riesgos que pueden sufrir la madre y el bebé en momento del alumbramiento.

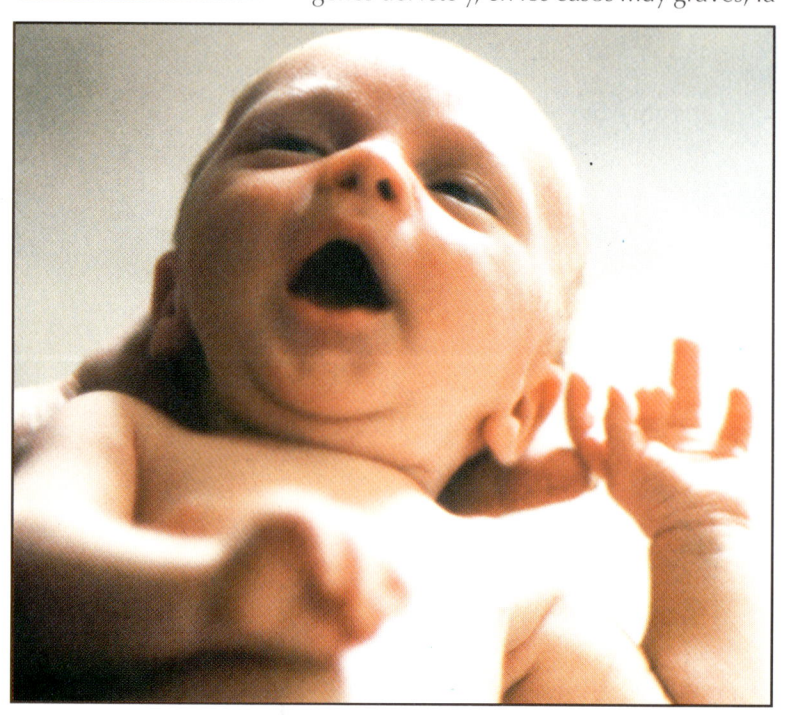

médico puede intervenir y romperla. Si no se optó por la anestesia local, el trabajo de parto ha iniciado y se comienza con los ejercicios de respiración y las técnicas de relajación. En algunos casos, y si se tiene la posibilidad, la futura madre puede tomar un baño de tina; éste la ayudará a relajarse, a aliviar el dolor y a que se dilate el cérvix al cabo de una hora, aproximadamente. En la fase transicional, el cérvix se dilata, en promedio, 1 cm cada 15 minutos, hasta llegar a los 8 o 10 cm. Las contracciones duran entre 60 y 90 segundos, y se presentan cada 2 o 3 minutos. Esta subfase dura entre 15 minutos y 2 horas.

La segunda fase se inicia cuando el cérvix alcanza una dilatación de 10 cm, aproximadamente, y es el momento en que nace el bebé. Éste pasa al canal vaginal por el cérvix ya dilatado, y es empujado hacia afuera. En esta etapa puede ocurrir un desgarramiento del tejido vaginal, que debe atenderse para evitar una hemorragia.

Durante la tercera fase es expulsada la placenta. Las contracciones se presentan cada 5 minutos, son menos intensas que las anteriores y hacen que la placenta se separe del útero, permitiendo su expulsión junto con las membranas circundantes. En esta etapa es importante cuidar este desprendimiento, pues puede sobrevenir una hemorragia. La expulsión de la placenta puede durar entre 5 y 30 minutos. Quizá se presenten temblores debido a una mayor secreción de adrenalina y a los ajustes que hace el organismo después del parto.

Aun cuando en la actualidad el nacimiento implica menos riesgos para el bebé que antes, existen dos que hay que tener muy presentes: uno es el rompimiento de vasos sanguíneos del cerebro a causa de la fuerte presión ejercida sobre la cabeza del feto, y el otro es la falta de oxígeno —anoxia—, originada porque el niño tarde en comenzar a respirar una vez que queda separado de la fuente de oxígeno materna. La presión ejercida sobre la cabeza del feto puede deberse al uso del fórceps, instrumento quirúrgico que se emplea para ayudar a la expulsión del bebé. En la actualidad, su empleo es limitado, en virtud de que, en décadas pasadas, se presentaron problemas graves por su causa, entre ellos muchos casos de lesión cerebral. La falta de respiración oportuna afecta el suministro de oxígeno a las células nerviosas del cerebro, sin el cual algunas pueden morir. Si mueren demasiadas, el niño puede sufrir una grave lesión cerebral.

La falta de oxígeno del recién nacido suele dañar más las células del tallo cerebral que las de la corteza. Cuando se dañan las primeras, suelen aparecer defectos motores. El niño puede mostrar parálisis de las piernas o de los brazos, temblor del rostro o de los dedos, o bien incapacidad para utilizar los músculos vocales. En este último caso, al niño podría costarle trabajo hablar. Se estima que alrededor del 30% de las parálisis cerebrales se relacionan con problemas que se presentan en el momento de nacer o poco después. Resulta más difícil determinar si los niños que padecen un déficit de oxígeno benigno durante el alumbramiento, sin mostrar parálisis motora patente o temblores, sufren algún daño cerebral capaz de influir en su futuro desarrollo psicológico. Se ha observado que, durante la primera semana, los infantes anóxicos parecen ser más irritables y muestran más tensión muscular y rigidez que los normales. Los bebés que han sufrido anoxia ligera obtienen puntuaciones menores en las pruebas de desarrollo y de atención durante el primer año, y es más fácil distraerlos. A la edad de tres años, tienen un desempeño menor en las pruebas de conceptualización. Hacia los siete u ocho años, las diferencias entre niños normales y niños afectados de anoxia benigna, por lo general se reducen a un mínimo y sus puntuaciones de cociente intelectual (CI) son prácticamente iguales. En todo caso, la diferencia no es estadísticamente significativa, a pesar de que se siguen distrayendo con más facilidad y sus habilidades motoras son un poco menores.

Los factores que afectan a la madre y al bebé se derivan de las presentaciones anómalas en el parto. La presentación normal es la de cabeza flexionada; no obstante, se pueden dar presentaciones diferentes que ponen en riesgo a la madre y al bebé.

La presentación de nalgas se observa en casi el 3% de los casos. Dependiendo de la posición de las extremidades inferiores, se distinguen las siguientes subclases: de nalgas, de nalgas y de pies, de pies, y de rodillas. En ocasiones, se puede reacomodar al bebé y que el alumbramiento siga su curso normal; sin embargo, si esto no es posible, es preferible recurrir al parto por cesárea.

La presentación de frente se debe a un movimiento de la cabeza del feto en el que la frente queda como punto guía. Como consecuencia del mayor perímetro que presenta el plano de salida y de lo poco moldeable que resulta esta parte del cráneo, la presentación de frente, aunque muy rara, es la más peligrosa y desfavorable de todas. Afortunadamente, en este caso también se puede recurrir a la cesárea.

En la presentación de cara, como su nombre lo indica, la parte que aparece en primer lugar es la cara, y el mentón constituye el punto guía. Esta presentación se produce en 1 de cada 200 a 300 partos, y generalmente el médico logra restituir la posición normal.

En la presentación transversal, el eje del feto se cruza con el eje materno formando un ángulo recto. Esta situación se presenta en el 1% de los casos y hace imposible y totalmente desfavorable el parto espontáneo, por lo que es imprescindible practicar la cesárea.

En todas estas presentaciones es posible el nacimiento con la ayuda de la cesárea o de una adecuada manipulación por parte del médico; sin embargo, hay que detectarlas a tiempo y tomar una decisión lo más pronto posible, ya que de lo contrario puede complicarse y producirles mucho dolor a la madre y al bebé.

Todos los factores mencionados pueden presentarse durante el nacimiento; por ello, es de vital importancia realizar una visita mensualmente al médico a lo largo de todo el embarazo.

¿El ejercicio estimula el desarrollo del cerebro y, por lo mismo, de la inteligencia?

El ejercicio estimula el desarrollo de los músculos, así como el buen funcionamiento de los aparatos y sistemas del organismo, incluido el cerebro. Este último recibe numerosos beneficios, como una adecuada oxigenación y un mejor flujo sanguíneo, lo que a su vez genera un estado físico y psicológico que permite, facilita y estimula el desarrollo de la inteligencia.

Se entiende por ejercicio el conjunto de movimientos musculares que se efectúan para obtener cierto grado de desempeño físico. Su estudio se ha convertido en una ciencia compleja que no se centra únicamente en el desarrollo muscular sino que también incluye conocimientos en materia de nutrición, psicología, biomecánica y otras disciplinas.

El ejercicio mejora los sistemas respiratorios, muscular, cardiovascular, nervioso, óseo y linfático. La capacidad vital de los pulmones y la ventilación aumentan, lo que hace que se eleve el nivel de oxígeno en la sangre y disminuyan los gases nocivos. Al ser mayor el ritmo cardiovascular, el corazón bombea un 25% más de sangre cada minuto, con lo que aumentan las cantidades de nutrimentos y oxígeno que fluyen al cerebro. Por otra parte, cuando el ejercicio se realiza con constancia, se incrementa el número de vasos capilares, lo que a su vez ayuda a que llegue una mayor cantidad de nutrimentos al núcleo del sistema nervioso.

Los músculos aumentan de tamaño y adquieren mayor flexibilidad. Esto permite una mejor circulación sanguínea y arterias más sanas y elásticas. Asimismo, se controlan los niveles de grasa y colesterol de las arterias, con la ventaja de que disminuye el riesgo de trombosis.

Por otra parte, el ejercicio es un excelente catártico. Ayuda a reducir el estrés cotidiano, traduciéndose esto en una mejor actitud, mayor resistencia a la fatiga y mayor capacidad de descanso al dormir. El ejercio también estimula la producción de algunos neurotransmisores, como la serotonina.

La concepción actual del ejercicio incluye la adopción de una dieta adecuada que permita practicarlo eficazmente. Al iniciar un programa de ejercicio, es necesario tener en cuenta factores como la edad, el sexo, el peso y las actividades que acostumbre realizar la persona. A cada edad y a cada condición física corresponden ejercicios diferentes.

En los niños, es adecuada una serie de ejercicios físicos que tienen una doble finalidad: el desarrollo del pequeño y la detección de problemas. Durante la infancia, es recomendable practicar la gimnasia, la carrera de distancias cortas, los juegos al aire libre y aquellos que ayudan a desarrollar la coordinación psicomotriz, así como los deportes en equipo.

Durante la adolescencia, se recomienda cualquier tipo de deporte o juego, especialmente los que favorezcan el desarrollo muscular y la capacidad cardiorrespiratoria, por ejemplo, la carrera de distancia media o larga, entre otros. Al terminar la adolescencia y hasta los 35 años aproximadamente, se vive la etapa de mayor capacidad psicofísica y es recomendable la práctica constante de un deporte. Durante la madurez, se recomienda a quienes hayan practicado un determinado deporte que lo sigan haciendo, y a aquellas personas que se inician durante esta etapa, que empiecen de manera gradual. Los más apropiados durante esta etapa de la vida son la caminata, el *jogging* y la gimnasia.

Durante la tercera edad, conviene mantener un buen nivel de actividad física. La gimnasia, los paseos al aire libre y la práctica del golf o de la natación pueden ser convenientes para la persona. El ejercicio es también un importante auxiliar en la rehabilitación de personas que han sido intervenidas quirúrgicamente. El tratamiento postoperatorio de la mayoría de las operaciones incluye una serie de ejercicios que activan la curación del paciente.

Cualquier ejercicio o deporte debe realizarse de manera adecuada. Conviene consultar al médico acerca de las mejores opciones, según las condiciones físicas de la persona. También se recomienda llevar una dieta rica y balanceada y, sobre todo, no excederse en las rutinas de los ejercicios o en el deporte que se escoja.

En cualquier etapa de la vida, el ejercicio es de gran utilidad para conservar no sólo la salud del cuerpo sino también la de la mente.

¿Pueden algunos medicamentos inhibir las facultades mentales?

Sí, existen medicamentos que pueden inhibir las facultades mentales, sobre todo los que se emplean en el tratamiento de trastornos mentales como la depresión, la

Algunos de los medicamentos clasificados como "controlados", entre ellos los sedantes o los tranquilizantes, pueden causar dependencia en el paciente.

ansiedad y la esquizofrenia. Por esta razón, si no se emplean correctamente y bajo vigilancia médica, pueden causar trastornos irreversibles.

Una vez en el cerebro, estos fármacos pueden actuar en dos niveles: en la sinapsis —la unión entre dos células nerviosas o neuronas— o en los neurotransmisores. Cuando afectan la sinapsis, pueden inhibir o excitar la recepción de los neurotransmisores, así como aumentar o reducir su producción.

Los neurotransmisores son las sustancias encargadas de llevar el impulso de una neurona a través de la sinapsis. La alteración que se produce en el cerebro está determinada por el tipo de trastorno mental. La función de los fármacos es nivelar la producción, recepción y acción de los neurotransmisores para que el cerebro funcione lo más adecuadamente posible.

Este tipo de fármacos se clasifica de la siguiente manera:

• Sedantes. Entre éstos destacan los hipnóticos y los narcóticos; al ingerirlos, producen un efecto general de sedación.

• Tranquilizantes. Se dividen en tranquilizantes mayores y menores. Los primeros se utilizan en pacientes agitados o ansiosos; entre sus efectos están: control de las crisis psicomotoras, las alucinaciones y los delirios. Los tranquilizantes menores actúan como ansiolíticos, es decir, como medicamentos contra la ansiedad. Ejemplo de ellos son el Valium®, cuyo nombre genérico es diacepam, el cual inhibe la recepción de los neurotransmisores que intervienen en la ansiedad.

• Antidepresivos. En general, estos fármacos levantan el estado de ánimo, mitigan la depresión y reducen la apatía. En esta categoría existen dos clases: los inhibidores de la monoaminooxidasa (IMAO) y los tricíclicos; ejemplo de estos últimos es la imipramina.

• Psicoestimulantes. Éstos ayudan a recuperar la atención, la concentración y otras funciones afectadas por los trastornos mentales.

Los medicamentos mencionados anteriormente pueden causarle adicción al paciente si éste no está bajo control médico. Muchas personas a quienes se les prescribe cualquiera de estos fármacos dejan de tomarlos cuando los síntomas desaparecen, lo que hace que éstos regresen, en ocasiones con mayor intensidad. A tales pacientes por lo general se les administra una dosis diferente o se les cambia el medicamento.

Estos fármacos no deben mezclarse con alcohol, pues producen reacciones diferentes de las previstas. El alcohol puede aumentar de forma descontrolada los efectos del fármaco o hacer que los síntomas para los que éste fue recetado se tornen más notorios y peligrosos para el paciente.

Asimismo, el mal uso de estos medicamentos puede inhibir las facultades mentales. Es muy importante que la persona que los ingiera lo haga tomando sólo la dosis recomendada por el médico.

¿Los problemas de salud o las deficiencias físicas contribuyen a que el niño tenga problemas escolares?

Los problemas escolares provocados por las deficiencias físicas o por los problemas de salud se reducen a una breve interrupción en el desempeño intelectual. Éste se reanuda una vez que el niño logra superar el trauma y se adapta a las nuevas condiciones de vida.

Según la Organización Mundial de la Salud (OMS), un pequeño con limitación o deficiencia física es "todo niño que, durante un periodo apreciable, se encuentra en la imposibilidad, en razón de su estado físico, de participar plenamente en las actividades de su edad en el aspecto social, recreativo, educativo o de la orientación profesional".

La enfermedad provoca en el menor algunas modificaciones: un cambio en la forma de experimentar su estado corporal, acompañado o no de dolor, de fiebres que pueden o no alterar su nivel de conciencia, de un periodo de descanso más o menos prolongado, de un estado de angustia relativamente consciente, que puede ser provocado por la misma enfermedad o por la imaginación del infante, y de elementos particulares que se presentan, en cada caso, junto con una perturbación posterior de las costumbres y con el establecimiento de una nueva manera de relacionarse con las demás personas.

Las reacciones del niño ante la enfermedad dependerán, entre otros factores, del carácter agudo o crónico de ésta, de su duración, de la actitud de la familia, del lugar en el que se lleve a cabo el tratamiento —en la casa o en el hospital—, de la situación emotiva del niño y de sus padres en el momento de la enfermedad, y del grado de evolución afectiva del mismo. En virtud de todos estos factores, se puede afirmar que cada caso es muy especial. Las intervenciones quirúrgicas, como la amigdalectomía, y con mayor razón otras más delicadas, pueden ocasionar trastornos emocionales.

Las reacciones de la familia pueden ser complejas y diferentes y, por lo general, siguen una evolución característica. Son tres las fases sucesivas de ésta: un periodo de conflicto inicial, uno de lucha contra la enfermedad y, por último, una etapa prolongada de reorganización y aceptación. Estas tres fases difieren en duración y gravedad de una familia a otra.

Una vez que se han superado estas etapas y se tienen plenamente identificados y comprendidos los impedimentos físicos del niño, éste no debe necesariamente sufrir limitaciones intelectuales y académicas. La mayoría de las limitaciones son impuestas, no por la enfermedad ni por la deficiencia física sino por las personas que rodean al pequeño, puesto que la gente tiende a sobreprotegerlo.

Lo más recomendable es hacerle ver al niño lo que está bien y no lo que está mal. Lo mejor es poner énfasis en lo que se puede lograr. Hasta le fecha, no hay ningún estudio que demuestre que existe una relación directa entre la limitación física y los problemas escolares en el largo plazo. Con respecto a esto, es conveniente tener presente que al principio se pasa por una etapa de adaptación; posteriormente, se buscan las alternativas más viables para aprovecharlas lo mejor posible en beneficio del menor.

¿Cómo se ve afectada la capacidad intelectual de los niños por la contaminación ambiental?

La necesidad de conocer la influencia de la contaminación en la capacidad intelectual

La contaminación ambiental no sólo tiene efectos nocivos sobre la salud física del individuo sino también sobre sus procesos intelectuales.

ha dado lugar a un gran número de investigaciones. Los expertos han observado cambios de comportamiento en niños y en adultos, y en el ritmo de sus actividades diarias; sin embargo, no se ha encontrado una relación directa entre estos cambios y la capacidad intelectual.

Entre los trastornos observados están el cansancio y la somnolencia. En general, se presenta mayor lentitud en las actividades diarias de la persona. Cuando se trata de niños, además de lo anterior, se presenta irritabilidad y, en algunos casos, problemas pulmonares.

Los contaminantes del aire pueden presentarse en forma de gases, partículas sólidas o aerosoles líquidos. Todos ellos pueden existir de manera independiente o combinada. Las partículas sólidas pueden ser emitidas por fuentes muy diversas, lo que hace que sus dimensiones, formas, densidad y composición química varíen de manera importante. La mayor parte de las partículas contaminantes proviene de la combustión de carburantes, de la incineración de desechos y de las industrias. Aunque las partículas sólo representan el 10% de la cantidad de agentes contaminantes que se encuentran en la atmósfera, constituyen un problema importante, ya que pueden influir de diversas maneras en la salud y en el bienestar de la gente.

Algunos contaminantes que pueden afectar la salud de manera más o menos grave son el humo y las partículas suspendidas, el dióxido de azufre (SO_2), el dióxido de carbono (CO_2), el dióxido de nitrógeno (NO_2), los compuestos halogenados, el sulfuro de hidrógeno, el monóxido de carbono, el plomo y los hidrocarburos.

Los agentes contaminantes gaseosos constituyen aproximadamente el 90% de la masa total emitida a la atmósfera, mientras que las partículas y los aerosoles conforman el 10% restante. Los primeros proceden, sobre todo, de la combustión de carburantes y de la incineración de desechos. En el caso de los óxidos de azufre, su fuente principal es la combustión de carburantes. En las zonas donde se utiliza el carbón y los derivados residuales del petróleo pueden producirse altas concentraciones de óxido de azufre.

Se han llevado a cabo estudios que muestran una disminución pulmonar de sólo 4% en niños que practican algún tipo de ejercicio en condiciones de contaminación de ozono elevada, lo cual podría indicar que el sistema pulmonar de estos pequeños no reacciona fuertemente ante el ozono; esto hace suponer que son capaces de soportar exposiciones más elevadas y durante más tiempo. Si el aparato respiratorio reaccionara fuertemente, se produciría una constricción pulmonar que obligaría a disminuir la exposición al ozono. Este último no es emitido directamente a la atmósfera a partir de una fuente directa identificable; se forma en el aire cuando los hidrocarburos y los óxidos de nitrógeno reaccionan en presencia de la luz del sol. Los componentes del ozono provienen de fuentes tan diversas como los vehículos automotores, el refinamiento y el expendio de combustibles, los tanques de almacenamiento de gasolina, algunos productos caseros, la industria química, las superficies pintadas y las industrias de impresión y de lavado en seco, entre otras. Hay cuatro contaminantes que con frecuencia exceden las normas establecidas por la Organización Mundial de la Salud (OMS): el monóxido de carbono, el bióxido de nitrógeno, el plomo y el bióxido de azufre. Los expertos y los ambientalistas han manifestado gran preocupación por los posibles daños permanentes en los pulmones, causados por exposiciones prolongadas y repetidas a concentraciones de ozono elevadas, sobre todo durante el periodo de crecimiento de los niños.

Las concentraciones elevadas de monóxido de carbono obstaculizan la oxigenación de los tejidos, debido a que reducen la capacidad de la sangre para transportar oxígeno, lo que afecta de manera considerable el funcionamiento de las células del cuerpo. El monóxido de carbono es 100 veces más afín a la hemoglobina que el oxígeno, lo cual puede provocar hipoxia cerebral crónica. Esta condición puede revertirse mediante la administración de oxígeno al 100% durante 40 minutos.

Los compuestos de azufre provocan acidificación del organismo, lo que hace que éste requiera mayores niveles de oxígeno para mantener las mismas concentraciones sanguíneas. Las partículas de carbón suspendidas producen oclusiones pulmonares que bloquean importantes vías de desecho del organismo. Esta condición reduce la capacidad pulmonar y, por ende, el flujo de oxígeno hacia el cerebro, con lo que se entorpecen las funciones de este órgano.

La contaminación es un problema de salud que puede causar problemas en el desempeño cotidiano del niño, por lo que se recomienda mantenerse informado de los niveles de contaminación ambiental para evitar o reducir al mínimo los efectos descritos anteriormente.

¿Es conveniente hablarle al pequeño acerca de las drogas?

Sí, porque es importante que sepa qué son y cómo puede llegar a tener su primer contacto con ellas y, sobre todo, qué daños pueden provocar en su organismo.

Algunos padres piensan que a los hijos no se les debe hablar de este tema antes de la adolescencia, pues creen, erróneamente, que si no están enterados, la problemática no existirá para ellos. Sin embargo, ésta existe independientemente de que se les hable al respecto o no; además, es preferible que los niños se enteren del problema en el seno familiar y no en lugares que no les garanticen una información apropiada.

Algunas instituciones privadas han incluido en sus programas de estudio clases especiales sobre el problema de las drogas desde los primeros años de la educación primaria. Por otro lado, en algunas guarderías se les habla de las drogas a los niños a partir de los tres años de edad. A pesar de que los niños todavía no tienen los conocimientos y la madurez necesaria para entender algunos conceptos, se les habla con términos que ellos sean capaces de entender, como "cabeza" y "sangre", los cuales ya dominan a esa edad.

Por ejemplo, se les puede explicar que así como hay dulces en polvo, en barra o en líquido, lo mismo ocurre con las drogas. Generalmente, se le dice al infante que la droga es algo que se puede meter en su sangre y hacerle daño y que ocasiona que su cabeza se sienta de manera diferente. Se trata de transmitirles la idea de que la droga es algo malo, que les hace mucho daño y que les causa dolor. Asimismo, se les pueden dar explicaciones basadas en mecanismos que ellos conocen, como la alimentación. Se les puede decir que así como los alimentos se distribuyen por todo el organismo y tienen efectos benéficos, las drogas también lo hacen cuando son "comidas", pero que éstas van principalmente a la cabeza y se meten en la sangre haciendo que se sientan mal, que no puedan dormir bien y que se comporten de una manera diferente.

En la prevención del uso de drogas entre los niños pequeños es necesario tener en cuenta muchos factores.

Es importante comenzar con la identificación de las fuentes de acceso a las drogas. Es común que afuera de las escuelas exista todo tipo de puestos de dulces, atendidos, la mayoría de las veces, por gente cuyo único propósito es ganarse la vida. Sin embargo, también hay gente que lucra con la inocencia de los niños. Puede haber puestos en los que los dulces cuesten mucho menos y, en muchos de ellos, hasta se regalen con el argumento de que son nuevos y que los están dando a conocer. Se debe explicar a los pequeños que no deben comprar dulces en los puestos de la calle, y mucho menos aceptar golosinas que no conozcan. Las personas que se dedican a distribuir drogas las introducen en los dulces en cantidades suficientes para crear en el infante la necesidad de consumirlas de manera frecuente y posteriormente constante.

Cuando se le habla al niño en términos comprensibles para él, puede entender que la droga es una sustancia que provoca grandes daños en el organismo. Posteriormente, conforme el niño va creciendo, se le debe ir ampliando la información hasta que se entere de todo lo que necesita saber para evitar consumir este tipo de sustancias.

¿Cómo pueden las enfermedades crónicas afectar el desarrollo intelectual infantil?

Todo depende del tipo de enfermedad y de la edad en que el niño la haya contraído, ya que cada padecimiento tiene sus propias causas, así como sus síntomas, complicaciones y consecuencias en las diferentes esferas del funcionamiento infantil. Lo que es común a todas ellas es su repercusión en el aspecto social del pequeño. Dos de estos posibles efectos son un desarrollo intelectual truncado y un bajo rendimiento escolar. Entre las enfermedades crónicas más comunes en los menores están la diabetes, la epilepsia, las afecciones cardiacas y los padecimientos asmáticos.

La diabetes infantil aparece con mayor frecuencia entre los 5 y los 15 años de edad, pero también puede presentarse en los lactantes. Sus síntomas principales son la poliuria, la polidipsia, el adelgazamiento, la deshidratación y la astenia. En un estudio comparativo de los cocientes intelectuales (CI) de niños diabéticos y de sus hermanos, no se encontraron diferencias cuando la enfermedad había comenzado después de los 5 años de edad. Por el contrario, cuando se inició antes de esa edad, los CI de los niños diabéticos resultaron considerablemente más bajos.

Se entiende por epilepsia todo fenómeno neurológico o psíquico de aparición brusca y de duración breve causado por la irritación de alguna zona del sistema nervioso central. El más conocido es el ataque epiléptico del gran mal. El enfermo pierde bruscamente el conocimiento, cae al suelo y sufre convulsiones. También existen los llamados ataques del pequeño mal —o ausencias— en los que durante un par de segundos el niño cesa momentáneamente de realizar la actividad que llevaba a cabo, para reanudarla de inmediato.

Los primeros estudios estadísticos registraron un elevado porcentaje de retraso intelectual en niños con padecimientos epilépticos. Sin embargo, esto obedecía al modo de selección de los grupos estudiados. Hoy en día, se cuenta con resultados diferentes. En un estudio realizado a 380 pequeños, se encontró un CI normal, o por encima de lo normal, en un 57.5% de los casos. En el 17% de los sujetos, el CI fue inferior a 70. Del análisis de estos trabajos se deduce que existe una mayor proporción de descenso del nivel intelectual en los casos de epilepsia del gran mal; el CI es tanto más reducido cuanto más pequeño es el niño en el momento en el que se presenta la primera crisis de la enfermedad.

Muchos autores sostienen que el CI es mayor en el caso del pequeño mal, mientras que otros se oponen a este punto de vista y dan cuenta de un porcentaje considerable de menores que sufren de pequeño mal y que presentan un CI bajo. Por otra parte, opinan que una inteligencia superior a la media no es más frecuente que en la población general. Otros autores han afirmado que los niños que sufren crisis psicomotoras presentan un bajo CI.

La comparación de los diferentes trabajos puede resultar confusa debido a que los resultados varían dependiendo de las poblaciones estudiadas, las formas de epilepsia, la edad de los sujetos y las pruebas aplicadas, entre otros factores.

El rendimiento del niño epiléptico no se modifica sólo por la detención o la regresión de las posibilidades intelectuales, sino también por las dificultades de aprovechamiento del potencial. Así, el rendimiento puede ser bajo cuando está determinado por pruebas en las que el tiempo constituye un factor importante. Se trataría de un proceso de deterioro que depende de la frecuencia de las crisis, de la edad de aparición de la epilepsia, de la localización de la lesión y de otros elementos. Estos factores pueden ser determinantes en el grado de deterioro intelectual que puede sufrir un niño con epilepsia.

Se observó que cuanto menor es la edad del pequeño cuando aparece el mal, existe un mayor deterioro y lentitud en el desarrollo intelectual que se presenta; por otra parte, a mayor número de crisis, mayor deterioro. Asimismo, se ha puesto de relieve que los infantes con lesiones epilépticas temporales tienen mayores dificultades en las pruebas de inteligencia.

El CI de niños con enfermedades cardiacas también ha sido objeto de estudio. En uno de éstos se encontraron CI inferiores a 90 en el 55% de los casos, mientras que en otro, estas puntuaciones se registraron aproximadamente en un 37% de los sujetos. Los menores con este tipo de padecimientos presentan con mayor frecuencia bajo nivel intelectual, dificultades de organización perceptiva, déficit motor y lentitud de ejecución, entre otras deficiencias.

El asma se caracteriza por una modificación del ritmo inspiratorio y expiratorio, acompañada de espasmo bronquial y trastornos de la secreción mucosa. En la actualidad, su sintomatología se atribuye a una defensa del organismo contra sustancias irritantes extrañas. Se describe como un síndrome que aparece en un terreno espe-

Un niño que padece alguna enfermedad crónica requiere, además de una buena supervisión médica, el apoyo de sus padres y de la gente que lo rodea.

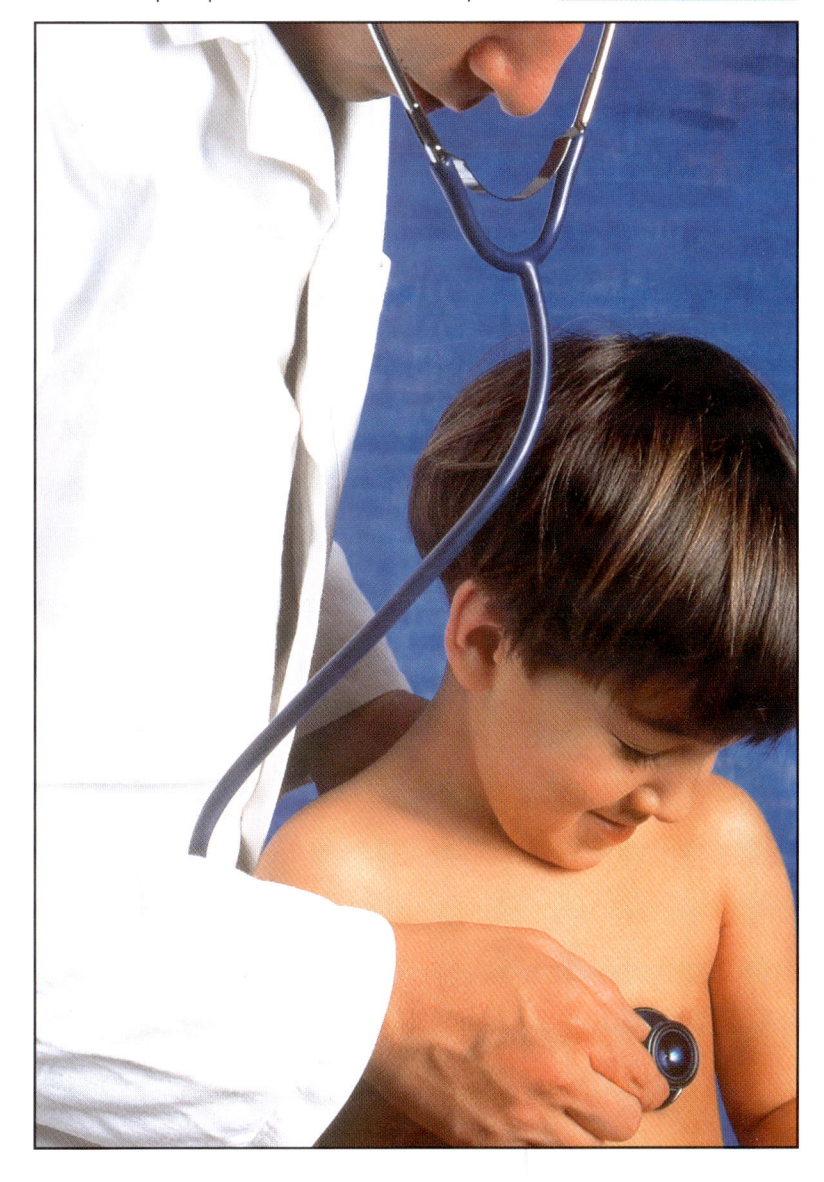

cial y se expresa a raíz de ciertas agresiones alérgicas, no pudiendo aparecer sin que un alergeno afecte al paciente o bien sin que exista una perturbación del equilibrio alérgico.

Algunos autores afirman que no es raro que, al principio, el asma se desencadene por mecanismos alérgicos, pero que al cabo de algún tiempo se manifieste como un cuadro de reacciones condicionadas, vinculadas con conflictos de índole emocional. En cuanto al CI de estos niños, no se ha encontrado ningún déficit; su inteligencia se sitúa en el rango de lo que se considera como normal.

En todos los estudios realizados se han encontrado dos factores en común entre las condiciones mencionadas: el primero es la influencia negativa de estas enfermedades en la vida social del niño; el segundo, la repercusión desfavorable en su vida escolar. La familia y los maestros fundamentales en este aspecto.

En la mayoría de los casos, se ha observado que la familia trata al niño de manera demasiado sobreprotectora, situación que provoca inseguridad en el pequeño, así como un sentimiento de inutilidad. Esto repercute en su desarrollo intelectual, puesto que al sentirse incapaz de hacer las cosas por sí mismo, no posee la motivación que necesita para desarrollarse en el plano intelectual.

Los maestros actúan de un modo parecido, provocando que el niño deje de participar en las actividades escolares que le permita su condición. Esto ocasiona sentimientos de aislamiento que se traducen en una falta de motivación y en un bajo rendimiento escolar.

Si bien es cierto que algunas de estas enfermedades pueden ocasionar un déficit de diferente intensidad en el desarrollo intelectual del niño, es fundamental tener presente la gran importancia que tienen la motivación, el ambiente familiar y el entorno escolar. Estos factores pueden ser determinantes en el desarrollo intelectual del pequeño que padezca alguna enfermedad de tipo crónico.

¿Influye la calidad del sueño en nuestra capacidad mental?

Sí, el sueño es una de las funciones biológicas más importantes y que, desafortunadamente, recibe poca atención. La falta de un buen periodo de sueño puede ocasionar problemas en la capacidad mental. La alternancia del sueño y la vigilia forman parte del ritmo biológico. Éste es fijo una vez que se superan determinadas etapas de su evolución funcional.

Con el sueño sobreviene una ruptura de relaciones con respecto al mundo exterior, así como cambios en las funciones de relación —motilidad y tono muscular— y en las de la vida vegetativa —como la temperatura, el pulso, las secreciones urinarias y sudoríparas, etcétera.

El sueño se divide en dos clases principales: el de ondas lentas y el de movimientos oculares rápidos, o sueño MOR. Durante este periodo, la persona tiene sueños y se cree que es el momento en el que en realidad descansa. La primera clase se subdivide en cuatro fases distintas. Durante las dos clases o fases del sueño, el organismo sufre un determinado número de cambios *(ver recuadro, pág. 245)*.

El tiempo total de sueño que por lo general necesitan los seres humanos es de aproximadamente 8 horas. Un examen general de una noche típica de sueño adulto revela ciclos repetidos de unos 90 a 110 minutos de duración, 4 o 5 veces durante la noche. Los componentes de estos ciclos cambian de manera regular a lo largo del periodo de sueño. Los ciclos son más cortos al principio de la noche y se caracterizan por una mayor cantidad de las fases 3 y 4 del sueño de ondas lentas. Por su parte, el sueño MOR es el más corto; a veces dura sólo de 5 a 10 minutos, mientras que el último, justo antes de que la persone despierte, puede durar hasta 40 minutos en los adultos normales. Algunos investigadores han visto el ciclo de sueño de 90 a 110 minutos como la manifestación de un ciclo básico de descanso-actividad. El sueño muestra muchas variaciones, que pueden relacionarse con

	Ondas lentas	MOR
Actividades autónomas		
Tasa cardiaca	leve disminución	variable
Respiración	leve disminución	variable
Termorregulación	mantenida	alterada
Temperatura encefálica	disminuida	aumentada
Flujo sanguíneo cerebral	reducido	elevado
Sistema musculoesquelético		
Tono muscular	progresivamente reducido	eliminado
Reflejo rotuliano	normal	suprimido
Sacudidas físicas	reducidas	incrementadas
Movimientos oculares	infrecuentes, lentos, no conjugados	rápidos, conjugados sueños vividos
Estado cognitivo	pensamientos vagos	bien organizados
Secreción hormonal		
Secreción de hormona del crecimiento	elevada	baja

el nivel de maduración, estados funcionales como el estrés, el efecto que tienen ciertos fármacos y muchos otros estados externos e internos.

Desde hace mucho tiempo, se han investigado los efectos de la privación del sueño. Los primeros estudios hacían hincapié en la semejanza entre ciertas conductas "extrañas" y la privación del sueño. Estos trabajos han subrayado el papel funcional de los sueños como "guardianes de la cordura", y estuvieran parcialmente inspirados por investigaciones iniciales según las cuales la privación del sueño MOR puede tener consecuencias emocionales inusitadas, que podrían ser duraderas.

Los efectos conductuales de la privación prolongada del sueño varían notablemente y pueden depender de algunos factores generales relacionados con la personalidad y con la edad. En diversos estudios en los que se recurrió a la privación prolongada —de 8 a 9 días—, algunos sujetos presentaron episodios ocasionales de alucinaciones. Los cambios de conducta más comunes son mayor irritabilidad, dificultad para concentrarse y episodios de desorientación. Los efectos son más patentes durante la mañana, a última hora de la tarde y al principio de la noche.

Se ha investigado la posibilidad de recuperar el sueño. En varios estudios se ha puesto de relieve la importancia del sueño MOR. La privación de éste trae consecuencias más graves que la privación del sueño de ondas lentas y es más difícil de recuperar. Entre las consecuencias de la privación del primero destacan la agresividad, mayor irritabilidad y una mayor susceptibilidad a las críticas. Lo que las investigaciones han puesto de manifiesto es que la privación del sueño MOR y de ondas lentas afecta no

Tanto para los adultos como para los niños, el sueño constituye una fase fundamental del comportamiento humano, ya que permite el descanso del cuerpo y de la mente.

sólo algunos comportamientos, sino también la capacidad mental. Las funciones mentales se tornan lentas, y la asimilación, el procesamiento, así como la interpretación de la información suelen ser torpes y poco eficaces.

El sueño tiene diversas funciones biológicas: conserva la energía, ayuda al cuerpo fatigado a recuperarse y contribuye a procesar la información. Buena parte de los periodos de sueño se caracterizan por un menor gasto de energía. Por ejemplo, durante el sueño se produce una reducción en la tensión muscular y el ritmo cardiaco disminuye. La reducción de los procesos metabólicos también se relaciona con la característica disminución de la temperatura corporal durante el sueño. Estos múltiples indicios de disminución apuntan hacia la conservación de la energía. Desde esta perspectiva, el sueño obliga a suspender las actividades, asegurando de esta manera el descanso.

Las actividades diarias de la vigilia implican un amplio gasto de energía corporal, y algunos investigadores perciben al sueño como un estado de reparación. De acuerdo con este enfoque, la función del sueño sería simplemente la de reconstruir o restituir los materiales utilizados durante la vigilia, por ejemplo, las proteínas. Un destacado investigador del sueño ha señalado que existen dos tipos de necesidades de restauración que el sueño satisface de manera diferencial: el cansancio físico y el cansancio asociado con la activación emocional.

En el transcurso de un día, ocurren muchas cosas, que van desde la inspección de una cara nueva hasta el procesamiento de conjuntos de datos nuevos que necesitan consolidarse. Instante tras instante van produciéndose acontecimientos. El sueño es un estado que funciona para clasificar los recuerdos del día, para descartar algunos y para ayudar a que otros se consoliden. Se puede decir que durante el sueño la información se procesa, se acomoda y finalmente se consolida.

Muchos investigadores han mostrado un especial interés por la memoria. Diversos estudios han puesto de manifiesto una relación entre el sueño y ésta. Se observó que a menor cantidad y calidad de sueño, la persona presenta mayores dificultades para recordar sucesos recientes. Otras funciones, como el aprendizaje durante el sueño, aún se encuentran en estudio.

El sueño no sólo implica una desconexión; es un estado que cumple un determinado número de funciones. La privación del sueño provoca la disminución del funcionamiento general de la persona y que sus funciones mentales se tornen más lentas e ineficaces.

El sueño, junto con los demás procesos del organismo, sirve para mantener un equilibrio que hace funcionar a las personas de una manera adecuada y eficiente.

¿Al ingerir alcohol dañamos nuestra capacidad intelectual?

El alcohol, en cantidades más allá de las toleradas por el organismo, daña, entre otras cosas, la capacidad intelectual, principalmente la memoria.

El alcohol es un depresor del sistema nervioso central. Esto puede parecer ilógico, si vemos que sus efectos iniciales en el individuo son la locuacidad, la agresividad, una actividad excesiva y el aumento de la excitabilidad eléctrica de la corteza cerebral. Estos efectos obedecen a la inhibición de determinadas estructuras subcorticales que modulan la actividad cortical del cerebro. Sin embargo, a medida que aumenta la ingestión de alcohol, se extiende la acción depresora hasta comprometer las neuronas corticales cerebrales, haciendo que la persona se torne pasiva. Toda forma de actividad motora resulta afectada negativamente; los movimientos de la persona no sólo se vuelven más lentos sino también más imprecisos; además, disminuye la eficacia de la función mental por interferencia en el proceso de aprendizaje, que resulta más lento e ineficaz. La facultad para formar asociaciones, ya sea de palabras o de números, tiende a dificultarse y se reduce la capacidad de atención y de concentración. Finalmente, se deterioran las facultades de juicio y de discriminación y, en general, la capacidad de pensar y de razonar con claridad.

Puede detectarse la presencia de alcohol en la sangre transcurridos 5 minutos, y alcanza su máxima concentración en un lapso de 30 a 90 minutos. La ingestión de leche y alimentos grasos dificulta su absorción, mientras que el agua la facilita.

Los efectos neeuropsicológicos del alcohol se han agrupado en cuatro conjuntos de trastornos:

• Intoxicación alcohólica, que incluye embriaguez, coma, excitación y lagunas amnésicas.

• Síndrome de abstinencia o privación, que comprende lo que popularmente se conoce como "cruda" o "resaca", temblores, alucinaciones, ataques de diversa intensidad y *delirium tremens*.

• Enfermedades nutricionales del sistema nervioso secundarias al alcoholismo, entre las que se encuentran el síndrome de Wernicke-Korsakoff, la polineuropatía óptica y la pelagra.

• Enfermedades de patogenia incierta asociadas con el alcoholismo, que abarcan la degeneración cerebelosa, la atrofia cerebral y el síndrome alcohólico fetal.

Entre todos estos trastornos, uno de los que más afecta al sistema nervioso es el síndrome de Wernicke-Korsakoff, el cual en realidad es la suma de dos enfermedades: la enfermedad de Wernicke, que es un desorden grave del sistema nervioso central, debido a la carencia de vitamina B_1, y la psicosis de Korsakoff, que es una enfermedad permanente del cerebro, caracterizada por la alteración de funciones cognitivas, entre ellas la habilidad para recordar sucesos recientes y la inhabilidad para aprender nueva información.

Por su parte, el síndrome alcohólico fetal lo sufren los hijos de madres alcohólicas crónicas. Estos niños son relativamente más cortos de talla y más bajos de peso, y suelen presentar el paladar hendido, luxaciones de la cadera, deformidad en la flexión de los dedos de las manos, anomalías cardiacas y genitales y alteraciones del sueño.

¿Cómo deteriora el tabaco nuestra capacidad intelectual?

El tabaco, además de la nicotina, que es la sustancia activa principal, contiene otros agentes tóxicos, como el óxido de carbono, los óxidos de nitrógeno y diversos gases y sustancias irritantes.

Estadísticamente, se ha visto que existe una relación entre el consumo de tabaco y la frecuencia de arterosclerosis y afecciones coronarias.

La nicotina es un estimulante del sistema nervioso central y, al ser absorbida, incrementa la frecuencia cardiaca directamente por estimulación de los ganglios simpáticos, e indirectamente por estimulación de la glándula adrenal, que libera adrenalina.

La nicotina es una de las sustancias más adictivas que se conocen, y sus efectos en el organismo pueden ser realmente nocivos.

Muchas personas que practican el fisiculturismo recurren al uso de esteroides sin ningún control médico, con lo cual pueden acarrear graves desórdenes a su organismo.

Cuando una mujer embarazada consume tabaco, pueden producirse en el feto deficiencias auditivas. Otros efectos en el bebé en proceso de gestación son las alteraciones en los neurotransmisores, los cuales pueden dañar el funcionamiento cerebral del pequeño.

La nicotina es una de las sustancias más adictivas que se conocen; pasa de los pulmones a la sangre y llega al cerebro en siete segundos. Como consecuencia de lo anterior, aumenta el ritmo cardiaco. Si la persona continúa fumando, el cerebro libera endorfinas beta, que tienen un efecto relajante.

La dependencia prolongada al tabaco afecta seriamente las arterias, entre ellas a las que llevan la sangre al cerebro. El riesgo de accidentes vasculares cerebrales aumenta en un 15 por ciento.

¿Puede el consumo de esteroides dañar las facultades mentales?

Sí, aunque sus efectos más conocidos y comunes son la modificación de los caracteres sexuales y de la conducta sexual; sin embargo, ingeridos en dosis exageradas pueden llegar a atrofiar el desempeño intelectual del individuo.

Las hormonas son compuestos químicos que actúan como señales en el cuerpo; son secretadas al torrente sanguíneo por las glándulas endócrinas o por células especializadas, y son captadas por las moléculas receptoras en las células.

Desde el punto de vista químico, las hormonas se clasifican en aminas, proteínas, péptidos y esteroides. Los esteroides son hormonas sexuales; se clasifican en: estrógenos, progestágenos y andrógenos, la hormona de la corteza adrenal, la glucorticoides y mineralocorticoides.

Entre los andrógenos se encuentran la testosterona y la dihidroxitestosterona. Los andrógenos estimulan el desarrollo y mantenimiento de las características sexuales primarias y secundarias del hombre y la conducta sexual.

Los estrógenos comprenden el estradiol y la estrona, entre otros. Éstos estimulan el desarrollo y el mantenimiento de las características sexuales secundarias de la mujer y su conducta sexual.

Los progestágenos, en especial la progesterona, estimulan las características sexuales secundarias de la mujer y su conducta durante el embarazo.

En diversos estudios se ha establecido la relación entre los esteroides y sus receptores en el cerebro. Existen receptores para los corticoides en casi todas las neuronas, lo cual se traduce en la gran influencia sobre el metabolismo neuronal de todo el cerebro.

Al parecer, los esteroides sí tienen una estrecha relación con las funciones cerebrales. La alteración de los niveles hormonales influye en todas las funciones del sistema nervioso, alterando la naturaleza de las señales enviadas por el cerebro que regulan acciones, comportamientos, actitudes, etc. En cuanto a las facultades mentales, éstas se ven afectadas de una manera negativa, pues las señales que envía el cerebro se ven modificadas, causando inexactitud en el desempeño de un gran número de las tareas encomendadas.

¿Por qué es importante que, desde temprana edad, los hijos estén conscientes de los daños que ocasionan las drogas?

Proporcionar a los hijos una información precisa acerca de los efectos nocivos de las drogas sobre el organismo es la mejor manera de evitar que puedan caer en las redes de una adicción. Por este motivo, se aconseja que los padres hablen con sus hijos acerca de drogas desde que éstos están en edad preescolar.

Aunque hasta hace algunos años se pensaba que la edad ideal para hablar con los hijos acerca de las drogas y las adicciones era la adolescencia, en la actualidad se ha visto que, desafortunadamente, cada día son más los niños que se inician en el consumo de drogas desde los 3 o 4 años de edad, pues se han dado casos de distribución de éstas en puestos de dulces ubicados afuera de guarderías y escuelas primarias. A los más pequeños, las drogas se les distribuyen en forma de dulces. En niños mayores y en adolescentes, son más variados los tipos de drogas que suelen consumir.

Un factor importante que hay que tomar en cuenta al hablarles a los niños de drogas es que la explicación debe ser acorde con la edad y la capacidad de comprensión del niño. Hay que recordar que una explicación a tiempo puede ser la diferencia entre una niñez y una adolescencia saludable, y una vida condenada a la esclavitud de las adicciones. Asimismo, los padres que se rehusan a tocar este tipo de temas con sus hijos deben pensar que, si ellos no escuchan hablar de estos temas en su propio hogar, seguramente se enterarán acerca de los mismos en alguna otra parte y probablemente no de la mejor manera.

Debido a las grandes ganancias que obtienen los vendedores de drogas, a éstos generalmente no les importa cuán pequeño pueda ser un niño, si creen que puede convertirse en un cliente potencial.

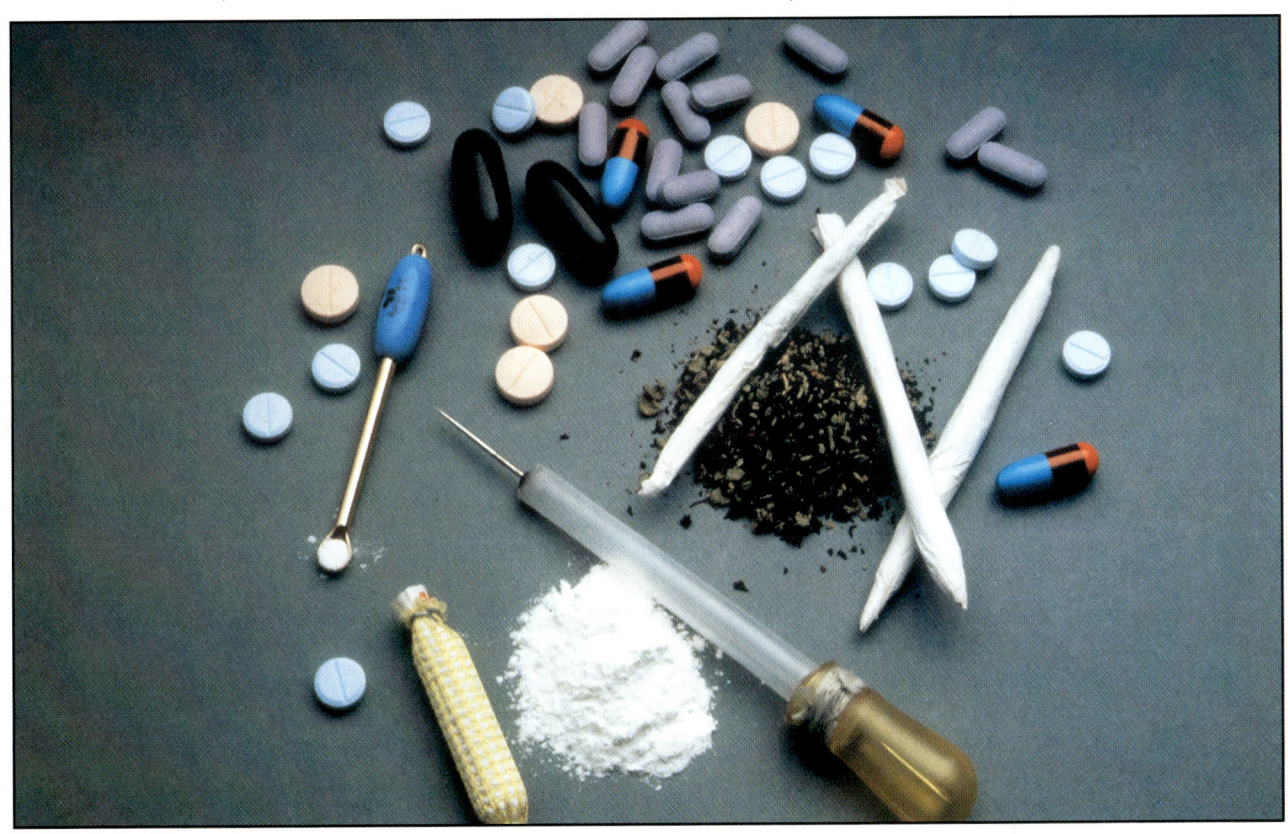

La alimentación

¿Qué papel desempeña la alimentación en la capacidad intelectual?

Su papel es muy importante. Proporciona los elementos necesarios e indispensables para el buen funcionamiento de todo el organismo. La falta de una buena alimentación trae consecuencias en el aspecto físico y en el intelectual. Una mala alimentación provoca un descenso en el desempeño de las funciones mentales, lo que a su vez hace que la capacidad de atención, percepción, concentración y aprendizaje disminuyan.

El alimento es el combustible que permite el funcionamiento de la máquina humana. Al igual que un motor, cuando el cuerpo funciona, gasta energía. Ésta se necesita para respirar, moverse, caminar, pensar y muchas otras actividades, y se obtiene a partir de los alimentos que se consumen. El organismo los quema, de la misma manera que un automóvil quema gasolina. La energía que proporcionan los alimentos determina la cantidad de éstos que necesita el cuerpo. Para hacer este cálculo, la energía potencial total se mide con ayuda de una unidad de calor llamada caloría. El valor de las calorías de un alimento indica la cantidad de energía que contiene en teoría. Se necesitan alrededor de 2500 calorías por día, cifra que varía en función de la edad, el sexo, las actividades que se realicen y otros factores.

Mientras la cantidad de un alimento se calcula dependiendo de su contenido energético, su calidad se mide en función de los ingredientes químicos de que esté compuesto. Se necesitan determinados elementos y componentes para nutrir el incontable número de células que constituyen el cuerpo humano. Cada clase de célula tiene cierta tarea que cumplir y, para ello, necesita nutrirse. Para que todo el cuerpo obtenga lo que necesita se requiere una dieta balanceada. Ésta corresponde a la ingestión de una variedad de alimentos, que suelen señalarse en la llamada pirámide de alimentos:

La dieta aporta un conjunto de nutrimentos, los cuales son sustancias naturales

Cada persona tiene necesidades de alimentación diferentes, dependiendo del sexo al que pertenece, de su edad y del tipo de actividad que desempeña.

que el organismo recibe gracias a la ingestión de alimentos, para luego transformarlos a fin de que sean aptos para el crecimiento y el funcionamiento orgánicos. Los principales nutrimentos son las vitaminas, los minerales, los lípidos, los carbohidratos, las proteínas y el agua.

El agua es fundamental en la digestión e indispensable para eliminar los desechos tóxicos del organismo. Ayuda a evitar el estreñimiento y mantiene el cuerpo funcionando adecuadamente.

Los carbohidratos son las principales fuentes de energía. Durante la digestión, los almidones y azúcares son fraccionados en glucosa. Ésta proporciona la energía vital para el organismo y para el sistema nervioso. Algunos estudios científicos demuestran que los carbohidratos son necesarios para que las proteínas puedan construir músculos en vez de sólo transformarse en energía.

Los lípidos o las grasas son un grupo de compuestos heterogéneos, insolubles en agua. Una pequeña cantidad de ellos es vital. Las grasas transportan las vitaminas A, D, E y K para que el organismo pueda absorberlas. Intervienen en la formación de la membrana celular, en la producción de hormonas, en la conducción de los impulsos nerviosos, en las funciones cerebrales y reproductivas, así como en la salud de la piel y del cabello, entre otras funciones.

Los minerales son sustancias inorgánicas que actúan junto con las vitaminas para satisfacer algunas necesidades del organismo. Protegen las células y conservan en buen estado la piel, los huesos y los dientes. Desempeñan un papel muy importante en la regulación de la presión sanguínea y el corazón, en las funciones musculares, el flujo de los líquidos, el sistema reproductivo y las funciones cerebrales, entre otros aspectos.

Las proteínas son, después del agua, las sustancias que más abundan en el organismo: una tercera parte se encuentra en los músculos, los huesos, la piel, los cartílagos y la sangre. Son las responsables del crecimiento celular, así como de su conservación y regeneración. También son necesarias en la producción de hormonas y de enzimas. Las proteínas son las unidades constructoras de la vida y están compuestas por aminoácidos.

Las vitaminas son elementos reguladores de las reacciones bioquímicas del organismo. Participan en la liberación de la energía y mantienen las funciones vitales. Intervienen en la formación de huesos, dientes, cabello y uñas. Determinan la salud de las glándulas, del sistema nervioso y de la vista, y protegen al organismo de virus e infecciones.

Para gozar de buena salud, es muy necesario consumir una cantidad adecuada de los nutrimentos mencionados. Desgraciadamente, a poca gente le es posible, por diferentes razones, seguir una dieta balanceada. Una de los motivos es la imposibilidad de comer en su casa. En algunos restaurantes mantienen la comida caliente con ayuda de lámparas de calor, lo que provoca la eliminación de las vitaminas A, B, y C, así como la reducción del contenido de calcio y de hierro en los alimentos.

El tabaquismo destruye de 25 a 100 miligramos de vitamina C. Si se toman más de cuatro tazas de café al día, se puede dejar al organismo sin el complejo vitamínico B, la vitamina C, el zinc y el potasio. Ingerir más de una bebida alcohólica al día provoca el descenso de las vitaminas B_1, B_6 y del ácido fólico.

Las personas que viven en ciudades con un elevado índice de contaminación requieren mayor cantidad de vitamina D, ya que el smog absorbe los rayos ultravioleta del sol. Asimismo, el organismo necesita más antioxidantes, como las vitaminas A, C y E.

La falta de cualquiera de los nutrimentos anteriormente mencionados trae consecuencias que pueden afectar de manera negativa la capacidad intelectual. Cada uno cumple una determinada función; si ésta no se lleva a cabo, se inicia una cadena de desajustes que repercuten en la capacidad intelectual. Cabe señalar, que en los niños, la escasez de proteínas afecta el desarrollo cerebral.

¿Cómo influye la desnutrición o la sobrealimentación en el desarrollo intelectual de un niño?

La desnutrición y la sobrealimentación influyen de manera distinta en el desarrollo intelectual del pequeño. Al hablar de desnutrición y de sus efectos en el desarrollo intelectual, es necesario considerar no solamente la alimentación del bebé sino también la de la madre desde el momento en que se embaraza. Durante los últimos 30 años, ha crecido el interés por el estudio de la desnutrición en el útero y sus efectos en el niño. Se creía que debido a su relación "protegida" con la madre, el feto estaba exento de las consecuencias de una eventual desnutrición de ésta, pero se ha demostrado que no es así. Existen indicios de que una mala nutrición durante el embarazo y en la primera infancia pueden afectar nocivamente el desarrollo intelectual del menor.

Una dieta adecuada durante el embarazo es fundamental para la salud, tanto de la madre como del pequeño, y para el desarrollo óptimo de este último. La desnutrición en la madre ocasiona un lento desarrollo del feto, una inapropiada formación de órganos y, en casos extremos, que el bebé no llegue a término.

La desnutrición afecta el desarrollo del cerebro al alterar el número y el tamaño de las neuronas y la posición de éstas en el sistema nervioso central; impide también el desarrollo normal de las dendritas, los axones y las conexiones sinápticas, la producción de neurotransmisores, el desarrollo de las células de glía y la mielinización de los axones.

El cerebro es más vulnerable a la desnutrición durante determinados periodos del crecimiento. La etapa de mayor crecimiento cerebral, y por ende de máxima vulnerabilidad, se sitúa entre la segunda mitad del embarazo y los primeros meses de vida. Por ello, si el desarrollo del cerebro se ve afectado, otro tanto ocurrirá con la inteligencia.

Por su parte, la desnutrición proteicocalórica posnatal puede dar lugar a dos enfermedades, principalmente: el marasmo y el kwashiorkor. El primero resulta de una escasa ingesta de proteínas y calorías, mientras que el segundo es producido por el consumo de proteínas insuficiente, aun cuando se cuente con suficientes calorías. La mayoría de los niños que presentan desnutrición grave contraen en algún momento uno de estos padecimientos, o ambos. En este último caso, exhiben síntomas de las dos enfermedades o alternan síntomas; esta condición se conoce como kwashiorkor marásmico. Ambos padecimientos se recrudecen por la mayor vulnerabilidad del pequeño a contraer infecciones. El marasmo y el kwashiorkor provocan un desarrollo inarmónico en los aspectos físicos y en los mentales.

Entre los primeros efectos de la desnutrición están la apatía y una menor capacidad de reacción en el niño. Otros efectos observados en el corto y el largo plazos son:
- Aprendizaje insuficiente.
- Interferencia con el aprendizaje en periodos críticos del desarrollo. Durante los seis primeros meses de vida, la desnutrición provoca una disminución de todas las actividades mentales, que tiende a prolongarse mucho.
- Reducción del mundo de relación del menor. La desnutrición trae consigo la debilidad y con ello la apatía del niño; esto hace que sus relaciones con el mundo se deterioren.

También existe la "desnutrición emocional", que es tan importante como la desnutrición física. El afecto es una de las fuerzas más importantes que nos hacen desear estar vivos. Muchos pequeños que no son acariciados, a quienes no se les habla, que no sienten calor humano en su alrededor "se van dejando morir", una de cuyas primeras consecuencias es la pérdida de peso, mientras que los que reciben todos estos estímulos y muestras de afecto son niños que se sienten motivados a luchar y recuperan el peso rápidamente.

La desnutrición de un infante es siempre motivo de preocupación, mientras que la manifestación más notoria del exceso de alimentación nos parece sinónimo de buena salud. Pero la sobrealimentación también es perjudicial, porque convierte a los menores en obesos. Se consideran niños obesos los que sobrepasan en un 15% el peso medio correspondiente a la edad y al tamaño. Al respecto, se ha detectado la elevada incidencia de sobrealimentación en las familias de estos pequeños. Sólo el 10% de los niños cuyos padres tienen un peso normal presentan obesidad, en comparación con el 40% de casos en donde uno de los progenitores presenta obesidad, y el 80% de aquéllos con ambos padres obesos. Un niño obeso puede tener cualquier nivel de inteligencia, pero a menudo presenta una inadecuada adaptación emocional. Sin embargo, no es posible establecer una uniformidad descriptiva en todos los casos de obesidad. Desde el punto de vista psicológico, se han propuesto tres tipos:

• El obeso cuyo estado no depende de problemas emocionales.

• Aquel cuyo estado es consecuencia de una experiencia emocional traumática y cuya *hiperfagia* lo protege de la angustia y de la depresión.

• El que presenta sobrepeso debido fundamentalmente a la imposibilidad de soportar las frustraciones.

Los niños con sobrepeso suelen ser motivo de burlas en la escuela, lo que hace que se depriman y en muchos casos se aíslen de los demás para evitarlas. En lo que respecta al rendimiento escolar, el infante obeso puede mostrar una tendencia a refugiarse en el estudio o bien a descuidarlo. Es importante recalcar que la inteligencia no se ve afectada ni para bien ni para mal por la sobrealimentación.

¿Un buen desayuno es la mejor manera de conseguir el óptimo rendimiento intelectual cada día?

La mejor manera de conseguir un óptimo rendimiento intelectual cada día consiste en comer adecuadamente, y el desayuno es muy importante para que dicho rendimiento comience adecuadamente.

La alimentación debe estar distribuida a lo largo del día de una manera sistemática que permita al cuerpo estar siempre bien nutrido y, por lo tanto, dispuesto y preparado para trabajar y rendir al máximo.

El desayuno es el primer alimento del día y proporciona la energía para empezar a funcionar; de ahí su gran importancia.

Generalmente, la mañana es el periodo de actividad más fuerte de todo el día, de ahí que consumir un buen desayuno tenga tanta relevancia.

Esta primera comida del día debe incluir alimentos de los grupos básicos: carbohidratos que aporten energía, y vitaminas y

Aunque un desayuno pueda parecer bien balanceado, a veces no lo está. Resulta indispensable que la primera comida del día incluya los nutrientes necesarios para el cuerpo y en cantidad adecuada.

minerales que ayuden a esa energía a funcionar adecuadamente. Las demás comidas son una manera de seguir manteniendo el buen ritmo del organismo, con el fin de obtener un rendimiento óptimo. Se dice que hay que comer algo cada cuatro horas para conservar un adecuado flujo de energía. Lo anterior tiene su base en el hecho de que el estómago se vacía completamente cada cuatro horas.

Un estudio realizado en niños de primaria demostró que el hecho de omitir el desayuno ocasiona problemas en la capacidad para resolver problemas. Los menores que no tomaban desayuno cometían más errores durante su estancia en la escuela, se mostraban distraídos y con falta de atención; al introducir un programa de desayunos escolares, se notó un cambio. Al cabo de unos días, los pequeños elevaron su desempeño y después de unas semanas, se encontraban en el mismo nivel que los demás niños que sí desayunaban.

En otro estudio, se le administró una prueba de cociente intelectual (CI) a infantes que no desayunaban y a otros que sí lo hacían; la primera aplicación de esta prueba arrojó un CI menor en aquellos pequeños que no desayunaban; sin embargo, al cabo de unas semanas de un plan de desayuno, se encontró que el CI se elevó hasta alcanzar un puntaje normal.

Algunos estudios realizados en adultos han producido resultados similares; la falta de un buen desayuno ocasiona una disminución de diferentes capacidades, por ejemplo, de la atención, de la concentración y de la memoria; además, las personas se muestran sin ánimos, débiles y esto provoca que su desempeño disminuya y sus actividades se lleven a cabo más lentamente y con resultados inexactos. Las tareas por realizar se hacen de una manera lenta y sin motivación, y las personas únicamente se concretan a cumplir con su trabajo mediocremente, sin estar interesados en hacerlo realmente bien.

El desayuno, y las otras comidas del día aportan la energía para un buen rendimiento en todos los aspectos.

¿De qué manera el consumo de azúcar afecta el rendimiento intelectual?

El consumo de azúcar es esencial para el buen funcionamiento del organismo en su conjunto. La falta de este nutrimento genera diversos cambios fisiológicos que repercuten en el comportamiento. Esto no implica una disminución de la inteligencia. Sin embargo, lo que sí puede variar es el rendimiento, como consecuencia de la debilidad que provoca la falta de azúcar.

Ésta es un carbohidrato conocido científicamente como sucrosa. Se produce comercialmente a partir de la caña de azúcar y, desde hace más de un siglo, es común en nuestra mesa y en nuestras cocinas. Hay fuentes evidentes de sucrosa y de otros endulzantes en nuestra dieta, como el azúcar que le ponemos al café o al té y la que se agrega a las galletas, los pasteles y los dulces en general. Sin embargo, hay fuentes no tan visibles que también contribuyen a nuestra ingesta diaria. Los procesadores de comida comercial generalmente recurren a la sucrosa y a los endulzantes de maíz por muchos motivos, entre los cuales se cuentan agregar peso, mejorar la apariencia de la comida y prevenir su descomposición. Estos endulzantes se encuentran en productos como los cereales, ciertos productos cárnicos e inclusive algunos medicamentos, entre ellas las vitaminas para niños y algunas para adultos.

Existen evidencias de que nuestra predilección por lo dulce es más innata que aprendida. Desde el punto de vista químico, la sucrosa es un disacárido compuesto por dos sacáridos: fructosa y glucosa. Como sólo los monosacáridos son absorbidos por el intestino delgado, la sucrosa se descompone en sus dos monosacáridos en el tracto digestivo. Tras la absorción, éstos son llevados al hígado y a otros tejidos a través de la sangre. Como la fructosa se metaboliza rápidamente en glucosa en la mucosa intestinal y en el hígado, referirse al metabolismo de los carbohidratos equivale a hablar sobre el metabolismo de la glucosa. Ésta constituye un combustible metabólico para la mayoría de las células del cuerpo y es el alimento principal de las células del sistema nervioso central. Para la energía del metabolismo es necesario que los niveles de glucosa en la sangre se ubiquen dentro de ciertos límites. La regulación de la glucosa en la sangre es controlada por un conjunto de hormonas, entre ellas la insulina, el glucagón, la tiroxina y la adrenocorticotropina. Estas hormonas regulan la absorción de la glucosa y su conversión en glicógeno —forma en que se depositan los carbohidratos en el organismo—; asimismo, controlan la síntesis de las grasas de los carbohidratos y la eliminación de la glucosa en la orina cuando se sobrepasa el umbral renal.

De todos los órganos y tejidos del organismo, el sistema nervioso central es el más dependiente de la distribución de la glucosa en la sangre. Ésta es indispensable para mantener la integridad funcional del tejido nervioso.

Varios estudios han mostrado que, después de la sal, el azúcar es el ingrediente que más desea evitar la mayoría de la gente. Recientemente, el uso del azúcar en la dieta se ha convertido en un tema controvertido entre los científicos, los dietistas, los médicos y las personas interesadas. Se ha acusado al azúcar, a veces injustificadamente, de provocar múltiples enfermedades, entre las cuales destacan la obesidad, la diabetes, los problemas dentales y ciertos trastornos del comportamiento, como la hiperactividad, la depresión, la pérdida de la memoria, la irritabilidad, la esquizofrenia, la adicción al alcohol y a las drogas, y la confusión mental. A este respecto, se cuenta con estudios realizados con dos grupos de sujetos, uno que fue sometido a una dieta con la dosis adecuada de azúcar y otro que recibió dosis insuficientes. Los resultados arrojados demuestran que la falta de azúcar ocasiona debilidad, irritabilidad y un descenso de la actividad física. Estas reacciones indican que el azúcar es una sustancia importante para el adecuado funcionamiento del organismo; sin embargo, no quiere decir que si ésta falta la inteligencia disminuya. En realidad, lo que sucede es que se modifica el equilibrio nutrimental, lo que a su vez promueve que el cuerpo se adapte a las nuevas condiciones; en ocasiones, esto conduce a que el organismo modifique el ritmo de actividad que acostumbra llevar.

¿Puede la hipoglucemia dañar gravemente nuestra capacidad intelectual?

Se entiende por hipoglucemia la baja concentración de azúcar en la sangre. Esta condición ocasiona síntomas que pueden ser molestos e interfiere en las actividades diarias de la persona. Sin embargo, algunos estudios realizados han puesto de manifiesto que al parecer el cociente intelectual no se altera.

Desafortunadamente, con frecuencia el término hipoglucemia se emplea de manera inapropiada. Muchos médicos y pacientes están confundidos acerca del diagnóstico, los síntomas y el tratamiento de esta condición. Por otra parte, demasiadas personas han leído y escuchado información incorrecta en los medios de comunicación y, creyendo poseer datos confiables, la mayoría de ellas se autodiagnostican.

Clínicamente, la hipoglucemia se define mediante los siguientes términos:
• Bajos niveles de circulación de glucosa en la sangre —50 mg/l o menos—.
• Síntomas de sudoración, temblores, palpitaciones, ansiedad, dolores de cabeza, debilidad y hambre.
• Disminución de los síntomas cuando los niveles son restaurados al comer.

La hipoglucemia se puede presentar en pacientes diabéticos tras la administración de agentes hipoglucémicos orales o insulina, que estimulan la liberación de esta hormona en determinadas células del páncreas. Otros medicamentos, como los antibióticos, los antinflamatorios y los antidepresivos, o las enfermedades renales, pueden llegar a ocasionar un cuadro típico de hipoglucemia.

Se ha planteado que el consumo de azúcar constituye un factor causal en la aparición de la hipoglucemia. Esta hipótesis parte de la afirmación de que los azúcares simples son digeridos con mayor rapidez que los carbohidratos complejos, lo que provoca el aumento de los niveles de glucosa en la sangre y, a su vez, la estimulación de la secreción de insulina. Este proceso tiene un efecto contrarregulatorio conocido como hipoglucemia funcional o reactiva. Se han asociados diversos problemas con la idea de que el consumo de azúcar puede ocasionar hipoglucemia reactiva.

Estudios recientes han demostrado que no se puede hacer una distinción simple entre los azúcares y los carbohidratos más complejos respecto de la glucosa en la sangre y las respuestas insulínicas. En algunos casos, los alimentos ricos en azúcar producen niveles más bajos de glucosa que los que contienen abundantes carbohidratos complejos. Por ejemplo, el helado causa menos aumento de glucosa en la sangre que las papas, el pan o los cereales enteros. Otro problema que se menciona es que el bajo nivel de glucosa no debe asociarse de manera sistemática con los síntomas clínicos de la hipoglucemia, puesto que se ha observado una ausencia de síntomas de la enfermedad relacionada con bajos niveles de glucosa.

Algunos pacientes con tumores inoperables debido a la producción de insulina pueden adaptarse a niveles de entre 20 y 30 mg —considerados como muy bajos— sin efectos adversos. En cambio, no es raro observar síntomas de hipoglucemia funcional en ausencia de niveles bajos de glucosa en la sangre. Esto último nos remite a la cuestión del diagnóstico. En muchos casos, éste se lleva a cabo sin acompañarse de un examen de laboratorio, pese a que es sabido que para que se diagnostique la hipoglucemia debe haber una relación de síntomas y niveles bajos de glucosa en la sangre —50 mg/l o menos—. Este padecimiento también se ha asociado con déficits en el rendimiento intelectual. A este respecto, se han realizado extensos estudios que han establecido que la inteligencia no se altera como consecuencia de los síntomas de la enfermedad, sino solamente algunas capacidades, sobre todo las motoras. Al presentar debilidad, temblores y otros síntomas, las habilidades que requieren una coordinación motora fina se ven afectadas; sin embargo, si se suman las puntuaciones del CI verbal y del CI manual o de ejecución, el total se ubica dentro de los límites que el paciente tenía anteriormente, por lo que se deduce que el CI no se ve perjudicado por la hipoglucemia.

¿Ayuda la vitamina E a fortalecer nuestra mente?

La vitamina E no ayuda a fortalecer la mente; lo que se ha descubierto recientemente es que, en una dosis adecuada, sirve para que la memoria no se debilite por la edad o debido al deterioro cerebral.

Las vitaminas constituyen un grupo de 13 compuestos orgánicos que son esenciales para el metabolismo de otros nutrientes y para el mantenimiento de una variedad de funciones. Todas las vitaminas contienen carbón; sin embargo, varían en su composición química y en el papel que juegan en el organismo. Las vitaminas, contrariamente a los macronutrientes, las proteínas, la grasa y los carbohidratos, son requeridos en cantidades pequeñas en la dieta y no son una fuente esencial de energía. La función primordial de muchas vitaminas es la de servir como catalizadores; generalmente funcionan como coenzimas que facilitan las acciones de las enzimas involucradas en reacciones metabólicas esenciales.

Las fuentes naturales en las cuales está presente la vitamina E son el pan, los aceites vegetales, la yema de huevo, el arroz integral y la leche.

Muchas personas toman vitamina E en cantidades hasta 100 veces más altas de lo recomendado. La sobredosis puede provocar: problemas gastrointestinales, náuseas, diarrea, debilidad muscular, dolores de cabeza, problemas visuales y un decremento en la cicatrización de las heridas.

Los niveles de esta vitamina generalmente son proporcionados por medio de una dieta balanceada.

Recientes estudios realizados en Estados Unidos han puesto de manifiesto que la vitamina E aporta elementos necesarios para que la función de la memoria se lleve a cabo. Se estudió a sujetos de 20, 40 y 60 años para conocer el efecto de la administración de este compuesto orgánico. Se evaluó la memoria de las personas estudiadas, antes de la administración y después de ésta. Los sujetos de 20 años mantuvieron el mismo nivel de memoria, en tanto que las personas de 40 años lograron mejorarla al igual que los sujetos de 60 años. Se llegó a la conclusión de que la vitamina E, en dosis que no excedan las toleradas por el organismo, ayuda a que el proceso de la memoria se siga llevando a cabo de una manera normal, haciendo que el desgaste natural de la edad sea casi imperceptible.

EFECTO DE ALGUNAS VITAMINAS EN EL CEREBRO Y EN EL SISTEMA NERVIOSO

Vitamina C (ácido ascórbico) Presente en fresa, cítricos, kiwi, pimientos y papas	Es necesaria para producir neurotransmisores como la noradrenalina y la serotonina.
Tiamina (B_1) Presente en cerdo, vísceras, pan blanco, cereales, papa, frutos secos, legumbres	Evita la acumulación de sustancias tóxicas que pueden dañar al sistema nervioso.
Vitamina B_6 (Piridoxina) Presente en carne magra, pollo, pescado, huevo, pan, cereales integrales, frutos secos, plátano, frijol de soya	Interviene en el funcionamiento del sistema nervioso.
Niacina (ácido nicotínico) Presente en carne magra, pescado, legumbres, papa, cereales, frutos secos	Interviene en la formación de neurotransmisores.

¿Mejora el rendimiento intelectual al consumir alimentos ricos en hierro, como el hígado?

El hierro es uno de los minerales esenciales para el funcionamiento normal del organismo. Su consumo es fundamental debido a las importantes funciones que realiza. Se sabe que la carencia de este mineral no tiene consecuencias directas en el cociente intelectual (CI), aunque sí en el rendimiento, y su exceso puede llegar a tener consecuencias nocivas.

En las células vivas se encuentra un gran número de minerales; sin embargo, sólo 22 de ellos son esenciales. Éstos participan en funciones fundamentales para la vida, el crecimiento y la reproducción. Cuando un mineral esencial no está presente en la dieta, surge un síndrome de deficiencia que sólo desaparece cuando vuelve a incluirse en ella. Es importante subrayar que no es recomendable sustituir un mineral por otra sustancia.

Los minerales esenciales se dividen en macronutrimentos, —que están presentes en cantidades relativamente grandes en los tejidos animales—, y en micronutrimentos, entre los cuales se encuentra el hierro.

Entre las funciones biológicas de los minerales están la de formar parte de un gran número de enzimas, las cuales son necesarias para la absorción de los nutrimentos en el tracto gastrointestinal y para la distribución de éstos por conducto de las células, además de ayudar a mantener el equilibrio del PH en el organismo.

El hierro se encuentra en todas las células y es crucial en muchas reacciones bioquímicas del organismo. Su función principal es facilitar la transferencia de oxígeno y de bióxido de carbono de un tejido a otro. La mayor parte del hierro presente en nuestro organismo se encuentra en la hemoglobina, que es el principal componente de las células rojas de la sangre. La hemoglobina ayuda a regresar el bióxido de carbono de los tejidos a los pulmones. En el tejido muscular, el oxígeno es transportado por otro complejo proteínico del hierro, la mioglobina, que actúa como receptor temporal y como reserva de oxígeno. Además, es un componente estructural de muchas enzimas esenciales en el metabolismo de la oxidación, en la síntesis del DNA y también en la síntesis y degradación de los neurotransmisores.

Las necesidades de hierro del organismo varían en función del sexo, el peso, la concentración de hemoglobina y el tamaño de los órganos en los que éste se deposita. El contenido promedio de hierro en un hombre adulto es de aproximadamente 50 mg por kilo de peso, y en una mujer adulta, de 35 mg por kilo de peso. Alrededor de dos tercios del hierro presente en el organismo son esenciales para su funcionamiento normal. Este mineral se concentra en la hemoglobina, la mioglobina, las enzimas del tejido y en la sangre. El tercio restante es almacenado principalmente por el hígado. Se calcula que un adulto normal tiene que asimilar 1 mg de hierro al día para compensar las pérdidas diarias por el sistema gastrointestinal, el sistema urinario y la piel. Durante la menstruación, periodo en que la mujer pierde sangre, ésta debe asimilar de 1.4 a 2.2 mg al día.

Pese a haber disminuido su consumo por su alto contenido de colesterol, el hígado es la mejor fuente natural de hierro. Otras fuentes de hierro son los huevos, los vegetales de hojas verdes, los cereales integrales y las frutas.

La deficiencia de hierro es muy común, y es ocasionada por uno o más factores, entre ellos una dieta inadecuada, una mala absorción de la comida, la pérdida de sangre y los frecuentes embarazos, ya que el organismo no tiene tiempo para recuperarse. Los niños pueden tener deficiencia como consecuencia de una dieta inapropiada. Una vez adquirida la deficiencia, se requieren de seis a ocho días para comenzar a revertir sus consecuencias. La deficiencia de este mineral ocasiona cambios en el comportamiento, entre los cuales se cuentan la irritabilidad, la falta de atención y la fatiga. Se han llevado a cabo numerosos estudios para investigar a fondo las consecuencias de la falta de hierro. Uno de éstos se realizó con niños de tres a seis años, unos con deficiencia del mineral y otros con una dieta normal. A ambos se les administró una prueba de inteligencia y una serie de exámenes de comportamiento con el objeto de estudiar la atención, el aprendizaje y la memoria. Los CI obtenidos no varían como consecuencia de la falta de hierro. Sin embargo, los menores con deficiencia de hierro mostraron mayor dificultad en las tareas de aprendizaje y cometieron más errores en las pruebas de memoria. No obstante, después de 12 semanas, estas diferencias desaparecieron. Se ha planteado que si bien la carencia de hierro no afecta la inteligencia, sí puede interferir con la habilidad para poner atención a los estímulos externos y, de esta manera, afectar el proceso de aprendizaje y la memoria.

La deficiencia de hierro se asocia con déficits en el funcionamiento cerebral y en el comportamiento.

¿Es recomendable seguir una dieta naturista para mejorar el potencial intelectual?

Lo más recomendable y benéfico para que el organismo funcione de una manera óptima es consumir la cantidad adecuada de todos los nutrientes necesarios.

Frecuentemente, se ha asociado la salud con una apariencia delgada, la cual generalmente es característica de las personas que siguen una dieta naturista; sin embargo, esto no tiene relación con el hecho de que puedan tener un mayor potencial intelectual.

Se considera como dieta naturista aquella que consiste en comer alimentos tomados directamente de la naturaleza. A las personas que eligen este tipo de dietas se les llama vegetarianos, y dentro de éstos hay dos grupos, principalmente: los vegetarianos estrictos, que no consumen carne, pescado, derivados de carne, huevo ni leche, y los ovolactovegetarianos, que son aquellos que en su dieta incluyen los huevos y la leche.

Aunque los vegetarianos afirman que este tipo de dietas les proporciona buena salud, fuerza y longevidad, los especialistas en nutrición no señalan que exista ninguna base científica sólida para sustentar estas afirmaciones.

Al abstenerse de comer carne, se privan de una de las fuentes principales de proteína, la cual casi siempre pueden sustituir por medio de una adecuada combinación de vegetales. Un caso difícil es el de la vitamina B_{12} que es muy raro obtener a partir de las fuentes vegetales; por ello, se han reportado problemas de úlceras en la lengua, rigidez de espalda y trastornos nerviosos en algunas personas que practican el vegetarianismo.

Una manera más sencilla de aumentar el valor proteico de los alimentos vegetales estriba en combinar varias clases de vegetales, ya que de esta manera se pueden equilibrar los aminoacidos para obtener las proporciones que el cuerpo necesita. Estas mezclas se complementan fácilmente con productos extraídos de las plantas, como semillas de algodón, soya, cacahuates, frijoles, cereales, etcétera.

La moderna investigación ha permitido la creación de diversas mezclas proteicas nutritivas. No hay que olvidar que la carne, el pollo y el pescado son una rica fuente no sólo de proteínas, sino también de hierro, zinc, de complejo B y de otros nutrientes cuya importancia es vital para el organismo; por ello, es muy recomendable que las personas que siguen una dieta vegetariana complementen su alimentación con suplementos que ayuden a su organismo a alcanzar los niveles nutricionales normales y necesarios para tener un potencial y un desempeño intelectual óptimos.

¿Cuán efectivo es el ácido glutámico para fortalecer nuestro cerebro?

El ácido glutámico no fortalece el cerebro. Este ácido ha sido objeto de numerosas investigaciones y se ha encontrado que, en cantidades moderadas y bajo supervisión médica, ayuda en el tratamiento de ciertos padecimientos; sin embargo, en cantidades excesivas también se ha asociado con algunos trastornos y enfermedades. Este ácido es el único aminoácido que se sintetiza en el cerebro y se le considera el "alimento" por excelencia de este importante órgano del organismo.

También es importante para la función neuronal. En combinación con otras sustancias, interviene en la formación del glutamato, cuyo exceso podría estar implicado en padecimientos neurodegenerativos, como la isquemia cerebral, la enfermedad de Alzheimer y la esclerosis lateral ameotró-

Las personas que practican el vegetarianismo deben cuidar que en su dieta diaria no falten vitaminas ni minerales necesarios para el adecuado desempeño del organismo.

fica. En la enfermedad de Alzheimer, la muerte neuronal se debe a la toxicidad producida por una proteína llamada betaamiloide, la cual se acumula en las capas cerebrales seniles. A pesar de desconocerse la causa de esta muerte celular, se sabe que la citada proteína estimula la liberación de ácido glutámico en el hipocampo, la zona cerebral que se ve más comprometida por este padecimiento.

En la isquemia cerebral, enfermedad caracterizada por la falta de irrigación sanguínea hacia las neuronas, éstas mueren y, al hacerlo, liberan ácido glutámico, el cual se disemina por el tejido cercano. Este tejido recibe el nombre de zona de penumbra y las neuronas de esta área mueren entre 24 y 48 horas después de haber ocurrido una embolia como consecuencia de un exceso de glutamato. Es importante conocer con exactitud el mecanismo que interviene en este padecimiento, ya que si se logra antagonizar la muerte neuronal en la zona de penumbra durante las horas siguientes a una embolia, se podrá proteger el tejido, prevenir la muerte neuronal y, con ello, favorecer la recuperación del paciente.

La esclerosis lateral ameotrófica, que es consecuencia de muerte neuronal por una alteración de las moléculas transportadoras del ácido glutámico en el interior de las células neuronales, se caracteriza por la pérdida gradual de los movimientos de los músculos hasta que éstos quedan totalmente inmóviles.

El ácido glutámico se ha empleado en el tratamiento de la fatiga, las úlceras, la obesidad, el mal de Parkinson, la esquizofrenia, el retraso mental, la distrofia muscular y el alcoholismo. En su forma de L-glutamine, llega al cerebro y puede ser utilizado como combustible.

Se ha encontrado que en dosis de 500 mg tomadas cuatro veces al día disminuye la necesidad de alcohol en las personas que sufren alcoholismo.

En combinación con otras sustancias, el ácido glutámico participa en la formación de un neurotransmisor que se conoce como gaba y que se ha utilizado en el tratamiento de la epilepsia, la presión arterial alta y la ansiedad, además de que ayuda a la relajación y puede reducir el deseo de orinar durante la noche.

En resumen, el ácido glutámico es un compuesto que, en dosis normales, no causa alteraciones, pero en dosis mayores que las que el organismo puede tolerar puede convertirse en un factor importante en el desarrollo de algunas enfermedades.

¿Puede el consumo excesivo de carbohidratos dañar nuestro desempeño intelectual?

No, pero sí puede llegar a afectar la salud física, causando diversos desórdenes en el organismo.

Los carbohidratos también se conocen como azúcares o almidones y realizan varias funciones importantes. Algunos se convierten en sustancias diferentes utilizadas por el organismo para formar estructuras y producir una fuente de energía de emergencia.

Otros funcionan como fuente de energía, por ejemplo, el glucágeno, que encuentra su fuente de almacenamiento en el hígado y en el músculo esquelético.

Los carbohidratos están formados por carbono, hidrógeno y oxígeno. Se pueden dividir en tres grupos, dependiendo de su tamaño: los monosacáridos, los disacáridos y los polisacáridos.

Los monosacáridos o azúcares simples contienen de tres a siete átomos de carbono. Entre ellos están las pentosas —azúcares de cinco carbonos— y las hexosas —de seis carbonos—. Ambos son muy importantes para el organismo. Una pentosa llamada desoxirribosa es un componente de los genes. La glucosa, que es una hexosa, es la principal molécula que proporciona energía al organismo.

Los monosacáridos pueden ser absorbidos directamente por el intestino, y una vez efectuado esto pasan al hígado.

Los disacáridos son dos monosacáridos unidos químicamente; durante su proceso de formación se pierde una molécula de agua. Esta reacción se llama síntesis de deshidratación. Durante esta pérdida de agua se realiza la síntesis de dos moléculas pequeñas, tales como la glucosa y la fructosa, en una molécula más compleja, como la sacarosa.

Los disacáridos también pueden desdoblarse en moléculas más pequeñas y simples y añadiéndoles agua. Esta reacción química se llama digestión o hidrólisis. Algunos disacáridos importantes son el azúcar de la leche, o lactosa, y la maltosa —presente en la cerveza—; como éstos ya no pueden ser absorbidos por el intestino, durante la digestión se desdoblan en sus componentes esenciales.

Los polisacáridos se forman con varios monosacáridos unidos por medio de síntesis de deshidratación. De la misma forma que los disacáridos, los primeros se pueden descomponer en sus monosacáridos por medio de hidrólisis.

Entre las funciones de los polisacáridos está el actuar actuar como material de construcción y también como reserva de energía. Éstos ya no son dulces y son utilizados de diversas maneras.

La falta de carbohidratos ocasiona una carencia de energía para realizar hasta las más simples tareas. El cansancio, la somnolencia y la fatiga son síntomas comunes de la deficiencia de carbohidratos. En cambio, su exceso, asociado con otro tipo de factores, puede causar, entre otros trastornos, la obesidad.

La carencia de carbohidratos trae consigo una serie de factores de riesgo para la salud, por ejemplo, una mayor vulnerabilidad ante las enfermedades de tipo coronario, debida al esfuerzo extra que realiza el corazón para abastecer de sangre a todo el organismo. Asimismo, el exceso de carbohidratos suele hacer más lenta y difícil la digestión.

Al parecer, no existe ninguna relación entre el consumo excesivo de carbohidratos y la inteligencia.

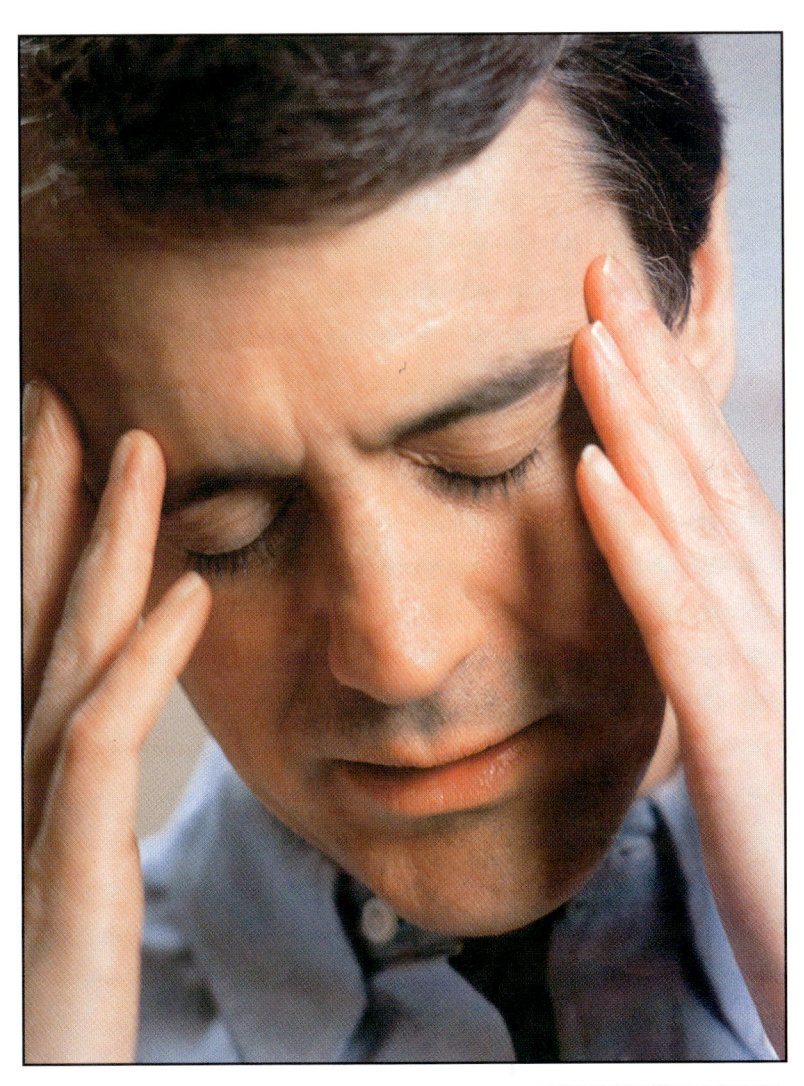

¿Existen alimentos que embotan la mente?

No, no existen; hasta la fecha, no hay evidencia médica que afirme lo contrario. De lo que sí hay evidencia es de que los aditivos que se añaden a los alimentos pueden llegar a ocasionar trastornos neurológicos.

Los alimentos con poco valor nutricional no cubren los requerimientos necesarios del organismo, ocasionando déficits en diferentes áreas del cuerpo. Cada nutriente tiene una función que cumplir, y si ésta no se lleva a cabo, puede ocasionar alteraciones; de ahí la importancia de llevar un régimen alimenticio balanceado y adecuado a las necesidades y actividades de cada persona.

Los aditivos, que están presentes en algunos alimentos, pueden provocar diversos síntomas —entre ellos dolor de cabeza y alergias— en algunas personas.

Los aditivos son sustancias que son agregadas a algunos alimentos para conservarlos y evitar su descomposición. También son aditivos los endulzantes, los saborizantes y los colorantes artificiales. Es posible que el exceso de estas sustancias químicas puede llegar a causar modificaciones en el comportamiento de una persona. Algunos aditivos aceleran la transmisión de mensajes a nivel cerebral, mientras que otros la hacen más lenta.

Se han realizado numerosas investigaciones que han estudiado la relación entre los aditivos y el comportamiento de los niños. Una de ellas puso de manifiesto la relación entre diversos aditivos encontrados en la comida y las bebida destinadas a menores, y se encontró que contenían sustancias que aceleraban la función cerebral.

En otra investigación, realizada con infantes hiperactivos, se procedió a hacerles un cambio de dieta. Para ello, se eliminaron de la alimentación de los pequeños las bebidas comerciales y se sustituyeron con agua de frutas; asimismo, se disminuyó la ingestión diaria de dulces y de caramelos, cambiándolos por frutas y verduras preparadas con limón, chile, etc. Tras algunas semanas con esta nueva dieta, se observó que la hiperactividad de los niños mostró una mejoría significativa.

La hiperactividad se ha asociado con una dieta rica en alimentos procesados que contienen demasiados aditivos y que no proporcionan los nutrientes necesarios para favorecer la producción de los agentes encargados de ayudar a eliminar aditivos del organismo.

El consumo continuo de alimentos que contienen aditivos va formando sedimentos dentro del organismo, que pueden llegar a ocasionar diversos trastornos.

El cerebro, al igual que cualquier otra parte del cuerpo, está formado por células que necesitan nutrirse para poder realizar adecuadamente su función. Si las células no tienen combustible para trabajar, no lo podrán hacer de manera óptima. La falta de una buena alimentación puede provocar que las funciones cerebrales se vuelvan más lentas.

¿Es verdad que el café ayuda a pensar mejor?

El café no ayuda a pensar mejor. Lo que sí hace es estimular el sistema nervioso central. La sustancia responsable de esta estimulación es la cafeína.

Esta sustancia es la droga más popular y se ingiere al consumir café, té, refrescos de cola, cocoa, chocolate y algunas medicinas, entre las que se cuentan diversos tipos de medicamentos para aliviar el dolor de cabeza y la gripe, así como muchos diuréticos e inhibidores del apetito. La cafeína es blanca y amarga, y pertenece a la familia de los estimulantes xantinos. De éstos, solamente dos se encuentran con regularidad en la comida: la cafeína, principal derivado xantino del café y la teobromina, que es el mayor derivado xantino del té y del chocolate. Se calcula que el consumo mundial de cafeína es de 70 mg al día por persona.

En los adultos, el 99% de la cafeína consumida es absorbida rápidamente por el tracto gastrointestinal y distribuida a todos los tejidos del cuerpo en aproximadamente 5 minutos. Los niveles más altos en la sangre se alcanzan entre los 15 y los 45 minutos después de la ingestión. La edad, el sexo y el nivel de actividad de la persona determinan que el promedio de vida de la cafeína en el plasma se ubique entre las tres y las siete horas.

Después, es metabolizada casi en su totalidad por el hígado y excretada principalmente a través de los riñones, aunque pueden aparecer algunos rastros en las heces, la saliva, el semen y la leche materna. El metabolismo de la cafeína suele ser más lento en los niños, en las personas que padecen alguna enfermedad del hígado, en las mujeres que toman anticonceptivos y en las embarazadas, y es más rápido entre los fumadores.

Los efectos fisiológicos de la cafeína se presentan en los sistemas cardiovascular, respiratorio, gastrointestinal, renal, nervioso y muscular, y se manifiestan de las siguientes maneras:

- Estimulación del sistema nervioso central en su conjunto.
- Estimulación del músculo cardiaco.
- Relajación de ciertos músculos.
- Estimulación de la secreción gástrica ácida.
- Acción diurética.
- Aumento de los ácidos de grasa libres, del plasma y la glucosa.

La cafeína activa directamente la corteza cerebral —que interviene en las funciones mentales superiores—, la cual exhibe un patrón de actividad eléctrica que indica estimulación. Esto puede suceder con sólo tomar 150 mg de cafeína. Una dosis de aproximadamente 500 mg —de 4 a 5 tazas— estimula la médula, región que contiene zonas asociadas con el control de la respiración, las funciones cardiovasculares y la actividad muscular, por lo que se incrementa el ritmo de la respiración. Esta acción hace que la cafeína se utilice en el tratamiento de la depresión respiratoria causada por sobredosis de drogas como la heroína y la morfina. En dosis mucho mayores —1 000 mg—, el insomnio y la inquietud son comunes y pueden acompañarse de delirios leves; también se afectan los sentidos, pudiéndose presentar zumbidos en los oídos y destellos. Afortunadamente, la intoxicación por cafeína, que sobreviene al ingerir dosis de 5 000 a 10 000 mg, no es muy común. La persona intoxicada puede sufrir convulsiones, vómito, taquicardia, e incluso puede sobrevenir la muerte.

La estimulación por cafeína ocurre por bloqueo de los agentes antiansiolíticos naturales del cerebro, que tienen la función de ayudar a mantener el equilibrio fisiológico y mental del organismo. Cuando esto ocurre, la actividad cerebral se acelera, lo que a su vez produce cambios orgánicos y de comportamiento.

Entre los efectos en el comportamiento en individuos que consumen de 50 a 300 mg —1 a 3 tazas— se cuentan los siguientes: aumento del estado de alerta, disminución de la fatiga y mejor desempeño en habilidades motoras gruesas. Sin embargo, la persona puede volverse torpe en sus habilidades motrices. El sueño es muy sensible a la cafeína, pues ésta altera los patrones de esta función reduciendo el tiempo que la persona dedica a ello, así como su profundidad y su calidad.

Las personas que dejan de consumir cafeína repentinamente, después de hacerlo con regularidad, experimentan un síndrome de abstinencia que se caracteriza por fatiga y dolores de cabeza.

LA CAFEÍNA

Esta sustancia no sólo se encuentra en el café; aquí se presentan algunos otros alimentos que la contienen y que pueden ocasionar los mismos efectos que esta popular bebida.

	Contenido de cafeína
1 taza de café de grano	115 mg
1 taza de café instantáneo	65 mg
1 taza de té negro	40 mg
1 vaso de refresco de cola	18 mg
1 taza de café descafeinado	3 mg
125 g de chocolate amargo	80 mg
2 tabletas analgésicas	60 mg

Consumida en exceso, la cafeína, la droga más consumida en todo el mundo, puede tener efectos nocivos en el organismo.

El juego

¿Es cierto que el juego puede ser la mejor manera de aprender?

La palabra "juego" y sus derivados se emplean con diferentes significados.

En términos generales, puede afirmarse que jugar es una tarea de desarrollo, un proceso cuyos fines son la exploración y la experimentación.

Al jugar, las personas se enfrentan con situaciones nuevas y adquieren las habilidades necesarias para dominarlas.

Los especialistas señalan que para que una actividad se considere como juego debe tener las siguientes características:
- Ser elegida libremente, es decir, sin sugerencias directas ni indirectas.
- Ser divertida y placentera para quien participa en ella.
- Motivar por sí misma, ya que cuando la motivación es ganar un premio y no el placer que implica, no se considera juego.
- Ser experimentada en alguna medida como propia, pues la imaginación de quien juega debe ponerse de manifiesto.
- Promover el interés y el compromiso de la persona que participa en ella.

La capacidad de jugar se considera una característica no sólo humana sino también de otras especies animales, y se cree que ha existido desde siempre.

Debido a la importancia del juego en la vida de los seres humanos, ha tenido diversos usos terapéuticos. En el campo de la psicoterapia, por ejemplo, ocupa un lugar central en la atención de niños y adultos.

El juego se ha empleado como método terapéutico en casos de dificultades de expresión y de relación con los demás, de abuso sexual y de muchos otros problemas emocionales.

Además, el juego es una piedra angular del aprendizaje de los niños. Las investigaciones recientes señalan que el juego infantil estimula el cerebro y el cuerpo y que es el mejor recurso para facilitar el aprendizaje.

Todo el potencial intelectual, social, emocional y físico del ser humano puede desarrollarse por medio del juego.

Se ha observado que ayuda a los niños a sentirse capaces y aptos en un mundo que pertenece a los adultos, así como a aprender muchas de las habilidades fundamentales para la vida.

La imaginación y la creatividad están entre las habilidades que más se benefician con el juego.

Éste da pautas para la repartición del trabajo y acerca de la importancia de asumir diferentes roles con responsabilidad y compromiso.

El juego es una actividad indispensable para el desarrollo integral de los niños. Puede proporcionar las oportunidades necesarias para aprender lo que los pequeños tienen que asimilar, partiendo del nivel de conocimientos y de destrezas de cada cual. Así, al tener presentes estos aspectos, tanto los padres como los maestros pueden promover experiencias de juego con el fin de facilitar el aprendizaje de los menores que están bajo su cuidado.

¿Cómo pueden saber los padres cuáles son los juguetes más adecuados para sus hijos?

Se deben considerar diversos puntos antes de elegir un juguete. Cada uno de éstos deberá responder a las necesidades particulares de cada niño, a su nivel de desarrollo, a sus necesidades, gustos e intereses y a las posibilidades de los padres.

Los juguetes son una de las principales herramientas del juego, y éste es el gran instrumento del aprendizaje durante esta etapa. En términos generales, el juguete ideal deberá cubrir las necesidades determinadas por un equilibrio entre las habilidades del niño y sus deseos de aprender nuevas destrezas. La edad del infante puede ser una guía; sin embargo, es necesario que los padres conozcan el nivel de desarrollo de sus hijos para que los juguetes que elijan sean los más adecuados.

Una de las características que debe tener todo juguete que llegue a las manos de un niño es la seguridad. Un mismo juguete puede ser totalmente adecuado para un hijo y muy peligroso para otro. En cada etapa del desarrollo, los pequeños enfrentan nuevos retos y riesgos. Por ejemplo, se recomienda tomar en cuenta el peso y el tamaño del juguete, la posibilidad de ser desarmado, y la de adaptarse a los avances del menor. Cuando sea necesario, conviene que los padres enseñen a sus hijos la forma correcta de usar el juguete.

La finalidad de los juguetes educativos es brindar a los niños la mayor cantidad de oportunidades para aprender. Por medio de los juguetes y de los juegos, los padres intentarán apoyar a sus hijos tanto en las capacidades que requieren mayor estimulación como en las habilidades que tienen más desarrolladas. Sin embargo, si bien un determinado juguete puede estimular cierta habilidad o área del desarrollo, es posible que cuando el pequeño juegue con él sea también útil para ayudar en la evolución de otros aspectos. Los niños desarrollan sus habilidades en formas que la mayoría de las veces no es posible predecir.

Los infantes aprenden mejor con las actividades que les resultan interesantes y retadoras sin ser muy complicadas y difíciles, ya que cuando realizan con éxito una actividad nueva se sienten más motivados para aprender otras cosas.

Es importante recordar que, además del ritmo de desarrollo personal de los hijos, éstos tienen diferentes estilos para aprender, lo cual constituye una guía importante para determinar cuáles juguetes son lo más indicados para cada niño.

Para estimular todos sus sentidos, los hijos necesitan una adecuada variedad de juguetes. Asimismo, la oportunidad de jugar en diferentes ambientes es muy enriquecedora. De esta manera, los padres proporcionarán juguetes propios para ambientes abiertos y al aire libre y otros para espacios cerrados. Aun cuando las condiciones prevalecientes no faciliten el juego al aire libre, es importante que los niños puedan hacerlo siempre que les sea posible.

Para los niños es muy útil aprender mediante estímulos concretos. Algunos de los juguetes que se les proporcionen deberán responder a esta necesidad al ofrecer elementos concretos, que puedan ser observados, tocados y analizados, para la comprensión de conceptos como rápido-lento, ligero-pesado, delgado-grueso, etc. De esta forma, los niños basarán su aprendizaje en la experiencia y en las explicaciones que estén en posibilidad de darles sus mayores.

Por último, un punto fundamental que cabe recordar es que, para alcanzar un desarrollo óptimo, todo niño necesita tener oportunidades para jugar en ambientes seguros y estimulantes.

Los padres deben tener especial cuidado al seleccionar los juguetes para sus hijos. Éstos deben ser divertidos, seguros y, en algunos casos, también didácticos.

EL MEJOR JUGUETE

Es conveniente elegir adecuadamente los juguetes de los hijos, ya en gran medida éstos influyen en su desarrollo integral.

Las siguientes recomendaciones pueden ser útiles al elegir juguetes:
- El mejor juguete es aquel que propicia muchos y variados juegos a diferentes edades, por ejemplo, la pelota.
- Compre juguetes adecuados a la edad del niño; debe respetarse la edad recomendada por los fabricantes.
- Prefiera los juguetes en los que el niño tiene que hacer algo, y no sólo observarlos.
- Prefiera colores atractivos y brillantes y de materiales sólidos (no deben astillarse ni ser tóxicos).
- Lea las instrucciones para prever posibles riesgos.
- Trate de comprar juguetes correctamente etiquetados, con nombre y marca del fabricante.
- Procure que sean divertidos.

¿Cuándo y de qué manera los padres y los maestros deben intervenir en los juegos de los niños?

Los adultos deben intervenir en los juegos de los niños cuando haya alguna posibilidad de peligro, cuando exista un conflicto evidente entre éstos o cuando los pequeños reconozcan que tienen dificultades para continuar con el juego.

Cada situación tiene sus propias características; sin embargo, hay algunos puntos generales que pueden servir de orientación para los padres:

- Si es posible, la primera intervención deberá centrarse en la búsqueda y la puesta en práctica, por parte de los niños, de una solución diferente de la que produjo originalmente el conflicto.

Si los niños no logran resolver el conflicto después de invitarlos a cambiar de estrategia, se les podrán ofrecer algunas sugerencias relacionadas únicamente con la posibilidad de solución; por ejemplo, que cada uno exprese sus puntos de vista, mientras que los demás escuchan e intentan comprender la postura del que habla y las razones que lo llevaron a comportarse de tal o cual manera, con la intención de negociar y llegar a un acuerdo. Una vez que se hayan expresado todas las opiniones, se puede volver a hacer la invitación y motivar a los pequeños a compartir las ideas que hayan surgido. Esto los ayuda a desarrollar habilidades de cooperación, como un medio para alcanzar las metas de una forma más adecuada y, por otra parte, a respetar las opiniones de los demás.

Se recomienda que el adulto no establezca juicios parciales al defender únicamente a un integrante del grupo de niños o sólo un aspecto de la situación. El papel ideal del adulto es el de un mediador neutral y radica en tratar de comprender a cada parte y todos los aspectos de la situación.

Cuando los adultos aportan continuamente sus ideas con el fin de solucionar los problemas de los niños, no contribuyen a propiciar entre éstos la adquisición de habilidades para resolver problemas en el futuro ni a que aprendan a tener confianza en sí mismos.

Los expertos señalan que los adultos que de alguna manera intervienen en los juegos de los niños para ayudarlos a enfrentar y resolver un conflicto, deberán vigilar la conducta que manifiestan entre ellos mismos, ya que éste es una fuente más de conocimiento para los niños. Asimismo, se recomienda tener presente que se trata de un problema que, en primera instancia, les incumbe a los niños y que, por lo tanto, la intervención de los adultos se debe dar únicamente cuando es indispensable.

Si los adultos intervienen cuando no es indispensable que lo hagan privan a los pequeños de una valiosa oportunidad para aprender formas adecuadas de resolver problemas y, por otra parte, hacen que la situación se complique, debido a que un problema que se origina en un ámbito infantil no suele resolverse con la misma facilidad cuando se traslada al terreno de los adultos.

Es común observar situaciones en las que los adultos aún conservan el problema entre ellos, cuando los niños ya lo olvidaron y se relacionan como si no hubiera sucedido nada.

Cuando los adultos logran mantenerse neutrales frente a las dificultades de los niños y actúan únicamente como mediadores, los pequeños comprenden que la responsabilidad de resolver el problema les compete a ellos y que los padres únicamente apoyarán el esfuerzo por encontrar soluciones viables. Esto puede motivarlos mucho y fomentar la adquisición de las habilidades necesarias para resolver problemas de una forma práctica y eficaz. Otro punto importante es que, al no intervenir en sus problemas, los padres manifiestan consideración por las decisiones de sus hijos y, de esta manera, fomentan entre ellos la misma actitud de respeto hacia los demás.

¿Es importante que los padres y las madres jueguen con sus hijos?

Sí, la participación activa del padre y de la madre en el desarrollo de sus hijos implica, además de otras formas de intervención, que jueguen con ellos, debido a que el juego es una de las formas principales en que los niños pueden aprender y experimentar lo que viven.

En un sentido amplio, las experiencias de juego en las que intervienen la madre, el padre y los hijos tienen repercusiones muy positivas en los planos personal y familiar para todos los participantes. En estas vivencias familiares conviene tratar de incluir las necesidades particulares de cada uno de los miembros de la familia. Asimismo, se espera que, además de los momentos de juego en los que interviene toda la familia, existan oportunidades en las que los padres jueguen de manera independiente con cada uno de los hijos. De esta forma, el tiempo particular que le dediquen los ayudará a mantener un contacto especial con cada uno, además de las repercusiones que esto pueda tener en la atmósfera familiar en general. Es recomendable que los padres y las madres jueguen con sus hijos e hijas durante todas las fases de su desarrollo.

Con la participación de ambos padres en este tipo de actividades se multiplican considerablemente las formas de juego, ya que cada uno puede agregar un matiz especial a las diversas experiencias. Además, cuando los padres juegan con sus pequeños, les transmiten a éstos el mensaje de que para ellos también es muy importante el juego. En muchos casos, lo anterior implica que los padres valoran lo que sus hijos aprenden por medio del juego, lo que a su vez motiva a los pequeños a continuar.

El juego es el mejor medio para comunicarse y para lograr un contacto constante y adecuado con los niños. Por otra parte, el jugar con los hijos puede significar para éstos que los padres valoran lo que a ellos les interesa y que están dispuestos a compartir sus intereses. En relación con este aspecto de la comunicación, se ha observado que cuando los hijos sienten que pueden jugar con sus padres como si estuvieran jugando con otros niños, se relacionan con aquéllos ante todo como seres humanos, lo cual es determinante para la relación entre padres e hijos.

Esta manera de compartir mediante el juego señala una diferencia importante en la relación que se establece entre padres e hijos, en especial en lo que se refiere a la confianza mu-

Cuando un padre y una madre juegan regularmente con sus hijos, no sólo logran que éstos se diviertan sino también que adquieran una mayor confianza en sí mismos.

tua y la cercanía afectiva. Los padres y las madres que juegan regularmente con sus hijos tienen mayores oportunidades de propiciar relaciones en las que estén presentes estos dos aspectos, y también de establecer canales de comunicación en ambas direcciones.

Por otra parte, cuando los padres juegan con los hijos, pueden percibir en qué grado han aprendido éstos, determinadas habilidades y, con base en este conocimiento, facilitar nuevos aprendizajes. El jugar con los pequeños aporta a los padres una gran cantidad de información que puede ayudar a comprenderlos; por ejemplo, los padres pueden percatarse de cuáles son los juguetes preferidos por sus hijos y la importancia que tienen para éstos.

Conviene que los padres tengan algunos conocimientos con respecto a los beneficios del juego en los seres humanos. Esto los ayudará a tener una actitud positiva hacia el juego y a trasmitir esta actitud a sus hijos. Cuando los padres no cuentan con los principios básicos acerca de los factores implicados en el juego, pueden brindar a sus hijos ambientes de juego inadecuados, con espacios que favorezcan actividades demasiado dirigidas y que obstaculicen la creatividad y la diversión.

Se recomienda a los padres que, una vez que conozcan los elementos más importantes de la actividad lúdica, se propongan disfrutar, divertirse y compartir esa gran experiencia con sus hijos. Algunas investigaciones recientes muestran que los adultos que realizan actividades de juego con sus hijos con frecuencia logran relajarse en grado considerable, lo cual se ve reflejado en su manera de relacionarse con la familia en general, e incluso en un mejor desempeño laboral.

¿Son importantes para el desarrollo y la coordinación del bebé los objetos que se ponen en su cuna?

Sí; los objetos a los que tiene acceso el bebé, desde sus primeros días de vida, pueden influir en el desarrollo de sus habilidades de manera especial cuando el niño aún no puede trasladarse de un lugar a otro por sí mismo para satisfacer sus necesidades de explorar y de conocer. Cuando el bebé pasa una parte importante del día en la cuna, en un corral o en un espacio limitado, es importante que, además de darle la atención adecuada, los padres le proporcionen objetos que lo ayuden a adquirir y dominar sus capacidades.

Los bebés exploran el mundo que los circunda intentando alcanzar objetos, tomándolos y, en muchas ocasiones, llevándoselos a la boca. Por esta razón, cualquier objeto al que vaya a tener acceso el bebé debe ser revisado cuidadosamente por un adulto, para verificar si es seguro, resistente y lavable. Lo ideal es que los materiales de los que esté compuesto sean hipoalergénicos. El adulto comprobará que las partes pequeñas del objeto no puedan desprenderse y que no tenga puntas finas.

Cuando un bebé aún no puede desplazarse por sí mismo, puede encontrar estimulación y motivos de diversión en los objetos y juguetes que sus padres colocan dentro y encima de su cuna.

Los juguetes que se coloquen amarrados en la cuna deberán asegurarse apropiadamente y retirarse cuando el bebé comience a intentar jalarlos, ya que las cuerdas o los cinturones de amarre pueden lastimarlo. Se recomienda llevar a cabo esta inspección regularmente, puesto que los juguetes pueden desgastarse y convertirse en peligrosos.

Tomando en cuenta estas indicaciones, los padres tratarán de proporcionar a sus bebés objetos de diferentes formas, texturas, colores y pesos, y que produzcan distintos sonidos. Por ejemplo, desde los primeros días de vida, el bebé necesita estímulos que atraigan su atención y que lo ayuden a fijar la vista. Para este fin, los padres pueden colocar en la cuna algún móvil con figuras sencillas, de colores brillantes y texturas suaves y, posteriormente, gimnasios especiales para bebés, que además cumplirán la función de propiciar la coordinación motriz del pequeño.

Conviene también darle juguetes con los que pueda llenar recipientes para luego vaciarlos. También son muy útiles los juguetes que le permiten al bebé hacer clasificaciones a partir de alguna característica, por ejemplo, el color o el tamaño. Por otra parte, los títeres de tela son una buena opción ya que, además de cumplir con las características señaladas, facilitan el desarrollo del lenguaje.

¿Tiene consecuencias negativas el hecho de prohibirle a un niño que juegue?

Para los niños, jugar no solamente es una actividad vital, sino también es una manera de experimentar el mundo; por esta razón, las consecuencias de no poder hacerlo pueden ser graves.

No es posible impedirle a un niño que juegue, pues forma parte de su naturaleza. El mantener a los hijos ocupados en actividades que no sean adecuadas para su edad, sin proporcionarles un espacio destinado para el juego, trae consigo graves consecuencias para su desarrollo integral. La sociedad parece haber olvidado la importancia del juego en el desarrollo de los niños. El ritmo tan acelerado de la vida cotidiana no permite consideraciones especiales en el caso de muchos niños, quienes terminan por ser tratados de manera similar que los adultos. Muchas familias no reservan un tiempo específico para que los niños jueguen. Sin embargo, entre una actividad y otra, la mayoría de los niños encuentran momentos para jugar, pero éstos generalmente son insuficientes. El hecho de no dejarlos jugar ni siquiera durante lapsos cortos, puede tener consecuencias sumamente negativas en el desarrollo de los infantes.

Cuando los pequeños no cuentan con el tiempo necesario para jugar, generalmente no logran realizar las actividades que se les asignan, aun si son adecuadas para su edad, ya que le dan prioridad a la necesidad de jugar que no han podido satisfacer en su oportunidad.

Se ha observado que, en la actualidad, los niños son más propensos a padecer algunos trastornos y enfermedades que en el pasado se relacionaban sobre todo con los adultos. Por un lado, actividades que antes se consideraban como divertidas y placenteras —como aprender a tocar un instrumento, entrenarse en un deporte o armar figuras con bloques— se han convertido en situaciones en las que priva la competencia y la obligación. Así, en la actualidad, muchas de las actividades de los pequeños no tienen una relación directa con el juego ni con todos los beneficios que esta actividad suele reportar.

Entre menos oportunidades de jugar tenga el menor, mayor será la probabilidad de que sufra estrés y diversas crisis emocionales. Es bien sabido que el estrés y las crisis emocionales interfieren considerablemente en el desempeño intelectual y social de los pequeños.

Todos los niños necesitan un tiempo especial para jugar por el placer de hacerlo. El juego es un elemento fundamental en la vida y en el desarrollo infantil.

¿Es verdad que hay juegos que son apropiados sólo para niños y otros sólo para niñas?

Aunque en la actualidad ya existen en el mercado más juguetes con los que pueden divertirse de manera indistinta los niños y las niñas, la sociedad ha considerado que el juego es la manera más fácil de aprender; además, ha clasificado, tradicionalmente, a los juegos como especiales para niños o especiales para niñas, sin que la naturaleza de éstos implique alguna especificación real para uno u otro género.

Comúnmente, a los niños se les induce a que jueguen sólo con juguetes considerados "para niños", y a las niñas, sólo con juguetes "para niñas". Por lo general, se considera que las muñecas, los trastecitos y algunos otros juguetes relacionados con el hogar y los hijos son especiales para niñas, en tanto que los carritos y las armas lo son para niños. Sin embargo, esta consideración obedece a las creencias sociales que han imperado desde tiempo atrás con respecto a los roles que hombres y mujeres deben cumplir y que en su mayoría han sido exclusivos de cada sexo. Por eso, los juegos que se espera que jueguen los hijos y las hijas están relacionados con lo que se desea que realicen cuando sean mayores. Así, los hijos deben desarrollar habilidades conocidas como masculinas, relacionadas con el desempeño fuera del hogar, con la agresividad, con la competencia, etc., y las hijas deberán aprender las femeninas, relacionadas con el cuidado de los hijos y del hogar en general.

Esta situación, lógicamente, ha contribuido a que los niños y las niñas desarrollen las habilidades que han practicado y limita las potencialidades que podrían tener en otros campos porque nunca recibieron al respecto la estimulación que les podrían haber brindado otros juegos.

Niñas y niños tienen un gran interés en descubrir su ambiente y en desarrollar al máximo todas sus habilidades, y el hecho de que se les permita jugar con toda clase de juguetes les da mayores posibilidades de lograr estos objetivos. Asimismo, en la actualidad las mujeres y los hombres desempeñan prácticamente actividades equivalentes.

Algunas investigaciones realizadas recientemente demuestran que, por ejemplo, el tener la oportunidad de jugar a las muñecas es un importante factor para aprender a cuidar de otros. Como en su mayoría son las niñas quienes lo hacen, desarrollan más estas habilidades —que por naturaleza son comunes a hombres y mujeres— y cuando son mayores se muestran más capaces que los hombres para desempeñarse en estas áreas.

El hecho de que los hombres también tengan acceso a las actividades consideradas como "femeninas" y las mujeres lo tengan a las consideradas como "masculinas" contribuye a que hombres y mujeres se desarrollen de una manera integral, y no tiene ninguna relación con la creencia popular errónea de que esto podría conducirlos a desarrollar tendencias de tipo homosexual.

Todos los seres humanos tienen derecho a perfeccionar sus habilidades en conjunto, sin que se les imponga desde niños la discriminación que implica jugar sólo con los juguetes que supuestamente le corresponden a su sexo. Los niños requieren una gran diversidad de oportunidades para aprender, ya que las demandas actuales del mundo en el que viven son cada vez mayores e implican cada vez una mayor competencia.

¿El juego es una actividad propiamente infantil?

No, el juego es una actividad que siempre ha formado parte del repertorio del comportamiento del ser humano, independientemente de la edad.

Con frecuencia, los adultos asocian la palabra jugar con la inmadurez. No es raro que para ellos jugar implique lo contrario de trabajar, y de hacer algo importante y de provecho, que conciban el acto de jugar como algo que se realiza por diversión, para relajarse y matar el tiempo; como algo trivial y como una actividad desordenada e innecesaria. La mayoría de los adultos piensan que jugar equivale a no hacer nada. Creen que los niños sólo deben jugar una vez que han cumplido con su "trabajo" o con sus "obligaciones".

En cambio, para los pequeños el juego es algo vital. Si se les permitiera hacerlo, jugarían todo el tiempo, incluso mientras comen o realizan otras actividades. Cualquier momento y cualquier situación puede ser ideal para disfrutar esta actividad. Por otra parte, los niños no necesitan condiciones u objetos especiales para jugar, pues pueden transformar cualquier quehacer u objeto —aun relacionado con el "trabajo"— en una oportunidad de juego.

El juego es necesario tanto para los niños como para los adultos. Algunas investigaciones recientes han demostrado que, además de la importancia que tiene en la adquisición de destrezas y habilidades necesarias para la vida adulta, el juego tiene efectos benéficos para cualquier persona, sea hombre o mujer, niño o adulto. El juego favorece la buena salud, la creatividad y la adaptación, puesto que brinda oportunidades para conocer, responder y adaptarse al ambiente sin estructuras rígidas e inflexibles. La situación de juego ofrece a los seres humanos estimulación, variedad, interés, concentración y motivación y, por otra parte, la oportunidad de vivir experiencias y de participar activa y significativamente en el entorno social.

Los expertos señalan que el juego debe considerarse como una parte natural de la vida del ser humano. El hecho de que los adultos no acepten esto, trae consigo diversas consecuencias para ellos mismos y para sus hijos. Por ejemplo, los adultos que no conciben al juego como una opción para relajarse en momentos de tensión y de dificultades, no lo considerarán natural y normal en el desarrollo de sus hijos y, por ende, no les ofrecerán a éstos suficientes oportunidades para jugar.

Este tipo de situaciones priva tanto a los niños como a los adultos de los beneficios del juego. Jugar con un objeto o con una idea, permite a los infantes y a los adultos reconocer lo que ya conocen, lo que necesitan saber y la manera en la que pueden lograr lo que desean.

Cuando el juego se concibe como algo opuesto al trabajo, se tiende a separar las características de ambas actividades. Al juego se le atribuyen las características divertidas y positivas, y al trabajo las negativas. Sin embargo, el trabajo también puede considerarse como una actividad divertida, aunque sea dirigida y se realice con un fin particular. De acuerdo con este enfoque, se afirma que, pese a lo monótono que pueda parecer un trabajo, la actitud con la que se experimente es de suma importancia para disfrutarlo, superar retos, convivir con otras personas, dominar destrezas individuales y otros aspectos importantes.

El ser humano evoluciona y, para convertirse en adulto, no necesita hacer a un lado todos los aspectos relacionados con la niñez. Basta con que el adulto intente jugar, y juegue, para que redescubra muchos de los aspectos maravillosos de su infancia.

El espíritu lúdico es consustancial al ser humano de todas las edades y de todas las etapas de la historia.

271

JUGUETES PARA CADA EDAD

- **0 a 12 meses:** en este periodo, los bebés necesitan juguetes musicales, móviles de colores y sonajas que estimulen sus sentidos. Alrededor de los seis meses sienten la necesidad de morder, palpar y tomar cosas, por lo que los muñecos de peluche, las pelotas y los muñecos u objetos de goma para morder son los más adecuados. Aproximadamente a los ocho meses, ya pueden permanecer sentados, pasarse las cosas de una mano a otra y arrojar objetos; les gustan los juguetes que pueden golpear entre sí, los de plástico y las muñecas de tela.

- **1 a 3 años:** ya que entre los 12 y los 16 meses los niños empiezan a ponerse en pie y caminar, les vienen bien los juguetes para arrastrar, empujar y aquéllos en los que puedan apoyarse. Además, les entretienen mucho los cubos y las cajas para meter y sacar cosas. Les gustan los camiones para transportar, tambores, muñecas con cunas, juguetes de ensamble, cuentos, ábacos y pelotas grandes, cubetas y palas para jugar con tierra o arena.

- **3 a 5 años:** hacia los tres años y medio comienza la etapa del juego simbólico; a esta edad, los pequeños simulan actitudes o roles de los adultos, e imitan, por ejemplo, al papá, a la mamá o a la maestra; por ello, son recomendables los muñecos y accesorios de ropa, baño, cocina, cunas, cochecitos, y todo lo que imite los utensilios domésticos, como juegos de té, rasuradoras, herramientas, etc. A esta edad les encantan las marionetas, los instrumentos musicales y las pinturas o lápices para colorear.

- **6 a 8 años:** a esta edad, aunque aún continúan con el juego simbólico, incluyen reglas en ellos y quieren aprender, adquirir habilidades y ganar. Los juguetes para armar y construir son perfectos, así como los coches de control remoto y las actividades manuales. Les fascinan los patines, los cometas y las bicicletas.

- **8 años en adelante:** la creatividad y los retos distinguen a este periodo. A esta edad les gustan las construcciones sofisticadas, los modelos para armar, los juegos electrónicos de computadoras, los microscopios, telescopios, rompecabezas, juegos de mesa, colecciones de coches o muñecas, etcétera.

¿Es normal que los niños tengan amigos imaginarios?

Sí; la mayoría de los niños inventan amigos imaginarios durante sus años preescolares y conviven y juegan con ellos. Gracias al desarrollo de sus habilidades para fantasear e imaginar, los niños crean entidades con las que están relacionados emocionalmente, las cuales son producto espontáneo de su imaginación. A diferencia de los "monstruos" o personajes que provocan miedo, los amigos imaginarios tienen efectos muy positivos para los niños. Se ha observado que representan oportunidades de aprendizaje muy importantes y que intervienen positivamente en el desarrollo emocional e intelectual porque favorecen nuevas experiencias.

Las investigaciones recientes señalan que los niños que han creado compañeros imaginarios tienden a ser más sociables y menos tímidos, y tienen más amigos reales que aquellos que no han tenido un amigo imaginario. El hecho de poder jugar con un amigo imaginario contribuye a que los niños puedan practicar las habilidades ya desarrolladas y experimentar cuáles requieren más estimulación. Asimismo, pueden entretenerse aunque no cuenten con la presencia de otro pequeño en ese momento, y además tienen más oportunidades de desarrollar su fantasía y su imaginación.

Cuando los niños crean su amigo imaginario, casi siempre pueden describirlo físicamente sin ninguna dificultad. Estos compañeros pueden ser humanos o animales, pertenecer a uno u otro género, y tener determinadas características emocionales y sociales. La mayoría de los niños los consideran como un miembro más de la familia que forma parte activa de la vida cotidiana.

Muchos niños —en especial los que no sienten que son criticados o juzgados por tener estos amigos imaginarios— se sienten orgullosos de compartir con las personas más cercanas, como sus padres, las experiencias con estos amigos, y es frecuente que los padres encuentren a sus hijos jugando con ellos.

Se recomienda que los padres, sabiendo que éste es un proceso natural en el desarrollo de los niños, reaccionen también en forma natural. Los padres pueden observar el juego de sus hijos y tratar de comprenderlo, ya que los pequeños manifiestan así sus necesidades y gustos especiales. No es recomendable que reaccionen agresivamente contra los hijos ni que califiquen su juego como anormal, sino que lo respeten e incluso participen pasivamente.

¿Qué características deben tener los juguetes educativos?

Para que un juguete se considere como educativo necesita ser también divertido. Los juguetes educativos son aquellos que comprometen activamente al niño en el plano social, mental o físico, y que le ofrecen diversas posibilidades o maneras de jugar. Estos juguetes deben inducir a la participación activa del niño. Cuando éste sólo se sienta y observa pasivamente el funcionamiento de los juguetes, su valor educacional suele ser mínimo.

Los juguetes educativos favorecen el desarrollo del niño, ya que lo invitan a descubrir procesos de aprendizaje y a dominar y reforzar los conocimientos que ya posee. Otra característica de este tipo de juguetes es su capacidad para hacer que el pequeño le dé rienda suelta a su imaginación, lo cual es indispensable para un desarrollo sano. Los juguetes que permiten que los niños desarrollen y utilicen su imaginación y su creatividad son los que más recomiendan los expertos. A continuación, se presentan algunos ejemplos:

• Los juguetes para armar. Hay juguetes de este tipo para todas las edades y de todas las formas y tamaños, desde los bloques simples de madera hasta los que se conforman de piezas diminutas con un alto grado de dificultad. Estos juguetes pueden considerarse como juegos dirigidos, ya que poseen instrucciones detalladas para cada paso, —lo que brinda al niño elementos para desarrollar su capacidad de planeación, secuenciación, así como su creatividad—. Además de ofrecer la posibilidad de ser armados, estos juguetes pueden utilizarse posteriormente con otros fines. Por otra parte, estimulan habilidades como la coordinación de los movimientos de las manos y los dedos, la perseverancia y la paciencia.

• Los rompecabezas. Estos juegos dan a los niños la oportunidad de aprender a concentrarse y a distinguir tamaños, colores y formas; a aumentar su destreza manual y el aprendizaje por ensayo y error, así como a estimular su pensamiento lógico.

Para darles a sus hijos la oportunidad de descubrir nuevos gustos, intereses y habilidades, es importante que los padres elijan juguetes de los más diversos tipos.

Además de los juguetes fabricados, cualquier material, objeto o situación puede servir para jugar y aprender, y puede tener una función educativa en el desarrollo de los niños. En estos casos, deben observarse exactamente los mismos criterios de seguridad que en el caso de los juguetes concebidos como tales. Es necesario cerciorarse de que los materiales no sean tóxicos y de que se utilicen con la aprobación de un adulto o bajo su estricta vigilancia. Uno de estos materiales es el agua, pues con ella los niños pueden aprender conceptos como lleno–vacío, capacidad, flotar, hundir, volumen y otros, y además tiene efectos tranquilizadores y relajantes.

Por su parte, la música, aunque no es considerada propiamente como un juguete, es un elemento importante entre las posibles opciones de apoyo en los juegos de los niños. Entre sus beneficios está el que podrán desarrollar sus habilidades de discriminación auditiva, ritmo y coordinación de los movimientos del cuerpo mediante el baile. Asimismo, es una oportunidad para que aprendan la importancia de escucharla a un volumen adecuado, con el fin de evitar posibles daños auditivos.

En algunas ocasiones, los hijos requerirán cierta orientación por parte de los padres para obtener el mejor provecho de un determinado juguete. En estos casos, los padres deben intentar orientarlos mediante sugerencias o instrucciones claras y fáciles de observar.

Cuando los hijos hayan aprendido a leer, los animarán a que comprendan las instrucciones por sí mismos.

Es muy importante que los padres tengan presente que, además de elegir el juguete o material apropiado, su apoyo, aliento, reconocimiento y aprecio por los logros de sus pequeños siempre serán necesarios, ya que ningún juguete por sí mismo tiene los efectos que se esperan en el desarrollo infantil de cada niño.

¿Los juguetes más sofisticados son los mejores para los hijos?

Los niños no precisan de la sofisticación para poder jugar y aprender. Existen algunos juguetes complejos que han conservado, e incluso mejorado, las características necesarias para facilitar el desarrollo de las habilidades infantiles y que son recomendables para los hijos; es decir, que se consideran como juguetes educativos. En la actualidad, gracias a la aplicación de la tecnología, existe una gran variedad de juguetes que más que tener efectos positivos en el desarrollo de los niños y que ser educativos, únicamente son entretenidos. Estos juguetes pueden funcionar sin que importen las habilidades ni destrezas del pequeño.

Estos juguetes no permiten que los pequeños jueguen, en toda la extensión de la palabra, ni que lleguen al aprendizaje; generalmente, no son lo suficientemente flexibles como para ajustarse al tiempo que cada niño necesita para pensar e intentar comprender la experiencia de jugar. En su mayoría, no dan la oportunidad de que los infantes se cuestionen sobre ellos y lleguen a sus propias conclusiones; por lo tanto, al jugar con ellos, los niños tienen una intervención totalmente pasiva. En su mayoría, estos juguetes obedecen a modas pasajeras y se olvidan fácilmente cuando llega una nueva moda. Muchas veces lo único que ofrecen es el reconocimiento por parte de sus compañeros, por el hecho de tenerlos. Asimismo, suelen limitar a los niños a permanecer tranquilos en un mismo lugar y a seguir casi automáticamente sus instrucciones para realizar una actividad que termina por volverse monótona. Además, el precio al que pueden adquirirse la mayoría de las veces no corresponde con los beneficios que pueden obtener los hijos.

La escuela

¿Es cierto que una experiencia educativa de gran calidad durante los primeros tres años de vida es indispensable para que el individuo desarrolle todo su potencial?

Durante los primeros años de vida de los niños se realiza la mayoría de los procesos esenciales del desarrollo del ser humano; por ello, el aspecto educativo y escolar debe cuidarse al máximo. Es necesario recordar que si un niño cuenta con las experiencias de aprendizaje necesarias durante sus primeros años, seguramente tendrá mayores oportunidades de desarrollar todo su potencial.

El hecho de que los hijos puedan disfrutar un ambiente escolar adecuado, capaz de brindarles experiencias que la familia no puede aportar, es una forma más de expandir su campo de acción; sin embargo, ésta es sólo una forma adicional y complementaria —de ninguna manera sustituta— de la estimulación que la familia debe darle al infante.

LOS VIDEOJUEGOS

A pesar de su gran popularidad en la realidad cotidiana de los niños, en la gran mayoría de los casos los videojuegos no tienen efectos positivos en el desarrollo intelectual de éstos.

El alto contenido de violencia que se incluye en los videojuegos tiene un efecto negativo en el desarrollo de los hijos, ya que fomenta que su comportamiento tienda a ser igualmente violento.

El tener acceso a estos juegos disminuye en un gran porcentaje las posibilidades que tienen los hijos para jugar en un ambiente natural y agradable.

Se ha observado que los individuos realizan algunas comparaciones entre el estilo de jugar y sus vivencias presentes, pasadas y futuras. Estos individuos manejan su vida de una manera muy similar a la que utilizan para jugar estos juegos; es decir, de forma muy violenta y con mucha ansiedad; además, establecen juicios críticos muy severos, pues piensan que el hecho de equivocarse implica echar a perder un buen periodo de la vida y que es preciso volver a comenzar.

De esta manera, si los padres desean desempeñar su papel adecuadamente, es recomendable que obtengan la información necesaria para elegir la escuela que consideren como la mejor para sus hijos —no sólo durante los primeros años, sino a lo largo de toda su vida escolar—. La institución que elijan debe acercarse lo más posible a las generalidades recomendadas por los expertos y a las necesidades especiales de los padres.

En circunstancias ideales, los principios de la escuela o de la institución educativa deberían coincidir con los principios de los padres y con sus objetivos y metas. La escuela debería considerar los principios de la estimulación adecuada para los niños, tomando en cuenta todas las áreas de su personalidad y recordando que cada niño posee características particulares y necesidades especiales que deben recibir una atención a la altura de las circunstancias.

Durante los primeros años, es imperativo que el juego esté presente en la mayoría de las experiencias de aprendizaje, de modo que los hijos tengan la oportunidad de aprender a través de él en forma divertida e interesante. La institución educativa a la que asistan deberá cuidar este aspecto del aprendizaje y favorecer las actividades de juego por lo menos durante los primeros cinco años de vida de los niños. Aunque posteriormente la educación formal podrá incluir otras estrategias, idealmente, el juego estará presente por lo menos a lo largo de toda la educación primaria.

Se recomienda que los padres tengan una participación activa en las experiencias escolares de sus hijos, para que éstas se conviertan en una vivencia familiar. Esto propicia que todos los miembros de la familia se beneficien de la experiencia escolar y que los hijos adquieran una imagen positiva de la escuela, que se reflejará en su actitud hacia los estudios.

Los padres pueden exponer a sus hijos, durante los primeros años, a experiencias diversas, como la conciencia social, el disfrute de la naturaleza, la afirmación de la religión y la adquisición de la cultura.

¿A qué edad se recomienda que los hijos entren a la escuela?

De acuerdo con algunas teorías, la edad ideal para que un niño inicie su preparación escolar es cuando tiene, en promedio, entre tres y cuatro años de edad. Sin embargo, también es necesario tener en cuenta aspectos relacionados con las características y necesidades de cada pequeño, de los padres y de la relación entre ambos.

De acuerdo con sus rasgos de personalidad, cada niño manifestará su propia necesidad de entrar a la escuela en su momento. Así, habrá quienes, al observar que otros pequeños asisten al jardín de niños —como

La actitud de los padres es fundamental para que el niño adquiera una percepción sana de la escuela y de los estudios.

sus hermanos o primos— disfrutando, además, de dicha convivencia, soliciten que se les lleve a ellos también, convirtiéndose en candidatos para iniciar su vida escolar a temprana edad. A los niños que no tienen la oportunidad de convivir con otros menores y que presentan dificultades para relacionarse, podrá beneficiarlos enormemente el ingresar al escuela.

Por su lado, los padres, dependiendo de sus ocupaciones y ritmo de vida, podrán considerar la posibilidad de inscribir a sus hijos en la escuela, llegado el mejor momento. Sin embargo, es necesario que consideren los otros factores que intervienen para que la decisión beneficie también a los pequeños. Los padres que decidan postergar la entrada de los infantes a la escuela, por las razones personales que tengan y tras poner todos los elementos en la balanza, deberán considerar el hecho de inscribir a sus hijos en preescolar al cumplir los cuatro años de edad.

El ingreso de los niños a la escuela casi siempre es experimentado por las familias como un gran suceso que, sin embargo, no pasa de ser un proceso normal y sin dificultades, mientras que para otros constituye un episodio complicado y doloroso.

En este último caso, se suele experimentar la entrada a la escuela como una separación muy triste, ya sea por parte de los hijos, de los padres, o de ambos. Para los hijos es de gran importancia sentir que para los padres el hecho de que asistan a la escuela también pueda ser una gran experiencia que contribuya a que su crecimiento personal sea más pleno.

En general, para todos los padres y para todos los hijos es difícil separarse por periodos prolongados.

Asimismo, es común que se dude acerca de la conveniencia de ingresar a determinada escuela y en el tiempo elegido. Sin embargo, estas preocupaciones tienden a desaparecer conforme transcurren los días de clases.

A continuación, se mencionan algunas recomendaciones que pueden ser de gran utilidad en lo relativo a este tema:

• Antes de inscribir a los hijos en una escuela los padres deberán estar seguros de que se trata de la mejor opción y, por otra parte, deberán comprobar que sea una institución que realmente les brinde seguridad y una atención adecuada a los niños. Asimismo, los padres deben sentir confianza de dejar a sus pequeños en dicho lugar. Esto hace más fácil la separación y alienta a padres e hijos a participar en las actividades correspondientes.

• Cuando los padres y los niños pueden conocer las instalaciones y al personal de la escuela antes de asistir formalmente, se logra disminuir la tensión y la angustia que se genera al ingresar al plantel educativo.

• Algunas escuelas permiten que los niños empiecen a asistir teniendo un horario más flexible y de menos horas que el estipulado. Así, por ejemplo, la primera semana pueden estar una hora, la segunda dos horas y así hasta adoptar el horario establecido. Este sistema favorece la adaptación de algunos niños que sienten mucha angustia al permanecer de forma tan abrupta lejos de sus padres, y permite que estos últimos también se acostumbren al proceso de separación.

¿Es necesario que el infante acuda al jardín de niños?

Aunque durante mucho tiempo se consideró que no era necesario que los hijos asistieran al jardín de niños, en la actualidad los expertos recomiendan que, si es posible, sí lo hagan.

Una gran variedad de investigaciones señalan que el desarrollo de los hijos puede progresar más y mejor si asisten al centro preescolar, siempre y cuando la experiencia sea positiva y agradable para el infante. La calidad de los servicios que ofrezca el jardín de niños es determinante, ya que de ella dependerá en gran medida que los niños logren aprovechar al máximo las posibles ventajas. Se ha observado que la educación preescolar puede influir positivamente en las habilidades sociales de los niños, ya que para muchos constituye la primera experiencia social formal que reciben fuera del hogar.

Los niños tienen que incursionar en un nuevo mundo en el que muchas de las reglas son diferentes de las establecidas en casa y otras se manejan de una manera distinta. Asimismo, se enfrentan con diferentes formas de ver el mundo, puesto que conviven con sus compañeros y con las personas que se relacionan con ellos en la escuela, lo cual les ayuda posteriormente a comprender que nadie se debe considerar el centro del universo.

El contacto social ayuda, entre otras cosas, a que el niño sea capaz de aceptar que cada persona es diferente y especial, y que es importante respetarla como tal; con ello, podrá desarrollar aun más sus habilidades para convivir pacíficamente con otros seres humanos, para compartir e inclusive para negociar.

Asistir al jardín de niños también puede favorecer las otras áreas de la personalidad de los pequeños. Por ejemplo, favorece las habilidades relacionadas con la autosuficiencia, pues en un medio ajeno al hogar tienen que desenvolverse de una manera independiente. En función de su edad, procurará, por ejemplo, comer solo, ir al baño, cuidar sus pertenencias, etcétera.

Además, en el jardín de niños, los pequeños incrementan su vocabulario y en general tienen grandes progresos en lo que al desarrollo del lenguaje se refiere.

Los niños desearán sentirse como parte de este nuevo grupo, que incluso los motivará para tener un desempeño lo más acertado posible con respecto al de los demás infantes.

Por otro lado, la preparación que ofrece el jardín de niños es un antecedente muy importante para sentar las bases de la educación primaria. Los expertos señalan que los niños que asistieron por lo menos durante un par de años al nivel preescolar inician con más aplomo la educación primaria y tienen un mejor desempeño que aquellos que no tuvieron esa oportunidad.

¿Es aconsejable que los padres ayuden a sus hijos con las tareas escolares?

En general, se recomienda que los padres apoyen a sus hijos cuando realizan sus tareas escolares; sin embargo, es necesario detenerse a analizar algunos puntos importantes al respecto.

Las tareas escolares constituyen, en opinión de algunos, la oportunidad que tienen los hijos de reforzar los conocimientos que adquieren en el aula y de ejercitar algunas otras habilidades mientras que, bajo

Los padres deben supervisar y apoyar a sus hijos en la realización de las tareas escolares; sin embargo, en ningún caso deben hacer ellos mismos las labores encomendadas a los pequeños.

otra óptica, representan una manera de compartir el mundo de la escuela con los padres y, en general, con el mundo familiar.

La forma de ayuda más aconsejable es la que entraña el apoyo y el aliento. Los especialistas en la materia subrayan que este apoyo a los hijos en sus labores escolares varía según la edad y las necesidades especiales de éstos. Sin embargo, sostienen que los padres deben mantenerse interesados en todo el proceso escolar de los hijos, incluidas las tareas escolares.

Se recomienda que los padres estén informados acerca de cómo se siente su hijo en la escuela, cómo percibe a sus maestros, qué es lo que más le gustó aprender en el día, cómo siente que se relaciona con sus compañeros, qué es lo que más y lo que menos le gusta de asistir a esa escuela, etc. De esta manera, contarán con la información necesaria para evaluar la situación escolar de su hijo, obteniendo la información que complemente los datos ofrecidos por la escuela. Hay que subrayar que para crear este espacio de forma propositiva, se recomienda destinar al menos un par de días a la semana —de preferencia cuando el niño lo solicite— para compartir ideas, tareas y puntos de vista.

En la experiencia de hacer la tarea es indispensable que los hijos tengan la oportunidad de esforzarse para lograr lo solicitado, contando con la aprobación de sus padres para intentar lo necesario y valorando los esfuerzos emprendidos. Cuando los padres logran apoyar a los hijos dejándoles su espacio para que hagan el esfuerzo con paciencia y perseverancia es porque les transmiten el mensaje de que los saben capaces, sumándose con ello a la aceptación de las estrategias escolares.

En este aspecto en particular, se ha observado que cuando los hijos perciben que sus padres tienen confianza en los programas y métodos escolares logran un mejor aprovechamiento y desempeño escolar.

Una forma más de apoyar las tareas de los hijos consiste en fomentar hábitos adecuados de trabajo, por ejemplo, contar con un espacio apropiado —una mesa y una silla en las que el niño pueda sentirse cómodo, con iluminación adecuada, libre de ruido y de distracciones—, con el material necesario disponible y con un horario apropiado.

Paulatinamente, los niños adquieren habilidades para planear y distribuir su tiempo, así como para realizar sus labores escolares con la mínima vigilancia y supervisión posibles.

La mayoría de las actividades requieren mucha práctica para llegar a dominarlas, por lo que los padres invitarán a sus hijos a que intenten realizarlas aunque su desempeño no sea el que ellos esperan.

También es recomendable que los padres le expliquen a sus pequeños que la práctica será la forma de adquirir determinada destreza, por lo que cada intento tiene una gran importancia.

Algunos padres consideran que, si sus hijos no logran hacer la tarea satisfactoriamente, deben ayudarles haciéndola parcial o totalmente. En casos como éste, los niños reciben el mensaje de que no se les considera capaces de realizar sus labores y no comprenden que llegar a dominar ciertas habilidades es un proceso que lleva tiempo.

Cuando los padres observan que la tarea es muy difícil y complicada y que sus hijos no la pueden hacer solos, es necesario comunicarle esta situación a su maestro para que, con ello, tanto los padres como el maestro en cuestión tengan la oportunidad de adaptar sus acciones en función de las capacidades y de las destrezas del niño y, así, continuar apoyándolo.

Cuando se tiene más de un hijo, los padres necesitan prestar atención especial a cada uno de ellos y, aunque la hora de hacer la tarea escolar sea la misma para todos, podrá destinarse un tiempo para cada uno, recordando su edad, nivel escolar y necesidades particulares.

Para que la tarea logre enriquecer el aprendizaje escolar y realmente se convierta en la gran experiencia que puede llegar a ser, es necesario que se lleve a cabo en una atmósfera de crecimiento, armonía y regocijo.

¿Por qué en algunas escuelas aceptan a pequeños discapacitados en grupos de niños no discapacitados?

Algunas escuelas admiten a niños física o mentalmente discapacitados en sus grupos de niños no discapacitados a raíz de los resultados de algunas investigaciones, que han demostrado que la mayoría de los niños que viven este tipo de experiencia pueden obtener beneficios muy importantes para su desarrollo integral, independientemente de su condición especial.

Anteriormente dominaba la tendencia a recluir a los niños con alguna discapacidad en lugares especiales en los que pudieran recibir la atención necesaria y teniendo el mínimo contacto con niños sin discapacidades. Una serie de mitos apoyaban estas acciones, basándose en la idea de que era perjudicial integrar a los niños discapacitados, ya que no se les podía dar la atención que requerían ni a ellos ni a los considerados como normales. Este sistema disgregaba a los niños discapacitados no sólo del grupo escolar sino de su grupo social.

Por lo anterior, la mayoría de estos niños no contaba con la estimulación necesaria para desarrollar su potencial y capacidades, debido a que todo esfuerzo encaminado a ayudarlos se consideraba infructuoso. En particular para estos niños y para sus familias, este tipo de manejo resultaba muy negativo en el sentido amplio de la palabra, ya que tampoco existían fuentes adecuadas de orientación para los padres con respecto al cuidado y atención de sus hijos ni en lo relativo al apoyo que se necesita cuando se tiene un hijo con discapacidad.

Hay que subrayar que la mayoría de los adultos y de los niños no discapacitados, al establecer contacto con las personas discapacitadas, manifiestan miedo, desprecio o rechazo. Esta situación ha cambiando paulatinamente y en la actualidad una gran parte de la sociedad tiene una actitud más madura al respecto.

Al dividir a los seres humanos por la única razón de no ser todos iguales, se pierde la gran riqueza que, como individuo, aporta cada persona a la sociedad.

El integrar en un grupo a niños discapacitados puede valorarse como una muestra concreta y palpable de la aceptación de todos los seres humanos, independientemente de sus diferencias y semejanzas.

Las escuelas que integran sus grupos de esta manera mantienen entre sus principios esta clase de premisas y proporcionan atención personalizada a sus alumnos, reconociendo que todos los niños tienen derecho a una educación integral sin que sean determinantes sus capacidades o necesidades especiales.

El personal que tenga a su cargo estos grupos deberá contar con una preparación especializada que facilite el proceso de aprendizaje de cada niño: la forma en que se manejan es de vital importancia para obtener beneficios.

Para convivir, los niños aprenden que cada ser humano es tan valioso como los demás, y entienden que tienen mucho por

Cuando un niño discapacitado convive normalmente con niños no discapacitados, ambos aprenden a aceptar y respetar sus diferencias.

El veloz desarrollo de la tecnología ha propiciado que los conocimientos de los que se apropia el ser humano se vuelvan obsoletos de la noche a la mañana.

enseñar, así como habilidades más desarrolladas que otras que deben trabajar. Los niños aprenden que la perseverancia, el entusiasmo, el apoyo y la colaboración entre ellos pueden ser fundamentales para alcanzar hasta las metas más difíciles. Al sentirse aceptados e integrados, alcanzan niveles altos de motivación y logran desarrollar, en mayor medida, las facultades con las que cuentan. Al mismo tiempo, desarrollan capacidades muy importantes para comprender a los demás, sensibilizándose ante las dificultades de otras personas.

¿Cómo afectan los grandes cambios sociales de la actualidad a los sistemas educativos?

El acelerado ritmo con el que evolucionan nuestras sociedades supone, de por sí, un reto muy importante para todos los individuos que de una u otra manera forman parte del universo de la educación, y este reto exige una constante actualización.

La modificación, la eliminación y la inclusión constante de ideas genera un continuo replanteamiento y, al parecer, el proceso de cambios es mucho más acelerado.

Al funcionar como un complemento de la institución familiar, los sistemas educativos necesitan adaptarse a los cambios para brindar a niños y jóvenes la mayor calidad y cantidad de elementos posibles que contribuyan a su mejor desempeño como miembros de su sociedad.

Este reajuste constituye un proceso difícil y complicado que en muchas ocasiones está sujeto a un ritmo de cambio acelerado, ya que cuando se comienza a establecer y a conformarse desde un punto de punto de vista, se hace necesario asimilar y agregar otros más que probablemente modifiquen o excluyan a los anteriores.

Aunque la práctica de la educación ha sido una preocupación de la sociedad durante siglos y una gran cantidad de pensadores e intelectuales se han dedicado y se dedican a investigar al respecto, aportando siempre nuevas ideas, sí existe, en términos generales, un retraso considerable en el ritmo en que los sistemas educativos se ajustan y adaptan a las nuevas circunstancias en las que el ser humano se desenvuelve en la actualidad. Esta situación suele hacer incompatibles las necesidades imperantes de los individuos con las posibilidades que los sistemas educativos ofrecen.

Debido a lo anterior, el reajuste de los sistemas educativos, además de la actualización de los conocimientos, requeriría, en términos ideales, la creación de estrategias para transmitir dichos conocimientos a los estudiantes. Los especialistas en la materia señalan que ello puede lograrse a través de la participación y la colaboración conjunta de maestros y de instituciones educativas, intentando con ello integrar las necesidades de los alumnos, las posibilidades de los sistemas educativos así como las metas de ambos.

Este proceso, que afecta de manera considerable a todos los miembros de la sociedad, exige la participación de todos, comenzando por la necesidad de conocer el problema y sus alcances para crear conciencia en torno a él, antes de tomar decisiones.

La interrelación entre los sistemas educativos y la familia es clara, ya que ambas instituciones son indispensables para alcanzar los objetivos encaminados, fundamentalmente, al bienestar y a la preparación de los adultos del mañana.

Además del compromiso contraído para prepararse y actualizarse, los padres deberán verificar que éste también opere a nivel de la institución educativa a la que asisten sus hijos, para que realmente rinda frutos su esfuerzo.

Finalmente, es necesario recordar que en función de la apertura de la institución y de las oportunidades que tengan los padres, dicha participación tomará formas y matices diferentes.

¿Son necesarios la congruencia y el sentido de cooperación entre los maestros?

Por el bien de los niños, sí es necesario que los maestros se pongan de acuerdo y cooperen en lo relativo a las ideas que constituyen un eje o una guía para su trabajo y el de todo el personal del plantel.

Cada institución educativa tiene esas características particulares, las que en muchas ocasiones determinan el que los padres decidan inscribir o no a sus hijos en ellas. De esta manera se espera que, en términos generales, los lineamientos básicos de cada institución sean respetados por el personal que ahí trabaja y que, en caso de ser modificados, se les informe a los padres.

Así, aunque cada maestro imparta sus clases y se relacione con los niños de manera única y especial, es recomendable que tenga presente los puntos principales de la filosofía de la escuela y que actúe en consecuencia, es decir, respetándolos.

Hacer lo anterior tiene grandes ventajas, sobre todo para los alumnos, ya que los niños aprenden directa e indirectamente de la filosofía de la escuela a la que asisten. Si la orientación de la escuela pondera, por ejemplo, la estimulación de las capacidades de los niños —entre ellas el tener en cuenta todas las áreas de su personalidad en las situaciones de aprendizaje— se transmitirán a los hijos ciertos mensajes que fortalecerán su conciencia de ser personas íntegras que valoran la necesidad de trabajar con todas sus capacidades.

Otro aspecto importante sobre la importancia de que coincidan los lineamientos generales que siguen los maestros de una escuela es el de las reglas, ya que, en general, las normas y los principios que se observarán serán los mismos, independientemente del maestro, de la materia y del grado que estén cursando. De esta forma, los niños aprenden a distinguir entre lo que es permitido y lo que no, actuando con confianza y seguridad.

En recientes investigaciones se señala que se ha observado que cuando los maestros colaboran entre ellos teniendo como fin principal el apoyar a los alumnos, son mayores los beneficios personales y profesionales obtenidos. Las diferentes formas de pensar y de reaccionar, lejos de separar, pueden enriquecer tanto a maestros como a alumnos; estos últimos suelen mostrar una mejor disposición y mayor apertura en sus intervenciones, desde el momento en que no perciben diferencias radicales que los desorienten o que interfieran con su rendimiento. Lo anterior conlleva a toda una serie de experiencias que propician el que los maestros desempeñen su papel con una mayor calidad.

Cuando los niños observan que los maestros colaboran entre sí y que forman parte de un equipo, aprenden en forma práctica la importancia de colaborar para alcanzar metas de manera más fácil y eficiente.

Es importante recordar que trabajar con seres humanos, y en especial con niños, es todo un reto; es una actividad que requiere mantener el contacto emocional con los otros, así como una permanente valoración del desempeño profesional.

¿Cuán cuestionable es la educación tradicional?

La educación tradicional sigue siendo la más aplicada en nuestras sociedades. Se creó como una respuesta a las necesidades y a los intereses de una época en particular, obedeciendo a las ideas y creencias imperantes en ese tiempo. Lo que la educación llamada tradicional ofrece, tiene como objetivo transmitir los conocimientos culturalmente valiosos —entre ellos las normas de comportamiento esperado— que, según se cree, los niños necesitan para lograr un desempeño adecuado en su sociedad.

Al igual que en otros campos de la vida del ser humano, los sistemas educativos requieren —como se señaló antes— transformarse y adaptarse, respondiendo a las necesidades imperantes del momento, lo cual es producto, a su vez, de las necesidades de los niños, las cuales también se modifican contantemente. Así, y pensando en situaciones ideales, los estilos y tipos de educación deben ajustarse a los requerimientos sociales. En términos prácticos, los maestros juegan un papel protagónico en este sentido ya que llevan consigo al salón de clases, su propia ideología educativa, determinando con ello la estructura y la organización de la mayoría de las experiencias escolares de los niños. Lo anterior subraya, la importancia que tiene la preparación que los maestros reciben.

En el sistema tradicional de enseñanza los niños desempeñan un papel pasivo en su proceso de aprendizaje. Ellos deben esperar y recibir, a través del maestro, la información que el sistema considera correcta y viable. Además, para dicho sistema, el juego no ocupa el lugar que la mayoría de los expertos le otorgan cuando se habla de desarrollo integral de los niños.

En apego a los métodos tradicionales, el maestro es la única autoridad en el ámbito de los conocimientos y es quien asigna las actividades, quien toma las decisiones y quien establece las reglas, convirtiéndose en la persona que recibe más atención y respeto. El maestro es el que evalúa el progreso de los pequeños de un grupo, basándose en su grado de cumplimiento, tras compararlos entre sí, y partiendo de esa premisa para fundamentar las expectativas que tiene de los alumnos. Este sistema también evalúa como positivo el hecho de que el niño se uniforme o se homogeneice con los demás, aunque esto implique la pérdida de la espontaneidad y de la riqueza individual que cada uno de ellos podría aportar al grupo al que pertenece.

Los maestros tradicionales corrigen a los niños y guían directamente su desempeño y lo que se obtiene como resultado, la mayoría de las veces, sólo es una respuesta o un desempeño correcto, pues la creatividad de los niños no se favorece, bajo la consigna de uniformarlos intentando que todos adquieran de la misma manera el mismo conocimiento para posteriormente aplicarlo igual.

Debido a ello y a que el maestro no puede detenerse o acelerarse según el ritmo de aprendizaje de cada niño, sobreviene la exclusión de algunos de ellos del resto del grupo; así, estos niños se convierten ante los ojos de los demás —maestros, padres y alumnos— en un problema que tiene que resolverse de forma independiente.

La expresión de ideas creativas y novedosas, o simplemente no tradicionales, no es alentada por el sistema tradicional y el talento especial que distingue a un niño no tiene cabida. Las habilidades que son estimuladas y que se espera que los niños desarrollen son, en su mayoría, las relacionadas con un desempeño académico sobresaliente, dejando fuera todo el conjunto de capacidades que forman parte del desarrollo integral del ser humano. Para algunos padres, la educación tradicional es la mejor, porque ellos fueron educados de esta manera y de una u otra forma conocen el sistema. Otros más no están enterados de que en la actualidad existe una amplia gama de opciones y que el inscribir a los hijos en una determinada escuela, que sigue determinado sistema, puede ser el resultado de una elección pensada y evaluada con sumo cuidado.

¿Es recomendable educar a los hijos para que no tengan prejuicios sociales?

La transmisión de un código y de un sistema de valores es tarea, en primera instancia, de los padres y, de forma complementaria, de la escuela y de la sociedad en general. Así, el que la educación pueda excluir la transmisión de prejuicios sociales, como las diferencias socioeconómicas o el racismo, se relaciona con la ideología y con los principios de los padres y de la sociedad misma.

Como estos valores se transmiten directamente a los niños de forma verbal a través de un discurso racista, o de manera indirecta con el ejemplo que les dan sus padres, es necesario reflexionar sobre la naturaleza de las propias creencias en torno de las diferencias raciales y sociales.

Para nadie es una sorpresa que las diferencias de toda índole hayan generado distancias, a veces abismales e irreparables, entre los seres humanos. Las ideas que las generan son, en su mayoría, creencias infundadas que propician criterios negativos sobre personas que parecen ser diferentes en algún aspecto. Tales diferencias no son sino características que han marcado a los seres humanos y que señalan como superiores o inferiores a distintos grupos. Estas ideas, además, ocasionan la disminución de la capacidad que las personas tienen de relacionarse con seres diferentes y no por ello menos valiosos.

¿TODA LA TARDE HACIENDO LA TAREA?

En términos generales, cuando exista la necesidad de dejar tarea escolar, ésta deberá ser lo suficientemente sencilla como para que los hijos puedan realizarla por ellos mismos.

Los expertos insisten en que la tarea debe corresponder al nivel escolar de los pequeños en cuanto a complejidad y duración; por ejemplo, la tarea para un niño de edad preescolar no debería requerir más de media hora; la de un niño que asiste a la escuela primaria, alrededor de una hora, y en los niveles de secundaria y preparatoria, dos horas como promedio. Esta corta duración permitirá que los hijos obtengan los beneficios de las tareas y que no generen reacciones y actitudes negativas hacia las tareas y, por consiguiente, hacia la escuela.

En este sentido, la cantidad de actividades que incluye la tarea escolar, los hábitos de estudio necesarios y las características y habilidades de cada niño serán determinantes. Sin embargo, el tiempo que los hijos pasan en la escuela en la mayoría de los casos es suficiente para cubrir los propósitos de la educación básica. A cualquier edad, los hijos necesitan tiempo libre para diversas actividades adicionales a las escolares y que tienen importancia similar para su desarrollo integral.

Desde temprana edad, los niños aprenden estas creencias, así como los comportamientos que se derivan de ellas. El hecho de considerar como superiores a unos e inferiores a otros por razones raciales o socioeconómicas, por ejemplo, implica atentar contra el derecho de todo ser humano a ser respetado y tratado por igual.

Los estudiosos señalan que los niños que gozan de la oportunidad de apreciar las diferencias entre las personas en lugar de utilizarlas como un arma para menospreciar a otros, son individuos con un profundo respeto por el ser humano y que logran desarrollar sus habilidades sociales más adecuadamente, ya que tienen a su favor factores como la confianza y la seguridad. Estos individuos son más sensibles frente a las injusticias y manifiestan su desacuerdo defendiendo a los demás y a ellos mismos de forma más convincente y racional.

Es importante señalar que aunque los padres hayan recibido una educación llena de prejuicios sociales, sí pueden reflexionar al respecto y explicar a los hijos lo que sienten sobre determinado asunto, por difícil que sea. De esta forma, pueden intentar liberarse de los prejuicios y fomentar en sus hijos otra clase de ideas.

Los que conocen y estudian estos asuntos recomiendan que, además de revisar sus creencias y actitudes acerca de las diferencias entre los seres humanos, los padres tengan acceso a algunos capítulos de la historia de la humanidad a través de los libros adecuados, artículos periodísticos o películas, a manera de testimonio, para crear conciencia y desechar, con fundamento, aquellas ideas que defendieron para fomentar sus prejuicios.

De acuerdo con investigaciones recientes, quienes son víctimas de este tipo de disgregaciones y rechazos que obedecen a prejuicios sociales no logran desarrollarse de una manera óptima, aunque cuenten con todas las capacidades potenciales necesarias. Se trata, además, de una cadena o círculo vicioso según revelan dichos estudios. Fomentar el rechazo ante las diferencias entre los seres humanos propicia la creación de nuevos prejuicios que en algún momento afectan o afectarán a más seres humanos.

El hecho de que cada familia inicie un cambio en este sentido, redundará sin duda en el cambio social que tanto se necesita en beneficio de grupos especiales y de la humanidad en su conjunto.

¿En qué consiste el método Montessori?

El método de enseñanza Montessori es una propuesta de educación que ha causado polémica por ser diferente del método tradicional de educación. Una de sus premisas principales consiste en tratar con respeto al niño, considerándolo como un individuo digno de recibir la libertad necesaria para desarrollarse según su personalidad.

Desde este enfoque, se le otorga una importancia igual, equitativa y sin distinciones tanto a la personalidad como al desarrollo físico, emocional, social e intelectual del niño, en el entendido de que todos estos aspectos forman parte de un todo. Así, el ritmo de desarrollo de cada niño se considera de manera especial y se hace hincapié en la necesidad de proporcionar un ambiente adecuado y acorde con su nivel de desarrollo. Para generar ese ambiente es necesario, por ejemplo, disponer de materiales para que los niños vivan un desarrollo natural, así como los conocimientos que, a través del descubrimiento, los motiven para continuar aprendiendo con alegría.

El sistema Montessori sostiene que los niños nacen con todas las potencialidades para desarrollarse al máximo y que, por lo tanto, requieren libertad y sólo una mínima ayuda para lograrlo de forma asombrosa. El otorgarles a los niños libertad no significa que puedan hacer lo que quieren; este método subraya que los niños tienen una guía interna que les permite escoger la actividad que pueda contribuir mejor a su desarrollo y en la que puedan concentrarse más.

Se considera que el niño es un amante del trabajo escogido de forma espontánea y realizado con una gran alegría. Este sistema está basado en la necesidad de los niños de aprender mientras hacen o emprenden algo. En cada etapa del desarrollo se les proponen actividades que corresponden a su edad. Así, con mucha espontaneidad, se ayuda a los niños para que logren alcanzar un nivel óptimo de desarrollo, incluyendo la disciplina y el orden en ejercicios vinculados con la vida cotidiana: cuidado y respeto del medio ambiente e higiene de su persona, además de las que estimulan directamente el desarrollo intelectual y de otras áreas.

La relación entre el niño y el maestro, quien por su función es llamado guía, es especial, ya que cada niño recibe por parte de éste un trato individual, guiándolo de acuerdo con sus propias necesidades. El maestro no enseña de manera directa y colectiva y, como cada niño trabaja a su propio ritmo, no ve amenazado o interrumpido su aprendizaje por el hecho de que otros niños manejen tiempos y ritmos distintos.

Como los niños trabajan escogiendo libremente sus actividades sin tener que competir y sin sentirse forzados, no son víctimas de la presión y de la tensión que caracteriza a otros métodos y que obstaculizan el desarrollo infantil.

Este método de educación se ha aplicado con éxito en niños de diversas nacionalidades, razas y condición social, y ello ha hecho que se piense en la posibilidad de su aplicación a nivel mundial.

¿Cómo pueden los padres elegir una escuela adecuada para sus hijos?

En términos generales, la escuela para los hijos debe elegirse en función de la personalidad de los niños y de las necesidades y los objetivos de los padres. Estos aspectos son muy importantes y deben tomarse en cuenta para que hijos y padres puedan obtener todos los posibles beneficios.

Cada escuela tiene determinadas características que cubren necesidades especiales y de las cuales los padres intentarán hacer una evaluación, considerando la mayor cantidad de aspectos posibles.

En lo que respecta a las situaciones prácticas, hay que señalar que si los padres están más contrariados que tranquilos por mantener en determinada escuela a los hijos debido a la demanda económica que les supone o bien por estar ubicada a una gran distancia de la casa, complicándose con ello la rutina diaria, el problema se reflejará tarde o temprano en el grado de aprovechamiento y en las ventajas que podrían obtenerse del plantel. Los métodos de enseñanza pueden ser excelentes pero en una situación así hasta eso pasa a un segundo plano. Factores como los descritos son externos pero pueden ser determinantes.

Como la vida escolar y la vida familiar se interrelacionan durante todos los años de estudio de los hijos, es importante que exista cierta congruencia entre ellas. De esta manera, se recomienda que los padres busquen instituciones que coincidan en los aspectos más relevantes para el desarrollo de sus hijos.

Entre dichos aspectos están, por ejemplo, el respeto por parte de la escuela de la labor de los padres y el que los maestros y directivos consideren, entre sus postulados básicos, que el niño es un ser íntegro que requiere apoyo y aliento en el desarrollo de todas las áreas de su personalidad y no sólo en las directamente relacionadas con el desempeño académico. También es importante creer que los hijos, independientemente de su edad, son seres humanos que necesitan ser respetados para aprender a respetar y para adquirir, también, otros conocimientos.

Si existe confianza en la capacidad potencial del niño y se le brindan oportunidades para que sienta que participa activamente en sus tareas de aprendizaje, se le abren las puertas para que enriquezca este proceso de forma más dinámica.

Una escuela adecuada a las necesidades del niño y de sus padres constituye una eficaz herramienta que contribuye a establecer bases sólidas para el futuro desarrollo del infante.

Es importante, entonces, que la escuela tenga en cuenta la personalidad de cada niño y que en función de su propio desarrollo se evalúe su progreso, con la finalidad de que el pequeño tenga espacio para desarrollar su creatividad y capacidad de juicio crítico.

Independientemente de la escuela a la que vayan los hijos, los padres siempre cuentan con claves importantes para evaluar algunos de los factores citados. Los padres podrán observar a sus hijos y, además, invitarlos a compartir sus experiencias escolares. Los hijos deben manifestar que aprenden con placer y entusiasmo, que tienen actitudes positivas hacia el aprendizaje y la escuela y que les gusta asistir a clases.

¿Los niños sobredotados son los únicos que se aburren en la escuela?

Frecuentemente, los niños con habilidades superiores suelen aburrirse en el salón de clases cuando hacen todo con mayor rapidez o cuando comprenden las explicaciones antes que el resto de sus compañeros. Sin embargo, esto les ocurre también a los niños que no cuentan con habilidades excepcionales.

La diversidad de ritmos y estilos para aprender y para desempeñar ciertos ejercicios, así como las necesidades y preferencias, pueden variar tanto como el número de niños que hay en un grupo. Así, ya sea por haber terminado y comprendido antes, o bien por no contar con la suficiente explicación que les permita comprender cabalmente, los niños se distraen y se aburren, dejan de prestar atención y se comportan indebidamente, es decir, se muestran intranquilos o hablan en clase. Es frecuente que la inquietud que caracteriza a los pequeños les haga buscar alguna distracción que sea de su interés y que esté a su alcance. Problemáticas como ésta se presentan en la mayoría de las escuelas que aplican métodos tradicionales de enseñanza y pueden transformarse en un grave problema que deriva en la pérdida del interés, por parte del alumno, por continuar aprendiendo.

Los especialistas en la materia señalan que una forma de resolver este problema es trabajando con grupos pequeños que permitan un trato personal con los alumnos. También se les aconseja a los maestros planear sus actividades tras reflexionar acerca de las diversas maneras de transmitir los conocimientos a los niños. En este orden de ideas, puede exponerse un tema recurriendo a diferentes materiales y a una explicación que incluya sólo los puntos más importantes, para finalmente invitar a los alumnos a participar con preguntas y con ideas propias al respecto. Este tipo de aproximación a un tema suele dar cabida al interés de los niños.

El tener un número reducido de alumnos —por ejemplo, quince— les da a los maestros la oportunidad de conocer algunas de sus reacciones para poder entrar en contacto con su desarrollo y con sus necesidades. Es importante señalar que la mayoría de los niños responde positivamente ante este tipo de intervención, ya que no se sienten excluidos del grupo por el mero hecho de tener un desempeño distinto del de otros niños. Estas alternativas disminuyen las posibilidades de que los pequeños reciban una etiqueta, ya que es frecuente que se imprima en el alumno un rótulo que lo identifique como diferente. Dicha etiqueta suele hacer hincapié en un sólo rasgo de su persona como un elemento distintivo que excluye, casi automáticamente, el resto de sus características.

¿Aprender idiomas contribuye a mejorar las aptitudes mentales?

De acuerdo con investigaciones recientes, tener la oportunidad de aprender por lo menos un idioma distinto al materno favorece considerablemente el desarrollo del intelecto. Se sabe que la lengua y el pensamiento están estrechamente relacionados, al grado de que, en opinión de los especialistas, la primera modela o estructura al pensamiento. Casi todos los estudios que se han realizado con niños bilingües han revelado que conocer dos idiomas tiene consecuencias positivas para su crecimiento intelectual, sin importar que su aprendizaje haya sido simultáneo o secuencial; es decir, que tras dominar una sola lengua después se hayan aprendido la otra. Aprender dos idiomas puede incrementar el grado de conciencia sobre el proceso mismo del lenguaje y, por lo tanto, sobre los procesos intelectuales.

Estos estudios también han revelado que los niños que aprenden otro idioma además del materno, son más analíticos y flexibles, debido a la manera que tienen de acercarse a los problemas cotidianos, sin contar que los niños bilingües desarrollan más sus habilidades en lo que al manejo de símbolos se refiere, así como a la solución de problemas verbales y no verbales y, en general, a todo lo relacionado con la gramática y el vocabulario, por ejemplo.

Durante el aprendizaje de estos idiomas, las personas tienen una mayor oportunidad de pensar, mediante la abstracción y el análisis, tras someterse al conocimiento de la estructura no de un idioma sino de dos, aunándose a lo anterior el hecho de que todas las habilidades que intervienen en la adquisición y el uso de la lengua ayudan al individuo, en lo sucesivo, a aprender otro idioma con mayor facilidad y rapidez.

Finalmente, es importante señalar que, contrariamente a lo que se piensa, la adquisición de una segunda o tercera lengua no está determinada por la edad sino por la motivación que tenga la persona para aprenderla.

Se sabe que cuando el aprendizaje de otro idioma es realmente importante para un individuo, la edad que éste tenga no constituye un factor determinante.

Es un hecho, además, que ser bilingüe genera grandes ventajas al ser humano en estos días, ya que se trata de una herramienta más con la que se cuenta para cumplir con proyectos y alcanzar objetivos en un mundo cada vez más exigente.

¿Aprender a tocar algún instrumento musical favorece la capacidad intelectual?

El sonido ha formado parte de la vida del hombre desde sus inicios. Al parecer, en todas las culturas la música ha tenido y tiene un lugar especial, y varios y diferentes significados. La música ha sido objeto de un gran número de investigaciones que sostienen que tiene un gran impacto sobre el ser humano, y que el hecho de tener acceso a ella puede traer consigo beneficios muy importantes relacionados directamente con el desarrollo de las capacidades intelectuales.

Para que una persona pueda obtener los máximos beneficios de la experiencia musical, es preciso que su aproximación sea agradable y placentera; aprender a tocar un instrumento musical debe ser algo divertido y entretenido.

El aprendizaje de la música no sólo es una actividad agradable y placentera. También puede reportar muchas ventajas para el desarrollo intelectual de niños y adultos.

287

Los especialistas señalan que cuando se aprende a tocar algún instrumento musical se estimulan procesos intelectuales muy importantes que están correlacionados con las habilidades necesarias para leer y escribir, por ejemplo; que se estimula, entre otras capacidades, el razonamiento no verbal, el pensamiento lógico y el abstracto, la memoria, la capacidad de reflexión en las ejecuciones, la capacidad analítica, y por supuesto se puede desarrollar, de forma considerable, el sentido del oído y la capacidad de concentración.

Asimismo, la disciplina que se requiere para aprender a tocar un instrumento musical es para muchos niños una forma muy importante de adquirir hábitos de estudio.

El contacto con la música es un gran estimulador de la inteligencia. Se ha observado que los bebés y los niños pequeños que tienen acceso a la música presentan más conexiones interneuronales.

GRANDES INTELIGENCIAS CAMUFLADAS

Como los niños considerados como sobredotados aprenden a una gran velocidad, el resto del tiempo se aburren, por lo que es común que su inteligencia pase inadvertida e incluso que sean tildados de flojos, apáticos, mediocres y hasta deficientes.

Durante su infancia, Albert Einstein, célebre físico y matemático de origen alemán que hizo importantes contribuciones a la ciencia moderna, parecía ser un niño con problemas de aprendizaje: era un pequeño solitario, metódico y cuidadoso, que se esforzaba tanto en pronunciar cada palabra que no habló hasta los cuatro años, lo cual aparentemente era una clara dificultad para expresarse y no un síntoma de su precoz inteligencia. Aunque a los diez años de edad ya había hallado una solución distinta para el Teorema de Pitágoras, a los doce años, su profesor lo tenía por un alumno poco aventajado.

Tomás Alva Edison, célebre inventor e industrial norteamericano, que creó y perfeccionó el fonógrafo y la lámpara incandescente, fue considerado durante su infancia como un niño retrasado intelectualmente. Los expertos opinan que la mayoría de los niños con un cociente intelectual (CI) elevado, rinden por debajo de sus posibilidades, y un alto porcentaje de ellos —casi un 70%— tienen un rendimiento por debajo de lo normal y abandonan los estudios. Sin embargo, en la actualidad existen instancias para ayudar a estos niños a desarrollar sus potencialidades si son descubiertos a tiempo.

¿La madurez de una etapa de la vida escolar depende de la etapa anterior?

La madurez que un niño haya alcanzado en una fase escolar, ya sea primaria, secundaria, preparatoria o profesional, aunque obviamente está relacionada con lo vivido en la etapa anterior, tampoco es determinante. Desde la etapa preescolar, los niños siguen un esquema que contempla un progreso regular y consecutivo sin descartar el que intervengan muchos otros factores.

Los programas que se siguen en la mayoría de las escuelas sustentan que cada etapa brinda los antecedentes más importantes para iniciar la siguiente y cursarla de manera adecuada. No obstante, el hecho de cada niño sea tan único como su propia historia hace que ello no siempre resulte así.

En teoría, cada pequeño puede adquirir en una etapa escolar los conocimientos indispensables para comenzar la siguiente, pero lo cierto es que no siempre cuenta con la madurez necesaria para lograrlo. Cada niño, de acuerdo con su ritmo de desarrollo y con las facilidades que le de su entorno, irá alcanzado los niveles de madurez correspondientes.

En ese sentido, es muy importante que el final de una etapa y el principio de otra puedan valorarse como una oportunidad para que los hijos alcancen objetivos de desarrollo, recordando, que cualquier momento es adecuado para que ello se geste siempre y cuando sea conforme a parámetros adecuados. Cada etapa plantea sus propios retos tanto para los padres como para los hijos y, de la misma manera, cada etapa ofrece posibilidades de crecimiento. Estas etapas no deben tratarse con rigidez ni de manera drástica; por el contrario, se recomienda que el pasar de una etapa escolar a otra sea visto como lo que es: un periodo de transición.

Se ha observado que, aunque en apariencia un individuo no alcance el rendimiento deseado al concluir un ciclo, después tenga un desempeño muy bueno, lo cual también puede suceder al revés: el cumplir con creces en una etapa escolar no garantiza el éxito en la siguiente.

Al contar con esta información, los padres comprenderán que el apoyo que se brinda a los hijos es muy importante en este aspecto, ya que en muchas ocasiones la sociedad y, en particular la escuela, suelen ser críticas y determinantes.

Finalmente hay que subrayar la importancia de que los hijos comprendan que las transiciones son procesos que requieren tiempo y experiencia, evitando con ello la desesperación y toda esa prisa fomentada por los mitos de que al pasar del jardín de niños a la primaria automáticamente aprenderán a leer y a escribir, o que al terminar la preparatoria estarán completamente seguros de la elección de su carrera profesional y se comportarán como adultos.

La madurez puede o no reflejarse en el desempeño académico; pero, en general, está determinada por la experiencia escolar en combinación con otros muchos aspectos, como el ritmo de trabajo y las oportunidades de aprendizaje que da el medio en el que se desenvuelve toda persona.

¿Realmente aprenden más los hijos que son enviados a estudiar al extranjero?

En general, los hijos que son enviados a estudiar al extranjero tienen las mismas posibilidades que los que estudian en su país de origen, siempre y cuando cuenten con el apoyo que necesitan por parte de los padres para asistir a una institución que ofrezca enseñanza de calidad, pues las oportunidades de desarrollo y de aprendizaje no dependen de la localidad en la que un individuo pueda estudiar.

En lo que se refiere al nivel de educación profesional y de posgrado, se puede no estar de acuerdo con esta idea, ya que, dependiendo de la rama de estudio, existen escuelas especializadas en diferentes partes del mundo que ofrecen conocimientos muy actuales y especializados.

En términos generales, se ha observado que el vivir en otro país durante cierto tiempo ofrece experiencias enriquecedoras en la vida de los seres humanos. Cabe señalar, por otra parte, que cuando la decisión de que un hijo estudie lejos de su país, de su familia y de sus amigos es compartida por el padre, la madre y por el hijo en cuestión, la experiencia suele tener efectos muy positivos.

Además de aprender, el estudiar en un lugar diferente puede aportarle al individuo nociones culturales nuevas que abarquen desde el idioma y la geografía hasta las costumbres y las tradiciones. Otra buena razón para estudiar fuera es que la forma más fácil de aprender un idioma es residiendo en el país donde éste se habla.

El proceso de adaptación a un nuevo país, con todo lo que ello implica —desde vivir sin la familia y los seres queridos, el adaptarse a otra comida, hasta los métodos de enseñanza y aprendizaje propios de la escuela— es diferente en cada caso. Algunas personas logran adaptarse tan rápida y adecuadamente que parece que han vivido toda su vida en ese lugar, mientras que otras necesitan más tiempo y mucha comprensión para hacerlo, aunque tarde o temprano lo logren.

Es curioso, pero en este proceso de adaptación no pocas personas llegan a apreciar más que antes a su familia y a su país, sin dejar de adoptar por ello varias de las costumbres y tradiciones del nuevo país, albergando incluso una gran inquietud por conocer nuevas personas y otros lugares.

Es importante advertir que, a pesar de todas las ventajas señaladas, ninguna de ellas tiene suficiente peso cuando el hijo que va a estudiar fuera descubre que vivir lejos de los seres queridos es más difícil de lo imaginado, y experimenta mucho dolor y desgaste emocional. En tales circunstancias, el aprendizaje del hijo enviado al extranjero, sí puede verse sumamente alterado, independientemente de la calidad de la escuela en la que esté inscrito, ya que en un caso así el problema emocional interfiere sin que importe el tiempo ni el lugar.

Cuando se envía a un hijo a estudiar en el extranjero, no sólo debe elegirse la institución adecuada sino también confirmar que el hijo realmente está preparado para apartarse de la familia durante un tiempo prolongado.

Otro caso en el que no funciona, sino como una experiencia negativa y generadora de conflictos, mandar a un hijo al extranjero, es aquél en el que el móvil de los padres es castigar al hijo por su mala conducta. Para algunos padres de familia funciona como un castigo o bien como una vía para liberarse de las responsabilidades cotidianas que la paternidad trae consigo. En casos así, la relación entre padres e hijos suele empeorar y las posibilidades de reconciliarse disminuyen, por lo que también en estos casos el aprendizaje y el desempeño académico se ven obstaculizados.

Así, puede concluirse que el estudiar en el extranjero puede tener efectos tanto positivos como negativos, dependiendo de los móviles de conducta y de los intereses de cada familia.

¿Es verdad que en los niños es más importante desarrollar habilidades que acumular conocimientos?

La mayoría de las veces, la acumulación de conocimientos sólo puede favorecer la estimulación de la memoria, que es una de las múltiples capacidades intelectuales; por el contrario, el desarrollo de las habilidades, no sólo en los niños sino en todos los individuos, contribuye a un desarrollo integral de la personalidad.

Durante mucho tiempo se ha considerado que cuanto más sabe alguien es más valioso, y desgraciadamente este saber se asocia con la acumulación de conocimientos mediante la memorización de datos importantes, y no al esfuerzo, al desarrollo integral y a la satisfacción personal. Esta acumulación de conocimientos parece haber sido el único objetivo de los esfuerzos de personas, instituciones y programas educativos de muchos países, pero es un hecho que cuando el objetivo del aprendizaje es sólo acumular conocimientos, este aprendizaje queda trunco y desarticulado porque en la mayoría de los casos los datos memorizados no tienen significado alguno para la persona, de modo que sólo puede repetirlos mecánicamente.

En cambio, cuando los individuos tienen la posibilidad de desarrollar sus habilidades y de tener verdaderas experiencias de aprendizaje, este proceso no favorece sólo una habilidad en particular, sino también otras capacidades relacionadas.

Además, en estos casos las experiencias de aprendizaje podrán ser parte del repertorio de recursos alternativos disponibles para la vida cotidiana. Todo este proceso implica que el individuo será capaz de aprovechar realmente las potencialidades con las que cuenta y aplicarlas a cuestiones como la búsqueda y resolución de problemas.

¿Qué es el rendimiento escolar y cómo influyen en éste los maestros?

Generalmente, el concepto de rendimiento escolar se emplea para describir el desempeño de una persona en el proceso de aprendizaje y, en la mayoría de las instituciones de enseñanza, se evalúa recurriendo a números.

El rendimiento escolar es un parámetro decisivo para evaluar el nivel en que el alumno cubre las demandas y las expectativas de la escuela.

El esfuerzo y la dedicación que un alumno invierte en su trabajo escolar de un mes no puede reflejarse a través de un número; por este motivo, en la mayoría de los casos las calificaciones no coinciden con la manera en la que el alumno aprende, asimila y emplea los conocimientos, ni con el proceso por el que está pasando.

Así, en la mayoría de las ocasiones, lo que se entiende por rendimiento escolar revela, más que nada, la opinión de quien hace la evaluación, basándose en parámetros que para él son pertinentes.

El rendimiento escolar de un alumno depende de un conjunto de factores y de su interacción.

Se ha generalizado la idea de responsabilizar al maestro del desempeño de los alumnos. Es preciso y conveniente entender que el maestro no es mas que un eslabón más, y aunque es importante en el proceso de aprendizaje, no es el motor único.

En la actualidad, se sabe que quien juega el papel más activo en el aprendizaje es el propio alumno. Se ha observado que la percepción que tienen los padres del maestro se transmite a los hijos de diversas formas: cuando los padres están en desacuerdo con el maestro o con las técnicas de enseñanza que utiliza, los hijos lo perciben rápidamente.

Cuando los padres intenten negociar con el maestro para llegar a un acuerdo sin lograrlo, resulta muy conveniente explicar al alumno lo que sucede así como evaluar las opciones posibles. Cuando las diferencias de opinión son irreconciliables y la situación se torna difícil, resulta válido tomar alternativas más drásticas, como cambiar al hijo de salón o de escuela.

¿Las críticas y las correcciones que a veces hacen los padres o los maestros a sus hijos o alumnos pueden perjudicar el desarrollo de la creatividad de estos últimos?

Algunas veces se aconseja a padres y educadores que no presionen al niño en sus realizaciones, y que se le permita ensayar de forma libre para favorecer su expresión creativa; que no se emitan juicios negativos sobre su trabajo, y que se premien todos sus esfuerzos independientemente de los resultados. Sin embargo, todo ello también puede tener efectos negativos en el desarrollo de la creatividad humana.

Probablemente, los niños y los adolescentes son los críticos más severos de su propio trabajo, y en muchas ocasiones son capaces de distinguir los elogios honestos del elogio emitido sólo para alentarle. Reforzar o premiar algo que el adolescente o el niño considera que no ha sido tan bueno puede conducir a que reduzca sus metas o sus expectativas, ya sea porque siente que no se esperan cosas mayores de él o porque acepta que sea recompensado por hacer cosas sin demasiado esfuerzo, considerando que no vale la pena poner mayor empeño si puede obtener reconocimiento social con muy poca dedicación.

Las personas cuyos padres o maestros mantienen expectativas y metas altas con respecto a los logros que pueden alcanzar tienden a establecer para ellos mismos aspiraciones más altas, y aunque estén satisfechos con sus realizaciones, que implican trabajo y esfuerzo, tienden a esperar superar cada día sus logros.

Una valoración justa y unos juicios críticos realizados en un ambiente de apoyo y afecto no matan la creatividad sino que la orientan, motivan y refuerzan, mientras que los elogios continuos sin relación con el esfuerzo pueden tener efectos nocivos.

¿Puede el bajo rendimiento escolar de un niño deberse a un desarrollo intelectual deficiente?

Sí, entre otras muchas razones un desarrollo intelectual deficiente puede reflejarse en un rendimiento escolar bajo.

Las habilidades intelectuales están estrechamente relacionadas con el aprendizaje, por lo que en ocasiones si un niño presenta un problema en alguna de estas habilidades puede reflejarse en su desempeño escolar.

Incluso cuando el rendimiento escolar comúnmente no consiste en evaluar el desarrollo de habilidades, es posible que esto esté implícito.

Por ejemplo, en un niño que cursa la primaria, un parámetro del rendimiento escolar es la capacidad para comprender lo que lee y para contestar un examen.

Cuando un niño no puede entender de forma apropiada debido a que no ha logrado desarrollar habilidades involucradas para leer correctamente y/o para captar los aspectos más importantes de una historia y para reconstruirla, obtendrá una calificación baja aun cuando domine los conocimientos del tema del examen.

En este sentido, es muy importante que los padres, en colaboración con los maestros, acompañen a los hijos y alumnos en sus procesos de desarrollo para así detectar cualquier posible signo o señal de necesidad de ayuda.

Es común que cuando los hijos no logran el rendimiento escolar esperado se les responsabilice, argumentando que este bajo rendimiento responde a su falta de entusiasmo y cooperación en los asuntos escolares, por lo que se les reprime y se les castiga constantemente.

Aun cuando el rendimiento escolar es una estimación que los maestros hacen del desempeño de los niños, los especialistas recomiendan que se intente investigar qué sucede en cada caso en especial.

Los maestros deben estar capacitados para detectar cuando un alumno necesita apoyo adicional al que él mismo le brinda y al que le dan sus padres.

En algunos de estos casos, los maestros reportan que el alumno no logra aprender aunque se esfuerza, o que en un principio parece entender lo que se le explica y posteriormente no logra realizar la actividad de forma adecuada, o que el alumno rechaza las invitaciones del maestro a intentar prestar atención para comprender algún tema, argumentando que no quiere porque de cualquier manera él no entiende.

Cada situación requerirá de una intervención de los padres en el ámbito escolar para analizar los hechos y tomar una decisión lo más pronto posible.

Se ha observado que mientras más temprano se realiza este análisis y mientras más rápido se toma una decisión y se toman las medidas necesarias, los hijos superan más fácilmente la dificultad en cuestión y siguen el curso de su desarrollo de una manera más apropiada.

Si un niño presenta un bajo rendimiento intelectual, es recomendable que lo trate un profesional, que puede ser un psicoterapeuta infantil o familiar, ya que ellos cuentan con la preparación adecuada para orientar a los padres y atender el problema en forma correcta.

Es importante que se atienda cualquier sospecha de que exista alguna dificultad en el desarrollo intelectual al igual que en otras áreas, ya que esto puede evitar situaciones problemáticas muy complicadas.

¿Por qué algunos niños se rehúsan a ir a la escuela y no quieren saber nada de ella?

La obligación de asistir a la escuela como parte de una preparación formal y el hecho de que ésta sea la responsabilidad más importante para la mayoría de los niños provoca rechazo en muchos de ellos; además, en ocasiones se les presiona demasiado —incluso antes de ingresar en la escuela— para que emulen a los padres, para que superen a los demás, para que se apliquen a sus estudios, para que procuren ser aceptados por maestros y compañeros, para cosechar triunfos, para demostrar obediencia y a veces más responsabilidad de la necesaria. Muchas veces aún no han entrado a clases y ya saben los castigos que van a recibir si no cumplen con las expectivas de los padres.

Ante estas situaciones, los hijos entran en la escuela con altos niveles de ansiedad y de presión, lo que obstaculiza su aprendizaje y desempeño en la escuela, así como su sentimiento de bienestar.

También habría que considerar la facilidad o dificultad que tiene cada niño para adaptarse a las normas establecidas por la escuela y por el maestro. Cuando los niños perciben un ambiente muy diferente del de su hogar, pueden desorientarse y no desempeñarse de acuerdo a sus capacidades.

A veces sucede que, si un pequeño no logra entender o aprender algo, o no puede poner la atención necesaria, se le considera poco capaz y se le reprende; pero es muy importante considerar antes si esto no refleja una necesidad especial de estimulación o algún problema emocional que no habían percibido padres ni maestros.

En estos casos los hijos pueden desarrollar sentimientos de inseguridad, de falta de confianza en sí mismos y de incapacidad, sentimientos que pueden limitarse al ámbito escolar o generalizarse a todo lo que tenga relación con el aprendizaje.

Lo que se considera fracaso escolar, como obtener malas calificaciones o no ser reconocido como un elemento deseable del grupo, con frecuencia conduce a que los maestros y alumnos rechacen al chico en cuestión y lo etiqueten de "burro", "flojo", etcétera.

Tanto los maestros como los padres de familia suelen reaccionar adversamente hacia los niños etiquetados y hacia sus actitudes, reprimiéndolos, regañándolos y castigándolos; de esta manera contribuyen a que desarrollen sentimientos negativos hacia la escuela.

Hay niños que en ocasiones muestran rechazo a hacer las tareas escolares o a asistir a la escuela; otros se muestran drásticamente renuentes incluso a hablar de sus experiencias escolares; realizan sus tareas obligados y coaccionados por medio de amenazas y castigos y cada día les pesa más asistir a la escuela.

Así, en lugar de que la escuela se considere como un lugar lleno de oportunidades para aprender y desarrollarse, se convierte en un suplicio para los hijos y también para los padres.

En muchas ocasiones los padres y los maestros parecen olvidar que los niños tienen, por naturaleza, una gran capacidad para aprender, y que necesitan experiencias de diferentes tipos para conocer y fortalecer todas sus habilidades: que el aprendizaje escolar es sólo una parte de la estimulación que requieren para desarrollarse apropiadamente.

Para que la escuela cumpla su función de enseñanza y estímulo para aprender, los maestros deben inculcar en el alumno la idea de que adquirir conocimientos es útil e interesante, y deben hacérsela agradable con el fin de que él sienta placer y orgullo, y para que se sienta satisfecho con los esfuerzos que realiza. Por su parte, los padres pueden procurar que el niño tenga una educación integral complementando sus actividades y aprendizaje y abriéndole nuevas fronteras en los demás terrenos de la vida.

Por otra parte, existen, en algunos casos, otros factores, tales como el excesivo apego entre padres e hijos, que se puede traducir en miedo o angustia de separación, bilateral o más acentuada por parte del niño o de alguno de los padres.

Afortunadamente, el antiguo método de castigar a los niños en un rincón del salón de clases o ponerles orejas de burro ha caído en desuso en las instituciones educativas de buena calidad.

293

¿Cómo debe elegirse la universidad?

La elección de la universidad en la que se llevarán a cabo los estudios a nivel superior y de posgrado implica un conjunto de importantes decisiones relacionadas con el futuro de los hijos.

Los especialistas afirman que antes de realizar la elección se debe realizar un profundo análisis y reflexión mediante los cuales se evalúen todas las ventajas y desventajas de cada posible opción. Este análisis debe ser realizado por el estudiante interesado, tomando en cuenta sus prioridades personales y evaluando también el punto de vista de sus padres. También es recomendable considerar lo siguiente:

El plantel elegido, idealmente debe tener, en la mayor medida posible, las siguientes características:

• Que imparta la carrera elegida por el estudiante.
• Que el plan de estudios satisfaga las expectativas y necesidades del estudiante.
• Que cuente con profesorado especializado.
• Que las cuotas sean accesibles y se ajusten al presupuesto destinado para dicha finalidad.

Como generalmente son los padres quienes financian los estudios de los hijos, es conveniente determinar previamente el monto de los ingresos que pueden destinarse al pago de colegiaturas; de esta manera, los hijos contarán con una idea más clara acerca del tipo de instituciones entre las que pueden hacer su elección. También resulta muy conveniente visitar las instalaciones de las universidades propuestas como opciones, conocer a los estudiantes y maestros, e informarse acerca del nivel académico de sus egresados.

¿Triunfar en la escuela garantiza triunfar fuera de ella?

Se suele decir que tener éxito en la escuela significa que se tendrá éxito también fuera de ella; es decir, en los ámbitos social, laboral, cultural, y en todas las facetas de la vida. Sin embargo, la experiencia de muchas personas y una gran variedad de estudios han señalado que no siempre resulta de esta manera.

En la vida de los seres humanos no es posible realizar predicciones sin temor a equivocarse, y no es posible garantizar casi ninguna situación.

En términos generales, el tener oportunidades para estudiar se ha vuelto, efectivamente, una necesidad fundamental; cuantos más elementos pueda tener un individuo para enfrentar los retos de la vida, más oportunidades tendrá de desarrollarse y de alcanzar sus metas, pero para esto necesita, además de una sólida preparación académica, un gran apoyo también en todos los otros aspectos.

En algunos casos los jóvenes podrían creer que, como ya triunfaron en la escuela, no tendrán que esforzarse una vez que quieran o deban desempeñarse fuera de ella.

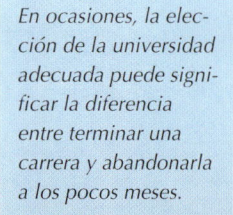

En ocasiones, la elección de la universidad adecuada puede significar la diferencia entre terminar una carrera y abandonarla a los pocos meses.

Esto resulta cierto en muy pocas ocasiones. De una u otra manera, la escuela ofrece un ambiente al que la mayoría de los alumnos se ajustan y adaptan, y en el que aprenden a desenvolverse; en el caso particular de los alumnos con rendimientos escolares superiores, este ambiente suele acogerlos en forma especial. Estos alumnos, al saberse merecedores de una atención particular, prácticamente dominan las estrategias para obtener lo que quieren.

Salir de la escuela con estas percepciones en muchos casos resulta muy negativo para los estudiantes, ya que descubren en forma abrupta que el ambiente fuera de la escuela no es igual que dentro de ella y que, incluso cuando han triunfado en la escuela, deberán esforzarse para triunfar también en el exterior.

Es importante que los hijos sepan que triunfar en la escuela puede ser muy valioso para tener éxito también fuera de ella, aunque para esto necesitarán esforzarse; deben saber que, aun cuando se haya sido uno de los mejores estudiantes, la experiencia que puede obtenerse en forma práctica es irremplazable.

Vale la pena tomar en cuenta que el área laboral no es la única relacionada con el éxito del ser humano. Los especialistas coinciden en que hay tantas definiciones de éxito personal como seres humanos existen, y que lo importante en este sentido es que el individuo logre alcanzar sus metas, independientemente de si triunfó en la escuela o no.

¿La formación académica debe ser lo más importante para los hijos?

En términos generales, lo más importante para los hijos es que tengan oportunidades para desarrollarse en forma integral, y que se sientan satisfechos de sus esfuerzos y logros, pero también el conocimiento académico forma parte de la experiencia de vida del estudiante, ya que de alguna forma matiza su desarrollo como individuo y le brinda experiencias especiales.

En nuestros días, la formación académica ha llegado a ocupar un lugar tan trascendental en la vida de los individuos, que algunos especialistas sugieren que los títulos académicos han venido a reemplazar a los títulos nobiliarios de otros tiempos.

En términos prácticos, contar con el mayor grado de estudios posible en estos días puede implicar mayores alcances sociales, mejores condiciones para competir por empleos y el modo más directo de lograr un desarrollo profesional adecuado, pero aun así, no es una garantía.

Durante los últimos años, se ha adjudicado demasiada importancia a la escuela, y en función de ella giran todas las demás actividades de las personas, incluso desde edades muy tempranas. De esta forma, muchos niños y jóvenes están obligados a dedicar el mayor porcentaje de su tiempo al estudio y a la realización de tareas escolares, lo que limita en gran medida el tiempo que deberían dedicar a otras actividades —como el juego y la convivencia con compañeros de su edad—, y obstaculiza las relaciones entre padres e hijos.

Los especialistas recomiendan que las actividades escolares no abarquen la mayor parte del tiempo, con el fin de dejar tiempo libre para el descanso y la práctica de actividades recreativas.

¿Cómo pueden elegir los padres el lugar y las personas ideales para dejar a sus hijos mientras trabajan?

Antes de buscar el lugar para dejar a los hijos, los padres deben investigar detalladamente cuáles son las instituciones más adecuadas y las características de cada una de ellas. Se recomienda que ambos padres visiten las instituciones seleccionadas y confirmen si las personas encargadas del cuidado de los niños les dan a éstos un trato cálido, afectuoso y respetuoso; si las instalaciones cumplen con todas las condiciones de seguridad e higiene; si los niños reciben un trato personalizado y si son atendidas todas sus necesidades; si el personal está realmente capacitado para educar adecuadamente a los niños, etcétera.

Es importante que la institución permita a los padres tener acceso a ella para conocer las instalaciones y al personal que allí labora. Asimismo, es recomendable que la institución cuente con canales abiertos de comunicación, los cuales son indispensables para facilitar la colaboración entre padres y maestros. Los padres deben averiguar cuáles son los métodos que se utilizan en el lugar seleccionado para disciplinar a los niños; asimismo, pueden pedir su opinión a otros padres de familia que tengan a sus hijos en esa institución e incluso entrevistar a algún alumno de la misma.Con base en estos elementos, los padres podrán valorar si la actitud del personal es positiva y entusiasta o si es negativa y altamente enjuiciadora.

Entre las características que debe cumplir el personal que labora en la institución está el tener un auténtico gusto por atender a los pequeños y una preparación especializada para su cuidado y atención. Las personas encargadas del cuidado de los hijos deben tener mucha paciencia y flexibilidad. La atmósfera de la institución debe ser de compromiso, compañerismo y responsabilidad.

Otros elementos que deben tomar en cuenta los padres son:

• Si la institución cuenta con personal médico especializado para atender a los niños en caso de que tengan algún accidente o se enfermen.

• Si existen suficientes adultos para poner a salvo a todos los niños en caso de emergencia.

• Si las instituciones son seguras para los niños y si se cuenta con el material necesario y apropiado para apoyar el trabajo de los pequeños.

• Si la alimentación que ofrecen a los pequeños es saludable y balanceada.

Después de considerar todos estos elementos, los padres podrán tomar una decisión sobre cuál es la institución más conveniente para encargarse de la educación y el cuidado de sus hijos.

Los medios de comunicación

¿Cuándo aparece el interés real del niño por los medios de comunicación?

El interés real del niño por los medios de comunicación aparece alrededor de los tres años de edad y se centra principalmente en la televisión.

Como la televisión es el medio de comunicación al que los niños tienen acceso con mayor facilidad, es el medio que ha sido más estudiado tanto en su contenido como en su influencia —ya sea positiva o negativa.

Aunque existen niños de un año y medio y dos años que gustan de ver la televisión, no cuentan con la capacidad para entender lo que observan. A los tres años, el niño ya es capaz de discriminar y empezar a entender lo que es la televisión y los medios de comunicación.

Se realizó un estudio con niños de uno, dos y tres años, con la finalidad de observar a qué edad el niño le presta más atención a la televisión. Los resultados mostraron que los niños de un año se distraen fácilmente ante cualquier otro estímulo del medio ambiente; los niños de dos años también se distraen, aunque un poco menos, y los niños de tres años pasan más tiempo sin distraerse y le prestan más atención a la trama de lo que están viendo. Se ha reportado que a esta edad los niños llegan a molestarse si se les cambia el canal o se les apaga la televisión, mientras que a los niños menores no les molestaban las interrupciones.

En otro estudio se les pidió a niños de dos, tres, cuatro y cinco años que vieran el mismo programa de televisión durante media hora y posteriormente se les preguntó qué habían visto. En este estudio se incluyeron distracciones con el fin de observar a qué edad el niño es capaz de concentrarse en un programa de televisión. Los niños de dos años recordaban muy poco, los niños de tres años fueron capaces de reproducir partes del programa, los de cuatro años reprodujeron con más exactitud el programa, y los niños de cinco años fueron los que más fielmente reprodujeron lo que habían observado. Asimismo, se observó que los niños de cinco años son capaces de jugar o escuchar música al mismo tiempo que atienden a la televisión.

En una encuesta realizada recientemente se reportó que los niños ven televisión entre dos y cinco horas diariamente. Los niños de cinco años son los que más tiempo suelen pasar frente a la televisión.

Algunos investigadores han recomendado que si los niños ven la televisión muchas horas al día, es necesario procurar que los programas sean de buena calidad. Es importante recordar que los infantes aprenden a través de la observación y de la imitación, y que si no se supervisa lo que ven por televisión es posible que presenten conductas no deseadas por los padres.

¿La televisión es perjudicial para los hijos?

Es posible que la televisión sea perjudicial para los hijos si no se presta atención a los programas que ven y a los mensajes que ésta transmite; es decir, la televisión puede perjudicar o beneficiar a quien la ve dependiendo de la orientación que tengan los programas que se observan y la participación activa de los padres.

La televisión comercial ha tenido muchas críticas, entre las que se encuentran las siguientes: presenta modelos agresivos y violentos; presenta demasiados anuncios cuyo contenido promueve productos que los niños creen que necesitan; en algunos de los contenidos de anuncios y programas está presente el miedo, lo que puede incrementar los temores, las pesadillas y los terrores nocturnos; promueve el sexismo al presentar estereotipos masculinos y femeninos; tiende a desensibilizar los sentimientos y los encamina hacia la violencia; hace a los niños pasivos, ya que el énfasis en lo visual provoca que los demás sentidos no reciban la misma estimulación y se dé una adicción a este aparato.

Después de los años preescolares, el hecho de que los niños vean demasiada televisión comercial puede ocasionar un sinnúmero de efectos negativos. Por ejemplo, se ha observado que niños que ven demasiada televisión sin la supervisión de sus padres son más tensos, ansiosos y suspicaces; sus periodos de atención son más cortos y toman muchas actitudes y frases que no son agradables para los adultos.

Una investigación realizada en Estados Unidos puso de manifiesto algunos datos sorprendentes relacionados con los niños y la televisión. Los investigadores observaron el comportamiento de dos grupos de niños, el primero formado por niños que no verían televisión, y el segundo grupo por niños que vieron televisión; posteriormente se juntó a los dos grupos y se les observó mientras jugaban. Ambos grupos presentaron un comportamiento agresivo; asimismo, se encontró que hasta la edad de ocho años, más niñas que niños imitaban la violencia de la televisión, en tanto que los niños jugaban de una manera mucho más agresiva si su edad estaba en el rango de entre cuatro y cinco años.

En cuanto a la adicción a la televisión, se han realizado numerosas investigaciones que indican que, a pesar de que la televisión es un "gancho" que atrae a los niños, si se tiene un control adecuado en la familia no se corre ningún peligro.

En casos en los que los padres reportan que no pueden "despegar" al niño del televisor, la causa es un pobre control en la familia y no una adicción; en estos casos se observó que los padres utilizaban a la televisión como sustituta de niñera para su hijo, ya que no contaba con otras fuentes de estimulación ni de entretenimiento.

Para que la televisión sea benéfica para los hijos, se pueden seguir las pautas de orientación que ha sugerido la *American Academy of Pediatrics* —Academia americana de pediatría— y la *Action for Children´s Television* —Acción para la televisión de los niños:

297

LA TELEVISIÓN EN LA VIDA MODERNA

Además de ser un medio de comunicación, la televisión ha ocupado diversos papeles en la vida familiar de nuestro fin de siglo; entre ellos, ha reemplazado la atención y el cuidado de un ser humano hacia sus semejantes.

Debido a que es un medio de entretenimiento, la televisión ha sido utilizada por algunos padres como "cuidadora" o "nana" de los niños desde una edad muy temprana.

La televisión también ha ocupado el papel de evitadora de conflictos, ya que al prenderla puede perder toda su importancia un conflicto o dificultad. Investigaciones recientes han puesto de relieve que una televisión encendida frecuentemente sustituye a la conversación cotidiana. Se ha observado que existen familias enteras cuya cohesión depende en gran medida de su manera de relacionarse en torno a la televisión, sin la cual no saben cómo comportarse o convivir, ya que los contenidos de sus pláticas se refieren siempre a la programación de la televisión, e incluso sus rutinas cotidianas y eventos especiales —como reuniones de cumpleaños— se basan en los horarios de los programas favoritos. En estos casos el contacto interpersonal disminuye de forma considerable junto con las oportunidades de desarrollar las áreas social y emocional de la personalidad.

Todos estos aspectos afectan mucho el desarrollo integral de los individuos trastornando de forma importante, por ejemplo, el área intelectual, ya que al estar tanto tiempo frente a la televisión se reducen en gran medida las experiencias de vida y de aprendizaje que pudieron haberse dado en otros contextos y que son fundamentales.

Por ejemplo, el contacto con la naturaleza y todos los beneficios que éste implica para el ser humano se sustituyen por programas de televisión que, en muchos casos, no aportan elementos valiosos para el desarrollo y la comprensión de nuestro mundo.

- Planear con anticipación lo que verán los niños. Se recomienda ver la televisión de la misma manera como se suele ver una película; es recomendable elegir junto con el niño el programa que va a ver y, una vez que éste termine, apagar la televisión.
- Establecer límites, esto es, restringir el tiempo que el niño verá televisión; se recomienda entre una y dos horas diarias, distribuidas a lo largo de la tarde y tomando en consideración las preferencias del menor.
- Los niños verán televisión después de haber cumplido con sus obligaciones, como la tarea o cualquier obligación que tenga dentro de las actividades domésticas.
- Ver la televisión con el niño; esto, además de servir para saber lo que éste ve, da la oportunidad de expresar los propios valores y opiniones acerca de las situaciones presentadas y explicarle al pequeño las situaciones complicadas que se presenten.
- Hablar con el niño acerca de los temas presentados, como amor, trabajo, guerra, familia, amistad, sexo, drogas, etcétera.
- Hablar sobre los límites entre la realidad y la ficción.
- Brindar un buen ejemplo como televidente. El niño no aprenderá a discriminar el contenido de los programas ni a tener una disciplina como telespectador, si el adulto no pone el ejemplo.
- Brindar alternativas; es decir, motivar al pequeño a realizar actividades, dentro y fuera del hogar, diferentes de la opción de ver la televisión. Es una buena idea llevarlo a jugar con sus amigos, inscribirlo en alguna actividad deportiva, etcétera.
- Explicar los anuncios comerciales para que aprendan a discriminar que lo que se anuncia no está necesariamente unido con la imagen que se vende; de esta manera, el niño se irá formando una conciencia y evitará convertirse en un comprador compulsivo o irreflexivo.
- Utilizar nuevas tecnologías; si se cuenta con una videocasetera, se pueden grabar programas o rentar películas que beneficien y ayuden a la educación de los niños.
- Darse cuenta de que el poder de los padres para canalizar la televisión ayudará a ampliar la visión de los hijos.

Con estas recomendaciones se ha comprobado que la televisión, lejos de ser perjudicial, se convierte en un aliado para la crianza y la educación de los hijos.

¿Qué tipo de programas que ofrecen los medios de comunicación pueden ser útiles para el aprendizaje?

Debido a la gran fuerza que han cobrado en la actualidad los medios de comunicación, han sido blanco de una gran número de investigaciones que afirman que para que logren tener efectos benéficos en los individuos, deben haber sido diseñados para dichos fines.

Se ha observado que cuando los especialistas en la materia logran diseñar y realizar programas orientados a favorecer el aprendizaje y el desarrollo del público al que están dirigidos, logran éxito en un porcentaje muy elevado.

Por ejemplo, se sabe que para que los niños presten atención y se logren concentrar viendo o escuchando un programa, es de vital importancia que comprendan lo que está sucediendo en él, ya que los efectos especiales visuales o auditivos por sí mismos no son suficientes para atrapar la atención, mantenerla y provocar una reacción activa ante este programa.

Además de que los programas que favorecen el aprendizaje deben tomar en cuenta las características específicas de su público potencial, deben evaluar y considerar las distintas maneras mediante las cuales el tema que se va a tratar pueda ser comprendido más eficazmente.

Por desgracia, los programas educativos pierden teleauditorio, ya que otros programas que al parecer están de moda reciben mayor publicidad y apoyo.

Los programas educativos deben ser realizados por personal especializado tanto en aspectos del desarrollo del aprendizaje como en los medios actuales de comunicación. Por medio de las computadoras y de la más reciente tecnología es posible realizar programas de gran alcance y de gran efectividad.

Programas que son diseñados específicamente para ofrecer formas de aprendizaje muy entretenidas, han demostrado que tienen efectos positivos en el aprendizaje de los niños.

En investigaciones recientes se ha encontrado que cuando se logra hacer un programa de este tipo de forma adecuada y tomando en cuenta los aspectos anteriormente señalados, puede ser una herramienta de estimulación intelectual infantil sumamente útil. Por ejemplo, se ha observado que algunos de estos programas promueven el desarrollo del lenguaje en forma considerable, así como las habilidades sociales y algunas intelectuales —como las que intervienen en el proceso de lectoescritura—. Esta clase de programas, además de incluir formas directas de enseñanza, con frecuencia ayudan a los individuos a desarrollar su imaginación y su capacidad creativa.

Es recomendable que los padres compartan con sus hijos este tipo de experiencias para que puedan ser más enriquecedoras.

¿Es cierto que el aprendizaje temprano de la computación mejora el rendimiento intelectual?

Bien empleada, la tecnología puede coadyuvar al desarrollo del niño, al grado de que hoy se afirma que incrementará el funcionamiento intelectual humano. La computación forma parte de los adelantos tecnológicos, y su aprendizaje temprano puede contribuir a que se dé un rendimiento intelectual óptimo.

En la actualidad, la computación se está utilizando preponderantemente en las empresas y en los comercios, ya que se reducen sus tiempos y costos; por otra parte, en el área educativa es utilizada sobre todo a partir del nivel medio superior y superior, aunque existen ciertos centros educativos en los que el niño aprende a manejar la computadora desde la edad preescolar. No es del todo aventurado decir que en el s. XXI la computadora será una herramienta de uso corriente en el aprendizaje, por los beneficios que reporta como medio innovador, entretenido y versátil de presentarle al infante lo que hay por aprender a través de animaciones, colores, sonidos y redes de información.

El uso que los niños menores de cinco y seis años hacen de la computadora en el plano cognitivo tiene que ver con actividades repetitivas, las cuales les proporcionan práctica, por lo que pueden reforzar el conocimiento de ciertos conceptos como formas —cuadrado, círculo, triángulo— números, letras y colores, además de enseñarles nuevos conceptos y habilidades. Otra ventaja que proporciona su conocimiento es que los niños puedan cambiar cualitativamente su manera de pensar, porque tras establecer contacto con los programas se tornan más reflexivos y divergentes, es decir, buscan nuevas y diferentes formas de solucionar un problema o ven desde distintos ángulos una situación.

Muchos de los niños pequeños que aprenden a usar la computadora lo hacen porque observan a sus padres hacerlo. Sin embargo —tal y como sucede con cualquier otra actividad—, para algunos será interesante y para otros no, por lo que es recomendable que no se obligue al niño a aprender a manejar la computadora, puesto que llegará el tiempo en que se sienta naturalmente atraído por este aprendizaje.

Lo más común es que a la edad de cuatro años, el pequeño disfrute escribiendo las letras del alfabeto en la pantalla de la máquina, lo cual es permitido por ciertos programas que generan la repetición y la práctica. Incluso se sabe que a los dos años, el niño está listo para empezar a explorar los comandos y los programas para dibujar aunque en un principio necesiten, claro está, de la supervisión de los adultos.

Desde sus primeros años de vida, las nuevas generaciones utilizan la computadora con la misma naturalidad como si se tratara de un juguete.

Por otro lado, es importante mencionar que los padres deben prestar atención y cuidado a los programas informáticos que les compren a sus hijos, ya que deben ser apropiados para su edad, contar con instrucciones claras e incrementar el grado de dificultad, fijándose en que los gráficos sean realistas y dándoles oportunidades ilimitadas para resolver un problema por medio del ensayo y el error. Ya se sabe, por otra parte, que la variedad de programas se incrementa conforme pasa el tiempo y que los últimos avances pueden encontrarse en revistas de computación.

Otro beneficio que aporta la computación se da en el área de la inteligencia emocional, puesto que existen programas que le permiten al niño conocer nuevas formas de pensar y posibilidades de enfrentar diversas situaciones y problemas, así como estimular la creatividad y el pensamiento realista. Existen un programa de computación con el que el niño mayor de ocho años puede realizar su propia historieta, eligiendo escenarios, personajes, villanos y superhéroes donde éstos últimos enfrentan y solucionan problemas cotidianos parecidos a los de ellos, siendo los villanos, también, representaciones de los miedos o de las enfermedades; también hay programas de multimedia que le permiten al niño escuchar la historia que escribió en la pantalla de la computadora, ya sea con voz de hombre o de mujer. Hay programas de realidad virtual que, con ayuda de unos anteojos especiales, le dan la impresión al niño de encontrarse en ese lugar; dichos programas, con la asesoría de un psicólogo, le permiten superar algunas fobias poco a poco, al estar expuesto "virtualmente" al objeto o a la situación que produce su miedo irracional, disminuyendo con ello su angustia y su temor. También hay libros de historias animadas útiles para los niños que no saben leer aún, con la ventaja de que el niño participa en el cuento. Tales historias le dan la oportunidad de tomar decisiones sobre ciertos valores y analizar las consecuencias de los actos, por lo que se sugiere que los padres lo aprovechen y jueguen con sus hijos.

¿Cómo le afecta al espectador la violencia incluida en los programas de televisión?

En la actualidad, la violencia está presente de manera implícita o explícita en la mayoría de los programas de televisión, en los cuales no se deja nada a la imaginación e incluso se exageran los detalles.

En investigaciones recientes se ha encontrado que la violencia transmitida por estos programas tiene efectos nocivos en sus espectadores, entre ellos están la imitación de conductas violentas y criminales, el que los individuos cuenten con menos inhibiciones para comportarse agresivamente y que actúen de manera violenta sin reflexionar al respecto.

Aunque hasta hace algún tiempo se creía que ver programas de televisión violentos tenía efectos positivos pues proporcionaban la oportunidad de ventilar los impulsos agresivos y destructivos sin tener que actuarlos, en la actualidad los expertos sostienen que la violencia televisiva tiene efectos nocivos en el desarrollo emocional de los niños, ya que los vuelve menos sensibles ante la violencia de la vida real, y los lleva a percibir el mundo en el que viven como un lugar inseguro y que les provoca mucho temor; además, aprenden que la violencia es la mejor manera de resolver conflictos.

Diversos estudios han demostrado que como consecuencia de ver programas de televisión violentos, se observa mayor agresión física y otros comportamientos antisociales, aunque no se ha determinado si alguno de estos efectos negativos es específico de alguna edad en particular.

Cada espectador puede verse afectado por la violencia televisiva de diferente manera, dependiendo de su edad y características personales, de su capacidad para poner atención, de la cantidad de esfuerzo que invierte y de la forma en la que procesa la información.

Asimismo, interviene también el contenido de lo que se observa, la manera en la que lo ven, el contexto y el significado que cada persona le atribuye.

Los niños pequeños pueden imitar comportamientos violentos presentados en la televisión fácil y eficazmente si son presentados en forma simple como sucede en algunas caricaturas.

¿De qué manera influye el consumismo imperante en el desarrollo intelectual de nuestros hijos?

En la actualidad, es constante el bombardeo de anuncios comerciales, ya sea por medio de la televisión, la radio, los periódicos, los carteles, los muros e incluso los autobuses del transporte público, que promueven productos atractivos concebidos, justamente, para ser adquiridos. Dichas características de tamaño, color o forma —es decir, la presentación del producto— están dirigidas a todo tipo de público, sea infantil, juvenil, adulto, masculino, femenino, de nivel socioeconómico alto o bajo.

La atención de los niños está dirigida casi exclusivamente a los juguetes y a las golosinas. En los primeros, hay gran variedad y su demanda reside en la novedad y en las modas de los videojuegos, los muñecos o los aparatos, además de la publicidad que los respalda como productos. El periodo comprendido entre finales de diciembre y principios de enero —en las fiestas navideñas y de fin de año— se distingue por el gran consumo de productos infantiles y por las largas listas de regalos que los niños elaboran. En esta época, no está de más que padres e hijos reflexionen sobre lo que realmente se quiere y se necesita, ya que a veces los hijos piden juguetes con los que juegan sólo un día y no vuelven a utilizar. Es precisamente en estas circunstancias cuando los adultos deben fomentar en el niño una actitud crítica hacia los productos que se anuncian y responder a interrogantes como las siguientes: ¿para qué sirve?, ¿realmente lo necesita para disfrutar plenamente del juego?, ¿cuál es el contenido? —en el caso de un videojuego—, ¿es apropiado para la edad del niño?

A la persona que llega a un caso extremo de consumismo se le conoce como comprador compulsivo y se dice que lo es cuando francamente no puede dejar de comprar productos que ni siquiera necesita. Dicho comportamiento enmascara una depresión encubierta, y de esta manera el individuo evita pensar en sus problemas, lo cual genera que éstos no sean solucionados y que sigan presentándose como fuente de dificultades.

El comprar de manera compulsiva es una conducta aprendida en el seno familiar, puesto que algunos padres establecen este patrón de interacción con sus hijos como una forma de sustituir el cariño que no dan, al comprarles cosas o dándoles dinero, con el fin de no sentirse culpables o para no enfrentar su incapacidad de mostrar su amor a través del afecto real o de la convivencia. De ser así, el consumismo sí estaría afectando la inteligencia del niño —no la cognitiva, sino la emocional— puesto que un niño con un coeficiente emocional elevado tiene padres preocupados por sus necesidades afectivas, además de ser asertivos y capaces de hablar abiertamente sobre sus pensamientos y sentimientos, escuchando a sus pequeños, comprendiéndolos y apoyándolos en sus decisiones.

Los hijos de padres que compran compulsivamente también tienden a consumir de manera exagerada, repitiendo este patrón de conducta y llenando un "hueco sin fondo", sin quedar nunca satisfechos, pues no están cubriendo la necesidad principal que es el afecto.

¿Qué pueden hacer los padres para proteger a sus hijos de los efectos negativos de los medios de comunicación?

En la actualidad, todos los individuos están saturados con diferentes mensajes que transmiten los medios de comunicación, los cuales son potencialmente negativos para su desarrollo integral. Se recomienda que los padres ayuden a aprender a los hijos a que cuestionen el contenido y las intenciones de los mensajes que ofrecen los medios de comunicación.

Idealmente, los padres deben actuar como mediadores entre los medios de comunicación y sus hijos. Por ejemplo, es responsabilidad de los padres la cantidad de violencia a la que están expuestos sus hijos en los medios de comunicación.

Es recomendable que los padres no solamente eviten que sus hijos estén expuestos a cualquier tipo medios de comunicación que tenga efectos negativos, sino que también propicien oportunidades para que padres e hijos puedan compartir el experimentar alguno de éstos y comentar el contenido y el impacto que ha tenido en cada uno de ellos.

Los especialistas afirman que discutir estos aspectos, brindar diferentes explicaciones y puntos de vista y cuestionar el contenido de los medios de comunicación, es un buen recurso para dar a los hijos los elementos necesarios para contrarrestar adecuadamente los efectos adversos que éstos tienen en el desarrollo del ser humano.

Cuando los padres actúan de esta forma, estimulan en los hijos las habilidades críticas y de juicio lógico y analítico, y los invitan a hacer un esfuerzo adicional y benéfico al estar presenciando los programas de los medios de comunicación.

Algunos aspectos, como los roles de género, son tratados con mucha insistencia en los medios de comunicación y deben ser motivo de explicación para que los niños no adquieran ideas inadecuadas.

Cada persona debe intentar descubrir las intenciones de cada mensaje transmitido y decidir libremente la forma en la que lo juzgará.

Es importante que, desde pequeños, los niños tengan oportunidades de practicar este tipo de habilidades, las cuales deben desarrollarse continuamente.

Asimismo, es necesario que los individuos perciban la importancia y el gran impacto que los medios de comunicación tienen en la vida de las personas que forman parte del público, ya que en muchos casos el contenido general de los mensajes transmitidos son moldeadores de la personalidad y del futuro de muchas personas.

Se ha observado que el ayudar a los hijos a ser críticos en relación con los medios de comunicación, trae consigo beneficios importantes tanto para desarrollar habilidades especiales como para fortalecer la cohesión familiar.

Se cree que si los medios de comunicación respondieran de manera más apropiada a las necesidades sociales y no a las de la mercadotecnia, sus efectos serían más positivos que negativos.

¿Qué efectos puede tener sobre el potencial intelectual de los niños la saturación de información a través de los medios de comunicación?

La saturación de información va en función del tiempo que una persona —en este caso un niño— destine al uso de los medios masivos de comunicación, aunque es indudable que en ocasiones la información llega a la ciudadanía sin necesidad de difundirse por algún medio masivo electrónico —como es el caso de la noticia que se propaga de boca en boca—, por lo que es responsabilidad de los padres supervisar, por un lado, las actividades de sus hijos y, por el otro, el tiempo que le dedican a dichas actividades.

La época actual se caracteriza por los grandes adelantos tecnológicos y científicos, sin precedente alguno en la era de la información y las telecomunicaciones. Hasta hace apenas un siglo pensar que el hombre podría llegar a la luna era una fantasía. En el siglo XX han tenido lugar grandes cambios en las comunicaciones; primero se inventó el teléfono, posteriormente la televisión y ahora se realizan enlaces vía satélite, además de los constantes avances científicos.

Es una necesidad imperiosa estar informado de los sucesos actuales, pero es más importante estarlo adecuadamente. La saturación consiste en la cantidad y en la calidad de noticias que se generan a partir de un evento positivo o negativo; es decir, que el número de causas, consecuencias e interpretaciones que se le atribuyen a un acontecimiento son proporcionales a las personas que se dedican a investigar dicho suceso. De ahí la importancia de que los padres ayuden a sus hijos a distinguir entre información confiable y la que no lo es, dado que la saturación de los medios es parecida al ruido psicológico en la comunicación: produce efectos nocivos y, por consiguiente, resulta difícil para comprender e interpretar correctamente el mensaje que se está emitiendo.

Los medios masivos de comunicación —televisión, radio, prensa y computadora— acortan las distancias entre los seres humanos; aumentan el acervo cultural y actualizan a las personas en lo referente a la información social. Ésta engloba un sinnúmero de aspectos como descubrimientos científicos, adelantos tecnológicos, aspectos climatológicos y asuntos políticos que, de algún modo, contribuyen a la comodidad y al bienestar de la población. Sin embargo, esa misma actualización es producto de un bombardeo informativo, puesto que los medios tienen el objetivo primordial de dar a conocer los sucesos más recientes de cualquier índole.

El niño de finales de siglo es obviamente diferente al de épocas pasadas. Para que se adapte debidamente a su medio y a su tiempo es indispensable que esté bien informado, así evitará el riesgo de descontextualizarse y obtendrá las ventajas que le genera el manejar las noticias más actualizadas en bien de su potencial intelectual y de sus oportunidades futuras.

En nuestros días se habla de una educación cibernética que propone una reestructuración profunda de la forma de enseñar ya que por milenios las formas de lenguaje predominantes en este campo fueron el escrito y el hablado.

Actualmente estas formas de comunicación se están sustituyendo por la cultura de la imagen a través de la televisión y de la computadora.

EJERCICIOS PARA EL INGENIO

Para mantener la mente activa no hay nada mejor que los ejercicios que la hacen trabajar y la estimulan. Los siguientes juegos y acertijos pueden ser útiles para aguzar el ingenio. Compártalos con la familia y trate de inventar usted otros nuevos.
Las respuestas están en la página 306.

1) Un intrépido cazador, rifle al hombro y brújula en mano, sale de su campamento y camina 15 kilómetros hacia el sur. Una vez ahí se detiene y luego camina 15 kilómetros hacia el oeste. La suerte lo premia con un hermoso oso que aparece frente a sus ojos. El cazador dispara. Arrastrando a su presa, el cazador camina 15 kilómetros hacia el norte y se da cuenta de que regresó exactamente a su punto de partida. ¿Dé qué color era el oso?

2) Piense un número; multiplíquelo por dos; súmele 24; divídalo entre dos; réstele el número que usted pensó inicialmente. Le sobraron 12. ¿Cuál es la sencilla lógica de este juego?

3) Todos los números de la siguiente tabla son diferentes, excepto uno que está repetido. ¿Cuál es?

66	10	36	71	29
42	23	74	11	15
92	41	22	45	50
4	32	59	90	19
61	98	20	1	26
44	25	64	51	80
75	47	62	7	37
21	70	9	16	83
97	24	73	88	39
86	95	18	34	49
40	3	91	72	67
77	57	52	30	13
89	43	27	35	17
93	14	84	46	68
58	2	12	99	48
38	69	94	55	5
53	85	65	28	33
78	96	31	56	82
87	54	6	23	63
81	8	76	60	79

4) ¿Qué sale más barato: invitar a un amigo al futbol dos veces, o invitar a dos amigos una sola vez?

5) Usted tiene una canasta con tres manzanas y tres niños. ¿Qué puede hacer para darle una manzana a cada niño y que quede una manzana en la canasta?

6) Un hombre lleva en hombros a un niño que pesa la mitad que él. El niño, a su vez, carga a otro niño que pesa la mitad que él. Este último, a su vez, carga a un bebé que pesa la mitad que él. Con toda esta carga el hombre se pesa en una báscula y ésta marca 120 kilos. ¿Cuánto pesa el hombre solo?

7) ¿Cuál era el monte más alto del mundo antes de que se descubriera el Everest?

8) La suma de tres números enteros consecutivos es 30. ¿Cuáles son esos números?

9) Intente dibujar, con un solo trazo continuo y sin pasar dos veces por la misma línea, la siguiente figura:

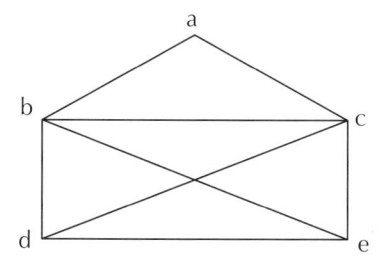

10) Usted tiene una gallina, un coyote y un costal de maíz. Debe cruzar un río pero en su pequeña barca únicamente caben usted y un solo animal u objeto. ¿Qué puede hacer para pasar con todas sus pertenencias sin que el coyote se coma a la gallina y sin que esta última se coma el maíz?

Glosario

ADN (ácido desoxirribonucleico): Constituye el material genético de la mayoría de los virus y de todos los demás organismos celulares. Está conformado por una doble cadena de nucleótidos, cada uno formado por una base nitrogenada (guanina, adenina, citosina, timina), una azúcar (desoxiribosa) y un grupo fosfato.

afasia: Trastorno neurológico caracterizado por un defecto o pérdida del lenguaje, como consecuencia de una lesión en determinadas áreas de la corteza cerebral.

amiocentesis: Prueba que se realiza entre la décimosexta y la vigésima semana del embarazo. Consiste en la extracción de una pequeña cantidad de fluido amniótico; permite detectar anormalidades en el número o en la estructura de los cromosomas y determinar el sexo del producto.

anorexia: Padecimiento caracterizado por la ausencia o disminución del apetito.

anoxia: Ausencia de oxígeno.

ARN (ácido ribonucleico): Constituyente importante del material genético de los organismos; en algunos virus es el único presente. Participa en los procesos de transcripción y traducción del mensaje genético para la síntesis de proteínas de las células.

ataxia: Alteración en la coordinación de movimientos.

corteza cerebral: Capa superior que recubre los hemisferios cerebrales; está compuesta principalmente por neuronas.

baremo: Cuaderno o tabla de cuentas ajustada, que se utiliza en psicometría como referencia.

botón sináptico: Parte terminal del axón que contiene gránulos o vesículas en los que se almacena el transmisor sináptico.

dexteridad: Dominanacia del hemisferio cerebral izquierdo sobre el derecho.

disartria: Dificultad para hablar, que se manifiesta a través de una mala articulación de las palabras.

dislexia: Alteración asociada con el sistema nervioso central; quienes la padecen no pueden diferenciar una secuencia de letras en las palabras y tienen dificultad para determinar la derecha e izquierda.

ecolalia: Imitación o repetición de los sonidos o palabras.

encefalititis: Proceso inflamatorio del encéfalo.

encefalopatía estática: Alteración de la estructura o de la función de los tejidos cerebrales.

epilepsia familiar mioclónica: Tipo de epilepsia caracterizada por la presencia de contracciones de las extremidades y temblores que ocurren durante los intervalos de ataques epilépticos.

espina bífida: Defecto congénito del tubo neural, caracterizado por anomalías del desarrollo del arco vertebral posterior.

estructura subcortical: Toda estructura del cerebro diferente de la corteza.

función subcortical: Aquella que se organiza o dirige en el cerebro pero en regiones o estructuras distintas de la corteza.

hidrocefalia: Trastorno por acumulación de líquido cefalorraquídeo con presión en la bóveda craneal.

hipófisis: Pequeña glándula unida al hipotálamo, que aporta numerosas hormonas que dirigen muchos procesos vitales.

lipidosis: Trastornos familiares diversos del metabolismo graso.

meningitis: Cualquier infección o inflamación de las membranas que envuelven al cerebro y a la médula espinal.

meningocele: Protrusión, en forma de saco, de las meninges tanto a nivel cerebral como espinal.

mesencéfalo: Una de tres partes del encéfalo por debajo del cerebro.

mielinización: Desarrollo de la vaina de mielina alrededor de una fibra nerviosa.

mielomeningocele: Defecto del desarrollo del sistema nervioso central en el que un saco herniario, que contiene una porción de médula espinal, protruye a través de un defecto congénito de la columna vertebral.

mosaicismo: Alteración que se manifiesta en el desarrollo de dos o más poblaciones celulares diferentes con relación al número de cromosomas, lo que da como consecuencia que las células del organismo posean número diferentes de cromosomas, cuando lo normal es que todas ellas tengan el mismo número, con excepción de los casos de gemelos.

morfogénesis: Desarrollo y diferenciación de las estructuras y la forma de un organismo, en especial cambios de la célula y de los tejidos.

mutismo selectivo: Incapacidad persistente del individuo para hablar en situaciones sociales específicas, sin que exista ninguna anomalía previa del lenguaje.

neuritis: Trastorno que se caracteriza por inflamación de un nervio.

neurobiología: Cojunto de disciplinas biológicas que estudian el sistema nervioso.

nistagmo: Movimientos rítmicos involuntarios de los ojos.

prosencéfalo: Parte del cerebro que abarca el diencéfalo y el telencéfalo.

protoplasma: Sustancia viva de una célula.

reactivo: Todo estímulo utilizado para la evaluación de algún proceso psicológico.

romboencéfalo: Porción de encéfalo que rodea al cuarto ventrículo.

sinapsis: Región que rodea el punto de contacto entre dos neuronas o entre una neurona y un órgano efector, mediante la cual son transmitidos los impulsos nerviosos por la acción de un neurotransmisor.

síndrome: Complejo de signos y síntomas provocados por una causa común o que aparecen en combinación, para presentar el cuadro clínico de una enfermedad o anomalía hereditaria.

síndrome extrapiramidal: Relativo a las fibras nerviosas que forman las pirámides en el bulbo raquídeo.

sistema límbico: Conjunto de estructuras del rinencéfalo cerebral asociado con diversos emociones y sentimientos, como el hambre, el miedo, el placer, la tristeza y la excitación sexual.

trisomía: Alteración en el número de cromosomas, que se caracteriza por presentar un cromosoma adicional de algún par. El ser humano tiene 23 pares de cromosomas, y las trisomías más frecuentes ocurren en los pares 21, 13 y 18.

topografía: Descripción anatómica de una zona corporal utilizando términos de la región en la cual se localiza.

traslocación: Reordenación del material genético dentro del mismo cromosoma, o transferencia de un segmento de un cromosoma a otro no análogo.

vaina de mielina: Lámina grasa segmentada constituida por mielina, que envuelve los axones de muchos nervios del organismo.

zona cortical: cualquier región funcional o estructuralmente distintiva de la corteza cerebral.

SOLUCIÓN DE EJERCICIOS

1) Las condiciones del texto sólo pueden darse en el Polo Norte, ya que en cualquier otro lugar de la Tierra el cazador no hubiera regresado al punto de partida. Y un oso en el Polo Norte tiene que ser forzosamente blanco.

2) En realidad no importa qué número haya pensado usted. Las operaciones aritméticas que se le solicita que realice se anulan unas a otras. El resultado siempre será la mitad del número que se le pide que sume.

3) El 23.

4) Invitar a dos amigos una vez, pues de otra manera, además de los boletos de su amigo usted tedría que pagar dos boletos para usted.)

5) A uno de los niños le da la manzana con todo y canasta.

6) 64 kilos.

7) El Everest.

8) 9, 10, 11.

9) Hay que seguir el siguiente orden de trazos:

D, C, B, D, E, C, A, B, E

10) Primero cruza con la gallina y la deja en la orilla B. Regresa a la orilla A, sube a la barca al coyote, lo deja en la orilla B y vuelve a tomar a la gallina. Deja a la gallina en la orilla A y sube a la barca el costal de maíz para llevarlo a la orilla B. Finalmente vuelve a la orilla A, toma a la gallina y la conduce hasta la orilla B, en donde usted mismo podrá cuidar que la gallina no se coma el maíz ni el coyote se coma a la gallina.

Solución de EJERCICIOS PARA LA MEMORIA

Aqui encontrará muchas de las figuras que son idénticas a las que vio en la página 97. Anote el número de cada figura que recuerde.

Éstos son los 9 números que debió haber escrito: 1, 3, 5, 6, 7, 8, 9, 16, 18.

ÍNDICE ALFABÉTICO

A

abandono de los padres, 217-218
abuso sexual, cómo prevenirlo, 185
ácido
 ascórbico, **257**
 desoxirribonucleico (ADN), 106
 glutámico, 259-260
 nicotínico, **257**
 ribonucleico (ARN), 106
Action for Children's Television, 297
actitud del padre hacia el hijo, 87-88, *87*
aditivos de alimentos, 261, *261*
adolescencia, 152-161
 amigos durante la, 155-156
 ansiedad durante la, 154-155
 crisis durante, 152-153, 155
 e identidad, 160-161, *160*
 e independencia, 165
 e inteligencia, 159
 educación sexual durante la, 156-158
 ejercicio durante la, 237
 sexualidad durante la, 156-158, *156*
 y aprendizaje, 152
 y orientación educativa, 155
adolescentes
 autoimagen de los, 155-156
 escapes de los, 154-155
 padres, relación, 152, *153*, 155, 161
 problemas de los, 155-156, *156*
adopción, 212-214, *213*
adultez,
 ejercicios durante la, 237
 joven 162-167
  aprendizaje durante la, 162, *162*
  confusión durante la, 166-167
  decisiones que deben tomarse, 165-166, *165*
  e independencia, 164-165
  y libertad, 165-166
  y paternidad, 166
  joven y sexualidad, 166
adulto joven-padres, relación, 175
afecto, carencia de, 217

Alcmeón, 15
alcohol
 efectos neuropsicológicos del, 247
 e inteligencia, 75, *75*
 y capacidad intelectual, 246-247
 y embarazo, 233, *233*
alcoholismo
 de la madre, consecuencias, 184-185
 del padre, consecuencias, 184-185
alergias, 244
alimentación
 durante el embarazo, 72-73, *73*
 e inteligencia, 72-73
 alimentación importancia, 250
 y capacidad intelectual, 250-251, *250*
alimentos, aditivos de, 261, *261*
ambiente y familia, *167-232*
American Academy of Pediatrics, 297
amigo(s)
 cómo conseguirlos, **149**
 durante la adolescencia, 154-155
 en la primaria, 148-149
 imaginario, 272
amiocentesis, prueba de, 117
amnesia
 anterógrada, 105
 global transitoria, 105
 psicógena, 105
 retrógrada, 105
 tipos de, 105
 y aprendizaje, 105
andrógenos, 248
animales e inteligencia, 18, *18*
anoxia, 77, 235
ansiedad durante la adolescencia, 154-155
antidepresivos, 238
años escolares, los, 144-151
aprehender y aprender, 106
aprender
 a aprender, *104*-105
 a caminar, **128**
 a hablar, 126-127
 a negociar, 181-182
 capacidad de, 93, 99-100
 definición, 92
 maneras de, 92
 motivación para, 93

aprender *(cont.)*
 necesidad de, 94
 y aprehender, 106
 y desarrollo, 107, *107*
 y memorizar, 102
aprendizaje, 92
 automático, 99
 de la lectoescritura, 144-146, *145*
 de la música, 146-147, *145*
 de matemáticas, 93, 147-148, *147*
 del habla y desarrollo intelectual, **138**
 disposición para el, 104-105
 e hipnosis, 100
 e imitación, 93
 e inteligencia, 98, *98*, 102
 en la adultez joven, 162, *162*
 factores que intervienen en el, 92-93
 ritmo de, 100
 tipo de, 102
 trastornos de, 69, *69*
 y adolescencia, 152
 y amnesia, 105
 y audición, 99
 y diferencias sexuales, 99
 y estimulación sensorial, 98-99
 y experiencias desagradables, 98
 y juego, 131, 264
 y memoria, 96, *96*
 y olfato, 99
 y problemas de lenguaje, 102
 y problemas neurológicos, 102-103, *103*
 y relación padre-hijo, 101, *101*
 y repetición verbal, 102
 y sentido del gusto, 99
 y sentidos, 98-99
 y sexo, 99
 y sueño, 104, *104*
 y sugestión, 101
 y tacto, 98-99, 122-123
 y vista, 99
aptitudes artísticas e inteligencia, 21-22
Aristóteles, 15-16, *16*, 46
arte
 cómo despertar el interés en el, 183-184
 y ciencia, **182**
 y desarrollo integral, 182-183, *183*

asimilación
 generalizadora, 106
 recognitiva, 106
 reproductora, 106
asma, 242-244
ataxia cerebelosa, 60
atrofia
 cerebelosa, 60
 cerebral difusa, 61
 cerebral, 60-61, *61*
 tipos, 60-61
 olivo-ponto-cerebelosa, 60
 óptica de Leber, 61
 rubrodentada, 60
audición y aprendizaje, 99
autismo
 definición, 71
 características, 71
 y zurdera, 39
autoestima, 149
 desarrollo de la, 232
 hijos con baja, 230
 importancia, 232
autoimagen del adolescente, 155-156
autorrealización e inteligencia, 38, *38*
azúcar y rendimiento intelectual, 254-255

B

bebé
 cuidados durante el nacimiento del, 234-236
 desarrollo del, 110-111
 en útero, características, 112
 intrauterino
  comunicación con el, 115-116
  e inteligencia, 117
 juguetes para el, 268-269, *268*
 llanto del, 121-122, *121*
 prematuro, tipos de, 77-78
 y capacidad de discriminación, 114
 y destete, 122
Bergson, H., *12*, 15
Binet, Alfred, 16, 27
Bonaparte, Napoleón, 97
Brimmer, Gabriela, 187

Los números en **negritas** remiten a recuadros, y en *cursivas*, a pies de fotos.

C

cabeza, golpe en la, 80,
café, 262-263
cafeína, 262-263, *263*, **263**
caminar, aprender a, **128**, *128*
capacidad
   de aprender, 93, 99-100
   de discriminación y bebé, 114
   de pensar y música, 200-201
   de ubicación espacio-temporal, 139-140, *139*
   intelectual 12
      conservación de la, 35
      desarrollo de la, 159, *159*
      e hipoglucemia, 255-256
      incremento de la, 35
      recuperación de la, 35
      y alcohol, 246-247
      y alimentación, 250-251, *250*
      y contaminación ambiental, 239-241, *240*
      y desnutrición, 252-253
      y memoria, 95-96
      y naturismo, 258-259
      y raza, 192-193
      y sobrealimentación, 252-253
      y tabaco, 247-248, *247*
   mental y sueño, 244-246
   sensorial infantil, 172-173, *172*, **173**
carácter, trastornos de, 78
características físicas e inteligencia, 23-24
carbohidratos
   división, 260-261
   y desempeño intelectual, 260-261
carencia emocional y física durante la niñez, 189
castigos y premios, 224, *224*
celos entre hermanos, 204-205
cerebelo
   importancia del, 55-56, *55*
   lesiones del, 56
cerebro, 46-71
   adulto y cerebro infantil, diferencias, 81
   áreas del, *48*
   atrofia del, 60-61
   características, 44-83
   crecimiento del, 84, *84*
   daños del, 61-62
   degeneración del, 60
   del feto, 73
   desarrollo del, 79, *79*, 81, *81*
      prenatal, 74-75
   funcional, 48
   efectos de las vitaminas en el, **257**
   estimulación del, 53-54, 63
   estudio del, 46-47
   fases del desarrollo del, 72-83

cerebro *(cont.)*
   femenino, 58, *58*
   flexibilidad, 59
   función del, 46
   funcionamiento, 51-52
   hemisferios, 57, *57*, 59
   humano y cerebro animal, diferencias, 47, *47*
   infantil y cerebro adulto, diferencias, 81
   inteligencia y el tamaño del, 53
   lóbulos frontales, 56-57
   masculino, 58, *58*
   peso del, 78-79
   y ácido glutámico, 259-260
   y estrés, 62-63, *62*
   y lenguaje, 59
   y música, 200-201
   y parálisis cerebral, 64-65
   y sexo, 58, *58*
   y zurdera, 57, *57*
Cicerón, 14
ciencia y arte, 182, **182**
clases extraescolares, **100**
cociente
   de inteligencia, 27
   "emocional", 20
   intelectual (CI), 14, 16, 20, 27, 32, 35, 37-38, 42, **53**, 63-64, 126, 159, 187, 193, 208-209, 242-243, 254, 257
   y parálisis cerebral, 187
   y tamaño de la familia, 208, *208*
cognición
   dirigida, 104
   no dirigida, 104
color(es)
   efectos psicológicos, 198
   elección del, **199**
   psicología del, **199**
   significados, 198
   temperatura del, 198
   y desempeño intelectual, 197-199, *197-198*
   y salud, 199
compañerismo, importancia, 228-230, *229*
comparaciones, 225-226
   entre hijos, 225-226
comprensión de las cosas e inteligencia, 37
computación
   beneficios, 300
   y desarrollo intelectual, 299-301- *300*
computadoras e inteligencia, 19
comunicación
   con el feto, 115-116
   familiar, 168
   hormonal, 116
   importancia de la, 193-194
   medios de, 296-303
conductismo, 44
confusión durante la adultez joven, 166-167

conocimientos, acumulación de, 290
consumismo, 301-302
   y desarrollo intelectual, 301-302
contaminación ambiental
   y capacidad intelectual, 239-241, *240*
   y salud, 239-241, *240*
control de esfínteres, 137
corriente
   conductista, 17
   neoconductista, 17
corteza cerebral, 47
   características, 50
creatividad, 180-181, *181*
   cómo fomentarla, **180**
   desarrollo de la, 181
   e inteligencia, 26
   y personalidad, 181
crecimiento del cerebro, 84, *84*
crisis durante la adolescencia, 152-153, *153*, 158
Critias, 14
críticas a los hijos, 291
cromoterapia, 199
curiosidad infantil, 123-124, *123*

D

daño cerebral
   cómo distinguirlo, 78
   cómo evitarlo, 233
Dartmouth College, 19
Deacon, Joey, 187
decidir, importancia de enseñar a los hijos a, 227-228
deficiencia
   cerebral
      cómo distinguirla, 78
      cerebral, niños con, 186, *186*
   mental y retraso mental, 59
delfinoterapia, *186*
delirium tremens, 247
desafíos en el niño, 202-203, *203*, **231**
desarrollo
   anormal e inteligencia, 34
   artístico del niño, 183
   cerebral
      y ejercicio, 236-237, *237*
      y sueño, **80**
   de la capacidad intelectual, 159, *159*
   del bebé, 110-111
   del lenguaje, 136-137, *136*
   del niño de dos años, 118
   emocional y desarrollo intelectual, 30
   etapas del, 108-109
   físico
      en el preescolar, 140-141
      y desarrollo intelectual 30
   infantil y enfermedades crónicas, 242-244, *243*

desarrollo *(cont.)*
   integral 107, *107*
      y arte, 182-183, *183*
   intelectual
      de un hijo adoptivo, 212
      y aprendizaje del habla, **138**
      y computación, 299-301, *300*
      y consumismo, 301-302
      y desarrollo emocional, 30
      y desarrollo físico, 30
   moral y obediencia, 169
   psicomotor, 82-83
   y aprendizaje, 107
desayuno, importancia del, 253-254, *253*
desempeño
   escolar
      cómo lograr un buen, 149-150, **150**
      importancia de los maestros para un buen, 150-151
   físico en preescolar, 140-141
   intelectual
      y carbohidratos, 260-261
      y colores, 197-199, *197-198*
      y luz, 196-197
desnutrición
   efectos, 252
   "emocional", 252
   y capacidad intelectual, 252-253
destete del bebé, 122
dexteridad, 39
diabetes infantil, 242
dibujo infantil, **143**
dihidroxitestosterona, 248
disacáridos, 260-261
discapacidad
   de los padres, 207-208, *207*
   física e inteligencia, 12
discapacitados en la escuela, 279-280, *279*
disciplina, su importancia, 228-230
dislexia, 69, *69*
   y hemisferio cerebral, 69
divorcio e hijos, 219-220, *220*
Down, síndrome de, 76-77, 188-189, **188**
drogas, 241-242, 249, *249*

E

ecolalia, 71
edad
   juguetes según la, **272**
   "mental", 27
Edison, Tomás Alva, **288**

ÍNDICE ALFABÉTICO

educación
  con base en premios y castigos, 224
  sexual
    durante la adolescencia, 156-158, *156*
    edad en que debe darse, 178-180, *178*
    importancia de la, 178
    importancia, 178-180, *178*
    quién debe darla, 178-180
  tradicional, 282-283
egocentrismo en el niño, 135
Einstein, Albert, **288**
ejercicio(s)
  definición, 236
  durante la adolescencia, 237 *237*
  durante la adultez, 237, *237*
  durante la niñez, 237, *237*
  e inteligencia, 236-237, *237*
  para la memoria, **97**
  y desarrollo cerebral, 236-237, *237*
  y estrés, 236-237
embarazo
  alimentación durante el, 72-73, *72*
  cuidados para evitar daño cerebral al bebé, 233
  medicamentos durante el, 233-234
  normal, 110-111, *111*
  y alcohol, 233, *233*
  y estado de ánimo, 71, *71*
  y estrés, 171
  y música, 171
  y salud, 233-249
  y tabaco, 248
embriopatía, 234
empatía, 20-21
encefalopatía estática, 64
enfermedades
  cardiacas, 243
  crónicas y desarrollo infantil, 242-244, *243*
  degenerativas cerebrales, 60
    clasificación, 60
    síntomas, 60
entorno social e inteligencia, 70
epilepsia, **64**, 242
  causas, **64**
  síntomas, **64**
  y retraso mental, 242
errores de los hijos, 230
escala de inteligencia
  de Stanford-Binet, 27
  de Weschler, 27, 29
escapes de los adolescentes, 154-155
escribir
  aprender a, 144, 149-150
  precoz, programas de, 35
  sensorial y aprendizaje, 98-99
  verbal y lenguaje, 136-137
estradiol, 248
estrés
  beneficios del, 63

estrés *(cont.)*
  factores que lo ocasionan, 62-63
  físico, 63
  infantil, 218, **218**
  psicológico, 63
  y cerebro, 62-63, *62*
  y ejercicio, 236-237
  y embarazo, 171
estrógenos, 248
cómo tomar el lápiz para, **145**
escuela(s), 274-296
  amigos en la, 148-149
  cómo elegirla, 285-286, *285*
  edad en que se debe ingresar, 275-276
  extranjera, estudios en, 289-290, *290*
  fracaso en la, 293
  niños discapacitados en, 279-280, *279*
  para padres, 86, 90-91
  rechazo a la, 292-293
  triunfar en la, 294-295
esfínteres, control de, 137
espina bífida, 54
estadio
  operacional, 137
  preoperacional, 137
estado de ánimo y embarazo, 71, *71*
esteroides
  clasificación, 248
  y facultades cerebrales, 248-249
  y fisiculturismo, 248, *248*
estimulación, 81, *81*
  de la inteligencia de los hijos, 84-303, **88**
  de los hijos, 86-87, 168-16
  temprana e inteligencia, 120
estrona, 248
estudios
  en el extranjero, 289-290, *290*
  longitudinales, 159
etapa(s)
  del "no", 127-128, *127*
  del desarrollo, 108-109
experiencias desagradables y aprendizaje, 98
experimentación infantil, 222-223, *223*
extroversión, 26

F

facultades
  cerebrales y esteroides, 248-249
  mentales y medicamentos, 237-238, *238*
familia
  autoritaria, 216-217

familia *(cont.)*
  cociente intelectual (CI) y tamaño de la, 208, *208*
  numerosa, ventajas, 208
  y ambiente, 167-232
fantasía infantil, 171-172, 272
fase REM, **80**
fases del desarrollo cerebral, 72-83
fatiga mental, **37**
fenilalanina, 14
fenilcetonuria, 14
feto
  cerebro del, 73
  desarrollo del, 73
filosofía e inteligencia, 13
fisiculturismo y esteroides, 248, *248*
formación académica, 295
fracaso
  de los padres, 225
  escolar, 293

G

Galeno, 15-16
Gardner, Howard, 18
gemelos, nivel intelectual de los, 212
genética e inteligencia, 13-14
genialidad
  teorías que explican el origen de la, 42-43
  y locura, **22**
genio, **22**
Gesell, A., 32
Gestalt, teoría de la, 17
ginecobstetricia e inteligencia, 14
glucocorticoides, 248
golpe en la cabeza
  qué hacer en caso de, 80
  y retraso mental, 80
Guilford, John P., 18

H

habilidades, 12
  desarrollo de, 290
  lingüística y académica e inteligencia, 25, *26*, 37-38
hábito de lectura, adquisición del, 143-143, *143*
habla
  desarrollo intelectual y aprendizaje del, **138**
  trastornos del, 68-69
hablar, aprender a, 126-127
Hawking, Stephen, 187
Haydn, Joseph, 117
hematomas subdurales, 80

hemibalismo, 82
hemisferio(s) cerebral(es), 21-22
  funciones, 65, 67, *66*
  y dislexia, 69
  y tartamudeo, 68
hemorragias epidurales, 80
herencia
  e inteligencia, 20
  y memoria, 97
  y problema neurológico, 54, *54*
hermanos
  diferencia de edad entre, 204, *204*
  relación entre, 204, *204*
Herófilo, 15
hidrocefalia, 76, *76*
  características, 76
  causas, 76
hierro, importancia del, 257-258
hijo(s)
  actitud del padre hacia el, 87-88, *87*
  adoptivo, 212-214
  comparaciones entre los, 225-226
  con baja autoestima, 230
  consentido, problemas del 215-216
  correcciones a los, 291
  críticas a los, 291
  de madre soltera, 218-219, *219*
  de padres divorciados, 219-220, *220*
  de padres inmigrantes, 191-192
  de parejas mixtas, 219-220
  derechos de los, 168, *168*
  enseñarlos a decidir, 227-228
  errores de los, 230
  estimulación de los, 86-87, 168-169
  estimulación de su inteligencia, 86-143
  inteligencia de los, y sus padres, 86-87
  padre(s)
    aprendizaje y relación, 101, *101*
    con problemas económicos, 221
    juego, 266-267, *267*
    sin estudios, 221-222
    relación, 87, 89-90, *89*
  sobredotado
    e inestabilidad emocional, 177-178, *178*
    e inestabilidad social, 177-178, *178*
    necesidades, 176-177
  sobreprotección de los, 109-110, *109*
  único, 210-211, *211*
  y ambiente familiar, 167, *167*

ÍNDICE ALFABÉTICO

hijo(s) *(cont.)*
   y divorcio, 219-220, *220*
   y obediencia, 169-171
hiperactividad, 52-53
hipnosis y aprendizaje, 100
Hipócrates, 15
hipófisis, 71, **80**
hipoglucemia
   definición, 255
   y capacidad intelectual, 255-256
hormonas, 248
   clasificación, 248

I

identidad y adolescencia, 160-161, *160*
idiomas, aprendizaje de, 286-287
imaginación, importancia de la, 171-172
imitación, 126
   y aprendizaje, 93
independencia
   durante la adolescencia, 165
   durante la adultez joven, 164-165
inestabilidad
   emocional
     e hijo sobredotado, 177-178, *178*
   social
     e hijo sobredotado, 177-178, *178*
información, saturación de, 303
instrucción programada, 92
instrumento musical, aprendizaje de, 287-288, *287*
inteligencia
   a través de la historia, 14-15
   "artificial", 19
   cinestésico-corporal, 19
   cociente de (CI), 14, 16, 20, 27, 32, 35, 37-38, 42, **53**, 63-64, 126, 159, 187, 193, 208-209, 242-243, 254, 257
   cognitiva, 21
   cómo se manifiesta, 10-43
   confiabilidad de las pruebas de, 28-29
   de los gemelos, 212
   de los hijos
     estimulación de la, 86-143
     los padres y la, 86-86
   definición, 10-43
   desarrollo de la, 33
     etapas de la, 33
        de las operaciones concretas, 33
     etapa de las operaciones formales, 33

inteligencia *(cont.)*
   etapa sensorio-motriz, 33
   etapa simbólico-objetiva, 33
   emocional, 20-21
   escala de Stanford-Binet, 27
   escala de Weschler, 27, 29
   espacial, 19
   estimulación de la, 35, 84-303, **88**
   estudio de la, 12-13, 17
   factores que intervienen en la, 13, *13*
   femenina, 30-31, *31*
   formal, 102
   génesis de la, 14
   in utero, 117
   interpersonal, 19
   intrapersonal, 19
   lingüística, 19
   lógico-matemática, 19
   masculina, 30-31, *31*
   medida de la, 27
   musical, 19
   predicción de la, 32
   prenatal, 112
   pruebas de, 16-17, 19, 27, 29-30
   síndromes que la afectan, 20
   sobreestimulación de la, 36, *36*
   teorías sobre la, 17
   tipos de, 18-19
   y adolescencia, 159
   y alcohol, 75, *75*
   y alimentación, 72-73
   y animales, 18, *18*
   y aprendizaje, 98, *98*, 102
   y aptitudes artísticas, 21-22
   y autorrealización, 38, *38*
   y bebé intrauterino, 117
   y características físicas, 23-24
   y comprensión de las cosas, 37
   y computadoras, 19
   y creatividad, 26
   y desarrollo anormal, 34
   y discapacidad física, 12
   y ejercicio, 236-237, *237*
   y el tamaño del cerebro, **53**
   y entorno social, 70
   y estimulación temprana, 120
   y filosofía, 13
   y genética, 13-14
   y ginecobstetricia, 14
   y habilidad lingüística, 25, 26
   y habilidades académicas, 37-38
   y herencia, 20
   y lectura precoz, 33, *33*
   y lenguaje, 126-127

inteligencia *(cont.)*
   y maduración, 31-32
   y matemáticas, 21-22, *21*
   y medicina, 13-14
   y meditación trascendental, 201-202
   y memoria, 37
   y miopía, 24-25
   y neurología, 13
   y neuronas, 67-68
   y niñez, **34**
   y niño recién nacido, 113
   y ojos, 24, *24*
   y orden de nacimiento, 208-209
   y pedagogía, 14
   y pensamiento, 19
   y psicología, 14
   y psiquiatría, 13
   y raza, 32
   y ruido, 199-200
   y sociedad, 70
   y sustancia gris, 50-51
   y yoga, 201-202
   y zurdera, 39
introversión, 26
inversión pronominal, 71

J

jardín de niños, importancia, 276-277
juego(s), 264-274
   de video, **274**, 301
   en función del sexo, 151-152
   función del, 131
   importancia del, 131, 264, 270-271
   infantiles, cuándo intervenir, 266-267
   padres-hijos, 266-267, *267*
   prohibición del, 269
   según el sexo, 270
   simbólicos de los preescolares, 131
   y aprendizaje, 131, 264
juguetes
   cómo elegirlos, 264-265, *265*, **266**
   educativos, 273
   para el bebé, 268-269, *268*
   según la edad, **272**
   sofisticados, 274

L

lápiz, cómo tomarlo, **145**
lectoescritura, aprendizaje de la, 144-146, *145*, 149-150
lectura
   adquisición del hábito de, 143-143, *143*

lectura *(cont.)*
   factores que intervienen en la, 33
   precoz e inteligencia, 33, *33*
leer, aprender a, 144, 149-150
lenguaje
   aprendizaje y problemas de, 102
   del niño, 124, 126
   desarrollo del, 136-137, *136*
   e inteligencia, 126-127
   trastornos del, 68-69
   y cerebro, 59
   y estimulación verbal, 136-137
   y oído, 136-137
   y pensamiento, 19
   y retraso mental, 68-69
   y zurdera, 59
libertad y adultez joven, 165-166
"listo", ser, 22-23, *23*
llanto del bebé, 121-122, *121*
lóbulos frontales del cerebro, 56-57
   función, 56-57
   lesiones, 57
locura y genialidad, **22**
Lullabye, 117
luz
   artificial y salud, 197
   solar y salud, 196
   tipo de, 196-197
   y desempeño intelectual, 196-197, **196**
   y oscuridad, 196, **196**

M

madre
   alcohólica, 184-185
   importancia de la, en el desarrollo de los hijos, 214-215, *214*
   soltera, hijos de, 218-219, *219*
maduración del niño, 144
   e inteligencia, 31-32
madurez en una fase escolar, 288-289
maestros
   congruencia entre los, 281-282
   críticas de los, 291
   funciones, 206
   importancia de los, 150-151
   y padres, colaboración entre, 206
   y rendimiento escolar, 291
masturbación, 157-158
matemáticas e inteligencia, 21-22, *21*
matemáticas, aprendizaje de, *93*, 147-148, *148*
maternidad, importancia de la, 173-174
McCarthy, John, 19

ÍNDICE ALFABÉTICO

medicamentos
    durante el embarazo, 233-234
    y facultades mentales, 237-238, *238*
medicina e inteligencia, 13-14
medios de comunicación, 296-303
    y niños, 296-297
    programas de los, 298-299
meditación trascendental e inteligencia, 201-202
memoria
    cómo mejorarla, **96**
    de corto plazo, 95, 105
    de largo plazo, 95, 105
    definición, 95
    e inteligencia, 37
    eidética, 97
    ejercicios para la, **97**
    en preescolares, 97
    fotográfica, 97
    portero de la, 95
    selectiva, 96
    tipos de, 95
    y aprendizaje, 96
    y capacidad intelectual, 95-96
    y herencia, 97
    y olfato, 96
    y proceso cognitivo, 95
    y sentido del gusto, 96
    y sentidos, 96
    y sueño, 246
    y tacto, 96
    y vista, 96
    y vitamina E, 256-257
memorizar y aprender, 102
meningitis, 54
meningocele, 54
mesencéfalo, 73
metencéfalo, 55
mielinización, 32, 81
mielomeningocele, 54
minerales, 257
mineralocorticoides, 248
mioclonias, 82
miopía
    e inteligencia, 24-25
    en edad preescolar, 25, **25**
monosacáridos, 260
Montessori, método, 284-285
MOR, 104
morfogénesis cerebral, 74
motivación
    extrínseca, **231**
    intrínseca, **231**
    tipos de, **231**
movimientos
    atetósicos, 82
    Oculares Rápidos, 104
    torpes, causas, 82-83
Mozart, Wolfgang Amadeus, 117
mujer embarazada, cuidados para evitar daño cerebral al bebé, 233,
música
    aprendizaje de la, 146-147, *146*, 287-288, *287*

música *(cont.)*
    y capacidad de pensar, 200-201
    y cerebro, 200-201
    y embarazo, 171
    y salud, 201
musicoterapia, 201

N

nacimiento
    del bebé, cuidados durante el, 234-236
    inteligencia y orden de, 208-209
    prematuro, 77-78
        y retraso mental, 77-78
naturismo y capacidad intelectual, 258-259
negociar
    aprender a, 181-182
    su importancia, 181-182
neuritis, 54
neurobiología, **53**
neurología e inteligencia, 13
neurona(s)
    disminución de, 65, *65*
    e inteligencia, 67-68
    formación de, 49
    funciones, 51-52, *51*
    propiedades, 51-52
neurotrasmisores, 238
niacina, **257**
nicotina, 247-248, *247*
niñez
    e inteligencia, **34**
    ejercicios durante la, 237
niño(s)
    agresivo, 170, **170**
    cómo conseguir que tenga amigos, **149**
    cómo despertar su interés en el arte, 183-184, *183*
    con carencia emocional, 189-191
    con carencia física, 189-191
    con deficiencia cerebral, 186, *186*
    con parálisis cerebral, 186-187
    con síndrome de Down, rehabilitación de, 188-189
    consentido, problemas del, 215-216
    de 0 a 12 meses, tabla de tareas de desarrollo, **125**
    de 12 a 24 meses, tabla de tareas de desarrollo de, **130**
    de 2 a 4 años, tabla de tareas de desarrollo de, **134**
    de 4 a 5 años, tabla de tareas de desarrollo de, **140**
    de 5 a 6 años, tabla de tareas de desarrollo de, **141**

niño(s) *(cont.)*
    de dos años, su desarrollo, 118
    desafíos en el, 202-203, *203*
    desarrollo artístico del, 183
    dibujo de los, **143**
    discapacitados en la escuela, 279-280, *279*
    genio, 42-43
    hiperactivo, 52-53
    importancia del jardín de, 276-277
    inmigrante, 192
    maduración del, 144
    recién nacido e inteligencia, 113
    retos en el, 202-203
    sobredotado, 41-42, 43, *43*, 226, **288**
        cómo reconocerlo, **42**
        e inestabilidad emocional, 177-178, *177*
        e inestabilidad social, 177-178, *177*
        necesidades, 176-177
    sociable, 194-195
    solitario, 194-195, *195*
    sus dos primeros años, 118
    vocabulario del, 124, 126
    y desafíos, **231**
    y egocentrismo, 135
    y el concepto peligro, 133, 135, *133*
    y medios de comunicación, 296-297
    y problema neurológico, 50
    "no", etapa del, 127-128, *127*

O

obediencia
    de los hijos, 169-171
    y desarrollo moral, 169
obesidad, 253
oído y lenguaje, 136-137
ojos e inteligencia, 24, *24*
olfato
    y aprendizaje, 99
    y memoria, 96
oligofrenia fenilpirúvica, 14
optimismo, 226-227
Organización Mundial de la Salud (OMS), 190, 239, 241
orientación educativa y adolescencia, 155
oscuridad y luz, **196**

P

padre(s)
    abandono de los, 217-218
    actitudes hacia sus hijos, 87-88, *87*

padre(s) *(cont.)*
    -adolescente, relación, 152, *153*, 155, 161
    -adulto joven, relación, 175
    alcohólico, 184-185
    autoritario, 216-217
    con problemas económicos, 221
    críticas de los, 291
    desarrollo de los, 214-215
    discapacitado, 207-208, *207*
    divorciados, hijos de, 219-220, *220*
    e hijo(s)
        relación, 87, 89-90, *89*
        adoptivo, 212-214
        aprendizaje y relación, 101, *101*
        escuelas para, 86, 90-91
        fracaso de los, 225
        funciones de los, 206
        importancia del, en el desarrollo de los hijos, 214-215, *214*
        inmigrantes, 191-192, *191*
        inteligencia de los hijos y los, 86-87
        juego, 266-267, *267*
        sentimientos de culpa de los, 174
        sin estudios, 221-222
        y maestros, colaboración entre, 206
parálisis cerebral
    clasificación, 64-65
    niños con, 186-187
    y cerebro, 64-65
    y cociente intelectual (CI), 187
parejas mixtas, hijos de, 219-220
parto, 234-236
    presentaciones en el, 235-236
paternidad
    importancia de la, 173-174
    y adultez joven, 166
pedagogía e inteligencia, 14
peligro, niños y el concepto, 133, 135, *133*
pensamiento
    alteraciones del, 19
    e inteligencia, 19
    equilibrio del, 158-159
    lógico, 137
    y lenguaje, 19
personalidad y creatividad, 181
Piaget, Jean, 16, 33, 99, 138, 169
piridoxina, **257**
plasticidad cerebral, 49, 186
Platón, 15-16
polisacáridos, 260-261
"portero de la memoria", 95
preescolar(es), 131-143
    aspectos que se deben apoyar en el, 131-133
    avances que presenta el, 132-133

Los números en **negritas** remiten a recuadros, y en *cursivas*, a pies de fotos.

preescolar(es) *(cont.)*
  desarrollo físico en el, 140-141
  desempeño físico en el, 140-141
  juegos de los, 131
  memoria en, 97
  miopía en el, 25, **25**
prejuicios sociales, 283-284
prematurez y retraso mental, 77-78
premios y castigos, 224, *224*
  educación con base en, 224
primaria
  amigos en la, 148-149
  importancia de la, 149-150
primogénito, 205
  cociente intelectual (CI) del, 208
problema(s)
  de lenguaje y aprendizaje, 102
  escolares y problemas de salud, 239
  neurológico
    causas, 50, 54
    en niños, 50
    síntomas, 50
    tipos, 50
    y aprendizaje, 102-103, *103*
    y herencia, 54, *54*
  resolución de, 40
procesos cognitivos, 40
  clases de, 40
  y memoria, 95
progestágenos, 248
prohibición del juego, 269
prosencéfalo, 73
Protágoras, 15
prueba(s)
  de amiocentesis, 117
  de inteligencia, 16-17, 19, 27, 29-30
    confiabilidad de las, 28-29
    psicométricas
      confiabilidad, 64
      validez, 64
psicoestimulantes, 238
psicología
  cognitiva, 17
  del color, 199
  e inteligencia, 14
psicoterapia, 92
psiquiatría e inteligencia, 13

R

raza(s)
  e inteligencia, 32
  habilidades según las, 39-40
  y capacidad intelectual, 192-193

razonamiento intuitivo, periodo de, 137
rechazo a la escuela, 292-293
reflejo
  de búsqueda, 114
  de extensión cruzada, 114-115
  de incurvación del tronco, 114-115
  de la marcha, 114-115
  de Moro, 114-115
  de prensión, 114-115
  de succión, 114
  de tracción, 114-115
  innatos, 114
  tónico del cuello, 114-115
relación
  adolescente-padres, 152, *153*, 155, 161
  padre-hijo y aprendizaje, 101, *101*
rendimiento
  escolar
    bajo, 292
    definición, 291
    y maestros, 291
  intelectual y azúcar, 254-255
repetición verbal y aprendizaje, 102
resolución de problemas, 40
retos en el niño, 202-203
retraso mental
  y deficiencia mental, 59
  y epilepsia, 242
  y golpes, 80
  lenguaje, 68-69
  y nacimiento prematuro, 77-78
  y trauma del nacimiento, 77
ritmo
  circadiano, 196, **196**
  de aprendizaje, 100
romboencéfalo, 73
ruido
  e inteligencia, 199-200
  parámetros de, **200**
  y salud, 199-200

S

salud
  problemas escolares y problemas de, 239
  y colores, 199
  y contaminación ambiental, 239-241, *240*
  y embarazo, 233-249
  y luz artificial, 197
  y luz solar, 196
  y música, 201
  y ruido, 199-200
  y yoga, 202
secreto familiar, 213

sedantes, 238, *238*
sentido(s)
  del gusto
    y aprendizaje, 99
    y memoria, 96
  y aprendizaje, 98-99
  y memoria, 96
sentimientos de culpa de los padres, 174
"ser listo", 22-23, *23*
sexo
  juegos en función del, 151-152, 270
  y aprendizaje, 99
  y cerebro, 58, *58*
sexualidad
  descubrimiento de la, 157
  durante la adolescencia, 156-158, *156*
  y adultez joven, 166
Simon, Théodore, 27
sinapsis, 238
síndrome
  de Down, 76-77, 188-189, **188**
    rehabilitación de niños con, 188-189
  de Korsakof, 105
  de Williams, 26
sistema(s)
  educativos, actualización de los, 280-281
  límbico, *66*
  nervioso central, 54, 56
    efectos de las vitaminas en el, **257**
    funcionamiento, 56
sobrealimentación y capacidad intelectual, 252-253
sobredotado, 286, ,288 **288**
  necesidades, 176-177
sobreprotección de los hijos, 109-110, *109*
sociedad e inteligencia, 70, *70*
Sócrates, 15, *15*
solidaridad, importancia, 228-230, *229*
Stanford, Universidad de, 27
Stanford-Binet, escala de inteligencia de, 27
Stern, W., 16, 27
stibestrol, 233
sueño(s), 40, *40*
  ciclos del, 244
  fases del, 244-245, **245**
  funciones biológicas del, 246
  MOR, 244-245, **245**
  privación del, 245
  REM, **80**
  y aprendizaje, 104, *104*
  y capacidad mental, 244-246
  y desarrollo cerebral, **80**
  y memoria, 246
sugestión y aprendizaje, 101
sustancia gris e inteligencia, 50-51
sustancias neurotrasmisoras, 56

T

tabaco
  y capacidad intelectual, 247-248, *247*
  y embarazo, 248
tabla de tareas de desarrollo
  de niños de 0 a 12 meses, **125**
  de niños de 12 a 24 meses, **130**
  de niños de 2 a 4 años, **134**
  de niños de 4 a 5 años, **140**
  de niños de 5 a 6 años, **141**
tacto
  y aprendizaje, 98-99, 122-123
  y memoria, 96
talidomida, 233
tareas escolares, 277-279, *277*, **283**
tartamudeo
  y hemisferio cerebral, 68
  y zurdera, 39, 68
televisión, 297, 298, **298**
  adicción a la, 297
  violencia en la, 301
temores infantiles, 228, **228**
teorías
  de la superioridad cualitativa, 42
  de la superioridad cuantitativa, 42
  patológicas, 42
  psicoanalíticas, 42
  que explican el origen de la genialidad, 42-43
testosterona, 248
tiamina, **257**
tics nerviosos, 81-82
tipos de inteligencia, 18-19
tomografía axial computarizada, 46
tranquilizantes, 238, *238*
translocación, 188
trastorno(s)
  de aprendizaje, 69
  del habla, 68-69
  por déficit de atención, 52
trauma del nacimiento y retraso mental, 77
trisomía
  regular, 188
  21 con mosaicismo, 188

U

ubicación espaciotemporal, capacidad de, 139-140
Universidad de Stanford, 27
universidad, elección de, 294, *294*

V

vainas de mielina, 74
valores morales, 283-284
  su importancia, 228-230
vegetarianismo, 259, *259*
vida intrauterina, 112
videojuegos, **274**, 301
Vinci, Leonardo Da, 97
violencia
  en la televisión, 301
  familiar, *167*
visión, problemas de la, **25**
vista
  y aprendizaje, 99
  y memoria, 96
vitamina
  B1, **257**
  B6, **257**
  C, **257**
  E, **257**
    sobredosis, 257
    y memoria, 256-257
  efectos en el cerebro y en el sistema nervioso, **257**
vocabulario del niño, 124, 126
vocación
  importancia, 163

W

Watson, James, 44
Weschler, D., 16-17
Weschler, escala de inteligencia de, 27, 29
Williams, síndrome de, 26
Wundt, Wilhelm, 27

Y

yoga
  e inteligencia, 201-202
  y salud, 202

Z

zurdera, 74, *74*
  causa, 74
  "contrariada", 39, 57
  e inteligencia, 39
  prejuicios, 39
  y autismo, 39
  cerebro, 57, *57*
  y lenguaje, 59
  y tartamudeo, 39, 68

Lista de preguntas y de recuadros

¿En qué consiste la inteligencia?, 12
¿Quién estudia la inteligencia?, 13
¿Cómo ha sido considerada la inteligencia a lo largo de la historia?, 14
¿Qué teorías existen actualmente sobre la inteligencia?, 17
¿Es la inteligencia lo que nos hace humanos?, 17
¿Hay varios tipos de inteligencia?, 18
¿Es lo mismo inteligencia que pensamiento?, 19
¿Se hereda la inteligencia?, 20
¿Existe la inteligencia emocional?, 20
¿Es menos inteligente un artista que un matemático?, 21
Genio y locura, ¿fronteras inciertas?, **22**
¿Qué quiere decir "ser listo"?, 22
¿Es cierto que las personas de frente amplia son las más inteligentes?, 23
¿Se puede reconocer la inteligencia por la mirada?, 24
¿Tiene que ver la miopía con la capacidad intelectual?, 24
¿Es señal de gran inteligencia la capacidad para expresarse?, 25
Asegúrese de que su hijo vea bien, **25**
¿Es lo mismo creatividad que inteligencia?, 26
¿Es posible medir el grado de inteligencia de una persona?, 27
¿Cuán confiables son las pruebas de inteligencia?, 28
¿En qué consisten las pruebas de inteligencia que se aplican en la actualidad?, 29
¿El desarrollo intelectual es independiente del desarrollo físico y del emocional?, 30
¿Existen diferencias entre la inteligencia femenina y la masculina? ¿Es un sexo más inteligente que otro?, 30
¿Es cierto que la inteligencia está condicionada por un proceso de maduración?, 31
¿Hay algún grupo racial que sea más inteligente que los demás?, 32
¿Es posible predecir si un niño llegará a ser un adulto inteligente?, 32
¿Es verdad que la inteligencia evoluciona por etapas sucesivas?, 33
¿Es la lectura precoz un signo de gran inteligencia?, 33
Si la inteligencia de un niño no coincide con los esquemas de desarrollo convencionales, ¿es anormal o puede darse un desarrollo diferente y considerarse adecuado?, 34
¿Puede la capacidad intelectual conservarse, recuperarse o incrementarse a cualquier edad?, 35
¿Puede estimularse la inteligencia por medio de un entrenamiento o de una programación?, 35
¿Cuáles son los riesgos de la sobreestimulación de la inteligencia?, 36
¿Es cierto que la memoria y la comprensión de las cosas deben ir de la mano en el desarrollo de la inteligencia?, 37
¿La inteligencia sirve sólo para la vida académica?, 37
Cuidado con la fatiga mental, **37**
¿Es verdad que cuanto más inteligente es una persona, mayores son sus posibilidades de autorrealizarse?, 38
¿Por qué se cree que la inteligencia de los zurdos es diferente?, 39
¿Es cierto que determinadas razas poseen habilidades que otras razas no tienen?, 39
¿Se pueden resolver problemas mientras soñamos?, 40
¿Qué se entiende por niño sobredotado en el plano intelectual?, 41
Cómo reconocer a un niño sobredotado, **42**
¿Puede cualquier niño convertirse en genio?, 42
Si un niño es sobredotado intelectualmente, ¿lo será también en los demás aspectos de su persona?, 43
¿Para qué nos sirve el cerebro?, 46
¿Se pueden estudiar de manera independiente las estructuras y funciones del cerebro?, 46
¿Qué hace diferente al cerebro humano del de otras especies?, 47
¿Es verdad que sólo algunas partes del cerebro intervienen en los procesos intelectuales?, 48
¿Se forman nuevas neuronas durante la vida?, 49
¿Es cierto que nadie emplea su cerebro plenamente?, 49
¿Por qué es tan especial la corteza cerebral?, 50
¿Qué significa que un niño tenga un problema neurológico?, 50
¿El grado de inteligencia depende de la cantidad de sustancia gris que haya en el cerebro?, 50
¿Cómo se recoge y se envía la información en el interior del cerebro?, 51
¿Los niños hiperactivos tiene algún problema cerebral?, 52
¿Crece el cerebro al ejercitarlo?, 53
El tamaño del cerebro humano y la inteligencia, **53**
¿Se altera la capacidad intelectual de los hijos cuyos padres padecen una enfermedad neurológica?, 54
¿Cuál es la importancia del cerebro?, 55
¿Cómo contribuyen las sustancias neurotrasmisoras al desarrollo intelectual?, 56
¿Cómo intervienen los lóbulos frontales del cerebro en el desarrollo intelectual?, 56
¿Cómo se relaciona con el cerebro el que un niño sea zurdo o diestro?, 57
¿En qué difieren el cerebro de los hombres y el de las mujeres?, 58
La mano con que se sujeta el lápiz puede indicar en qué lado del cerebro está el principal centro del lenguaje?, 59
¿Existe alguna diferencia entre el retraso y la deficiencia mental?, 59
¿Es la flexibilidad del cerebro lo que lo hace único?, 59
¿Es posible la regeneración cerebral?, 60
¿Puede un cerebro atrofiarse repentinamente?, 60
¿Algunos daños del cerebro pueden ser reversibles?, 61
¿Cómo afecta el estrés al cerebro?, 62

Los números en **negritas** remiten a recuadros, y en *cursivas,* a pies de fotos.

¿Es cierto que cuanto más trabajo efectúa el cerebro, más puede realizar?, 63
¿Es verdad que a mayor desarrollo cerebral corresponde un cociente intelectual (CI) más alto?, 63
Epilepsia, **64**
¿Qué pasa en el cerebro de una persona con parálisis cerebral?, 64
¿Es cierto que se pierden las conexiones neurales que no se estimularon durante los primeros años de vida?, 65
¿En qué se especializa cada hemisferio cerebral?, 65
¿Es cierto que a mayor cantidad y complejidad de conexiones de la corteza cerebral, mayor es el grado de inteligencia?, 67
¿Es posible que el tartamudeo esté relacionado con una interferencia entre los dos hemisferios cerebrales?, 68
Si un niño habla de manera lenta y titubeante, ¿se debe a que tiene algún tipo de retraso mental?, 68
¿Es la dislexia una señal de algún problema cerebral?, 69
¿La influencia social estimula el desarrollo del cerebro y, por consiguiente, el de la inteligencia?, 70
¿Es cierto que durante el embarazo cambia el funcionamiento cerebral de las mujeres?, 71
¿Cuán importante es la alimentación de la madre para el desarrollo cerebral del bebé en gestación?, 72
¿Qué estructuras cerebrales del feto se forman durante el primer trimestre de la gestación?, 73
¿Qué sucede con el cerebro del bebé durante el segundo y el tercer trimestres de gestación?, 73
¿Es cierto que ser zurdo es el resultado de una alteración hormonal durante la gestación?, 74
¿Cómo influye en la inteligencia de un hijo la cantidad de alcohol que haya tenido en la sangre alguno de los padres en el momento de la concepción?, 75
¿Qué ocurre en el cerebro de un bebé con hidrocefalia?, 76

¿Cómo se desarrolla el cerebro de un bebé con síndrome de Down?, 76
¿Existe alguna relación entre el trauma del nacimiento y el retraso mental?, 77
¿Puede el nacimiento prematuro ser causa de retraso mental o de algún otro problema cerebral?, 77
¿Puede un recién nacido parecer normal y tener alguna deficiencia o daño cerebral?, 78
¿Es cierto que en el momento del nacimiento el cerebro humano pesa entre 300 y 370 gramos, y que durante los dos primeros años crece hasta un 300%?, 78
¿Cómo se refleja en el desarrollo global del niño su desarrollo cerebral?, 79
¿Es cierto que un niño puede sufrir un retraso mental si recibe un golpe muy fuerte en la cabeza?, 80
El sueño y el desarrollo cerebral al principio de la vida, **80**
¿Es cierto que durante la infancia es mayor la conectabilidad entre las células nerviosas?, 80
¿Cómo es el desarrollo cerebral durante los dos primeros años de vida?, 81
¿Qué son los tics nerviosos?, 81
Si un niño es torpe en sus movimientos, ¿sufre alguna forma de retraso mental?, 82
¿El cerebro crece únicamente durante la infancia y la adolescencia?, 83
¿Qué papel desempeñan los padres en el desarrollo de la inteligencia de sus hijos?, 86
¿Cómo pueden los padres emprender un cambio de actitud hacia los hijos?, 87
Ventajas de estimular la inteligencia de los hijos, **88**
¿Por cuánto tiempo pueden los padres estimular el intelecto de sus hijos?, 88
¿Por qué es importante tener una buena relación con los hijos?, 89
¿Para qué existen las escuelas para padres?, 90
¿Cuándo deben los padres buscar la ayuda de un profesional para solucionar algún problema con o de su hijo?, 91

¿Cuántas maneras de aprender hay?, 92
¿Qué factores son importantes en el aprendizaje?, 92
¿Para qué necesitamos aprender?, 94
¿Qué es la memoria?, 95
¿Indica la buena memoria una mejor capacidad intelectual?, 95
¿Es selectiva nuestra memoria?, 96
¿Es cierto que los recuerdos que se adquieren a través del sentido del olfato son los más duraderos?, 96
Algunas recomendaciones para mejorar la memoria, **96**
La buena memoria se hereda, 97
¿Realmente existe la memoria fotográfica?, 97
¿Es cierto que los niños que aprenden con mayor rapidez son los más inteligentes?, 98
¿Es verdad que aun las experiencias desagradables son formativas?, 98
¿Cómo nos ayudan los sentidos a aprender?, 98
¿Es cierto que, en buena medida, el aprendizaje es automático?, 99
¿Es cierto que las mujeres aprenden en forma diferente que los hombres?, 99
¿Puede una persona aprender todo lo que se proponga?, 99
¿En realidad cada niño tiene su propio ritmo de aprendizaje?, 100
¿La hipnosis puede ser un método de aprendizaje?, 100
Sí a las clases extraescolares, pero con medida, **100**
¿La relación con los padres es importante para el aprendizaje?, 101
¿La repetición verbal es un recurso efectivo para aprender?, 102
¿El tipo de aprendizaje responde al tipo de inteligencia de cada persona?, 102
¿Cómo aprenden los niños que tienen algún problema neurológico?, 102
¿Es posible aprender mientras se está durmiendo?, 104
¿Qué quiere decir "aprender a aprender", 104
¿Es cierto que cuando alguien padece de amnesia no olvida ciertos aprendizajes,

como conducir un automóvil o hablar un idioma extranjero?, 105
¿Qué diferencia hay entre aprender y aprehender?, 106
¿Qué se entiende por desarrollo integral?, 107
¿Por qué es necesario conocer lo que se supone deben aprender los hijos en cada etapa del desarrollo?, 108
¿Cómo saber cuándo es oportuno ayudar a un niño y cuándo dejarlo que se las arregle por su cuenta?, 109
¿Existen maneras de saber si el desarrollo del bebé que aún está en el vientre materno es normal?, 110
¿Se puede hablar de "inteligencia prenatal"?, 112
¿Es cierto que el niño reconoce la voz de la madre durante sus últimos meses de vida intrauterina?, 112
¿Es cierto que los niños recién nacidos dan muestras de inteligencia?, 113
¿Es verdad que los reflejos son la base del futuro desarrollo intelectual?, 114
¿Es posible establecer algún tipo de comunicación con el feto?, 115
¿Es posible estimular la inteligencia del bebé en gestación?, 117
¿Cuáles son los logros más importantes que un niño debe alcanzar durante sus dos primeros años de vida?, 118
¿La estimulación temprana favorece el desarrollo de la inteligencia?, 120
¿Es el llanto del bebé una forma de comunicación?, 121
¿El destete puede afectar psicológicamente al bebé?, 122
¿Es básico el aprendizaje por medio del tacto?, 122
¿Conviene alentar la curiosidad infantil?, 123
¿Es importante que el niño comprenda el significado de palabras y frases al llegar al primer año de edad?, 124
¿Son más inteligentes los niños que aprenden a hablar a edad más temprana?, 126
¿Es verdad que hacia los 18 meses aparece la etapa del "no" y que es señal de independencia y, por lo tanto, de desarrollo?, 127

Cómo ayudar a un niño que empieza a caminar, **128**
¿Un niño que no habla puede entender una plática?, 129
¿Los juegos simbólicos de los preescolares indican cierto grado de madurez?, 131
¿Cuáles aspectos se les deben apoyar más a los niños de edad preescolar?, 131
¿A partir de qué edad los hijos entienden el concepto de "peligro"?, 133
¿Es normal el egocentrismo en el niño?, 135
¿Qué es más importante para el desarrollo del lenguaje: escuchar o hablar?, 136
¿A qué edad se termina de aprender a controlar los esfínteres?, 137
¿Es cierto que hacia los tres años se inicia una forma elemental de razonamiento basada en la intuición?, 138
El aprendizaje del habla y el desarrollo intelectual, **138**
¿A qué edad empieza el niño a situarse en el espacio y en el tiempo?, 139
¿Por qué son tan importantes el desarrollo y el desempeño físicos en los niños de edad preescolar?, 140
¿Es recomendable leerles diariamente a los hijos?, 142
Los niños expresan lo que sienten a través del dibujo, **143**
¿Se puede aprender a leer sin saber escribir?, 144
¿A todos los niños se les hace difícil el aprendizaje de la lectoescritura?, 144
¿Es importante la manera de tomar el lápiz al escribir?, **145**
¿Es cierto que el aprendizaje precoz de la música le ayuda al niño a manifestar sus afectos y emociones?, 146
¿Tener dificultad para las matemáticas, implica que no se tiene la capacidad para lograr un buen desempeño aritmético?, 147
¿Cuán importantes son los amigos cuando los niños asisten a la primaria?, 148
¿Es importante que el niño se sienta capaz en el plano académico desde que asiste a la escuela primaria?, 149
Cómo ayudar a un niño para que tenga amigos, **149**
¿Por qué algunos profesores son tan importantes en el desempeño de los niños en edad escolar?, 150
Cómo pueden contribuir los padres para que sus hijos tengan un buen desempeño escolar, **150**
¿Por qué a cierta edad niños y niñas juegan únicamente con compañeros de su mismo sexo?, 151
¿Por qué parece que en la adolescencia algunos jóvenes dejan de aprender?, 152
¿Por qué se dice que la adolescencia implica el surgimiento de una crisis?, 152
¿Por qué algunos adolescentes buscan escapar de sus problemas refugiándose en la escuela, en los amigos o en algún otro medio?, 154
¿Es cierto que los problemas que presentan los adolescentes se deben a la educación que recibieron de pequeños?, 155
¿Cómo influye en el comportamiento del adolescente el que reciba educación sexual?, 156
¿La masturbación es normal en el desarrollo del niño?, 157
¿Es cierto que entre los 18 y los 20 años se adquiere el equilibrio de pensamiento?, 158
¿Es cierto que la capacidad intelectual sólo se desarrolla hasta los 15 años?, 159
¿Cuáles son las tareas del desarrollo de los hijos adolescentes?, 160
¿Es posible aprender de adulto lo que no se logró aprender de niño?, 162
¿De qué depende la vocación?, 163
¿Por qué se dice que los padres y los hijos pueden alejarse o acercarse más durante la adultez joven?, 164
¿La palabra independencia adquiere un significado diferente cuando se ha dejado de ser niño?, 164
¿Qué decisiones debe tomar su hijo o hija durante la adultez joven?, 165
¿Es cierto que si un hijo llega a la adultez joven sintiéndose confuso, quiere decir que no logró alcanzar las metas de la etapa anterior?, 166
¿De qué manera las inconveniencias cotidianas obstaculizan a los padres en su labor de proporcionar el ambiente más adecuado para el desarrollo de los hijos?, 167
¿Se debe estimular de manera diferente a los niños que a las niñas?, 168
Lograr que los hijos obedezcan, ¿es difícil sólo para los padres?, 169
Recomendaciones para convivir con un niño agresivo, **170**
¿Es cierto que el bebé se tranquiliza cuando escucha una melodía suave que la madre haya acostumbrado escuchar durante el embarazo?, 171
¿Es verdad que la imaginación es una habilidad muy importante para los seres humanos?, 171
¿Es cierto que las visitas a parques y jardines son excelentes para estimular la capacidad sensorial de los niños?, 172
¿Por qué es difícil armonizar el papel de padre o de madre con los demás que se desempeñan en la vida?, 173
Los parques y jardines estimulan la capacidad sensorial, **173**
¿El apoyo que los padres deben brindarle a un hijo que es adulto joven es similar al que le deben ofrecer en una etapa posterior?, 175
¿Qué deben contestar los padres cuando no conocen la respuesta que los hijos les solicitan?, 175
¿Son autosuficientes los chicos sobredotados o necesitan ayuda para salir adelante?, 176
¿Es cierto que los niños sobredotados sufren inestabilidad emocional y social?, 177
¿Qué importancia tiene la educación sexual y a qué edad debe iniciarse?, 178
¿Toda la gente puede ser creativa?, 180
Sugerencia para fomentar la creatividad de los niños, **180**
¿Qué características de la personalidad favorecen el desarrollo de la creatividad?, 181
¿Por qué es importante aprender a negociar?, 181
¿Cómo puede influir el arte en el desarrollo integral de los hijos?, 182
¿La actividad científica es más estricta y disciplinada mientras que la actividad artística es más libre y espontánea?, **182**
¿Qué pueden hacer los padres para que sus hijos se interesen en el arte?, 183
¿Cómo repercute el alcoholismo de los padres en el desarrollo de los hijos?, 184
¿Cómo se puede prevenir que los hijos sean víctimas de abuso sexual y de otros tipos?, 185
¿Los niños con alguna deficiencia cerebral pueden ser estimulados con resultados positivos?, 186
¿Es posible influir en el desarrollo intelectual de los niños que padecen parálisis cerebral?, 186
¿Se puede rehabilitar a los niños con síndrome de Down?, 188
Síndrome de Down, **188**
¿Cuán determinantes son las privaciones físicas o emocionales para el desarrollo intelectual del niño?, 189
¿Puede el desarraigo perjudicar el desarrollo intelectual de los hijos de padres inmigrantes?, 191
Si un niño crece en el seno de un grupo étnico distinto del suyo, ¿se ve afectada su capacidad intelectual?, 192
¿Por qué es importante aprender a comunicarse adecuadamente?, 193
¿Es cierto que a un niño solitario le es más difícil desarrollar sus aptitudes intelectuales que a un niño sociable?, 194
¿Puede repercutir el tipo de luz en nuestro desempeño intelectual?, 196
La luz y la oscuridad, **196**
¿Es cierto que algunos colores favorecen el rendimiento intelectual?, 197
La elección del color, **199**
¿Puede el ruido tener efectos nocivos en la inteligencia?, 199
Parámetros de ruido, **200**
¿Cierto tipo de música ayuda a pensar mejor?, 200

Los números en **negritas** remiten a recuadros.

¿Pueden estimular nuestra inteligencia algunas técnicas como el yoga o la meditación trascendental?, 201
¿Cómo influyen los desafíos en el niño?, 202
¿Qué diferencia de edad es recomendable que exista entre los hermanos?, 204
¿Son normales los celos ante la llegada de un nuevo hermanito?, 204
¿Es realmente necesaria la colaboración entre padres y maestros?, 206
¿Qué efecto puede tener en la capacidad intelectual de un niño el que uno de sus padres, o ambos, sean discapacitados?, 207
¿Influye en el desarrollo intelectual de un hijo el tamaño de la familia?, 208
¿Tiene algo que ver el orden del nacimiento con el grado de inteligencia que un niño pueda alcanzar?, 209
¿Es cierto que los hijos únicos tienen más probabilidades de desarrollar al máximo sus aptitudes intelectuales?, 210
¿Es posible que los gemelos tengan el mismo nivel intelectual aunque se críen en hogares separados?, 212
¿Repercute en el desarrollo intelectual el ser hijo adoptivo?, 212
¿Es cierto que para los hijos la influencia de la madre es más importante que la del padre?, 214
¿Qué tipo de problemas puede presentar en su desarrollo un niño demasiado consentido?, 215
¿Cómo afecta a la inteligencia de los niños criarlos con demasiadas restricciones?, 216
¿Cómo afecta al desempeño intelectual del niño ser abandonado temporal o definitivamente por sus padres?, 217
¿Enfrentan algún inconveniente en su desarrollo intelectual los hijos de madres solteras?, 218
El estrés infantil, **218**
¿Es verdad que los hijos de padres divorciados y los de parejas mixtas pueden llegar a tener problemas en su desarrollo intelectual?, 219
¿Cómo repercute la insuficiencia de recursos económicos en el desempeño intelectual de los niños?, 221
Si los padres de un niño no tienen suficiente preparación académica, ¿puede verse afectado el desempeño intelectual de éste?, 221
¿Debe un niño experimentar y descubrir las cosas por sí mismo?, 222
¿Se deben utilizar los premios y los castigos para estimular la inteligencia de los hijos?, 224
¿Qué sucede cuando las expectativas de los padres difieren de las tendencias, intereses o habilidades de sus hijos?, 225
¿Las comparaciones pueden resultar dañinas para el desempeño intelectual de los hijos?, 225
¿Cuán importante es inculcar en los hijos metas realistas y una actitud optimista hacia la vida para lograr el máximo rendimiento intelectual?, 226
¿Es importante enseñar a los hijos a decidir?, 227
¿Cuán importante es para los hijos el hecho de que sus padres les inculquen la disciplina y los valores morales?, 228
¿Cuáles son los temores más comunes de los niños?, **228**
¿Cómo deben reaccionar los padres ante los errores de los hijos?, 230
¿Qué consiguen los padres que esperan demasiado de sus hijos?, 230
El niño y los desafíos, **231**
¿Es posible que un niño inteligente viva convencido de que es tonto y que se comporte como tal?, 232
¿Qué precauciones debe tener una mujer embarazada para reducir el riesgo de daño cerebral en su bebé?, 233
¿Qué factores deben cuidarse en el momento del nacimiento de un bebé?, 234
¿El ejercicio estimula el desarrollo del cerebro y, por lo mismo, de la inteligencia?, 236
¿Pueden algunos medicamentos inhibir las facultades mentales?, 237
¿Los problemas de salud o las deficiencias físicas contribuyen a que el niño tenga problemas escolares?, 239
¿Cómo se ve afectada la capacidad intelectual de los niños por la contaminación ambiental?, 239
¿Es conveniente hablarle al pequeño acerca de las drogas?, 241
¿Cómo pueden las enfermedades crónicas afectar el desarrollo intelectual infantil?, 242
¿Influye la calidad del sueño en nuestra capacidad mental?, 244
¿Al ingerir alcohol dañamos nuestra capacidad intelectual?, 246
¿Cómo deteriora el tabaco nuestra capacidad intelectual?, 247
¿Puede el consumo de esteroides dañar las facultades mentales?, 248
¿Por qué es importante que, en esa temprana edad, los hijos estén conscientes de los daños que ocasionan las drogas?, 249
¿Qué papel desempeña la alimentación en la capacidad intelectual?, 250
¿Cómo influye la desnutrición o la sobrealimentación en el desarrollo intelectual de un niño?, 252
Un buen desayuno es la mejor manera de conseguir el óptimo rendimiento intelectual cada día, 253
¿De qué manera el consumo de azúcar afecta el rendimiento intelectual?, 254
¿Puede la hipoglucemia dañar gravemente nuestra capacidad intelectual?, 255
¿Ayuda la vitamina E a fortalecer nuestra mente?, 256
¿Mejora el rendimiento intelectual al consumir alimentos ricos en hierro, como el hígado?, 257
Efecto de algunas vitaminas en el cerebro y en el sistema nervioso, **257**
¿Es recomendable seguir una dieta naturista para mejorar el potencial intelectual?, 258
¿Cuán efectivo es el ácido glutámico para fortalecer nuestro cerebro?, 259
¿Puede el consumo excesivo de carbohidratos dañar nuestro desempeño intelectual?, 260
¿Existen alimentos que embotan la mente?, 261
¿Es verdad que el café ayuda a pensar mejor?, 262
La cafeína, **263**
¿Es cierto que el juego puede ser la mejor manera de aprender?, 264
¿Cómo pueden saber los padres cuáles son los juguetes más adecuados para sus hijos?, 264
El mejor juguete, **266**
¿Cuándo y de qué manera los padres y los maestros deben intervenir en los juegos de los niños?, 266
¿Es importante que los padres y las madres jueguen con sus hijos?, 267
¿Son importantes para el desarrollo y la coordinación del bebé los objetos que se ponen en su cuna?, 268
¿Tiene consecuencias negativas el hecho de prohibirle a un niño que juegue?, 269
¿Es verdad que hay juegos que son apropiados sólo para niños y otros sólo para niñas?, 270
¿El juego es una actividad propiamente infantil?, 270
Juguetes para cada edad, **272**
¿Es normal que los niños tengan amigos imaginarios?, 272
¿Qué características deben tener los juguetes educativos?, 273
¿Los juguetes más sofisticados son los mejores para los hijos?, 274
Los videojuegos, **274**
¿Es cierto que una experiencia educativa de gran calidad durante los primeros tres años de vida es indispensable para que el individuo desarrolle todo su potencial?, 274
¿A qué edad se recomienda que los hijos entren a la escuela?, 275
¿Es necesario que el infante acuda al jardín de niños?, 276
¿Es aconsejable que los padres ayuden a sus hijos con las tareas escolares?, 277
¿Por qué en algunas escuelas aceptan a pequeños discapacitados en grupos de niños no discapacitados?, 279

¿Cómo afectan los grandes cambios sociales de la actualidad a los sistemas educativos?, 280
¿Son necesarios la congruencia y el sentido de cooperación entre los maestros?, 281
¿Cuán cuestionable es la educación tradicional?, 282
¿Es recomendable educar a los hijos para que no tengan prejuicios sociales?, 283
¿Toda la tarde haciendo la tarea?, **283**
¿En qué consiste el método Montessori?, 284
¿Cómo pueden los padres elegir una escuela adecuada para sus hijos?, 285
¿Los niños sobredotados son los únicos que se aburren en la escuela?, 286
¿Aprender idiomas contribuye a mejorar las aptitudes mentales?, 286

¿Aprender a tocar algún instrumento musical favorece la capacidad intelectual?, 287
Grandes inteligencias camufladas, **288**
¿La madurez de una etapa de la vida escolar depende de la etapa anterior?, 288
¿Realmente aprenden más los hijos que son enviados a estudiar al extranjero?, 289
¿Es verdad que en los niños es más importante desarrollar habilidades que acumular conocimientos?, 290
¿Qué es el rendimiento escolar y cómo influyen en éste los maestros?, 291
¿Las críticas y las correcciones que a veces hacen los padres o los maestros a sus hijos o alumnos pueden perjudicar el desarrollo de la creatividad de estos últimos?, 291

¿Puede el bajo rendimiento escolar de un niño deberse a un desarrollo intelectual deficiente?, 292
¿Por qué algunos niños se rehúsan a ir a la escuela y no quieren saber nada de ella?, 292
¿Cómo debe elegirse la universidad?, 294
¿Triunfar en la escuela garantiza triunfar fuera de ella?, 294
¿La formación académica debe ser lo más importante para los hijos?, 295
¿Cómo pueden elegir los padres el lugar y a las personas ideales para dejar a sus hijos mientras trabajan?, 295
¿Cuándo aparece el interés real del niño por los medios de comunicación?, 296
¿Es la televisión perjudicial para los hijos?, 297

La televisión en la vida moderna, **298**
¿Qué tipo de programas que ofrecen los medios de comunicación pueden ser útiles para el aprendizaje?, 298
¿Es cierto que el aprendizaje temprano de la computación mejora el rendimiento intelectual?, 299
¿Cómo le afecta al espectador la violencia incluida en los programas de televisión?, 301
¿De qué manera influye el consumismo imperante en el desarrollo intelectual de nuestros hijos?, 301
¿Qué efectos pueden tener sobre el potencial intelectual de los niños la saturación de información a través de los medios de comunicación?, 303

Las números en **negritas** remiten a recuadros.

BIBLIOGRAFÍA

Acevedo, Hugo (trad.), *Psicología y epistemología genéticas (temas piagetanos)*, Ed. Proteo, Argentina, 1970.

Adams, Jack A., *Aprendizaje y memoria*, Ed. El Manual Moderno, México, 1983.

Ajuriaguerra J. de, *Manual de psiquiatría infantil*, Ed. Massón, 1990.

Ajuriaguerra, J. de y D. Marcelli, *Manual de psicopatología del niño*, Ed. Toray-Masson, España, 1982.

Álvarez del Real, María Eloísa, *El niño de 2 a 5 años*, Editorial América, Panamá.

Anastasi, A., *Tests psicológicos*, Ed. Aguilar, España, 1990.

Anaya Mares, Marcela G., *Influencia psicológica de los colores en el consumo* (tesis), UDLA, 1988.

Apostolides, M., "How to Quit the Holistic Way", *Psychology Today*, vol. 20, No. 5, Sep/oct., 1996.

Ardila, A. y F. Ostrosky, *Diagnóstico del daño cerebral*, Ed. Trillas, México, 1993.

Ardila, Alfredo, *Psicología de la percepción*, Ed, Trillas, México, 1980.

Aronowitz, Michael ,"Adjustment of Immigrant Children as a Function of Parental Attitudes to Change", *International Migration Review*, vol. XXVI, No. 1, pp. 89-110.

Austin, C.R. y R.V. Short, *Desarrollo embrionario y fetal*, Ediciones Científicas, La Prensa Médica Mexicana, México, 1982.

Berk, L., *Child Development*, Allyn and Bacon, Estados Unidos, 1991.

Blos, Peter, *Psicoanálisis de la adolescencia*, Ed. Joaquín Mortiz, México, 1990.

Blum, K., *Alcohol and the Addictive Brain*, Free Press, 1991.

Bobath, K y E. Köng, *Trastornos cerebromotores en el niño*, ed. Médica Panamericana, Argentina, 1992.

Butcher, H. J., *La inteligencia humana*, Ediciones Morava, España, 1974.

Cameron, Norman Alexander, *Desarrollo y psicopatología de la personalidad*, Ed. Trillas, México, 1990.

Canadian Association for Community Care. *Child and Family*, Canadian Child Care Federation, agosto de 1997.

Cervantes de Carranza M. , "Problemas escolares en niños y su relación con la dinámica familiar", *Psicoterapia y familia*, vol. 2 No. 2, 1989.

Chamberlain, J.G., "The Possible Role of Long Chain Omega-3 Fatty Acids in Human Brain Phylogeny," *Perspectives in Biology and Medicine*, vol. 39, No.3, Primavera, 1996.

Charlesworth, R., *Understanding Child Development*, Ed. Delmar Publishers, 1995.

Charniak, Eugene y Drew McDermott, *Introduction to Artificial Intelligence*, Addison-Wesley Publishing Company, Inc., Estados Unidos, 1987.

Clark, B., *Growing up Gifted*, Merrill, Estados Unidos, 1992.

Comellas, M., *Cómo medir y desarrollar los hábitos personales*, Ediciones CEAC, 1990.

Corsini, J., *Encyclopedia of Psichology*, vol. I, Ed. Wiley Interscience, 1984.

Cummings M. y P. Davies, "Marital Conflict and Child Adjustment: an Emotional Security Hypothesis", *Psychological Bulletin*, vol. 116, No. 3, 1994.

Daubman, K. y H. Sigail, "Gender Differences in Perception of how Others are Affected by Self-Disclosure of Achivment", en *Sex Roles: a Journal of Research*, julio de 1997, vol. 37, p. 73.

Diccionario léxico hispánico, Ed. Cumbre, México, 1989.

Enciclopedia Británica, Lexipedia, México, 1989.

Esteve, J., *Influencia de la publicidad en televisión sobre los niños*, Nacea, España, 1983.

Ferreiro, E. y M. Gómez Palacio (comps.), *Nuevas perspectivas sobre los procesos de la lectura y la escritura*, Siglo XXI, México, 1982.

Fogel, A. *Infancy*, West Publishing Company, Estados Unidos, 1991.

Fried, P.A., "Prenatal Exposure to Marihuana and Tobaco during Infacy, Early and Middle Childhood, *Archives of Toxicology*. Supplement., 1995.

Fuerst, D. y B. Rourke, "Psychosocial Funtioning of Children: Relations Between Personality Subtypes and Academic Achievement", en *Journal of Abnormal Child Psychology*, vol. 2, pp. 597-607.

Gesell, A. y C. Amatruda, *Diagnóstico del desarrollo normal y anormal del niño*, Paidós, México, 1994.

Givaudan, M. y S. Pick, *Yo papá, yo mamá*, Ed. Planeta, México, 1995.

Guthrie A. Helen, *Introductory Nutrition,*. Ed. C.V. Mosby Company, 1989.

Heilman, Kenneth M. y Edward Valenstein, *Clinical Neuropsychology*, Oxford University Press, Estados Unidos, 1985.

Hoffman, Banesh, *Einstein*, Salvat, Barcelona, 1984.

Hoffman, L., S. Paris, E. Hall y R. Schell, *Developmental Psychology Today*, McGraw Hill, Estados Unidos, 1988.

Ibarra, Luz María, *Aprende mejor con gimnasia cerebral*, Garnik Ediciones, México, 1997, 128 pp.

Jasso, Luis, *El niño Down (Mitos y realidades)*, Ed. El Manual Moderno, México, 1991.

Jensen, R. Arthur, *Straight Talk about Mental Tests*, Ed. The Free Press, 1990.

Joyce, E., "Alcoholic Brain Damage", *British Medical Journal.*, vol. 5, No. 1, enero 1994.

Junn, Ellen N., y Chris J. Boyatzis (eds.), *Child Growth and Development*, The Dushkin Publishing Group, Inc., Estados Unidos, 1995.

Kanarek Robin B., y Robin Kaufman-Marks, *Nutrition and Behavior*, Van Nostrand Reinhold, 1994.

Karmiloff-Smith, Annette, "Annotation: the Extraordinary Cognitive Journey from Fetus through Infancy", *Journal of Child Psychology and Psychiatry*, vol. 36, No. 8, 1995, pp.1293-1313.

Leaman, Larry M. ,"The Citizen Child and Undocumented Parents", American Public Welfare Association, 1994, pp. 20-21.

Leccese, P. Arthur, *Drugs and Society*, Ed. Prentice-Hall, 1991.

Lewis, Vicky, *Desarrollo y déficit (ceguera, sordera, déficit motor, síndrome de Down, autismo)*, Ed. Paidós, España, 1991.

Linn, Denise, *Hogar sano*, Editorial Océano, México, 1996.

Lipscomb, David M., *Noise: the Unwanted Sounds*, Nelson-Hall Company, Estados Unidos, 1974.

Locurto, Charles, *Sense and no Sense about I.Q.*, Ed. National Information Standards Organization, 1991.

Marion, M., *Guidance of Young Children*, Ed. Merrill Publishing Company, 1987.

Meierhofer, Marie, *Los primeros estadios de la personalidad*, Ed. Herder, España, 1980.

Meisels, Samuel J. y Jack P. Shonkoff, *Handbook of Early Childhood Intervention*, Cambridge University Press, Estados Unidos, 1990.

Meyer-Bahlburg, F. L. Heino, David E. Sandberg, Curtis Doleza y Thomas J. Yager, "Gender-Related Assessment of Childhood Play",

Journal of Abnormal Child Psychology, vol. 22, No. 6, 1994, pp. 643-660.
Mugny, G. y W. Doise, *La construcción social de la inteligencia*, Trillas, México, 1983.
Mussen, H., *Handbook of Child Psichology*, Ed. Mussen H. Paul, 1983.
Mussen, P. J., Conger, J. y Kagan A. Huston, *Child Development and Personality,* Harper and Row Publishers, Nueva York, 1990.
Mussen, P. J., Conger, J. y Kagan, A., *Desarrollo de la personalidad en el niño*, Ed. Trillas, México, 1990.
Mutch, W.A. y L.N. Ryner, "Cerebral Hipoxia during Cardiopulmonary Bypass: A Magnetic Resonance Imaging Study", *Annals of Thoracic Surgery,* vol. 64. No. 2, mayo, 1995.
Ortiz, G., *El significado de los colores* (tesis doctoral); UNAM, México, 1984.
Papalia, Diane E. y Sally Wendkos Olds, *Psicología del desarrollo*, McGraw-Hill, Colombia, 1998.
Pascual-Castroviejo, Ignacio, *Neurología infantil*, vv. I y II, Editorial científico-médica, España, 1983.
Pendarvis, E., A. Howley y C. Howley, *The Abilities of Gifted Children*, Prentice-Hall, Estados Unidos, 1990.
Pereira Mezquida, Juan, *Síndrome de Down*, CEPE, España, 1990.
Piaget, Jean y B. Inhelder, *Psicología del niño*, Ed. Morata, España, 1984.
Pick, S., M. Givaudan y A. Martínez, *Aprendiendo a ser papá y mamá*, Grupo Editorial Planeta, México, 1995.
Pírez, T. et.al. , *Programa de formación para padres*, t. I., Ediciones Culturales Internacionales.
Pomerantz, Phyllis, David J. Pomrantz y Louis A. Colca, "A Case Study: Service Delivery and Parents with Disabillities", Child Welfare League of America, vol. LXIX, No. 1, enero-febrero, 1990, pp. 65-73.
Reginald, Roberts, *Psicología del color*, Yug, México, 1997.
Richardson, L., *Cuando los dos trabajan*, Ed. Deusto, 1994.
Richmond, J., y E. Pounds, *You and Your health*, Ed. Scott Foresman and Company, Estados Unidos, 1991.
Robles, Teresa, *Concierto para cuatro cerebros*, Instituto Milton Erickson de la Cd. de México, México.
Rosenzweig M., y A. Leiman, *Psicología fisiológica*, Ed. McGraw Hill, 1992.
Rostene W., Sarrieau A, et.al., "Steroid Effects on Brain Functions", *Journal of Psychiatry and Neuroscience,* vol. 20, No. 3 , nov 1995.
Salvador, J., *La estimulación temprana en la educación especial*, Ediciones CEAC, España, 1989.
Sánchez, E.,*Teleadicción infantil: ¿mito o realidad?*, Universidad de Guadalajara, México, 1989.
Sandberg, David E. y Heino F.L., Meyer-Bahlburg, "Variability in Middle Childhood Play Behavior: Effects of Gender, Age and Family Background", *Archives of Sexual Behavior*, vol. 23, No. 6, 1994, pp. 645-663.
Sattler, M. Jerome, *Evaluación de la inteligencia infantil y habilidades especiales*, Ed, El Manual Moderno, 1988.
Schaefer, C. y K. O'Connor, *Manual de terapia de juego*, Editorial Manual Moderno, México, 1988.
Schickedanz, Judith, et.al.,*Understanding*, Ed. Mayfield Publishing Company, 1990.
Sebrell W., y J. Haggerty, *Alimentos y nutrición*, Ed. Ediciones Culturales Internacionales, 1989.
Shapiro, Lawrence E., *La inteligencia emocional de los niños*, Vergara Editor, México, 1997.
Smart, D., A. Sanson y M. Prior, "Connections Between Reading Disability and Behavior Problems: Testing Temporal and Causal Hypotheses", en *Journal of Abnormal Child Psychology*, junio de 1996, vol. 24, núm. 3, p. 363.
Smith, Samuel, *Ideas de los grandes psicólogos*, Ed. Laia, España, 1984.
Spitz, René A., *El primer año de vida del niño*, Fondo de Cultura Económica, México, 1986.
Sternberg, Robert J. (ed.), *Handbook of Intelligence*, Cambridge University Press, Estados Unidos, 1985.
Sternberg, Robert J., y Douglas Detterman, *What is Intelligence? Contemporary Viewpoints on its Nature and Definition*, Ablex Publishing Corporation, Estados Unidos, 1988.
Thorne, Barrie, *Gender Play: Girls and Boys in School*, Rutgers University Press, Estados Unidos, 1993.
Trappl, Robert (ed.), *Impacts of Artificial Intelligence*, Elsevier Science Publishers B.V., Holanda, 1986.
Trimble, Michael R. , *Neuropsiquiatría*, Editorial Limusa, México, 1981.
Uauy-Dagach R., y P. Mena, "Nutritional Role of Omega-3 Fatty Acids During the Perinatal Period", *Clinics in Perinatology*, vol. 22, No.1, marzo, 1995.
Valdéz J.L., y N. González, "Efecto de la calidad de vida sobre el desarrollo psicológico de niños con riesgo psicosocial", *Psicología y salud,* 1997.
Van Evra, J., *Television and Child Development*, Lawrence Arlbaum Associates Publishers, New Jersey.
Van Schie, E. y O, Wiegman, *Children and Videogames: Leisure Activities, Agression, Social Integration and School Performance*, V. H. Winstan & Son Inc., 1997.
Vernier, Jacques, *El medio ambiente*, Publicaciones Cruz O., S.A., México, 1992.
Vigotskii, Lev S., *La imaginación y el arte en la infancia*, Akal. Madrid, 1982.
Vogel, S. "Gender Differences in Intelligence, Language, Visual-Motor Abilities and Academic Achivement in Students with Learning Disabilities: A Review of the Literature", en *Journal of Learning Difficulties*, núm. 23, 1990, pp. 44-52.
Vúgtle, Fritz, *Edison*, Salvat, Barcelona, 1985.
Weistein, C., "Preservice Teachers' Expectations About the First Year of Teaching", en *Teaching and Teacher Education*, núm. 4, pp. 31-40.
Whitman, Barbar Y.; y Pascuale J. Accardo, *When a Parent is Mentally Retarded*, Paul H. Brookes Publishing Co., Inc., Estados Unidos, 1990.
Wilson, Stephen R. y Robert C. Spencer, "Intense Personal Experiences Subjective Effects, Interpretations, and After-Effects", *Journal of Clinical Psychology*, Vol. 46, No. 5, 1990, pp. 565-573.

INTERNET

Educación cibernética, Enfoque didáctico y la comunicación, Informática y cibernética en educación. http://www.pananet.com/educacion/espanol.htm.
http://heml. pasagen.se/barreira/index3.htm
http://matia.stanford.edu/cogsci
http://psych.hanover.edu/APS
http://usc.es.8080/micat/recrearte/edu/lago.html
http://usc.es.8080/micat/recrearte/edu/master.html
http://vegweb.com
http://www.apa.org/journals/journals.html
http://www.babycenter.com/retcap/177.html
http://www.biomedicas.unam.mx/html/period/Jun7.htm
http://www.childrennow.org/health/inmunibrochure.html
http://www.cybercol.com...gramas/pgeducation.html
http://www.cyberdiet.com
http://www.elsevier.nl/econbase/eer/cpi/398.txt.
http://www.healthy.net/library/books/haas/amino/glu.htm
http://www.psychcrawler.com
http://www.usc.es.8080/micat/recrearte/du/carmel.html
http://www.vegan.org/news.html
http://www.viable-herbal.com/lglutami.htm
http://www.well.web.com/nutri/usdaguid/fig01.htm
http://www.wellweb.com/nutri/usdaguid/variety.htm
Inteligencia y música, Music and Brain Information Center, Universidad de California <mbi@musica.ps.uci.edu>

CRÉDITOS Y RECONOCIMIENTOS

Los editores agradecen a los siguientes los archivos fotográficos y personas por habernos permitido reproducir sus fotografías e ilustraciones en esta obra.

FOTOGRAFÍA DE PORTADA: Alejandro Madrazo.

Abreviaturas: *ar* = arriba; *ab* = abajo; *c* = centro; *i* = izquierda; *d* = derecha.

ILUSTRACIONES: Sergio Osorio y Mónica Jácome: 48 *ar c*; 119 y 145. Nora Souza Baamonde: 47, 48 *c*; 51, 56 y 66.

PHOTO STOCK: 8-9; 11; 12; 15-16; 18; 20, Wanke; 21; 23; 24; 25-26; 28; 31; 32; 33; 36; 38; 40; 43; 45; 49; 53; 54; 57; 58, Lewis; 61; 62; 65; 69; 70; 71; 72; 74; 75, Borland; 76; 79; 81; 83; 84-85, Peterson; 86; 87; 89; 91; 93; 94; 95; 98; 101; 103; 104; 107; 109; 111; 113; 115; 116; 121; 123; 127; 129; 133; 136; 139, Pearce; 142; 146; 147; 153; 155; 156; 159; 160; 162; 165; 167; 168; 172, Wiesenhofer; 174, Mc Carthy; 177; 178; 181; 183; 185; 186; 191; 192; 195; 197; 198; 201; 203; 204; 207; 208; 211; 213; 214; 217, Zephyr; 219; 220; 223, Wanke; 224; 226; 229, Berry; 233; 234, del Amo; 237, Laptad; 238; 240, Lewis; 243; 245; 247; 248; 249; 250; 253; 259; 261; 263; 265; 267; 268; 271; 275; 277; 279; 280, Clark; 285; 287, 290; 293; 294, Wanke; 297; 300.

PHOTODISC: 303.

RDM600820NT9